Oriana Fallaci

Sveglia, Occidente

Dispacci dal fronte delle guerre dimenticate

Rizzoli

Pubblicato per

Rizzoli

da Mondadori Libri S.p.A.
Proprietà letteraria riservata
© 2021 Mondadori Libri S.p.A., Milano

ISBN 978-88-17-15886-2

Prima edizione: settembre 2021

Realizzazione editoriale: móz studio editoriale, Roma

Nota dell'editore

«Sono stata alla guerra in Vietnam, in vari viaggi per otto anni. Sono stata alla Guerra indo-pakistana, nel Bangladesh, nel conflitto medio-orientale, nelle basi segrete dei fidayn in Giordania prima che fossero spazzate via, senza contare le varie insurrezioni in America Latina e altrove (guerre anche quelle), e ogni volta ho odiato la cosa come quel capitano americano a Dak To, in Vietnam, che prima di condurre i suoi uomini alla battaglia per la collina 1383 mi disse: "Ogni volta è la prima volta, e ogni volta è peggio perché so meglio che cosa dovrò affrontare". Vi dirò, vi sono corrispondenti di guerra cui andare alla guerra piace. Ci si muovono bene, quasi con grazia: l'elmetto gli sta bene, e così la giacca antiproiettile, l'uniforme quando si è obbligati a indossarla. Io no. Non posso sopportar le uniformi, considero la giacca antiproiettile un indumento scomodo e sinistro perché pesa troppo e lega i movimenti, mi sento disperatamente ridicola con l'elmetto in testa. Ma più che l'elmetto e la giacca antiproiettile e le uniformi, odio lo spettacolo della sofferenza. Odio la morte."»
(*Il mio cuore è più stanco della mia voce*, pp. 72-73).

Nel novembre del 1967 Oriana Fallaci aveva chiesto e ottenuto da Tommaso Giglio, allora direttore dell'«Europeo», di seguire come inviata il conflitto nel Vietnam, dove tornerà dodici volte. Gli altri direttori fino a quel momento si erano limitati a ringhiarle che quello «Non è un mestiere per donne». Giglio invece sa che si può fidare del suo fiuto. «Con me non si è mai comportato da direttore: mi lasciava essere direttore di me stessa. Aveva capito, insomma, che a briglia sciolta io corro meglio e di più: se mi mettono le redini e una sella, smetto d'essere un cavallo da corsa e divento un mulo bizzoso.»

Nel 1969 torna in Vietnam e realizza, in anticipo sui tempi, un reportage raccontando il ruolo delle donne in un conflitto armato; l'anno dopo è in Medio Oriente, nascosta tra i guerriglieri arabi di Al Fatah nelle loro basi segrete. «Non è una nemica di Israele. Non è un'amica della Palestina. O non ancora»: così la descrive nel 1970 un comandante palestinese, che le diede accesso, unica giornalista insieme al fotografo Gianfranco Moroldo, alle basi segrete dei fidayn in lotta contro l'occupazione di Israele. In quegli anni non si era ancora schierata dalla parte dei sionisti – come fece nell'ultimo periodo della sua vita, quando la guerra di civiltà assorbiva tutte le sue forze – ed era impegnata come corrispondente dell'«Europeo» a testimoniare il dramma del Medio Oriente, e le rivendicazioni di un popolo, quello palestinese, che avrebbe presto, e in modo sensazionale, portato la propria causa all'attenzione dell'opinione pubblica mondiale, con i dirottamenti aerei del settembre di quell'anno. Vicina agli ebrei nel ricordo delle persecuzioni subite durante la guerra ma abitata dal dubbio, perché «sai bene che, quando tocchi con dito, il distacco è impossibile; sai bene che la realtà umana è più onesta dei labirinti»: Oriana Fallaci, come sempre, entra nel conflitto, e rischiando la vita sotto i bombardamenti cerca di comprendere le ragioni della Storia.

Sempre nel 1970 è in Cambogia a intervistare i soldati americani che si ammutinavano in gruppo e sui quali il governo lasciava cadere un imbarazzato silenzio. Poi dall'altro lato del mondo: in Bolivia, a seguire i preti "in blu jeans" della Teologia della liberazione, in bilico tra l'obbedienza e la rivoluzione; ad Haiti, con una intervista nervosa e pericolosa al dittatore Jean-Claude "Baby Doc" Duvalier.

Nel 1971 Oriana Fallaci è testimone di una guerra dimenticata, quella tra India e Pakistan. Il conflitto era nato quando, a causa della crisi economica e umanitaria in Pakistan orientale, dieci milioni di bengalesi avevano cercato rifugio nella vicina India, che intervenne a incentivare il movimento di liberazione del territorio bengalese. Una guerra breve: dopo due settimane di intensi combattimenti, le forze pachistane in Bengala si arresero, e l'India promosse la creazione dello Stato autonomo del Bangladesh. Una guerra ipocrita, come la maggior parte delle guerre, in cui le ragioni della politica sacrificano quelle della vita umana.

Vent'anni dopo decide di andare in Kuwait per seguire la prima guerra del Golfo del 1991. Una guerra diversa da tutte le precedenti, tecnologica, in cui il fattore umano sembra quasi assente mentre la si segue attimo per attimo sugli schermi televisivi. Ma è una guerra sporca, non solo per i pozzi di petrolio fatti incendiare da Saddam Hussein. I morti ci sono e infiammano le coscienze nel popolo arabo, ma, dice, «non vogliono che vediamo i morti». Ma Oriana è lì per compiere fino in fondo la sua missione, perché «Si deve a noi giornalisti se oggi i fatti si sanno in ogni particolare e quasi mentre stanno accadendo. Si deve a noi giornalisti se oggi la storia non si apprende dieci o venti anni dopo ma nell'attimo stesso del suo divenire».

Queste parole, scritte più di quarant'anni fa in una lettera sulla cultura in Italia con cui si chiude questo volume, sono il suo lascito più prezioso per tutti i giornalisti che ancora adesso rischiano la vita per raccontare la verità dai fronti di guerra.

Sveglia, Occidente

1
Rapporto dal Vietnam

Hanoi, marzo 1969
Anzitutto, l'angoscia. Essa ti prende non appena atterri sulla pista buia, è già sera, e due poliziotti salgono sull'aereo: a requisire il passaporto che ti verrà reso quando ripartirai. Sono i primi nordvietnamiti vivi che incontri, nel Vietnam del Sud li hai sempre visti morti: ricordi? Raggricciati dentro le trincee di Dak To, squarciati sotto le mura di Hué, decomposti al sole di Saigon. Guardavi quei cadaveri e ti sembrava che i nordvietnamiti non si potessero vedere che morti. Anche per questo li amavi, volevi venire qui a vederli vivi, ti chiedevi come fossero da vivi. Ecco, così. Attraverso il chiarore della lampada tascabile gli cerchi il volto, gli sorridi e gli dici buonasera. Ma nessuno dei due ti risponde, nessuno dei due ti restituisce il sorriso, e la loro espressione è di pietra, i loro occhi sono più freddi del freddo che entra dallo sportello quando, con un gesto brusco, ti permetton di scendere. Sei giunto ad Hanoi.
L'inverno è ghiaccio ad Hanoi, ma non è per l'inverno che rabbrividisci ora che ti senti scrutato da pupille dure e ostili, qualcuno ti porge un modulo dove elencherai qualsiasi cosa tu porti addosso o in valigia, compreso l'orologio da polso, la penna, gli anelli. E devi anche dire se insieme alle macchine fotografiche hai rotolini in bianco e nero o a

colori: i primi saranno sviluppati e censurati dopo l'uso, i secondi sono proibiti. «Ne ho solo tre» *menti rabbrividendo. E se si accorgon che menti? Sanno che non sei comunista: al primo errore potrebbero spedirti via con l'aereo da cui sei sceso.* «Li consegni tutti e tre». *Li consegni. Sali sull'automobile che ti conduce in città, attraversi il lungo ponte distrutto su cui si accaniron le bombe degli americani, ti inoltri per le strade deserte dove incroci soltanto qualche vecchio camion militare, arrivi all'albergo: e solo allora la tua angoscia si allenta. Ma rimane l'amarezza, il dispetto di accorgerti che è assai più facile amarli da lontano o dalla parte opposta della barricata. Forse li hai amati troppo, li hai pianti troppo, li hai idealizzati troppo. Visti da vicino, non potevano che ferirti.*

Ciò che segue è il diario dei miei dodici giorni nel Vietnam del Nord. Attraverso la Cambogia vi entrai, nel mese di febbraio, con una delegazione di donne italiane: né fu facile. Nessun giornalista indipendente era mai partito dall'Italia per mettere piede ad Hanoi e i nordvietnamiti sapevano bene che ero stata tre volte a Saigon, che laggiù avevo seguito in combattimento gli americani, indossando un'uniforme americana, portandomi in tasca documenti americani. Forse sapevan perfino che un giorno, insieme a un pilota senza eccessive pietà, ero stata su un A-37 che aveva bombardato la zona del Delta, sganciando napalm. Non credevo che il visto venisse. Invece venne e quella sera, era un venerdì, sbarcai ad Hanoi. E da quella sera annotai su un quaderno tutto ciò che vedevo, udivo, sentivo. Doveva servirmi a ricavare una serie di articoli. Ma quando lo rilessi mi accorsi che era molto più onesto lasciare il racconto com'era, al massimo completandolo con ricordi e appunti sparsi. Eccolo dunque. Ve lo do ben sapendo che irriterà chi non deve irritare, compiacerà chi non deve compiacere. Ma tale è il destino di chi fa il giornalista obbedendo alla propria coscienza anziché agli interessi dei più. Cioè, un destino assai scomodo.

Dall'altra parte della trincea

Venerdì notte. Voglio inaugurare subito questo quaderno. Mi aiuterà a non dimenticar nulla e a superare l'avvilimento che è in me. Ho già capito infatti che qui non potrò lavorare come a Saigon, nella libertà di movimento che gli americani ti danno anche se parli male di loro. Qui sarò costretta a vedere solo ciò che mi faranno vedere, ascoltare solo ciò che mi faranno ascoltare, andare solo dove mi faranno andare. Non ho ancora avuto il permesso di dare uno sguardo ad Hanoi, sono affidata a due guardiane che non mi lasciano mai, mi sembra d'esser Pinocchio fra il Gatto e la Volpe. Il Gatto si chiama The ed è una matrona sulla cinquantina, con un gran viso piatto e un corpo pesante, due pupille che ti rincorrono fin dentro i pensieri. La Volpe si chiama Huan ed è uno gnomo di un metro e quarantacinque, trasparente, consunto. Di solido, in lei, non vi sono che i denti: enormi, piantati diagonalmente alle gengive, e così in fuori che non può chiuder la bocca. Sono perseguitata da quei denti come dalle sue manine che hanno la robustezza di artigli. Specialmente quando mi afferrano per impedire che mi allontani. Poco fa ero uscita sul marciapiede. Mi ha raggiunta e: «No! No! Dentro!». «Ma perché, Huan, suvvia, voglio fare un giretto.» «No! No! Domani!» «Ma perché domani e non ora, Huan, ti prego, sono appena le nove.» «Domani.» Mi ha piantato gli artigli nel braccio e mi ha riportata dentro il Metropole.

Ci hanno messe al Metropole. Dal 1954 si chiama Riunificazione ma gli stranieri continuano a dire Metropole. È l'albergo degli stranieri e il migliore della città: chissà gli altri. Da quando i francesi lo costruirono, i vietnamiti non si son curati neanche di darci un'imbiancatura: ancora un po' e cadrà a pezzi. Le finestre non chiudono, le tubature non funzionano, l'acqua calda non scorre, la sporcizia vi regna sovrana e non puoi protestare. Oltre a sottolineare che questo è un Paese in guerra, ti ricorderebbero che vi sei ospite. Come sei in realtà. Nessuno entra nel Vietnam del Nord da visitatore o turista: si entra solo ospiti del governo che provvede al tuo alloggio, al tuo cibo, al tuo trasporto, e perfino alle tue spese minime. Appena giunta ho detto a The che volevo cambiare alcuni dollari in dong, la moneta di Hanoi. Ha risposto: «Perché?». «Be', nel caso voglia comprare qualche cartolina.» «Le cartoline te le diamo noi.» «Be', allora nel caso che voglia comprare alcuni francobolli.» «I francobolli ce li mettiamo noi.» «Be', nel caso che voglia comprare un pacchetto di sigarette.» «Le sigarette sono in camera tua, con la frutta. Se non ti bastano, non hai che da chiederle.» Ho insistito scherzando che, da buona capitalista, non posso stare senza soldi in tasca, mi ammalo: ha preso venti dollari ma ha replicato che il cambio è chiuso fino a lunedì e che lunedì andremo in provincia dove non ci sarà bisogno di dong. Tra parentesi: non è straordinario che l'unica moneta di scambio sia il dollaro? Mi fa venire in mente quel marine di Saigon che in un certo negozio non riusciva a pagare in dollari e, disperato, gridava: «This is the damn best money in the world!». Questo è il dannato denaro migliore del mondo!

Il programma del nostro soggiorno è già stato stabilito: in ogni minimo particolare e senza consultarci. Sono riuscita solo ad aggiungere che vorrei incontrare il generale Giap e due piloti americani. Se almeno potessi prender contatto coi giornalisti stranieri: mi darebbero un consiglio. So che vi sono i russi della Tass, della Isvetzia, della Novosti, i francesi della France Presse e dell'Humanité, due cubani: però telefonargli è impossibile, recarsi ai loro uffici anche. In tutta Hanoi vi saranno sì e no trecento telefoni, al Metropole devi chiedere la cortesia a un portiere che non risponde o finge di non capire. I taxi non esistono: le auto che vedi appartengono allo Stato e non puoi usarle senza un permesso speciale. Anche se sfuggissi a Huan, non andrei lontano. E poi i rapporti fra gli stranieri non sono ben visti; quando ho detto a The che vorrei conoscere i colleghi russi o francesi s'è irrigidita e ha risposto che chiederà il permesso al ministero delle Informazioni. È allucinante. Quattro ore sono già bastate a trasferirmi in un racconto di Kafka, in un libro di Orwell. E se rovistando nella mia camera scoprissero che ho trattenuto per me alcuni rotolini a colori? Forse è meglio che li nasconda in un altro posto. O che li dia a Carmen, a Giulia, a Marisa: le tre donne della delegazione. Le prime due sono comuniste, la terza è socialista di unità proletaria: dovrebbero apparire meno sospette di me. Anche Carmen, Giulia e Marisa mi sembrano perplesse da questo primo incontro con Hanoi. Però Carmen ha detto una cosa: «Siamo capitate in un momento di quiete, cioè in un momento che non favorisce indulgenza». E mi pare giusta. Forse un anno fa quando Hanoi era sconvolta dagli allarmi aerei, dalle esplosioni, dalla tragedia, non me la sarei presa per certe piccole cose e il loro eroismo mi avrebbe sedotta. Scomparsi i bombardamenti, e con essi l'atmosfera di eroismo, i difetti balzano agli occhi con maggiore evidenza.

 Aspettiamo comunque a giudicare, tentiamo piuttosto di dormire: domattina la sveglia è alle sei, il primo appuntamento alle sette. Sembra che qui si alzino all'alba, come nei conventi. Ma qualsiasi cosa abbia visto dacché sono sbarcata mi fa pensare a un convento. Voglio dire questo mortificarsi in una totale assenza di comodità, di allegria, di bellezza. La guerra non c'entra. Anche a Saigon c'è la guerra. Saigon, in fondo, è più tragica di Hanoi: bombardata dagli americani, dai vietcong, dai nordvietnamiti, dai sudvietnamiti, paralizzata dal coprifuoco, dai combattimenti per strada, dagli arresti, dalle esecuzioni. Eppure a Saigon la gente sa ridere, sa apprezzare il piacevole, e le donne sono le donne più graziose del mondo. Guarda queste, invece. Sciatte, spettinate, sempre brutte. Verrebbe voglia di urlare: datti un colpo di pettine, perbacco, datti un po' di rossetto, non andrai mica all'inferno se lo fai! Forse è l'esempio di Ho Chi Minh che, chiuso in una specie di cella del palazzo presidenziale, un lettino una sedia un tavolo un armadio, vive da quattordici anni con tre vestiti lisi e tre paia di sandali. O forse è l'esempio di qualcun altro. Qui al Metropole vi sono cinquanta cinesi. Autorelegati nell'ala al di là del giardino, non si mostrano mai. Però cinque minuti fa, affacciandomi alle scale, li ho visti passare. Procedevano in fila indiana, senza un sorriso. Composti nella identica triste uniforme, senza una parola. Sembravano monaci che si avviano in chiesa per le preghiere della sera. Solo che invece del crocifisso portavan sul petto una grande medaglia di Mao.

Sabato mattina. Sono scappata! Ci sono riuscita! È successo dopo l'incontro mattutino con Nguyen Thi-tap, la presidente dell'Unione donne vietnamite. Bel personaggio, se avessi potuto intervistarla a quattr'occhi. Tutti i suoi figli li ha persi alla guerra, l'ultimo è morto quest'anno nel Sud, e lei sorride: serena. Mi sarebbe piaciuto chiederle: come fai a sorridere, Tap? Ma i quaranta minuti trascorsi nel suo salottino, sotto un ritratto di Ho Chi Minh, si sono risolti in un noiosissimo scambio di convenevoli, tazze di tè senza zucchero, e il mio bisogno di scappare s'è fatto spasmodico. Così, quando Huan e The ci hanno riportato in albergo, ho colto un loro attimo di distrazione e sono sgusciata via, verso il lago: per trovarmi subito chiusa da un codazzo di bambini che mi tastavano, mi agguantavano, mi tiravano, poi da una folla che mi serrava in un cerchio muto, sorpreso, e mi esaminava come noi esamineremmo una creatura scesa da Marte. Si sono fermati

Rapporto dal Vietnam

anche due miliziani e ciò m'ha innervosita perché avevo la macchina fotografica. Ma, dopo avermi guardato male sotto il berretto con la stella rossa, se ne sono andati. E a forza di spintoni, supliche, ho potuto aprirmi un varco per continuar la mia strada.

Non ho visto distruzioni. Le zone colpite sono evidentemente nei quartieri periferici, lungo la ferrovia. Al centro non v'è neanche un edificio crollato, incrinato, e i rifugi hanno quasi un'aria superflua. Ve ne sono a centinaia, migliaia. Specie quelli rotondi, a fil di terra, per una persona sola. Sembrano bare cilindriche, con il coperchio a lato, e bucano i marciapiedi come piccoli crateri lunari. Bisogna fare attenzione a non caderci dentro e il trabocchetto ti attende ogni cinquanta centimetri. Mi son messa a fotografarli e una donna s'è offerta come comparsa, ci si è calata dentro. La folla, intorno, annuiva con severità. Quando la donna è risalita su, ho tentato di parlarci in francese ma non mi capiva ed è intervenuta una studentessa-operaia che sapeva un poco di inglese. «No bombing now! Finished!» ho detto. (Niente bombardamenti, ora, finito!). Ha risposto: «No believe. Americans always lies. We ready». (Non credere, americani sempre bugie. Noi pronti). Ho insistito: «No, no! Finished! Really finished!». (No, no, finiti, davvero finiti!). Ha torto la bocca: «May be, May be not, Gion Son still». (Forse sì, forse no, Gion Son ancora). Gion Son sta per Johnson che qui vuol dire bombe. Dio, cosa devon essere stati gli anni dei bombardamenti se ancora non credono che siano finiti. A ogni ora del giorno e della notte, settimana dopo settimana, mese dopo mese, in perpetuo. Ha davvero ragione Carmen: bisogna pensare a com'era fino al 31 marzo 1968. D'accordo, ci penso. Ma allora perché non riesco ugualmente a provare la commozione che suscitavano in me da lontano? Allora perché di questa città colgo solo la tristezza mortificante, la monotonia ossessionante?

Per cominciare, non vedi colori. Sono tutti vestiti uguali: uomini, donne, bambini. Di blu, come i cinesi. Quando non sono vestiti di blu sono vestiti in uniforme, cioè in grigioverde. Sicché l'unica macchia che interrompa quel mare di blu e grigioverde è il rosso delle bandiere rosse. Poi, non odi mai i rumori tipici e vivi di una città. A parte qualche camion militare, qualche antico tranvai da cui ciondolan grappoli umani, l'intero traffico si svolge su biciclette. Fiumi e fiumi di biciclette che passan frusciando e non scampanellano mai. Neanche i tranvai del resto scampanellano mai. Né i camion suonano il clacson. E il risultato è un silenzio disumano, impossibile, che d'un tratto si rompe in una voce immensa o in un'immensa canzone di guerra. Ti giri spaventato a guardare, a tentar di capire da dove essa giunga, e ti accorgi che giunge da ovunque: dai tetti, dagli alberi. Sono gli altoparlanti che prima annunciavano l'allarme aereo e ora invece trasmetton consigli, notizie, poesie di Ho Chi Minh, marce e cori arrabbiati. Infine, la miseria cupa. Tutte le case, gli edifici pubblici, risalgono al tempo dei francesi. Partiti loro, nessuno ha costruito più nulla. Peggio: nessuno ha fatto nulla per mantenere quel che esisteva. Così le palazzine che al tempo dei francesi dovevano esser graziose, pulite, ora sono sozze e nere e cadenti. E la gente ci vive ammassata fra i topi e il fetore. Guarda il teatro municipale: non era mica brutto. Oggi vi si disfanno perfin le persiane. Guarda quel cinematografo: non era mica peggiore dei nostri. Oggi è una bettola. Che sia perché gli uomini sono alla guerra? Ma no, e le donne li sostituiscono bene. Una ripulita potrebbero darla, una mano di calce, una martellata su un chiodo che casca.

Non esistono praticamente ristoranti, negozi. L'unico vero ristorante è quello (proibito ai vietnamiti) dove vanno gli stranieri: in massima parte laotiani e cubani. Assomiglia a una mensa popolare di terza categoria e ti toglie l'appetito a entrarci. Quanto ai negozi eccoli qua: una botteguccia con due pezze di stoffa e due manichini biondi (francesi) del 1930; una libreria dove trovi solo materiale di propaganda, agiografie di Ho Chi Minh; un posto dove vendono i francobolli per collezione, i dischi rivoluzionari, i ritratti di Marx. Gli acquisti veri e propri, carta di razionamento alla mano, si fanno nei Magazzini riuniti: una specie di grande emporio a tre piani. E poi, lungo il lago, c'è una gioielleria. Contiene un bel servizio d'argento che però non è in vendita, alcuni anellini e pettini fatti con l'acciaio degli aerei americani abbattuti, alcuni soprammobili di tartaruga, un piattino da caffè con sette pietruzze semipreziose, una collana. È una collana di perle false e cristalli, col fermaglio arrugginito. La regge una mano di gesso, europea. È chiusa dentro una bacheca di vetro. Costa sei dong, circa settecento lire.

Sono rimasta per strada quasi un'ora. Quando sono rientrata le mie guardiane erano in preda a una rabbia feroce. «Dove sei stata? Che hai fatto? Non si può. Non bisogna.» Huan mi ha afferrata con gli artigli e credevo che mi graffiasse. Ma perché questa gente non sa farsi gli amici, anzi conservarseli? Vieni qui pieno di rispetto, di pietà umana, e appena ti muovi ricevi uno sputo sul cuore.

Sabato pomeriggio. Dopo il rimprovero sono stata condotta alla sede del Fronte nazionale di liberazione. In automobile, sebbene si trovi a cento metri dal Metropole. Dice che a piedi non possiamo andarci perché «le biciclette sono pericolose». Ho chiesto: «Anche sui marciapiedi?». «Sì, anche sui marciapiedi.» Perbacco, con loro non ti sposti che dentro quel macinino. Il Fronte è una palazzina pulita e ha tutta l'aria di un'ambasciata. Con la sua sentinella, la sua bandiera. Mi ha ricevuto un tipo di mezza età, cordiale: Nguyen Phu-soai, di Saigon. Quando The gli ha spiegato che conosco bene Saigon, i suoi occhi si sono riempiti di lacrime. Mi racconti, diceva, è molto distrutta Saigon? La mia gente è molto infelice a Saigon? Non vedo Saigon da dodici anni. Ma le mie guardiane hanno tagliato corto, tal racconto non era in programma, in programma era l'intervista con due eroine vietcong: condotte lì apposta per me. Una bambina dagli occhi di cerbiatto, Ho Thi-thu, e una giovane donna cui mancava una gamba: Huynh Thi-kien. Catturata dagli americani, liberata dai guerriglieri. Hanno incominciato con lei. Huan, The e Nguyen Phu-soai assistevano al dialogo e annotavano scrupolosamente tutto ciò che chiedevo o mi veniva risposto. Lo annotava anche un omino secco che d'ora innanzi mi seguirà ovunque come interprete: il camerata Ho. Così saranno in tre a sorvegliarmi.

Huynh Thi-kien, contadina di Quang Nam. Analfabeta, anni ventuno. Grassa, brutta, triste. Nella Resistenza dal 1958, come i suoi fratelli. Portaordini e poi combattente. «Raccontami la prima volta che ammazzasti un uomo, Kien.» «Non uno, tre.» «Racconta.» «Fu nel 1964. Su una collina vicino a Danang. Erano le nove di sera, pioveva. Con un'altra ragazza io facevo parte di un gruppo di trenta uomini. Ma io e lei avevamo quattro granate ciascuna e basta. Così abbiamo strisciato fino alla cima della collina e qui ho visto l'americano. Non avevo mai visto un americano e al solo pensare la parola americano mi si piegavan le gambe.» «Com'era questo americano, Kien?» «Era grande, molto grande, e peloso. Aveva tanto pelo sul viso e sui bracci. Ce l'aveva perfin sulle mani. Pelo rosso. Era orribile con quel pelo rosso e mi ha fatto tanta paura e gli ho tirato la granata, e l'ho preso. Allora s'è messo a gridare, piangeva e gridava, e sono arrivati altri due pelosi come lui. Per aiutarlo, credo. Così ho aspettato che fossero chini su lui e ho tirato la seconda granata e li ho ammazzati tutti e tre, sono andati a pezzi perché ero molto vicina.» «E cosa hai sentito, Kien, quando sono andati a pezzi?» «Mi son sentita felice. Come una gran voglia di ridere.» «E la gamba, quando l'hai persa, Kien?» «Tre anni dopo, presso Hoi An.» «Come l'hai persa, Kien?» «Me l'hanno tagliata gli americani. Sono una vittima delle atrocità americane.»

The ha annuito, soddisfatta. Huan ha annuito, soddisfatta. Soai ha annuito, soddisfatto. «Come te l'hanno tagliata, Kien?» «Mi torturavano, sono svenuta. Poi mi sono svegliata e la gamba non c'era più.» «Kien, una gamba non si taglia per tortura. Per tagliare una gamba e non morir dissanguati ci vuole un regolare intervento chirurgico. Dov'eri quando ti sei svegliata?» The ha alzato un sopracciglio, Huan mi ha fissato con antipatia, Soai ha stretto le labbra. «Ero in un letto.» «E la gamba era fasciata?» «Sì, era fasciata.» «Dimmi la verità, Kien: ti avevano catturata ferita alla gamba?» «Sì, c'era stato quel combattimento e io ero rimasta ferita alla gamba.» «E non può darsi che all'ospedale ti abbiano tagliata la gamba perché non c'era altro da fare?» «Loro mi torturavano. Mi hanno legato a quel tavolo, con le braccia sotto il tavolo, e mi tiravano pugnalate sulla gamba ferita.» «Loro chi? Gli americani?» «No, un soldato fantoccio, un sudvietnamita. Ma l'americano stava a guardare. Con quel frustino in mano diceva: "Sei una brava ragazza, parla". E lasciava che l'altro mi pugnalasse. Che differenza fa?» «Non molta. Ma bisogna spiegarci bene, Kien.» A questo punto però Soai ha detto che Kien aveva molte cose da fare, The ha detto che Kien era assai stanca, e Kien s'è alzata, obbediente, e se n'è andata oscillando sulla sua povera gamba di legno, e non ho potuto sapere di più. Siamo passati alla bambina.

Ho Thi-thu che vuol dire Autunno. Figlia di contadini anche lei, analfabeta anche lei. Piccina, commovente, anni quindici. Ma ne dimostrava al massimo dodici ed era così assurdo vederla vestita da guerrigliera. Per presentarmela le avevano messo la giacca grigioverde, il cappelluccio vietcong, la sciarpa vietcong, e anche una delle sue molte decorazioni. «Qual era il tuo lavoro, Thu?» «Io, sai, seguivo il nemico per vedere dove andava, e contare le armi che aveva, e lo seguivo anche nel bosco dove i soldati dicevano: "Dove vai, bambina?". E io rispondevo: "Vado dalla mia nonna". E allora i soldati dicevano: "Sei una vietcong, bambina?". E io rispondevo: "Khong, no!". Dapprincipio, sai, avevo paura. Ma poi c'è stato quel congresso di guerriglieri, dentro la giungla, e loro mi hanno spiegato che non bisogna avere paura per vincere la guerra e liberare la patria.» «Thu, sapresti dirmi cos'è la guerra, Thu?» «Oh, la guerra sono gli americani che vengono qui per distruggerci e perché i genitori si separino dai loro bambini e le donne dai loro mariti.» «E la patria cos'è, Thu?» «Oh, questo non lo so, io fo le cose che gli zii e le zie mi dicono di fare, e non pongo domande, ma credo che la patria sia il villaggio dov'è la mia mamma, che mi manca tanto. Gli zii e le zie sono buoni con me, però io vorrei la mia mamma.»

Gli zii e le zie sono i membri del partito, presso cui vive dacché l'hanno portata ad Hanoi per farla diventare una vera guerrigliera e poi rinviarla al Sud. Ed era chiaro quanto gli zii e le zie non le bastassero: si stringeva a me con tenerezza, mi affondava gli occhi negli occhi, voleva seguirmi a ogni costo. «In Italia, Thu? Ma lo sai dov'è l'Italia?» «Oh, sì. Lontano, laggiù, in Europa. Vicino alla Francia.» «E la tua mamma sarebbe contenta se ti portassi in Italia?» «Oh, la mia mamma è sempre contenta se non sono alla guerra.» Così m'è sfuggita quell'esclamazione, «che cosa schifosa è la guerra», e tutti si sono irrigiditi. Neanche avessi pronunciato una bestemmia. Con voce dura, The mi ha chiesto se fossi una pacifista. La stessa domanda che mi pose, nello stesso tono, Barry Zorthian: il direttore del Juspao a Saigon. Solo che Barry Zorthian finì col riderne, definirmi «ingenua idealista». The invece no. Che la guerra gli piaccia? È un sospetto che non mi abbandona. Come quello che fra nordvietnamiti e sudvietnamiti del Fronte non corra buon sangue. Il modo in cui le mie guardiane trattavan Soai era assai distaccato, per non dire sprezzante. Quando l'abbiamo lasciato ho detto a The: «Mi sembra un brav'uomo. Vorrei parlarci con calma». Ha replicato con un'alzata di spalle: «Già, a te piacciono "loro"».

Oddio, Huan sta bussando alla porta. Se non corro, la sfonda.

Sabato notte. È successa una cosa fantastica: ho conosciuto un giornalista europeo! Si chiama Milan Syrucek, è cecoslovacco, è qui da venti giorni. L'ho avvicinato per le scale, credevo che fosse francese, quando ha risposto Praga gli sarei saltata al collo. Abbiamo fatto subito amicizia, e ci siamo nascosti in camera sua a scambiarci qualche impressione. «Io non so cosa dirti, Milan. È troppo presto. Tu cosa ne pensi?» «Penso che sono scoraggianti perché stanno ripetendo i medesimi errori commessi dai Paesi socialisti, senza tenerne alcun conto. In senso economico, politico, psicologico. Ma è un gioco talmente difficile il loro: da una parte gli americani, dall'altra i sovietici, dall'altra ancora i cinesi. E quest'ultimi sono i più influenti: a nord di Hanoi i cinesi brulicano. Nel tuo programma c'è un giro in provincia?» «Sì Nam Ha, Thanh Hoa, Ninh Binh.» «Lo immaginavo. È il solito giro che fanno fare ai corrispondenti stranieri. Non cambia mai perché quelle sono province a sud di Hanoi e lì non trovi i cinesi.» «Soldati cinesi o consiglieri cinesi, Milan?» «Come si fa a distinguere. Il pretesto è costruire una ferrovia che dalla frontiera con la Cina arriverà ad Hanoi, e in futuro dovrebbe arrivare a Saigon. Operai armati, diciamo.» «E i russi, Milan?» «Di russi non ve ne sono molti e comunque assai meno. La posizione dei russi è più equivoca.

Forniscono ai nordvietnamiti le batterie antiaeree, i carri armati, le armi pesanti, ma segretamente tremano all'idea che gli americani se ne vadano dal Vietnam del Sud. Partiti gli americani, resteranno soli a sorvegliare i cinesi. E i russi sono qui per sorvegliare i cinesi.» «Milan, hai mai parlato coi vietnamiti della conferenza di Parigi?» «Sì, ma loro non amano parlarne. A loro preme che la conferenza duri più a lungo possibile, non hanno alcuna fretta che si faccia la pace. Perché la pace significa una scelta fra i russi e i cinesi, la guerra invece permette un certo equilibrio fra i due. Più continua, meglio è.»

Allora gli ho raccontato l'episodio avvenuto alla sede del Fronte, quella mia esclamazione, «che cosa schifosa è la guerra», e non m'è parso sorpreso. «Ovvio che, in fondo al cuore, la guerra gli piace. O diciamo che vi sono troppo abituati. La fanno da troppo tempo, è diventata per essi un sistema di vita al di fuori del quale si sentono a disagio. Ma lo sai che, cessati i bombardamenti, la produzione nelle fabbriche è calata del cinquanta per cento?» «Forse vogliono riposarsi un poco, Milan.» «No, è che senza atmosfera eroica producono meno: hanno bisogno dell'eroismo come del riso. Sono come certi soldati di carriera: il meglio di sé lo danno solo a contatto con la morte, col rischio.» E se fosse vero? Io temo che sia vero. Troppe cose che Milan m'ha detto coincidono. Ad esempio, questa storia del programma obbligato. Pensa, anche a lui hanno dato da intervistare la piccola Thu e la giovane Kien. «Vedrai che assai presto ti organizzeranno l'incontro con un vecchio prete, il reverendo Jean-Baptiste, ed egli ti spiegherà la libertà di culto che gode il Vietnam del Nord...» È andata proprio così.

Il reverendo Jean-Baptiste, parroco della cattedrale di San Domenico, era il secondo appuntamento non richiesto ma imposto. Mi aspettava alla sede del Comitato cattolici patrioti e innamorati della pace in Vietnam, insieme a due laici devoti alla Vergine. Seduto sotto un grande ritratto di Ho Chi Minh, chiuso nella tonaca nera e mummificato in ciascuno dei suoi settantanove anni, fumava nervosamente e appariva assai inquieto. Forse perché i due laici devoti alla Vergine trascrivevano tutto ciò che diceva, insieme a Huan. Ciò che diceva aveva l'aria d'esser stato ripetuto altre volte, numerosissime volte: era venuto al Nord nel 1954, cioè l'anno in cui i cattolici emigrarono al Sud, e c'era venuto perché al Sud i francesi seviziavano i cattolici con orrende sevizie. «Che sevizie, reverendo?» «Be', impedivano la libertà di culto.» «In che modo, reverendo?» «Be', prendendosi i posti migliori nella gerarchia ecclesiastica, e impedendo ai vietnamiti di salire al rango di arcivescovi, e proibendo loro di esprimere fedeltà all'unico veneratissimo capo, al leader supremo Ho Chi Minh, salvatore della patria.» «Ma lei è comunista, reverendo?» No, non lo era. Ma coi comunisti andava d'accordo perché la giustizia sociale si applica solo col comunismo, e anche la libertà di culto, tant'è vero che i Paesi dove si pratica la libertà di culto son tutti Paesi comunisti, lui c'era stato e lo sapeva bene: Unione Sovietica, Cina Popolare, Germania dell'Est, Polonia... Povero reverendo. Ogni centimetro del suo corpo sudava paura. La paura stava nei suoi occhi acquosi, nella sua voce incrinata, nelle sue mani che tremavano al punto di non riuscir quasi mai a infilare la sigaretta in bocca. Mi ha anche dichiarato che sotto Ho Chi Minh vi sono più cattolici di quanti ve ne fossero sotto i francesi: pensi che al Nord erano un milione, che mezzo milione emigrò, che oggi son di nuovo un milione. «Be', ecco una notizia che farà piacere al Vaticano» ho esclamato. Ma lui ha risposto che non gliene importa nulla del Vaticano, il Vaticano non si preoccupa nemmeno di tenere un rappresentante ad Hanoi, i cattolici occidentali sono indottrinati dagli imperialisti americani eccetera. Qui, invece. Che andassi alla cattedrale di San Domenico. Andassi, vedessi. C'è una messa alle quattro del mattino, e una alle sei, e una alle cinque del pomeriggio, e i fedeli pullulano, e niente interferenze...

Ci sono andata, con le mie guardiane, e ho visto. Non che la cosa mi scandalizzi, sia chiaro, ma la prima cosa che ho visto è stata quella bandiera rossa. Dinanzi alla cattedrale infatti c'è un'aiuola, e in mezzo all'aiuola c'è una statua della Madonna, e accanto alla statua della Madonna c'è un pennone, e in cima al pennone sventola una bandiera rossa: la più grande che abbia notato fin'oggi ad Hanoi. Sotto quella bandiera rossa, la chiesa apre i battenti per le due messe dell'alba e la messa del pomeriggio se è sabato: però subito dopo li chiude e non c'è verso di entrare per dirci un'Ave Maria. L'orario è rigorosissimo. La messa vi è celebrata senza interferenze; esatto: perché mai il governo dovrebbe perdere tempo coi parroci di San Domenico? Ma i fedeli non pullulano mica come dice padre Jean-Baptiste. Vi saranno state sì e no cinquanta persone: in massima parte monache e beghine con un piede già nella tomba. Finita la funzione, ho tentato di parlare col prete: è scappato con la velocità di una lepre. Ho anche tentato di parlare con le beghine, così vecchie sanno immancabilmente il francese, ma l'unica cosa che sono riuscita a sapere è stato il numero dei parrocchiani: trecento. Subito dopo Huan s'è messa a rincorrermi fra le panche e m'ha portata via. Le ho detto: «Huan, se i cattolici godono questa libertà straordinaria, perché mi fai interrogare solo quelli del Comitato?». Mi ha risposto mostrandomi i denti. Dopo la mia scomparsa con Milan, non mi perdona più nulla. Vuol sapere dove ho passato quella mezz'ora, con chi. Mi lancia occhiate inquisitorie, soffre. Oddio, rieccola. Basta che chiuda la porta di camera perché si metta a bussare. *Toc-toc! Toc-toc-toc-toc!* Eccomi, Huan. Arrivo, Huan. Maledizione.

Domenica mattina. Ero stanca, ieri sera, e non ho annotato nulla sull'incredibile personaggio che m'è stato servito a cena: insieme agli involtini di riso e altre squisitezze locali. Quindi, ecco. Poiché avevo chiesto di prender contatto coi corrispondenti locali, arriva The e mi porta questo Luu Quy-ky: redattore capo di uno dei cinque giornali di Hanoi, funzionario del partito, presidente di non so cosa. Fra i quaranta e i cinquanta, in doppiopetto grigio, camicia di seta e cravatta, si butta sugli involtini di riso e intanto m'informa di avere tre telefoni (in casa), un'automobile con l'autista, uno stipendio da ministro. Paralizzata dallo stupore gli dico che è più privilegiato di un capitalista e lui è preso da un terribile accesso di tosse finito il quale risponde che i giornalisti ad Hanoi non sono come i giornalisti dei Paesi asserviti all'imperialismo americano: lavorano per la vittoria finale e si meritano ciò che io non meriterei. Gli chiedo che c'entro io, e risponde che io mi dedico a frivolezze. Gli chiedo quali frivolezze e, dimostrandosi bene informato, risponde: l'assassinio di Kennedy e il viaggio alla Luna. Protesto che come argomenti non mi sembrano frivoli proprio, al contrario, e ribatte sì, invece: non a torto i giornali di Hanoi dedicano a certe cose tre righe, al massimo quattro. Dopodiché mi rovescia addosso un lungo spiegone sull'eroismo dei nordvietnamiti che piegheranno gli americani come già piegarono Gengis Khan, e quando cerco di sapere se tale eroismo lo trova nei cecoslovacchi si arrabbia come una bestia poi sibila: «Le ricordo che è qui da ospite, che in quanto ospite deve occuparsi solo di noi ed evitare domande indiscrete». Si alza e se ne va abbandonandomi agli artigli di Huan che mi scorta fino alla camera per accertarsi che vada a letto.

Naturalmente, per accontentarla, ho finto di andarci davvero. Ma, appena ho calcolato che dormisse a sua volta, mi son rivestita e son scesa giù nella hall. Qui indovina chi trovo? I due corrispondenti della Novosti: Boris Sumeep e Boris Chiumeev. Pensa se lo sapessero al ministero delle Informazioni che ancora non m'ha dato il permesso di avvicinare i colleghi stranieri. Poveracci: sono qui da un anno e devono starci tre anni. Quando ne parlano, quasi scoppiano in pianto. «Fare amicizia coi vietnamiti è proibito, viaggiare senza scorta e senza autorizzazione è proibito, spedire articoli con gli aggettivi è proibito.» «Ma non siete loro alleati?» «Ah!» «Suvvia, qualcosa di buono avrete trovato in questo Paese, in questa città.» «Ah!» «Povera gente, sono in guerra da oltre vent'anni.» «Uffa.» «Voi li avete visti sotto i bombardamenti.» «Sì e quando venne la notizia che Johnson li aveva sospesi, l'accolsero come se non li riguardasse. Ci precipitammo per strada, aspettandoci scene di giubilo. Nulla. Andammo a cercare i pochi che conosciamo: avete udito, siete contenti? Nulla. Quasi avresti detto che gli dispiaceva.» «Non è possibile, Boris.» «Lo so, sembra impossibile.» «E la conferenza di Parigi?» «Idem. Non gliene importa nulla.»

Ma come si vogliono bene fra loro questi Paesi socialisti. Incomincia a farsi interessante il mio soggiorno al Metropole: ci trovi un mucchio di rivelazioni. Ad esempio ho notato che i cinesi passano solo quando i russi non ci sono e consuman la cena in una sala a parte: per non rischiar d'incontrarli. Ma se per caso si incrocian coi russi, i russi gli voltan le spalle. D'altra parte i cecoslovacchi non guardano né i cinesi né i russi, mentre i cubani non guardano né i cecoslovacchi né i russi né i cinesi. E guai se ti vedono un distintivo dell'uno o dell'altro. Io, per far piacere a Carmen e Marisa che fanno collezioni di distintivi, ho inventato un gioco. Vo dai cinesi e mi fo dare il Mao. Poi col Mao sullo stomaco vo dai russi che, scandalizzati, me lo tolgono e mi danno il Lenin. Poi col Lenin sullo stomaco vo dai cubani che me lo tolgono e mi danno il Castro. E via dicendo. Ieri sera... Eccola che viene, coi suoi dentoni e i suoi artigli. «Camerata, camerata!» Se almeno la smettesse di chiamarmi camerata.

Post Scriptum. Era venuta a dirmi che devo essere pronta fra venti minuti e a portarmi un giornale: il «Cuu Quoc» del 21 aprile 1968. Quando l'ha aperto a pagina 6, manca poco mi prende un infarto. Perché cosa c'è? Una corrispondenza firmata «O-ri-a-na Phan-la-tri» e una fotografia firmata «Gian-phoran-co Mo-ron-do». Il nostro primo servizio dal Vietnam del Sud. Ma di venti cartelle dattiloscritte non ne son rimaste che tre: composte dalle frasi che gli facevano comodo. Non solo, laddove parlo dei morti sulla collina 875, hanno cancellato ogni riferimento ai cadaveri nordvietnamiti. Sicché da questa mia «testimonianza» risulta che non c'era un solo nordvietnamita a Dak To e che quei cadaveri me li sono sognati.

Domenica pomeriggio. Dice Carmen: «Siamo qui da tre giorni e mi sembrano tre anni». Non posso darle torto. E non mi va via dalla testa Nguyen Van-sam, il vietcong prigioniero che intervistai a Saigon. «Poi mi recai ad Hanoi e vi rimasi dieci anni per studiar sabotaggio. Che anni lunghi. Non facevo che sognare il mio Sud ed ero così triste. Pensavo sempre a mia madre che salutandomi aveva raccomandato: non sposare una del Sud! Ero sempre solo, non mi frequentava nessuno...» Ehm, sì, Sam. Me le immagino le tue domeniche ad Hanoi. Noi l'abbiamo incominciata visitando il Museo della Resistenza. Prima un film su Ho Chi Minh, composto di fotografie e brani cinematografici dove lo circondano bimbi e colombe, poi il giro delle sale che contengono i suoi cimeli. La penna stilografica. Il bastone. Il pettine. Il panierino di vimini che usava a mo' di valigia. La riproduzione della grotta Pac Bo dove rimase nascosto fino al 1945. I giornali che stampava. Le poesie che scriveva. La ciotola in cui mangiava.

Sì, è vero che non esiste una strada intitolata a lui, né un ponte, né una scuola, né un ospedale. È vero che non esiste una statua di lui, solo ritratti nei luoghi pubblici e in qualche strada. Ma non è vero che la venerazione di cui è fatto oggetto non si materializza in un culto: vieni in questo museo e vedrai che il culto esiste, eccome, destinato a raggiungere proporzioni mostruose. Ci siamo annoiate a morte e io mi sono svegliata solo quando The ha puntato l'indice contro una trappola di Dien Bien Phu: una specie di ruota colma di aghi in cui i francesi restavano infilati. «Visto? Visto?» rideva, e i suoi occhi brillavano una gioia feroce. Poi, con la stessa gioia, m'ha spiegato che per gli americani esistono trappole più divertenti: nidi di vespe arrabbiate o di serpenti velenosi. Non so, mi ha dato fastidio quanto vedere una fotografia di GI che posavano, ridenti, dietro a due teste mozze di vietcong.

Dopo questo museo ci hanno portato in un altro museo: quello degli aerei americani abbattuti. Allineate in un cortile di ghiaia, carcasse di Phantom, di F-105, F-4, F-100, A-37 fra cui i bambini giocano. Non c'è altro modo di divertirsi ad Hanoi. Dopo il secondo museo ci hanno portato a un'esposizione di prodotti nazionali: caschi militari, bozzoli di seta, scarpe, cavolfiori, zucche giganti e pompelmi. Ma qui sono riuscita a sapere qualcosa che riguarda l'economia di questo Paese, e ho sotto gli occhi le note che ho preso, e non credo a ciò che rileggo. Gli stipendi, ad esempio. Qualsiasi mestiere tu faccia, gli stipendi variano fra i sessanta e i centoventi dong al mese. Poiché cinque dong equivalgono a un dollaro, cioè seicentotrenta lire, ne risulta che uno stipendio oscilla fra le 7560 lire e le 15.120 lire mensili. In casi straordinari però esso raggiunge i centocinquanta o i duecento dong, vale a dire le diciottomila o le ventiquattromila lire mensili. I casi straordinari riguardano i funzionari di partito, i ministri, gli attori. Così l'unico mezzo per aver qualche soldo è vincere una lotteria. Le lotterie (statali, ovvio) sono a ogni passo. I biglietti si vendono insieme alle cartoline postali e i ritratti di Ho Chi Minh. Prezzo, venti centesimi di dong: cioè ventiquattro lire. I premi sono altrettanto modesti: vanno da cento a trecento a seicento a mille dong. Cioè dalle dodicimila alle centoventimila lire. Però non così modesti se calcoli che anche il costo della vita è bassissimo. Con sei o sette dong, cioè settecento lire all'incirca, un operaio può affittarsi la casa. Con un solo dong, cioè centoventi lire, una donna può andare dal parrucchiere e farsi la messa in piega. Con tre dong, cioè trecentottanta lire, ti paghi un pranzo completo. Con venticinque dong ti compri i due vestiti che il razionamento ti passa ogni dodici mesi.

Il razionamento è duro. Anche per il mangiare. A seconda del mestiere che fai, ti passano quindici o diciotto chili di riso al mese, due o tre bottiglie di latte, un chilo e duecento di carne. Però il pesce si compra liberamente al mercato: carpe, anguille, gamberi. E così i salumi, le verdure, la frutta, le uova, i polli. Nessuno muore di fame e te lo dimostrano con insistenza: ricevendoti sempre dietro una tavola imbandita di dolci, caramelle, biscotti, pasticci di riso, costringendoti a mangiare sebbene tu li supplichi basta, vi prego, non posso, se continuo mi sentirò male. Non vogliono capire, non vogliono credere che qualcuno rifiuti il cibo. Dietro di loro sono secoli di fame arretrata, la carestia del 1945 ne uccise ben due milioni: e mangiare è il loro piacere più acuto, l'estasi che gli fa scordare la morte il dolore la guerra. Forse ha ragione Ho quando dice: «Tu non ci capisci perché non capisci la fame. Ciò che per te è indispensabile, come camminar sola per strada, per noi non ha alcuna importanza. L'invasore per noi non è solo lo straniero che vuole umiliarci, è il ricco che vuole portarci via il riso». È interessante Ho, col suo visuccio risucchiato e la sua giacca piena di rammendi.

Iscritto al partito da circa vent'anni, ex vietminh, ha tutta l'aria di comprender le rabbie che mi prendo con Huan e se gli pongo domande non risponde mai fesserie. Gli ho chiesto: «Ho, è più grande il tuo odio per i francesi o per gli americani?». Ci ha pensato bene e m'ha detto: «Vedi, io verso gli americani ho sempre avuto un complesso. Anche quando combattevo i francesi, e gli americani non c'entravano affatto, io odiavo gli americani più dei francesi. Perché li immaginavo grossi, grassi, invincibili: i tipi che ti sferrano un pugno nel mento e ti stendon per terra con la mascella a pezzi. I tipi che mangiano tanto. Perfino durante i bombardamenti li immaginavo nell'atto di masticare. Un fatto di gelosia. Mi spiego?».

Peccato che non ci possa parlar di più, che abbia tanta paura. Non ricordo in quale occasione ho gridato: «Ma insomma! Un po' di libertà!». E lui ha fatto uno scossone, mi ha puntato addosso due occhi imploranti. Colmi di panico.

Domenica sera. Eppure dev'esserci qualcosa di positivo in questo popolo, in questo Paese. Qualcosa che mi restituisca l'ammirazione che avevo per loro. Io la cerco, continuo a cercarla. Non è umano, non è logico che mi deludano sempre, che niente in loro mi piaccia. Capiterà il fatto buono, la persona giusta, ne sono certa. O non ti spiegheresti come il mondo si sia innamorato di questo popolo, di questo Paese. Non ti spiegheresti come essi abbiano fatto a resistere per anni all'esercito più forte della terra. Sono qui chiusa in camera e non fo che pensarci, che dirmi: magari sei stata troppo severa in questo primo approccio. E tuttavia...

Dopocena ci hanno fatto vedere un documentario sui bombardamenti. Mentre i Phantom si gettavano contro quelle capanne, quei campi, quelle città, la mia memoria è corsa al giorno in cui anch'io fui su un aereo così. In picchiata per ben sette volte. Prima un napalm, e poi un altro napalm, e poi un altro, e poi un altro ancora, e poi una bomba da cinquecento chili, e poi un'altra, e poi l'interminabile mitragliata, in risposta alla loro mitraglia, con la mia paura, la mia speranza che fossero loro a morire, che non ci buttassero giù. E al ricordo ho provato una grande vergogna. E li ho amati di nuovo. Ma li ho amati fin quando sullo schermo s'è visto precipitare un aereo, e una coppia di miliziani è avanzata portando un casco bruciato: ciondoloni a una canna con due stivali bruciati. E ho amato anche lui che li aveva portati e m'ha dato noia la voce di The che rideva ebbra di gioia: «Incenerito! Incenerito! La vittoria sarà nostra!». E ho capito che questo mi divideva da lei, dalla sua durezza, dal suo fanatismo: una umanità che per me è molto facile, per lei è quasi impossibile. Sotto le bombe c'era lei, mica io.

Non so, non so. Domani partiamo per la provincia e ci restiamo tre o quattro giorni. Sarà meglio che ad Hanoi? Nel dubbio questa specie di pena raddoppia.

2

Le donne in guerra nel Vietnam del Nord

Hanoi, aprile 1969
Poi, una rabbiosa pietà. Questa ti prende a visitare le province bombardate. Perché dimentica il sistema rigido in cui vivono, il dogmatismo in cui sono chiusi, e guardali come uomini donne bambini che per quattro anni ebbero bombe sul capo. Dimentica l'ottusità con cui ti trattano, le delusioni che ti infliggono, e osserva le loro città rase al suolo, i loro villaggi inceneriti, i loro figli mutilati. Se appartieni alla mia generazione, cioè a quella che vide la morte scender dal cielo, fai un esame di coscienza e ricorda l'ululo delle sirene, il grande boato, la tua casa ridotta in macerie e coloro che amavi sotto le macerie. Però oggi è peggio di com'era venticinque anni fa. Oggi gli aerei che ti distruggono sono autentici capolavori della tecnologia, della cosiddetta intelligenza umana. Dispongono di straordinari strumenti grazie a cui ti scorgono anche restando sopra le nubi, portano razzi teleguidati, bombe dentro le quali è sistemato un apparecchio televisivo che ti permette di veder dove cascano. E se non cascano bene puoi ripetere perfezionando. Sanno tutto di te, non gli sfuggi. E tu cosa fai se sei un contadino nella risaia? Pensa agli aerei senza pilota. Quelli che decollan da sé, atterrano da sé, fanno tutto da sé: come nei racconti di fanta-

scienza. Non c'è nessuno a bordo mentre prendon rilievi, scattano fotografie, ti condannano a morte. C'è solo un cervello elettronico che pensa: Angolazione X, tangente Y, velocità XY. Molte volte contro una centrale elettrica, un convoglio: giusto. Ma quante volte contro una capanna di paglia, un ponticello di bambù.

All'inizio essi restarono sbalorditi, paralizzati, e dicevano: «Perché?». Poi non lo dissero più, ci si abituarono e badarono solo a difendersi: facendo buchi per terra e andando a viverci dentro coi topi, rizzando batterie per colpirli. Alle batterie misero quasi tutte donne, ragazze fra i sedici e i vent'anni poco più: perché gli uomini erano al fronte, lontano. Con corsi accelerati di sei giorni, al massimo un mese, insegnarono loro a vederli arrivare, sparare un fucile una mitraglia un cannoncino, a non avere paura quando i draghi di ferro ti vengono addosso in picchiata. Non è facile restar fermi e sparare quando i draghi di ferro ti vengono addosso in picchiata. Ci vuole un gran fegato. Queste ragazze lo avevano. In quattro anni buttarono giù centinaia di aerei. E sopra quegli aerei costruiron la loro epopea. Con gli americani, il Vietnam del Nord non ha conosciuto battaglie terrestri: corpo a corpo in trincea, nella giungla, come il Vietnam del Sud. La guerra l'ha sofferta così, dal cielo. Pei bambini di cinque o sei anni un combattimento non è quello dei soldati che vanno all'attacco ma il duello che si svolge fra un aereo e una batteria. La vittoria sul nemico è un aereo che cade aprendo un immenso cratere nella risaia. Il nemico è un pilota che cala appeso a un paracadute. Gli adulti ci hanno fatto francobolli, su questo, e film, e canzoni che gli fanno cantare a scuola: «Quando ricominceranno noi li abbatteremo di nuovo...». Nessuno si illude che i bombardamenti siano davvero finiti. Tutti si aspettano che ricomincino e così continuano a vivere sottoterra coi topi, o a scrutare il cielo dalle postazioni di artiglieria. L'angolazione X, la tangente Y, la velocità XY loro la calcolano molto spesso a occhio: allenandosi sul volo degli uccelli.

Ciò che segue è il diario del mio viaggio nelle province di Nam Ha, Ninh Binh, Thanh Hoa: le sole dove ti sia consentito di veder certe cose, dietro rigorosissima scorta. Il viaggio durò quattro giorni e non mi spogliò dell'angoscia raccolta ad Hanoi: giacché nemmeno la più rabbiosa pietà può farti sopportare l'assenza della libertà. E tuttavia, in alcune tappe, con alcune persone, riuscii a trovare ciò che ad Hanoi m'era mancato: un contatto umano, una speranza di sentirli fratelli.

Con i cappelli di paglia sotto le bombe-biglia

Lunedì mattina. Stiamo viaggiando sulla Route numero uno. È la strada che porta, anzi portava, direttamente a Saigon. È anche la strada che attraversa le province più bombardate perché, lungo tutto il suo percorso, si stende la ferrovia: teatro di nuovi drammi se le incursioni riprendono. Poco fa è passato un treno pieno di soldati armati. Andava a sud, verso il 17° parallelo. Ho tentato di fotografarlo, senza riuscirci: The ha messo la mano davanti. Proibito ritrarre soldati, treni, cose militari: me ne ricordi bene quando ne incontro. Be', ne ho incontrati pochi per ora e quei pochi non sembravano pericolosi. Un carro armato: sovietico. Un breve convoglio nascosto sotto un filare di alberi. Camion vecchi, carabine vecchie, uniformi scolorite e mezze rotte, un che di povero, disordinato, stanco. Al Sud devono spedire proprio il meglio che hanno, qui sembran l'esercito più scalcinato del mondo. Se paragoni ciò che scorgi qui con l'equipaggiamento degli americani, la freschezza delle loro truppe, ti vengono i brividi. E ti chiedi come sia possibile che Hanoi vinca. Resistendo, forse. Stringendo i denti, forse. Insomma ciò che hanno fatto con le incursioni aeree. E tornando a queste, al pericolo che ricomincino, la domanda da porsi è se erano dirette contro gli obiettivi militari e basta, come sostengono gli americani, oppure se miravano a obiettivi civili, come sostengono i nordvietnamiti. Non so. Secondo ciò che ho visto dacché siamo partite, direi che gli americani non mentono. Sulla Route numero uno le bombe sono cadute con estrema precisione dove era ovvio che cadessero: centrando la ferrovia e nient'altro. Vagoni rovesciati, capannoni bruciati, rotaie contorte, ma nessuna casa distrutta. Una accuratezza da orologiai. Secondo ciò che vedo avvicinandomi a Nam Ha, invece, direi che non mentono i nordvietnamiti. Dal finestrino della mia Volga non sorprendo che macerie, muri sbriciolati, rovine.

Ecco Nam Ha, capitale della provincia. I soliti edifici sozzi che, partiti i francesi, non ci si curò di mantenere. I soliti mercatini gonfi di miseria. E poi The ci conduce dove vuole il ministero Informazioni e propaganda: un quartiere di cui non è rimasto più nulla fuorché la facciata di una chiesa cattolica e un prato bucato da crateri di sei, otto metri di diametro. Sarebbe arduo immaginare cosa esisteva prima, le case, ad esempio, che sorgevano al di qua e al di là delle strade. Di intatto non v'è che una stele, piantata dal municipio. Dice: «Vennero alle cinque del mattino, il 14 aprile 1966. Dormivamo. Di noi si salvò solo un fanciullo. Eravamo duecentoquaranta famiglie. Indifese». Ed è un fatto che dal maggio del 1965 al marzo del 1968 ci furono centoquaranta incursioni su Nam Ha: l'ottanta per cento della città andò completamente distrutta. The previene la mia domanda, e il gran viso piatto si fa di pietra. «No, non v'erano obbiettivi militari a Nam Ha. Neanche una caserma. Solo fabbriche di cotone e di seta.» «Ma la ferrovia non è lontana, The.» Finge di non udire e mi presenta a una ragazza che quel giorno vide catturare i due piloti di un F-105. A sette chilometri dal quartiere, nel villaggio di Lam Sa. «Uno cadde nello stagno, uno nella risaia. Li circondò subito una gran folla che li voleva ammazzare. Loro s'eran buttati in ginocchio con le mani unite per chieder pietà. Li salvarono cinque miliziani: tre uomini e due donne. Li portarono via illesi e ci dispiacque: ci sarebbe piaciuto ammazzarli.»

Oltre a capire se certi bombardamenti erano terroristici o no, c'è una seconda cosa da mettere in chiaro: se qualche pilota gettatosi col paracadute venne mai linciato, dopo la cattura. O prima.

Lunedì pomeriggio. Questa storia dei bombardamenti. Un ospedale centrato quattro volte in pochi mesi, e per nulla vicino alla ferrovia, dà un notevole fastidio. Soprattutto se pensi a quegli strumenti perfetti, a quei capolavori della tecnologia: l'apparecchio televisivo dentro la bomba eccetera. Che i piloti non abbian creduto alla croce rossa sul tetto? Ora è evacuato intorno a una pagoda, a circa venti chilometri dalla città, e si guardano bene dal dipingerci sopra la croce rossa. Al contrario, tentano di camuffarlo come un villaggio. Ci sono stata stamani, dopo la tappa alla sede Unione donne vietnamite. Ci si arriva, a questo ospedale, attraverso un sentiero lungo il canale e perfino l'ingresso è nascosto sotto grandi palme: fotografarlo è proibito. La pagoda è trasformata in corsia, e per pregare il vecchio bonzo ha sistemato la statua del Buddha in uno sgabuzzino adiacente al laboratorio scientifico. Le sale chirurgiche, gli alloggi del personale, le camere degli ammalati sono nelle celle che appartenevano ai monaci o in capanne costruite alla svelta con un po' di calce e rami di bambù. Il ministero Informazioni e propaganda sa quel che fa quando ti manda qui. E quando ti fa incontrare con quest'omino dolce e ridente, il dottor Nguyen Tich Y. Quarantacinque anni, ex vietminh. Ferito al petto da una pallottola francese nel 1950, vedovo di una prima moglie che morì sotto un bombardamento al tempo dei francesi. Padre di quattro figli che non vede da quasi tre anni, dal giorno in cui evacuarono con la seconda moglie in una lontana provincia. Divorato dalla fatica, privo di fanatismo. C'è una tale onestà nei suoi occhi, non puoi non credergli quando afferma, tranquillo: «So che è difficile restarne convinti ma è proprio vero che a Nam Ha gli americani hanno colpito gli ospedali. Il perché non lo capisco. Questa è gente dura però: reagisce in senso contrario». «E quando giunse la notizia che i bombardamenti cessavano, dottor Y?» «Sentimmo un gran sollievo ma ci guardammo bene dal ripender la vita normale: restammo vigilanti. Infatti eccoci qui.» «Dottor Y, davvero non crede che gli americani non vogliano la fine della guerra?» «No, non ci credo.» «Davvero non crede che abbiano provocato la conferenza di Parigi per questo?» «No, non ci credo. Io mi aspetto ancora di queste.» E mi mostra una bomba a biglia.

Non avevo mai visto una bomba a biglia, non avevo la minima idea di come fosse fatta. È fatta così. È un cilindro giallo, lungo quindici centimetri circa, largo dieci, con due alette a razzo e un detonatore nel mezzo. È completamente riempita all'interno e fasciata all'esterno con pallini d'acciaio: grandi, direi, la metà di un pisello. È chiusa con altre in un contenitore che visto di fuori sembra una bomba normale, di grandezza variabile. Presso l'obiettivo il contenitore si apre, le bombe a biglia volano via ed esplodono prima di toccar terra: schizzando centinaia e centinaia di pallini che hanno un raggio d'azione di almeno trenta metri. La bomba a biglia non buca né il ferro né il legno né i muri. È costruita esclusivamente per ferire il corpo umano: l'idea era di usarla contro i miliziani della contraerea. Quando i pallini colpiscono il corpo, infatti, c'è ben poca speranza: giacché penetrano così fitti e profondi che estrarli è impossibile o quasi. «Io, quando mi portano un ferito da bomba a biglia, duro immensa fatica a restare lucido, e alcuni medici sono presi dal panico. Cosa fai? Da dove incominci? Vorresti solo piangere. Tutti i bambini qui vanno a scuola con una lunga giacca di paglia intrecciata, e un cappello uguale. È perché abbiamo scoperto che i pallini delle bombe a biglia non passano attraverso la paglia intrecciata, ci restano dentro. Così vestiti, i bambini restan presi solo alle braccia e alle gambe: il che è meno grave.» Mah! Non so cosa pensare, riporto ciò che lui m'ha detto.

È un brav'uomo, ripeto mi sembra sincero. Dopo ci ha condotto a visitar l'ospedale che è letteralmente bucato di rifugi, e in un rifugio è caduta Giulia procurandosi una brutta ferita alla gamba. Lui l'ha subito condotta al pronto soccorso che era una cella appena illuminata dal fanale di una bicicletta, e l'ha medicata con tanta dolcezza. Per tenere acceso il fanale, un altro medico è salito sulla bicicletta, fissata al pavimento, e s'è messo a pedalare. Ho esclamato: «Lavorate sempre in queste condizioni?». Sopra la maschera di garza gli occhi del dottor Y mi hanno fissato limpidi e sorpresi. «Sì, certo. Perché?»

Lunedì sera. Peccato che non siano tutti come lui. È già ricominciata la stessa storia di Hanoi. Dopo l'ospedale ci hanno riportato alla sede Unione donne vietnamite e qui abbiamo subìto due ore di spiegone sulle atrocità americane, grazie al locale gerarca comunista che non mi ha degnato però di uno sguardo. Gli avevano detto che non sono comunista, che sono stata a Saigon con gli americani: la cosa non gli andava giù. Mi sto un po' abituando alla loro ostilità ma devo ammettere che è imbarazzante. Ogni volta che fanno il mio nome ci aggiungono un discorsino che non finisce mai e vedo corpi che si irrigidiscono, occhi che si induriscono nel sospetto. L'ho detto anche a The. Ha replicato: «Chiaro. Vieni qui come indipendente. Non bisogna essere indipendenti. Che significa essere indipendenti?».

The si dimostra sempre più spietata. Mi sorveglia come se fossi una spia del Pentagono e ogni volta che ho tentato di allontanarmi dal portone di quella dannatissima palazzina mi ha fatto agguantare dagli artigli di Huan. Sono riuscita solo a dare uno sguardo al cimitero francese, nella chiesa di fronte. Sulle tombe ci hanno piantato i cavoli. E poi, scortata da Huan, ho potuto ficcare il naso in due negoziucci sotterranei: uno spaccio alimentare e un barbiere. Quando ho implorato che mi lasciassero camminare per la città, mi hanno risposto che sarei caduta in un buco come Giulia. Giulia, che s'è fatta più male di quanto credessimo, è stata rinviata ad Hanoi. Qui siamo rimaste solo io, Carmen e Marisa: rimpinzate come polli affinché si racconti che nel Vietnam del Nord non si muore di fame, costrette ad ascoltare un coro infantile di canzoni guerresche, infine condotte in camera con l'ordine di dormire subito. Ed erano appena le otto e mezzo. Alle nove, poiché stavamo ancora parlando, The è piombata col tono di una madre badessa che dirige un collegio indisciplinato e ci ha ingiunto nuovamente di dormire. Così eccomi qui, in una lurida stanza con un lurido letto senza lenzuoli e un lurido vaso da notte, punita di non so quale colpa, arrestata perfino se scendo giù nel cortile. Dio! Tutte le bombe del mondo non riuscirebbero a farti stabilire un rapporto umano con questa gente. Non vorrei mai esser costretta a scegliere fra loro e chi inventò le bombe a biglia.

Martedì mattina. Prima dell'alba la madre badessa è apparsa come un fantasma al di là della zanzariera che copriva il letto e m'ha svegliato, secca: «Su, in piedi! Avete chiacchierato fino alle dieci, ieri sera, vi ho udito!». Siamo partite nel buio, nel freddo, dirette a Thanh Hoa e il primo incidente è successo quando dall'auto in corsa ho fotografato quella batteria antiaerea: prima del ponte Ham Rong. Siamo state immediatamente fermate, circondate, trattenute fino all'arrivo del comandante che s'è limitato a confiscare il rotolino anziché la macchina fotografica. E così un mucchio di materiale scattato a Nam Ha è andato perso, maledizione. Il fatto è che questa zona non è innocente come l'ospedale del dottor Y: brulica di campi militari, fabbriche, ferrovie, e ogni cinque o sei chilometri c'è una batteria antiaerea composta da almeno una dozzina di cannoni da 100 mm. Se potessero, ti porterebbero fino a Thanh Hoa con gli occhi bendati. Poi, nel punto che piace a loro, ti toglierebbero la benda e ti mostrerebbero determinate macerie con una conferenza sui pirati dell'aria: in due anni, diciassettemila fra bombe e razzi, duecentomila bombe a biglia, una media di cinque bombe per abitante, la distruzione del ponte Ham Rong intorno al quale sono stati eroicamente abbattuti ben quarantasette aerei. Però tacendoti che quel ponte è l'unico ponte sul fiume Song Chou, che sopra ci passano strada e ferrovia, che strada e ferrovia servono a condurre rinforzi verso il 17° parallelo... Perché via, siamo giusti: chiunque è pronto a maledire chi centra un ospedale, ma chiamar pirati dell'aria coloro che bombardano il ponte di Ham Rong mi sembra eccessivo. La guerra è guerra, e i mortai dei vietcong a Saigon non sono meno ciechi delle bombe americane.

Il secondo incidente m'è successo nella locanda in cui siamo ospitate, alla periferia di Thanh Hoa. E con la guerra non c'entra, ma a me sembra importante. Quindi ecco qui. La mia camera non ha gabinetto, così a un certo momento esco e vo in cerca di un gabinetto. In fondo all'orto lo trovo, uno sgabuzzino di legno con il buriolo nel mezzo, e sto entrandoci quando Huan mi raggiunge e sventola un foglio di cartavelina: «Camerata! Camerata!». La faccenda mi dà un certo fastidio in quanto non mi sembra bello vedersi spiati mentre vai al gabinetto e veder pubblicizzare la cosa dinnanzi a tre o quattro nordvietnamiti attenti. Così le tiro una spinta e sibilo: «No, grazie, Huan. Vattene». Straordinario: invece di andarsene Huan mi ficca gli artigli nel braccio e mi allontana dal cesso. «Pas ici, alors! Pas ici!» «Come sarebbe a dire, Huan? Lasciami!» «Pipì pas ici, pipì là-bas!» Avviene una colluttazione conclusa la quale riesco a chiudermi dentro il cesso ma, quando ne esco, Huan è ancora lì: inferocita. Martella un lungo discorso nella sua lingua, agitando la cartavelina respinta, e intuir ciò che vuole è talmente difficile che raggiungo Ho l'interprete e chiedo: «Ma questa cretina che vuole?». Ho l'interprete diventa rosso. Si raschia la gola, balbetta: «Camerata... scusa, camerata... Hai fatto, ecco, hai fatto solo pipì?». «Sì, accidenti, che te ne importa?!» Ho l'interprete diventa ancora più rosso poi spiega che, per disposizione del ministero della Sanità, nelle campagne è proibito fare pipì con l'altra cosa e viceversa. Così c'è un gabinetto per la pipì e uno per l'altra cosa, e chi fa solo pipì non può andare dove si fa l'altra cosa, chi fa l'altra cosa non può andare dove si fa pipì. «Oddio, perché?» «Perché con l'altra cosa ci fanno il concime ma se l'altra cosa si mischia alla pipì il concime non viene.» «Oddio! E se uno... voglio dire se tutte e due...» «Non si può» risponde Ho. «Non si deve. È proibito. Bisogna dividersi. Per raggiungere la vittoria finale.»

Be', è una frase che non mi va via dalla testa, quasi mi distrae da ogni altro argomento. Perfino dalla visita che ci hanno imposto dopo: la fabbrica evacuata dentro la roccia della montagna, presso il ponte Ham Rong. Vi si fabbricano pezzi di ricambio per le automobili, dice, e gli americani a quanto pare conoscono la sua ubicazione perché dal 1966 al 1968 la montagna è stata bombardata otto volte: alcune bombe son cadute proprio all'ingresso della grotta. Vi lavorano, a orario continuato e turni di otto ore ciascuno, una cinquantina di ragazzi e ragazze fra i diciassette e i ventidue anni: e come facciano a resisterci non lo capisco. Dentro vi manca l'aria, le lampade sono così flebili che non vedi a distanza di un metro, finito il turno gli danno un fucile e devono allenarsi a sparare col buio. L'unico passatempo è cantare i soliti cori guerreschi. Eppure resistono, diresti anzi che sentirsi eroici, sacrificati, mortificati, gli è indispensabile. Io non oso pensare ai problemi psicologici che affronteranno il giorno in cui la pace verrà e si accorgeranno che la vita è un'altra cosa: più semplice, più banale, più allegra. Soprattutto non oso pensare allo choc che riceveranno le donne cui la guerra ha imposto responsabilità virili e la fuga dalle cucine. E se gli uomini, tornando a casa, le ributtano nelle cucine? Vorrei poterci parlare. Più tardi ne intervisto due con la medaglia sul petto. Magari riesco anche a capire se questi piloti americani ogni tanto li ammazzano.

Martedì pomeriggio. Come sono brutte, poverine. Con quel grande seno strizzato dentro il giacchino grigioverde, quel sederone reso più ampio dai pantalonacci, quei capelli tirati in un crocchino. Non hanno mai saputo cosa significa indossare un bel vestito, pettinarsi bene, darsi un po' di cipria: fare le civette. Sono nate fra le privazioni, son cresciute col cervello rimpinzato dalla demagogia, dalle frasi fatte, e non conoscono che due parole: odio e dovere. La prima si chiama To Thi Do, ha ventiquattr'anni ed è sposata a un soldato che la ringraziò così di una trasfusione di sangue: era stato ferito sul ponte da diciotto schegge. La medaglia l'ha avuta per aver abbattuto un F 105 nel villaggio Lach Truong, il 5 agosto 1964. L'altra si chiama Nguyen Thi An, ha pure ventiquattr'anni, è fidanzata con uno studente in Medicina. La medaglia l'ha avuta per aver abbattuto un A-4 in picchiata, nel villaggio Hoa Loc, il 23 settembre 1965. «Raccontami, To Thi Do.»

Lei balena uno sguardo cattivo. «Ecco, l'ho ammazzato. Ed è stato bellissimo. È stato la prima volta che son venuti a bombardarci. Alle due del pomeriggio, otto aerei. Avevo fatto un corso accelerato di soli sei giorni, ero preoccupata, ho atteso fino a quando lui è sceso vicino a terra e ho comandato il tiro e l'ho preso. Lui è risalito in fiamme dirigendosi verso il mare dove s'è buttato col paracadute. L'ho visto saltare col paracadute. E sono andata a cercarlo con altre miliziane, sulle barche, ma per tre giorni non l'abbiamo trovato e quando l'abbiamo trovato era morto. Tutto gonfio. E m'ha fatto piacere. L'altro purtroppo non lo ammazzai.» «Ce n'è un altro, To Thi Do?» «Sì, quello che colpii sul ponte Cau Len. È saltato col paracadute ed è caduto a Quang Loc dove l'abbiamo trovato presto. Era grande! Faceva paura tanto era grande, e aveva il viso rosa con la barba bianca ed era molto brutto. E aveva molte tasche nell'uniforme, e una radio piccolissima, e un canotto pneumatico, e quando ci ha visto ha alzato le mani perché non si ammazzasse. Io ero armata e avevo tanta voglia di ammazzarlo. E anche le mondine lì intorno volevano ammazzarlo. Erano uscite dalla risaia con le falci e gli andavano addosso. Mi sarebbe piaciuto lasciarlo ammazzare con le falci ma il governo non vuole, il partito non vuole. E l'ho detto alle mondine che si sono arrabbiate.» «È mai successo che qualcuno venisse ammazzato, To Thi Do?» «Non lo so.» «Pensaci bene, To Thi Do. Magari ammazzato da qualche contadino prima che le miliziane arrivassero.» «Non lo so.» Così ha tradotto Ho sebbene lei avesse fatto un discorso più lungo. E ho cercato di capire dal volto di Ho se il suo «non lo so» nascondeva ciò che volevo sapere: ma il suo volto non aveva espressione. «Che ne sai degli americani, To Thi Do, a parte il fatto che sono nemici?» «So quello che dice il partito e cioè che sono molto ricchi, e usano la loro ricchezza per schiacciare gli altri popoli, e commettono atrocità come violentare le donne del Sud.» «Ma chi te l'ha detto, To Thi Do, che gli americani violentano le donne nel Sud?» «C'è scritto sui nostri giornali e lo dicono i dirigenti del partito ed è vero. E poi gli americani sono responsabili della morte di mia madre e per questo quando li catturo vorrei ammazzarli tutti.» «Quando è morta tua madre, To Thi Do?» «È morta nel 1945, per la grande carestia.» «Ma gli americani non c'erano nel 1945, To Thi Do.» «Ma come fai a dire questo? Perché? Dev'essere perché non sei comunista. Lo dicono tutti. Ma è possibile che tu non sia comunista? Ti ho visto lavorare con tanto ardore: quindi perché non lo sei?»

Ora l'altra. «Raccontami, Nguyen Thi An». Lei sorride timida. «Gli ho tirato col fucile, e l'ho preso nel naso dell'aereo, ed è caduto in mare. Lo abbiamo raggiunto con la barca, io e altre nove donne. Avevamo tutte i fucili a baionetta e come si è impaurito quando ci ha visto! Lo abbiamo tirato sopra la barca e cadeva. E ci mostrava quel cencio che si portano dietro, quello dove c'è scritto in tutte le lingue "sono un pilota americano, il mio governo vi rimborserà se mi date da mangiare eccetera". E aveva un viso lungo e un naso lungo ed era così alto e così grosso che lo abbiamo pesato subito. Pensa: pesava novantaquattro chili! E aveva trentaquattr'anni e non era molto brutto, però a me non sembrava un uomo. Lo odiavo troppo. Non avevo alcuna pietà per lui. Lo avrei ammazzato così volentieri se il partito non ce lo proibisse.» «Ne sono mai stati ammazzati, Nguyen Thi An?» «Non lo so.» «Se lo sai non me lo puoi dire, capisco.» «Non lo so.» «Ti fa paura questa domanda, Nguyen Thi An?» «Io non ho paura di nulla. A quindici anni avevo paura dei fantasmi ma poi neanche di quelli perché so che non esistono, come non esiste Dio. L'unica cosa di cui c'è da aver paura sono le bombe degli americani ma, se muori di una bomba, muori bene come un uomo per la tua patria.» (A questo punto ho litigato con Ho perché mi sono messa in testa che non traduce le risposte esatte, se crede che ciò non sia opportuno. Deve aver ricevuto disposizioni precise.) «Nguyen Thi An, parliamo d'altro: ti piace l'uniforme?» «Sì che mi piace: mi ricorda d'essere al servizio della patria e del partito. Anche mia madre è contenta di vedermi in uniforme.» «E non hai mai voglia di esser vestita bene?» «Certo che ne ho voglia a volte. È umano amare le cose belle. Ma quelle le avrò quando gli americani se ne saranno andati dal nostro Paese, come dice il partito. E allora mi vestirò elegante e mi darò il profumo e avrò tutti i vestiti che voglio e sposerò il mio fidanzato che è così laborioso e devoto al partito.» «Dov'è il tuo fidanzato, Nguyen Thi An?» «È in Polonia. Partì tre anni fa, un anno dopo che ci eravamo fidanzati, per studiar Medicina. Deve star via ancora due anni. Non importa. Mi scrive una volta al mese e non sono gelosa delle ragazze polacche e so che è colpa degli americani se deve studiare laggiù e anche per questo li odio e mi dispiace non poterli ammazzare.»

Mi sto convincendo che qualcuno di loro è finito proprio così. L'odio instillato giorno per giorno nel cuore di questa gente, l'istintivo rancore, l'esasperazione: tutto ciò non può non aver procurato vittime. Se non sono state le miliziane, sono state le mondine o i contadini prima che le miliziane arrivassero. Tanto, chi lo accerterà mai? Più tardi riprovo. Dice che mi danno un'altra ragazza da intervistare. Voglio vedere se anche lei risponde «non lo so».

Martedì sera. Mi chiedevo quando l'avrebbero tirata fuori e non mi aspettavo che la tirassero fuori stasera, come il piatto forte del pranzo ufficiale, qui alla locanda. Sembra, infatti, che sia un personaggio obbligato e che la mostrino agli stranieri nello stesso spirito con cui noi mostriamo il Colosseo. Non c'è corrispondente che le abbia negato un articolo: credendo d'averla scoperta. Nel novembre del 1966 la inviarono anche a Parigi, per non so quale congresso della gioventù, e ci fecero un figurone: oltre a essere intelligente è proprio bella, una delle poche belle ragazze che abbia visto nel Vietnam del Nord. Alta, appena un poco robusta, ma fatta come Dio comanda, con un viso da fotografare per «Vogue». I produttori di James Bond sarebbero felicissimi di metterla a fianco di Sean Connery in un film 007. Ha ventiquattro anni, si chiama Nguyen Thi Hang che vuol dire «Luna», e ho capito che era lei fin dal momento in cui è entrata, con passo deciso, vestita in uniforme, poi m'ha porto la mano col tono degli attori che vogliono rendersi simpatici ai giornalisti: ciao, amico. Lo dico senza malizia: m'è rimasta simpatica. Perché sfugge alla monotonia raggelante di tutta la gente che ho visto, è diversa, perché dimostra che l'individuo non muore mai, torna a galla perfino in una società come questa. Tutto ciò che essa è non lo deve al partito: ha la stoffa dell'avventuriera che se la cava in qualsiasi momento, in qualsiasi regime. Nata sotto gli imperatori sarebbe stata una favorita. Nata sotto i francesi sarebbe stata la moglie di un banchiere. Nata sotto Ho Chi Minh non poteva essere che un'eroina vestita da miliziana, con le medaglie sul petto rotondo e ignaro di reggiseno. Dice che le guadagnò assumendo il comando della milizia del comune: aveva vent'anni. E che impresa: tre quarti della compagnia e gran parte delle sezioni erano uomini molto più vecchi di lei. «E come si comportavano, Hang?» «Sai, eran tutti educati dal partito: quindi abituati a ubbidire. E poi non facevo che trasmettere gli ordini del partito.» «Hang, è mai successo che uno di loro si innamorasse di te o viceversa?» «Talvolta sì. Voglio dire, talvolta ho capito che uno era pronto a sentire un amore per me e io per lui. Ma non l'ho incoraggiato perché temevo di perdere la mia dignità. Come si fa a comandare un uomo con cui hai fatto le cose? Certo il problema esiste e si presenta continuamente nelle formazioni di uomini e donne: inutile nasconderlo. Molte mie amiche miliziane l'hanno dovuto affrontare, capisci, non sempre si può reprimere i sentimenti e i desideri.»

Straordinario. È la prima volta che riesco ad affrontare con un vietnamita il problema sessuale. Qui la parola «sesso» è tabù, non si pronuncia neanche: il comunismo ha rinforzato fino al paradosso il puritanesimo. Per strada non vedi mai un uomo e una donna abbracciati, al cinematografo non vedi mai una storia d'amore, l'esibizione della nudità non è nemmeno condannata: è impensabile... Un pomeriggio in cui detestavo Huan più del solito, non m'è stato difficile trovar la vendetta: mi son messa a parlare di sesso. Alla fine si è sentita male. Hang invece non s'è scomposta. «Ma ti sei mai innamorata, Hang?» «Alla fine sì. E mi sono dimenticata d'essere il comandante ed è successo tutto ciò che doveva succedere fra un ragazzo e una ragazza in buona salute.» «Chi era?» «Un soldato della mia unità, alto come me. Sai, non è semplice trovare un vietnamita alto come me. Siamo stati insieme tre anni, poi me l'hanno mandato al 17° parallelo. Mi scrive. Mi piacerebbe sposarlo.» «Dimmi, Hang, credi che potresti innamorarti di un americano? Alle altre non l'ho neanche chiesto.» «Senti, io non ho i paraocchi. Posso dirti fin d'ora, non val la pena aspettare, che gli americani io li odio come governo non come popolo. Per il popolo anzi sento una strana amicizia in quanto so che molti sono come noi, e non dev'essere facile per un americano essere come noi. Ma sì che potrei, dunque. Io, vedi, non ce l'ho neanche coi francesi. Qui tutti odiano ancora i francesi ma io non provo alcun rancore per loro. Parigi era piena di amici. Oh, Parigi era bella! Peccato che sia durato solo una settimana.» «E i piloti che vengono a bombardarvi, Hang?» «Io li guardo come pazzi che obbediscono senza ragionare agli ordini dei superiori. Ma scusa, è mai possibile che uno di loro non si sia mai detto: io questo villaggio non lo bombardo, io le biglie non ce le butto? E poi non mi piace il modo in cui si raccomandano quando li catturiamo.» «Tu ne hai catturati, Hang?» «Sì, certo, ho diretto molte operazioni di recupero. Abbastanza pericolose quando si svolgevan nel mare o vicino al mare perché anche gli americani li cercavano, sai.» «Hang, è mai successo che un pilota venisse ammazzato appena sceso col paracadute?» M'è parsa turbata. «Ch'io sappia, no... In questa provincia credo di no.» «E in altre province, allora?» Ma Ho l'interprete non ha tradotto la seconda domanda. E non c'è stato verso di fargliela tradurre. S'è messo a ripetere che Hang aveva già risposto no, era no, cosa andavo cercando? Quanto ad Hang, ha capito che era il caso di tagliar corto e se n'è andata dicendo: «Continueremo domattina».

Però temo che non la rivedrò più. Domattina partiamo all'alba e poco fa lei si è sentita male. Non faceva che ingozzarsi a quel pranzo, sembrava che non mangiasse da un anno, così le è venuta un'indigestione orrenda: ha vomitato tutto. E ora ha la febbre. Mi spiace. E ripiombo nel lugubre fanatismo degli altri, saluti al Partito comunista, brindisi a Ho Chi Minh, frasi tradotte a metà, gabinetti per ammucchiare pipì a destra e popò a sinistra. Huan continua a rincorrermi con la cartavelina: «Camerata, camerata!». Ho minacciato anche di picchiarla, se non la smetteva. Ma non smette mica.

Mercoledì pomeriggio. Anche l'eroismo può essere mortalmente noioso. Stamani ci hanno portato a un'altra batteria. Composta di donne, anche questa, anzi di adolescenti. Comandata da una bruttona la cui fotografia appare perfino sui calendari: si chiama Hoang Thi Moi, ha diciotto anni, ha abbattuto due aerei in un giorno, ha ricevuto una lettera di felicitazioni da Ho Chi Minh. «La lettera ci ha così incoraggiato che il 2 settembre 1967 ne abbiamo abbattuti altri due, un A-42 e un E-4111. Se il nemico ricomincia ne abbatteremo altri grazie al partito.» «Ti diverte sparare agli aerei, Hoang Thi Moi?» «Oh sììì! È come giocare.» Dopo la batteria ci hanno portato alla cooperativa del villaggio Hoa Loc, bombardato settantotto volte in quattr'anni. La sede della cooperativa era nella villa, espropriata, di un «feudatario cattivo» e i membri della cooperativa ci aspettavano in fila sul cortile. Quando siamo arrivate ci hanno battuto le mani e si son fatti passare in rassegna neanche fossimo generali: oddio che imbarazzo. Io per non farlo sono scappata ma Huan mi ha ripreso e ho dovuto passarli in rassegna da sola mentre gridavano: «Vittoria finale! Ho Chi Minh!». Ma guarda che ti tocca combinare, a volte, nella vita.

Poi i membri della cooperativa sono entrati nella villa (che un tempo doveva essere deliziosa, ora fa pena) e si son seduti a un tavolo: sotto alcune scritte di Ho Chi Minh e ritratti di Nguyen Van Troi, il coraggioso vietcong fucilato a Saigon nel maggio 1964. Ci hanno riempito di dolci e di spiegoni sui bombardamenti: sempre gli stessi numeri, le stesse parole copiate su carta carbone, imparate a memoria. Tre volte ho tentato la fuga. Tre volte sono stata riportata a quel tavolo, con prepotenza. «Bisogna ascoltare!» La quarta volta però ho inventato che volevo andare al cesso e loro, tutti contenti all'idea che lasciassi concime, mi hanno fatto alzare. Me la son squagliata subito verso quel bosco di banani dove ho conosciuto Nguyen Xuan Lien, «Fior di Loto». Ventidue anni, mutilato di una gamba. La perse al ponte durante un'incursione. Con l'aiuto di un vecchio che ricordava un po' di francese l'ho interrogato. «E ora che fai, Fior di Loto?» «Tengo questa farmacia.» La farmacia era una baracchetta con una scatola di aspirine, uno sciroppo per la tosse, un pacchettino di cerotti, una siringa e un po' di sale inglese. Mi ha commosso. Se non mi tenessero sempre sottochiave! Troverei mille motivi per volergli bene.

Stiamo tornando al Nord per la strada che porta a Ninh Binh, la provincia cattolica bombardata settecentun volte in quattr'anni. Cominciarono il 6 agosto 1964, smisero dopo il 31 marzo 1968. In un solo anno, il 1967, sostengono di avere contato 2247 aerei. E da qualche parte c'è una lapide ai bufali. Ne morirono, in una sola incursione, oltre cento.

Mercoledì sera. Nella locanda in cui ci hanno messo, il camerata Phan Van Bong, che è sindaco della città, sta facendoci lo spiegone da ben tre ore. E vuole che si scriva tutto ciò che dice, praticamente sotto dettatura. Così, Ho scrive. Huan scrive, Marisa scrive, Carmen scrive e The mi ingiunge: «Scrivi!». Poi si china sul quaderno a controllare se ho scritto. Sembra che gli aerei, a Ninh Binh, siano apparsi la prima volta il 2 luglio 1961: per paracadutare commandos sudvietnamiti addetti allo spionaggio. Quel giorno catturarono infatti un pilota, Phan Thanh Van, che ora è in prigione: condannato a vent'anni. Al processo disse che s'era gettato da un C-47 partito in coppia con un altro aereo col generale Cao Ky e un consigliere americano. Altri quattro piloti sudvietnamiti furon catturati il 7 giugno 1963, verso mezzanotte, a Khanh Cuong, e in tribunale dissero la stessa cosa aggiungendo d'essere stati paracadutati dagli americani per trasmetter notizie in vista dei futuri bombardamenti. I primi aerei non gettarono bombe ma soldi, transistor, regalucci vari «che noi bruciammo sulle piazze con sdegno». Ma presto vennero le bombe.

Phan Van Bong giura che di obiettivi militari non ve ne sono e che qui i bambini vanno a scuola non solo corazzati dalla giacca e il cappello antibiglia ma reggendo in mano una bottiglia di liquido per spegnersi addosso le fiamme. Veri o no, e lo scoprirò domani, son discorsi che turbano. E vorrei che non fossero così sciocchi, dogmatici, che non cancellassero tale turbamento con le loro ingiustizie. Quel costringerti a fare e pensare solo quel che vogliono loro ad esempio. Se pongo domande, risponde che «i giornalisti sono troppo curiosi, i dettagli li daranno gli storici». Se chiedo di uscire, mi bloccano affermando che di notte non si vede nulla. Ora fo una scenata.

Post scriptum. L'ho fatta. Si sono spaventati e mi hanno lasciato andar fuori, sia pure sotto scorta. Prima però mi hanno travestita da ragazzo, mi hanno messo perfino in testa il cappelluccio degli studenti. Poi mi hanno rialzato il bavero del cappotto, per nascondere il viso, e mi hanno chiuso in un cerchio di quattro persone: una a destra, una a sinistra, una davanti, una dietro. «Sennò i bambini si accorgono che hai la pelle bianca, il naso a punta, e ti vengono addosso, ti fanno cadere in un buco.» Non siamo andati lontano. Solo alla piazza con il cinematografo mobile. I cinematografi veri sono stati distrutti e così rizzano i teloni qua e là, all'aperto. I bambini sedevan per terra, contenti, e sullo schermo c'era una specie di cartone animato. La storia era su un aereo col muso di drago che piombava dal cielo e veniva abbattuto. Allora il pilota scendeva col suo paracadute, piangendo. Era un pilota biondo, col naso lungo come Pinocchio quando dice bugie, e a punta. Tutti i bianchi, per loro, hanno il naso a punta, e lungo. E d'un tratto i bambini saltavano addosso al pilota, aggrappandosi al suo naso a punta, lungo, e lo picchiavano. Lo picchiavano, lo picchiavano...

Giovedì pomeriggio. Ci vorrà un po' di tempo perché superi questo complesso del naso lungo, a punta. Anch'io, se fossi di Ninh Binh, odierei selvaggiamente chiunque avesse un naso lungo, a punta: insomma diverso dal mio naso spiaccicato. Sono stata a Pham Tam, piccola città sul mare. Ho visto. Mi si è chiusa la gola. Eran davvero impazziti gli strateghi che ordinarono ai loro piloti di bombardare Pham Tam? Eran davvero americani? Io gli americani non li conosco così. Vu Van Cat era pei campi con il primo figlio che allora aveva sedici anni. Vide due aerei buttarsi in picchiata e pensò: non cadranno mica sulla mia capanna? E poi vide una bomba centrare il camino. Corse e la moglie non c'era più. Solo il piccino, Cuong, era vivo e piangeva: «Papà, mi fa male la gamba sinistra». Ma la gamba sinistra era mozza. Vu Van Cat racconta con voce dura, mentre sul viso marrone cadon lacrime lunghe. È un vecchio di sessantasei anni, con un turbante in testa, secondo la moda di quaggiù, e una croce sul petto: è cattolico. Come molti altri a Pham Tam, nel 1954 non seguì i parroci che raccomandavano di emigrare a Saigon: «Dio è partito per il Sud! Se restate qui perdete l'anima! È meglio perdere la casa o l'anima?». Lui si tenne anima e casa, rimase. Per subire questa tragedia, narrarla ai nostri dubbi. È venuto a piedi dal suo villaggio e s'è portato dietro Cuong che cammina appoggiandosi a due stampelle. «Mio figlio maggiore, che stava nei campi, è andato volontario: dice che vuol vendicare la madre e i fratelli. Io non posso vendicare nessuno perché la mia religione me lo vieta ma, se conoscessi quei piloti, non so se li perdonerei. O forse sì, pensando che eseguivano ordini e non sapevano cosa facevano. Però sarebbe un grande sforzo per me, che Dio mi assolva.»

Il piccolo Cuong, che vuol dire «Forte», «Ostinato», ascolta con indifferenza e si gratta il tronco della gambina. «Cosa ricordi, Cuong?» «Nulla. Ero accanto alla mamma che scorticava il riso. Poi è successo quel fuoco e la casa bruciava.» «Duri molta fatica a camminare, Cuong?» «Oh, sì. Casco sempre. Ma presto camminerò bene perché la mia gamba rifiorirà.» «Rifiorirà, Cuong?» «Sì, certo. Perché una gamba è come il ramo di un banano che, se lo tagli, lui ributta a primavera. A primavera lei ributterà. E correrò.» Oddio, basta, basta. Lo so che anche i razzi nordvietnamiti, i mortai vietcong, hanno mutilato ammazzato massacrato tanti bambini a Saigon. I loro razzi, i loro mortai non sono più pietosi di una bomba americana, lo so. Ma basta. Non ho nemmen voglia di far paragoni, esprimer giudizi: sono mortificata, stanca dentro il cuore. Stiamo tornando ad Hanoi e non è una consolazione. Però, ad Hanoi, mi aspetta l'incontro che considero più importante. Ho chiesto di poter parlare a due prigionieri americani. Da loro, dagli americani che li hanno combattuti e che ora si trovano prigionieri tra questa gente, mi aspetto risposte che ancora nessuno ha saputo dare.

3

Verso la base segreta di Al-Fatah

Amman, febbraio 1970
Partimmo di notte, da Amman. La notte era limpida e fredda, ottima pei bombardamenti, l'aria tremava di mille minacce. Abu George mormorò: «Sei certa di volerci andare? Tempo fa un giornalista mi mandò pazzo perché ce lo portassi ma quando venne il momento rifiutò di seguirmi. Sei certa di volerci andare?». «Sì, Abu George.» «Non hai paura?» «Ne ho molta, Abu George.» «Ne avrai di più all'alba, il peggio viene con l'alba. È allora che arrivano gli aeroplani o che tirano con l'artiglieria.» «Lo so, Abu George.» «E va bene.» Abu Abed invece non disse nulla, s'era chiuso in mutismo e si mordeva le unghie. Partimmo con una vecchia automobile: Abu George stava al volante e Abu Abed accanto a lui. Tra i sedili tenevano un mitra e ogniqualvolta capitava un sasso o una buca il mitra rimbalzava sordo, la canna si abbassava verso me e Moroldo. Moroldo la tirava su brontolando: «Badiamo di farci arrivare vivi, eh?». Il primo posto di blocco lo trovammo appena usciti da Amman. A fermarci fu la polizia giordana che ci lasciò proseguire senza difficoltà ma avevamo percorso pochissimi metri che due fidayn con la tuta mimetizzata e il volto coperto dal kassiah balzaron dal buio puntandoci addosso i Kalashinkov. Abu

George avvertì: «Fatah!». Ma la parola, che di giorno era un magico lasciapassare, di notte non bastava più. Fu necessario esibire i fogli timbrati, firmati, spiegar dove andavamo e perché. Infine fummo davvero in viaggio lungo quella strada che con un po' di sfortuna avrebbe potuto portarci a morire, e Moroldo chiese: «Tutto a posto?». Io gli risposi: «No, grazie». Così lui aggiunse: «Neanch'io. Ma l'abbiamo già fatto, siamo stati in Vietnam». «Dalla parte degli americani, Moroldo. Ora è come se ci tornassimo dalla parte dei vietcong.» Abu Abed e Abu George si scambiarono un'occhiata scontenta. Non gli piaceva sentirci parlare italiano.

Ci conoscevamo da cinque giorni e non si fidavan di noi. Né noi, a conti fatti, di loro. Ci avevano dato quei nomi, Abu George e Abu Abed, ma George non si chiamava George e Abed non si chiamava Abed. Di vero non c'era che Abu, l'appellativo che i guerriglieri palestinesi usano invece di camerata, compagno. Significa «padre». Di Abu George, un ventiseienne dai capelli castani e gli occhi colmi di rancore, sapevamo soltanto che era un ex studente di Farmacia: rientrato da San Francisco dove frequentava con una borsa di studio la California University. Di Abu Abed, un trentacinquenne dal corpo tozzo e il viso ingrugnito, sapevamo che era ingegnere: specializzato nella costruzione di dighe e innamorato troppo della moglie. La moglie era italiana e di lei ci parlava continuamente, fino a ossessionarci, una sera ce l'aveva fatta perfino conoscere: una ragazza intelligente e graziosa, con due bambini in braccio e una gran pazienza in cuore. Come George, egli era entrato nella Resistenza da poco e lo capivi dalla scarsa freddezza che distingue i combattenti non provati. Come George apparteneva a Al-Fatah che significa Movimento nazionale di liberazione palestinese, Harakat Al Tahrir Al Falastini, e deriva dalle iniziali di queste parole ma rovesciate. Hataf, in arabo, significa «morte»; Fatah, invece, vuol dire «vittoria». Come George si occupava dei giornalisti e ora ci stava portando nelle basi segrete dei fidayn. Quelle dove i fidayn si nascondono per condurre la loro guerra a Israele, quelle da cui i fidayn partono per attaccare Israele al di là degli sbarramenti fotoelettrici e i campi di mine. «Sono basi dove nessun giornalista è mai stato, nessuno straniero.» «Sì, Abu Abed.» «Non dovrete chiederci di localizzare il punto preciso, se lo capite non dovrete mai rivelarlo.» «Sì, Abu George.» «Non potrete allontanarvi, né abbandonarvi a imprudenze che comprometterebbero la sicurezza dei fidayn e la nostra.» «Certo, Abu Abed. Non esser nervoso, Abu Abed.»

Gli avevo detto a quel modo ma ora anch'io ero nervosa, sia pure per motivi diversi. Lo ero per la responsabilità che il mestiere di informare gli altri comporta, per il dramma che sempre mi costa e stavolta era doppio perché coinvolgeva la mia coscienza, i miei dubbi. A questa guerra, pensavo, hai guardato fin'oggi con voluto distacco o perdendoti in labirinti di scuse: Cina, America, Russia, Mediterraneo, petrolio, comunismo, sionismo. Ma sai bene che, quando tocchi con dito, il distacco è impossibile; sai bene che la realtà umana è più onesta dei labirinti. Qui si riassume così: da una parte ci sono gli arabi e dall'altra gli ebrei, sia gli uni che i secondi combattono per non finire. Se vincono gli arabi, sono finiti gli ebrei; se vincono gli ebrei, sono finiti gli arabi. Dunque chi ha ragione, chi ha torto, chi scegli? Gli ebrei li conosci. Perché hai sofferto per loro, con loro, fin da bambina, li hai visti braccare arrestare massacrare a migliaia a milioni. Li hai difesi, li hai aiutati, li hai amati. Hai sperato che avessero un posto per stare, difendersi, ti è piaciuto che approdassero infine alla Terra Promessa: un Paese chiamato Palestina. Non ti sei chiesta nemmeno se ci fossero giunti in modo giusto o ingiusto, se giungendoci lo trovassero vuoto come la Luna o abitato già da un suo popolo con ogni diritto di starci: dai palestinesi ad esempio. Gli arabi non li conosci. Non hai mai sofferto con loro, non hai mai pianto per loro, non sono mai stati un problema per te. Di loro hai sempre saputo che inventarono i numeri, che i crociati li invasero e li fecero a pezzi poi essi fecero a pezzi i crociati e ci invasero: basta. Però un giorno è successo qualcosa. Hai letto che centinaia e centinaia di migliaia di creature, di palestinesi, eran fuggiti o eran stati cacciati dal Paese che si chiamava Palestina e ora si chiama Israele. Un milione nel 1948, trecentomila nel 1967, ammassati come le pecore nei campi-profughi della Giordania, della Siria, del Libano, sotto minuscole tende che il vento abbatte e la pioggia fa affogare nel fango, dentro baracchine in metallo che l'inverno trasforma in blocchi di ghiaccio e l'estate in forni roventi. Sradicati, umiliati, spogliati d'ogni possesso e d'ogni diritto: i nuovi ebrei della Terra. E dai nuovi ebrei della Terra è nata una misteriosa parola: «fidayn». Hai chiesto cosa significa e t'hanno risposto: uomini del sacrificio, guerriglieri. Hai chiesto che vogliono e t'hanno risposto: distruggere Israele, riprendersi la Palestina. Hai chiesto in che modo e t'hanno risposto: come i vietcong nel Vietnam, ammazzando, morendo. Ieri hanno attaccato un kibbuz a Ein Harod, oggi hanno distrutto una fabbrica di potassio a Sodoma, stamani hanno fatto scoppiare due bombe al mercato di Gerusalemme e stasera hanno sostenuto una battaglia a Safi. Mentre c'è chi li ammira e chi li disprezza, chi li chiama eroi e chi terroristi: indottrinati nell'odio per l'odio. Sicché hai deciso di andare a cercarli, conoscerli. Ma non negli uffici che hanno in città, e neppure nei campi-profughi dove la maggior parte dei visitatori si ferma: nei luoghi dove si nascondono, al fronte.

Un'impresa dura se ti presenti dicendo che la tua coscienza è sconvolta dal dubbio, che in più non credi alla guerra perché non ammetti che gli uomini uccidano gli uomini, neppure in nome di un diritto, di un sogno: il più sacrosanto diritto e il più nobile sogno. Il tuo pacifismo li insospettisce, la tua obiettività li ferisce: occhio per occhio, dente per dente, rispondono, e se non sei con noi sei contro di noi. Ma v'è qualcosa cui il fanatismo più disperato si piega: la sincerità. Col pretesto di farsi intervistare, Abu Lotuf, cervello di Al-Fatah, m'aveva attentamente studiato. Poi aveva preso un foglio e ci aveva scritto due o tre frasi in arabo: l'indomani ero stata informata che il lasciapassare richiesto esisteva. Viaggiavamo da circa un'ora, attraverso i posti di blocco che si ripetevano con monotonia sconcertante, quando domandai ad Abu Abed: «Ma cosa c'è scritto in quel foglio?». Abu Abed esitò, imbarazzato. Poi lo tolse di tasca e tradusse. Diceva: «Non è una nemica di Israele. Non è un'amica della Palestina. O non ancora. Ordine di aiutarla nel suo lavoro e farle vedere le basi. Sia a nord che a sud».

Nella notte carica di minaccia e di silenzio vedemmo le luci di Gerusalemme

Le basi fidayn si trovano principalmente lungo il confine col territorio occupato nel 1967 dagli israeliani. Vale a dire: sotto i monti del Golan, e cioè all'estremo nord della Giordania, sulla riva destra del fiume Giordano, sulla sponda destra del Mar Morto, nella Valle della Luna e giù per il Negev fino al golfo di Aqaba. Si trovano anche nel Libano e soprattutto ai confini che il Libano ha con la Siria e con Israele, poi al confine della Giordania con la Siria dove esistono i campi di allenamento più seri, e al confine della Giordania con l'Arabia Saudita dove, a testimonianza di molti, si incontrano gli istruttori cinesi. E qualche tedesco. Un tecnico della ditta italiana impegnata a costruire la strada che andrà dalla città di Ma'an fino alla frontiera saudita giura ad esempio d'essere stato arrestato, per mancanza di documenti, da un fidayn assolutamente tedesco. Del resto sappiamo di fidayn e istruttori francesi, algerini, cubani, e perfino di un fidayn italiano che al Libano tentai di incontrare senza riuscirci: Giuseppe Tuscano. I guerriglieri palestinesi non sono rigidi come i vietcong che dagli stranieri accettano armi, consigli, e mai uomini. Coi dovuti controlli e una pallottola in capo se risulti una spia, ti accettano anche se sei americano. Le Pantere nere di San Francisco e New York hanno appena ricevuto il permesso di mandare alcuni adepti in Giordania, ad allenarsi per la guerriglia.

Però le basi in cui questo accade, e cioè le basi all'interno, non hanno l'importanza strategica di quelle poste lungo il Giordano e il Mar Morto dove, si lasciò scappare un comandante di Al-Fatah, esistono ben quarantaduemila fidayn. Sul fiume ne trovi spesso ogni chilometro o due e controllano la zona assai meglio dei soldati di Hussein. Gli israeliani, ovvio, lo sanno. Ciò che non sanno è in quali punti esse sono situate, e con quale criterio. Non solo perché si compongono sempre di piccoli gruppi facili a sparpagliarsi e nascondersi ma perché non restano mai a lungo nel medesimo posto. Il posto è scelto coi criteri tipici della guerriglia: un bosco, una piantagione, le macerie di un villaggio distrutto, le mura di una casa colonica abbandonata ma intorno alla quale i campi si coltivano ancora. Individuarlo è difficile, ammeno di una spiata o d'un sospetto preciso, e così accade in Giordania ciò che accade in Vietnam: l'artiglieria bombarda a casaccio la zona, gli aerei mitragliano senza discriminazione gli automezzi che la percorrono. Soprattutto lungo la strada che va verso il fiume, vedere un Mirage che si abbassa su un'automobile o un taxi non è raro e viaggiarci diviene una sfida alla sorte. Sai quando parti, non sai quando e se arrivi.

Riconoscemmo assai presto la strada che va verso il fiume. C'eravamo già stati, di giorno, per recarci al ponte Allenby, ed essa è inconfondibile: si arrampica a spirale su per le montagne, poi scende sotto il livello del mare e lo sbalzo ti provoca ronzio agli orecchi, senso di oppressione. Però non dicemmo nulla ai nostri accompagnatori: la loro bocca era chiusa in un silenzio che chiedeva solo silenzio e il loro nervosismo era aumentato. Per trarre in inganno gli aerei, Abu George aveva spento un faro dell'automobile e, per sentirli arrivare, Abu Abed aveva abbassato il vetro del finestrino. Qui si sporgeva continuamente, teso a ogni rumore sospetto. Solo quando apparve quel lago di luce giù nella vallata al di là del confine, e dietro di esso altra luce, meno chiara ma più diffusa, i due uomini si lasciarono andare in un grido: «Gerico! Gerico! Gerusalemme!». E Abu George aggiunse, con la voce incrinata dal pianto: «Sento il profumo dei gelsomini di Gerusalemme». Infine fummo a Al-Shuna, l'ultimo villaggio prima del ponte Allenby, ormai frantumato dai razzi e dai mortai, e girammo a sinistra: su per la strada che costeggia il Giordano. Il profumo dei gelsomini si sentiva davvero, e le luci di Gerico ci venivano sempre più addosso: con un cannocchiale, scommetto, avresti potuto vedere i soldati israeliani. I posti di blocco s'erano fatti più frequenti: ogni due o tre chilometri ci fermava un bagliore azzurro di torcia, cinque o sei fidayn col volto coperto dal kassiah ci puntavano i Kalashnikov e chiedevano il lasciapassare. Ottenutolo, ci esaminavano senza entusiasmo uno a uno e ci ordinavano di proseguire avvertendo: «Ou'a! Fate attenzione!». Ripartivamo guardinghi, a fari spenti, saltando sulle buche e sui sassi di una strada che forse non era più una strada ma un campo, mentre Abu Abed brontolava: «Domani bisogna andarcene, intesi? Restar qui è troppo pericoloso».

D'un tratto ci lasciammo alle spalle anche le luci di Gerico, il cielo si offuscò di una nebbiolina che annunciava la pioggia e quel profumo di gelsomini scomparve. Ebbi

Verso la base segreta di Al-Fatah

l'impressione che non viaggiassimo più lungo il fiume ma che percorressimo la sponda del Mar Morto. Confusamente si delineò un filare di alberi e qui Abu George spense i motori. Due fidayn armati apparvero come fantasmi dal nulla e ci dissero che da quel momento bisognava andare a piedi: loro ci avrebbero servito da scorta. Sembravano molto giovani, molto miti, e molto gentili. Cercando di intravederne il viso, come sempre nascosto dal kassiah, non potevi evitar di provare una specie di tenerezza per loro. Erano gli stessi che quasi ogni notte si imbrattavano il viso di vernice nera o polvere di carbone, si caricavano di munizioni ed esplosivi, e partivano verso i campi di mine, le mitraglie puntate. Eran gli stessi che poche ore prima avevo visto negli ospedali di Al-Fatah, chi senza un piede, chi senza una gamba, chi senza le dita di una mano e chi cieco, e se ci parlavi ti rispondevan sereni: «Forse la vista mi tornerà e potrò rientrare alla base». Oppure: «Forse mi faranno un piede artificiale e potrò tornare a combattere». Con quella tenerezza in cuore mi chiesi cosa induce un uomo a far questo. Un uomo che non v'è costretto da una cartolina di richiamo, né da un partito, né da un generale... Cos'è che li fa diventare fidayn?

Tre giorni avanti io avevo già posto questa domanda a qualcuno. Era successo in un campo di addestramento sulle colline di Amman: durante una manovra cui m'avevan permesso di partecipare e in cui un ragazzo era rimasto ferito. La manovra era diretta da un ufficiale che passava le linee «almeno quattro volte al mese» e spesso era giunto fino a Tel Aviv. Si chiamava Giacobbe, colpiva per un volto sofferente, scavato, da Gesù Cristo: aveva anche i capelli rossi, la barbetta rossa, come Gesù Cristo. E gliel'avevo detto e m'aveva risposto: «Sono anch'io un Gesù Cristo. Sulla croce ci avevano messo anche me, solo che io sono sceso, e ho imparato a usare il fucile, le bombe a mano, i katiuscia, per ammazzare gli altri». Allora gli avevo chiesto com'è che un Gesù Cristo scende dalla croce per ammazzare gli altri, e lui mi aveva risposto così:

«Noi s'era contadini, capisci, e si possedeva un bel po' di terra sotto i monti di Hebron. Mio padre l'aveva ereditata da suo padre che l'aveva ereditata da suo padre anche lui e via dicendo. Ci si aveva le vigne, e gli olivi, e si faceva l'olio, e il vino, e si coltivava la frutta: fichi, melograni e albicocchi. E poi si faceva il formaggio e si filava la lana perché si possedeva una trentina di pecore e dodici capre. E s'era felici. Perché non ci mancava nulla e la casa aveva anche tre camere per farci dormire gli amici in caso di bisogno, e la domenica si andava al villaggio per passeggiare in piazza e pregare dentro la moschea. Ma venne il 1948 e tutto finì. Era estate, ricordo, mi pare luglio. Io avevo tredici anni, il mio secondo fratello ne avevo otto e il mio terzo fratello ne aveva sei. E vennero i loro aeroplani e ci buttaron le bombe proprio sul villaggio, sui campi, e tanti morirono e si dovette scappare sui monti. E si rimase una settimana sui monti, poi si tornò perché tutto sembrava finito, ma s'era appena tornati che loro ci bombardarono di nuovo, e non solo con gli aeroplani, anche con l'artiglieria. E altri morirono, tanti. E poi arrivarono i loro commandos, e ci fecero uscire dalle case e si misero a minare le case che saltavano in aria con la roba dentro. Non le minarono tutte e mio padre voleva prendere un poco di roba prima che facessero saltare la nostra, ma loro: "Via, via! Partire, partire!". E ci mandarono via senza farci prendere nulla, neanche una valigia, neanche un paio di scarpe, io ero scalzo e non potevo camminare: sentivo male ai piedi. Si lasciò perfino sessanta giare di olio che era il raccolto dell'anno, seicento chili all'incirca, e alla mia mamma non permisero di agguantare il velo sebbene sapessero che per una musulmana è terribile non coprirsi il viso col velo. Alla nostra vicina permisero di entrare

Verso la base segreta di Al-Fatah

un momento e afferrare il bambino di tre mesi, ma lei era tanto sconvolta che anziché il bambino afferrò un guanciale legato. In quanto devi sapere che noi i bambini appena nati si legano dentro un guanciale. Fu una cosa terribile, sai. Quando lei s'accorse d'aver tra le braccia il guanciale senza il bambino, la casa era saltata in aria... Impazzì.

«Noi si camminò tutto il giorno poi si arrivò a quella cava dove si rimase nascosti in attesa che mi guarissero i piedi. S'erano tutti tagliati a camminar senza scarpe. Poi si arrivò a Betlemme dove ci misero in un campo di profughi e dove mio padre morì, non s'è mai capito di che. Non mangiava più, non dormiva più, non faceva che piangere e dire: "Perché? Cosa gli abbiamo fatto agli ebrei, con gli ebrei noi si andava d'accordo, ricordi quando si cucinava insieme? Ma che gli è successo agli ebrei? Non ci credo, io non ci credo!". E quel campo divenne la nostra casa. In quattro ammucchiati sotto una tenda, poi in una baracca. E lì crebbi, mi feci anche un mestiere: camionista. E a ventitré anni mi sposai, con una ragazza del campo che conoscevo fin da bambino: la nipote di quella che aveva preso il guanciale invece del figlio. E si riuscì a ottenere una stanza, una sola ma in muratura, e la si aggiustò graziosamente, e lì nacquero i miei bambini perché la vita deve continuare sì o no? Ci eravamo come rassegnati, capisci, solo quella notte io mi resi conto che non si poteva continuare così. Era una notte come tutte le altre. Mi svegliai, e vidi la roba ammucchiata, il letto che non era un letto, e ripensai alla bella casa di Hebron, e mi resi conto d'aver perso tutto: il mio letto, la mia casa, la mia dignità. E mi dissi per questo è morto mio padre, per la vergogna, e capii che bisognava combattere per riavere il mio letto, la mia casa, la mia dignità».

«E lo facesti, Abu Giacobbe?» «No, subito no. Accadde dopo, nel 1967, quando gli israeliani presero anche il resto della Palestina e passarono il fiume Giordano. Io in quei giorni facevo il camionista ad Amman. Portai il camion fino al ponte Allenby e siccome non mi fecero passare dovetti gettarmi in acqua, raggiungere l'altra sponda nuotando, mentre mi sparavano addosso. E giunsi al campo che era mezzo distrutto dai bombardamenti, e nella stanza mia moglie non c'era. E per tutto il giorno la cercai senza trovarla e poi la incontrai per caso nella scuola cattolica di Terra Santa. Insieme ai bambini. E mi disse che l'artiglieria israeliana aveva sparato per ore sul campo, tanta gente era morta e lei era scappata quaggiù pensando che non avrebbero mica sparato in una chiesa che apparteneva a Gesù. Però, mentre diceva così proprio in mezzo alla chiesa, arrivò una bomba al napalm e anche la scuola andò a fuoco. Io non volevo partire perché non volevo ripetere ciò che aveva fatto mio padre diciannove anni prima. Partii perché mia moglie si mise a gridare che non potevo imporre certi orgogli ai bambini: se non si scappava ci ammazzavano tutti. C'erano tanti bambini lì alla scuola, mica soltanto i miei. Ce n'erano almeno cinquanta, senza babbo né mamma, e il prete diceva: "Bisogna fare una colonna, bisogna salvarli!". Feci una colonna e ci si mise in marcia: verso il ponte Allenby. Si marciò due giorni, senza mangiare e senza bere, e un pomeriggio due aerei scesero per mitragliarci. Dico, che senso ha mitragliare cinquanta bambini? Lo vedevano, no, che erano bambini! E si passò il ponte Allenby perché se lasci la Palestina te lo fanno passare, è quando chiedi di rientrare in Palestina che non te lo fanno passare. E si giunse ad Amman. Dove ci si accorse d'aver lasciato tutto, coperte scarpe vestiti, e mi sentii tanto umiliato perché era la seconda volta che fuggivo dal mio Paese lasciandoci tutto, perfino le scarpe. E dissi a mia moglie "basta, almeno prender la roba," e tornai indietro col camion che avevo ritrovato. E la polizia mi bloccò, al ponte. Mi disse: "Il permesso, dov'è il permesso?". E io gli dissi: "Il permesso non ce l'ho però vi do la mia parola d'onore che torno indietro, vo a prendere la mia roba e basta". E l'israeliano sputò per terra poi disse: "Parola d'onore d'un arabo... *puaf!*". E mi colpì sulla testa col calcio di un mitra, il sangue prese a colarmi sugli occhi. Arrivò un altro israeliano, vide il sangue e si mise a litigare con quello che m'aveva colpito, poi mi chiese scusa e mi disse: "Vai, vai". E passai, combattuto fra l'odio per l'israeliano cattivo e la simpatia per l'israeliano buono, e arrivai al campo. Arrivai alla mia stanza, e la mia stanza era vuota. Avevano portato via tutto, capisci, tutto! Neanche una coperta mi avevan lasciato, neanche un paio di scarpe, e tornai al ponte con le mani vuote. E la simpatia per l'israeliano buono era completamente sfumata, ormai non restava che l'odio, e il dolore alla testa, e il sangue raggrumato sulla mia faccia, e guidando il camion pensavo: è impossibile continuare così, non cambieranno mai, avanzeranno sempre di più se noi non li fermiamo, è necessario combatterli, ammazzarli con il fucile! E ricordai che c'erano i fidayn. Ricordai anche che si allenavano in Siria. Così, giunto al bivio delle due strade, quella che porta ad Amman e quella che porta a Damasco, girai a sinistra e presi la strada per Damasco. Vi giunsi la sera. Non c'ero mai stato e mi sentivo perso. Fermavo la gente per strada e chiedevo: "Dov'è che si diventa fidayn?". La gente mi guardava stupita e tirava di lungo. Ma poi trovai uno che mi disse: "Laggiù". E mi indicò un campo fuori della città. E andai a quel campo, c'era una guardia, e la guardia mi disse: "Che vuoi?". E io risposi: "Voglio diventare fidayn". E la guardia mi disse: "Perché?". E io risposi: "Per tornare a casa mia". Così divenni un fidayn».

S'era parlato dopo la manovra che era finita alle due del mattino, dopo un gran sparare. S'era parlato sotto una tenda, circondati dagli uomini della milizia fidayn, e vicino ad Abu Giacobbe era sempre rimasto suo figlio: un bambino di nove anni, vestito con una piccola tuta mimetica, capace di sparare smontare rimontare in cinquanta secondi un Kalashnikov. Dopo il racconto Abu Giacobbe gli aveva detto: «Di' alla signora come ti chiami». E il bambino aveva risposto: «Mi chiamo Saladino.» «Di' alla signora chi era Saladino». E il bambino aveva risposto: «Era un arabo che liberò la mia terra dagli invasori. Una specie di Fidel Castro». Allora Abu Giacobbe s'era arrabbiato: «Che c'entra Fidel Castro, figliolo? Chi t'ha detto queste cose? Noi non siamo comunisti, siamo fidayn e basta».

*

Procedevamo in linea indiana: prima un fidayn, poi Abu George, poi io, poi Moroldo, poi Abu Abed, poi l'altro fidayn. Il terreno era accidentato, colmo di sassi: inciampavamo continuamente perché non si poteva usar la torcia elettrica e rischiararci il cammino. Tre volte dovemmo saltare un ruscello, due volte fummo lì per caderci dentro. Dovemmo anche superare una siepe rinforzata col filo spinato e passare in equilibrio su un lavatoio che all'appoggio dei piedi offriva appena un bordo strettissimo, sbocconcellato. Si trattava di un luogo assai ben nascosto, inaccessibile per chi ne fosse estraneo, e non saprei riconoscer la strada per cui ci arrivammo. Ricordo solo un viottolo coi solchi delle ruote, che saliva ripido per una collinetta, e un abbaiare di cani mentre Abu Abed diceva: «Fermi! Sono mordaci. Li hanno allenati ad annusare le scarpe e avventarsi alla gola di chiunque abbia scarpe con un odore non familiare. Bisogna aspettare che vengan legati». Aspettammo e presto venne il segno di avanzare. Il segno era un fischio modulato come il cinguettar di un uccello. Per comunicare fra loro, anche in missione, i fidayn cinguettano come gli uccelli. Sanno imitarli tutti, imparan nei corsi di addestramento. Imparano anche ad abbaiare, a rispondere ai cani. Quest'ultima cosa gli serve quando circondano un kibbuz o si avvicinano a qualche villaggio.

La base stava in una vecchia casa colonica, semidistrutta dai bombardamenti. Di intatto non restavano infatti che due stanze, l'aia e la stalla. La stalla era chiusa e sorvegliata da una sentinella: di certo conteneva il deposito delle armi. Sull'aia era sistemata una mitragliatrice antiaerea, di marca cecoslovacca. Le stanze erano unite fra loro con una specie di pianerottolo e un tetto di frasche. Il pianerottolo era rischiarato da un debole lume a petrolio. Qui ci sedemmo, accucciati per terra, e Abu Abed si allontanò in cerca del comandante. Abu George, invece, si congedò dicendo che rientrava ad Amman: l'incalzar della nebbia lo avrebbe aiutato. Non successe nulla per qualche minuto, fuorché star lì a guardare i fidayn che dormivano distesi per terra: e per terra c'era una coperta e basta. Sembravano tutti giovanissimi, poco più che bambini. Quasi nessuno vestiva l'uniforme ma invariabilmente calzavano scarponi da soldato, identici a quelli che portano gli americani in Vietnam. Accanto avevano il loro fucile, ora un Carlov e ora un Kalashnikov. Un ragazzo lo stringeva alla canna come se temesse d'esserne derubato nel sonno. D'un tratto si svegliò, mi vide, saltò in piedi e ne tolse la sicura: fissandomi con aria interrogativa. «Sahafa, stampa» lo rassicurai. Rimise la sicura e sorrise: «Alaikum Salam, la pace sia con te». Avrà avuto diciassett'anni, diciotto: sulle sue guance non era mai cresciuta la barba. Il volto era pallido, secco, severo; le mani erano lisce e curate. Mi sedette accanto, mormorò in inglese: «Mi chiamo Abu Asham. E tu?». Glielo dissi, aggiunsi da dove venivo, mi fissò con espressione incredula. «Vuoi dire che in Italia sanno di noi?» «Certo, Abu Asham.» Balzò in piedi e svegliò gli altri: «*Qoom, qoom!* Alzati, alzati!». Gli altri si alzarono, svelti, afferrando il fucile, ma quando seppero di che si trattava tornarono brontolando a dormire. Solo tre lo seguirono, acconciandosi il kassiah, e si misero a chiedere qualcosa ad Abu Asham. «Cosa vogliono, Abu Asham?» Indicò Moroldo: «Voglion sapere perché tuo marito ti porta in un posto così pericoloso di notte». «Digli che non è mio marito.» «Non è tuo marito?» «No. Viaggiamo insieme perché lavoriamo insieme. Io scrivo e lui fa le fotografie.» «Non è possibile.» «Sì, che è possibile.» «Non sta bene.» «Come non sta bene?» Gli altri gli tiravan la manica, impazienti d'aver la risposta. Abu Asham gliela dette e i loro occhi si spalancarono increduli: «*La*? No?». Ci fissarono un poco, una fila di occhi affogati tra le pieghe del kassiah, poi si alzarono e tornarono zitti a dormire.

«Vorrei farti alcune domande, Abu Asham.» Abu Abed ci aveva raggiunto e si offriva da interprete perché l'inglese di Abu Asham zoppicava un po' troppo. «Va bene.» «Abu Asham, perché sei qui?» «Devo prima spiegarti chi sono. Sono il figlio di un palestinese che fuggì nel 1948, quando loro inventarono Israele. Sono nato in un campo di profughi, al Libano. Quindi sono qui per tornare nella mia patria e riportarci mio padre. Lui faceva il ferroviere, guidava il treno che da Gerusalemme portava a Giaffa. Voglio che torni a guidare quel treno.» «E quando lo decidesti, Abu Asham?» «Tre anni fa, dopo la guerra di giugno. Ci presero anche il resto della Palestina, nuovi profughi giunsero al campo. Mi misi a pensare, mi dissi: non si fermeranno mai, verranno avanti, sempre più avanti. Bisogna fermarli, bisogna difenderci. Gli altri popoli arabi non fanno nulla per noi, bisogna fare da noi. Così annunciai a mio padre che sarei diventato fidayn.» «E tuo padre che disse?» «Impallidì. Avevo solo quindici anni, rispose: "Sei appena un bambino, devi finire la scuola". Ma io gli promisi che avrei fatto entrambe le cose, e le feci. Le fo ancora, sai? Sto quindici giorni a scuola e quindici giorni alla base. Mi preparo per l'università, voglio iscrivermi a Scienze politiche.» «Abu Asham, da quanto tempo

Verso la base segreta di Al-Fatah

sei qui?» «Da sei mesi. Prima c'è stato un anno di addestramento e poi quell'anno in città.» «Quando sei stato in missione l'ultima volta?» «Tre notti fa. Dovevamo attaccare due Land Rover israeliane, distruggerle, e poi piantare alcune mine. Loro le mettono a noi ma anche noi le mettiamo a loro, sai?» «La missione è riuscita, Abu Asham?» «Sì. Le Land Rover sono esplose e loro sono morti tutti. Noi invece siamo tornati indietro. Tutti e sei. Eravamo sei.» «Hai avuto paura, Abu Asham?» «Non ne ho più, giuro. Ci ho fatto l'abitudine, ormai. Le prime due volte sì, all'inizio è terribile. Ci vai rassegnato a morire. Perché tanti muoiono, sai. La prima volta si trattava di attaccare una colonna di automezzi israeliani. Mi dette coraggio il più giovane del nostro gruppo, e aveva solo quattordici anni.» «Questa vita ti piace, Abu Asham?» «È dura, molto dura. Ti mancano tante cose. Ma non c'è scelta. O si vive così o si vive senza onore. Bisogna...» Si gettò di colpo sul lume a petrolio e lo spense. «Che c'è, Abu Asham?» «Niente. Un ricognitore. Succede tutte le notti.» «E poi?» «Niente. A volte buttano bombe, però non è ancora successo che ci colpissero, e abbiamo i rifugi. Vedi, lì ci sono trincee.» I cani eran tornati ad abbaiare, sull'aia c'era un gran scalpiccio e qualcuno s'era messo alla mitraglia antiaerea che puntava le canne verso il cielo. Ma presto il ronzio dei ricognitori sparì e Abu Asham riaccese il lume a petrolio. La fiammella si alzò illuminando un giovanotto che prima non c'era.

Era un giovanotto di circa trent'anni, vestito in uniforme. Le braccia conserte, le gambe incrociate, ci osservava senza cordialità alzando un volto che ricordava straordinariamente l'attore Omar Sharif: baffoni neri, naso imperioso, pelle scura e occhi intensi, sporgenti. Con voce gelida chiese ad Abu Abed di mostrare i fogli del lasciapassare, li lesse e su quello firmato da Abu Lotuf sorrise un sorriso di denti bellissimi e bianchi, poi parlò in inglese.

«Benvenuti alla mia base, sono il comandante Abu Mazim. Significa Pioggia, credo. Fertilità... Avete mangiato? No certo. E un palestinese non ammette di ricevere ospiti senza farli mangiare.» Mosse una mano lunga, delicata, da pianista. Subito due fidayn arrivarono col cibo che, mentre interrogavo Abu Asham, avevan preparato per noi. Melanzane fritte, fagioli lessi, insalata di pomodori e di porri, montone arrostito e pane arabo: quello schiacciato, a frittella. Il cibo era contenuto in scodelle di latta e le scodelle furono poste per terra insieme a bicchieri di tè dolcissimo e caldo. Abu Mazim fu il primo a infilare le dita tra i fagioli. Poiché esitavo, ironizzò: «Qui non esiston forchette, si mangia con le mani. Ha mai mangiato insieme a... Come ci chiaman da voi? Terroristi, mi pare. Ha mai mangiato insieme a dei terroristi?» «Molti anni fa, Abu Mazim. Da bambina, in Italia. Quando combattevamo i tedeschi.» La risposta gli piacque, farlo parlare non fu difficile. Come condizione pose soltanto di esprimersi in arabo perché tutti ascoltassero. Ormai l'intera base s'era svegliata e i fidayn gremivano il pianerottolo in file concentriche, irte di fucili e luccicanti di occhi. Non vedevi che gli occhi, su quei volti imbacuccati dal kassiah, e per mangiare abbassavano appena un lembo di stoffa che subito ritiravano su. «Posso chiederle qualsiasi cosa, Abu Mazim?» «Sì, meno l'ubicazione di questa base. In fondo c'è poco che lei potrebbe svelare al signor Moshe Dayan e che il signor Moshe Dayan non conosca già, grazie alle sue spie.» «Moshe Dayan non vi stima molto. Dice che non può gratificarvi col nome di guerriglieri. Dice: "Non sono degni d'essere paragonati ai vietcong, non valgono nulla"». Restò impassibile. «Moshe Dayan mente sempre, e ha un occhio solo. I suoi soldati non la pensan così, hanno terrore di noi. Chieda a Moshe Dayan che è successo negli ultimi giorni a El Hussob, a Neot Hakikar, a Sodoma dove c'era quella fabbrica di potassio. Ora non c'è più. Gli chieda cosa è successo all'impianto elettrico di Sodoma quando son rimasti al buio. S'era messo una benda anche sull'occhio sano?» I fidayn scoppiettarono un'unica risata soddisfatta.

Si prepara un lungo viaggio di tragedia

I fidayn di questa base erano una trentina, ma pochi membri permanenti. Una volta al mese, e anche ogni quindici giorni, rientravano in città e venivano sostituiti da elementi freschi: tale avvicendamento consentiva di portare in azione uomini mai stanchi e mai malati. Le azioni avvenivano con una frequenza di due o tre per settimana e consistevano in attacchi a pattuglie motorizzate o a piedi, piazzamento di mine lungo le strade e i campi militari, bombardamenti ai kibbuz e ai centri industriali, uccisioni separate dette caccia all'uomo, cattura di prigionieri. In genere vi partecipavano gruppi di sette otto uomini, ma v'erano casi in cui l'intera base partiva: ad esempio quando c'era da impegnarsi in una vera e propria battaglia. Le perdite non risultavano eccessive come si credeva in Europa: in media, un morto per azione. A parte gli eventuali feriti. Se un fidayn moriva, Al-Fatah provvedeva alla sua famiglia per sempre; se restava ferito, Al-Fatah lo ricoverava nei propri ospedali. Al-Fatah passava inoltre uno stipendio mensile, che variava a seconda delle necessità ma non era mai sotto i quindici o venti dinari al mese: cioè trenta o quarantamila lire. Però, se il fidayn non aveva bisogno di soldi, non ne riceveva e anzi era tenuto a contribuire con versamenti. Più o meno il sistema di tassazione che usano i vietcong. Le classi sociali da cui i fidayn provenivano eran le più disparate. Data la loro giovane età, in gran parte eran studenti. Tuttavia incontravi anche contadini, impiegati, operai e, come dire?, qualche ex playboy. « Ex playboy, Abu Mazim?» «Sì. Non dite così in Occidente? Io ad esempio ero un playboy. Mio padre era ricco: possedeva molti negozi, una piantagione di aranci nella valle del Giordano. Non avevo bisogno di lavorare. Studiavo all'università del Cairo, facoltà di Economia e commercio, l'estate viaggiavo. Grecia, Turchia, Iugoslavia, Cipro, Pakistan...»

«E com'è che un playboy diventa fidayn, Abu Mazim?» «Oh, è un processo lento. Incomincia con un pensiero messo immediatamente da parte. Però il pensiero cresce senza che tu lo sappia. All'inizio pensavo: bravi ragazzi, quei fidayn, coraggiosi. Bisogna aiutarli, magari parlandone con gli amici stranieri, in viaggio. Poi venne il 1967, l'anno in cui avevo deciso di recarmi a Roma: per vedere via Veneto e Tivoli... Ma accadde quello che accadde e... Io ero al Cairo, m'ero laureato da poco. Assistei alla disfatta degli egiziani, compresi che non potevamo più restare inerti. Compresi che non potevamo più fidarci degli altri, tantomeno di quel Nasser facilone e ambizioso, e quel pensiero messo da parte risalì alle porte della mia coscienza. Se vuoi riavere la Palestina, giovanotto, devi andare a riprendertela. Così mi dissi ed eccomi qua.» Raccontò anche d'essersi sposato, un anno fa. Con una studentessa di Amman, palestinese s'intende, e membro di Al-Fatah. La moglie gli mancava moltissimo: ma la metamorfosi avvenuta in lui gli rendeva possibile anche sopportar questa pena. I periodi di inerzia li superava leggendo, il suo scrittore preferito era Gor'kij: seguito da Tolstòj e Jean-Paul Sartre. Oltre a loro conosceva assai bene Hemingway, di cui gli era piaciuto *Il vecchio e il mare*, e poi Simone de Beauvoir, Alberto Moravia, Françoise Sagan. Quest'ultima lo aveva irritato, non ne comprendeva il successo. Quanto a Moravia, lo aveva lasciato incerto: «Mi sembra vecchio». Di recente, però, aveva sostituito i romanzi con «roba più seria»: onde cercare le chiavi della sua scelta politica. Si sentiva comunista, ma confusamente. La Russia non gli piaceva per via della Cecoslovacchia, dell'Ungheria, dell'atteggiamento ambiguo che aveva sempre tenuto nei riguardi del Medio Oriente. «Ci danno le armi senza i pezzi di ricambio. Vorrebbero che si dipendesse da loro.» Castro non gli andava bene perché «era un gran vanitoso e non aveva alcun merito della rivoluzione a Cuba.» La Cina, sì, gli piaceva perché aiutava i palestinesi in modo incondizionato. Verso Mao Tse-tung, tuttavia, provava una specie di diffidenza: «Non ho mai potuto soffrire gli uomini che pretendono di sostituirsi a Dio». L'unico comunista col quale sarebbe andato d'accordo era morto: «Che Guevara l'ho sempre amato e quando lo uccisero provai un grosso dolore. Se fosse vivo, oggi, sarebbe con noi».

Poi, parlava da circa un'ora, un fidayn prese a tirargli la manica e a sussurrargli qualcosa. Chiesi che volesse. Abu Mazim rispose: «Dice che ha una domanda da porle a nome di tutti. Perché dice che lei vuol sapere tutto di noi ma noi non sappiamo nulla di lei. Dice: lei trova che abbiamo ragione o no?». «Sì, Abu Mazim. Temo che abbiate ragione. Però...» «Però?» «Però ho da raccontarvi una storia, semplice e breve.» «Racconti.» «Quand'ero bambina volevo molto bene a una maestra di scuola che era la migliore ragazza del mondo. Si chiamava Laura Rubicek e viveva insieme a sua madre che era una vecchietta dolcissima e bianca. Una notte arrivarono i tedeschi e le portarono via. Perché erano ebree. E non tornarono più. Capisce?» «Capisco.» «E non ammetto che ciò si ripeta. E non lo ammetterò mai. Capisce?» «Capisco, signora. Ora posso risponderle?» «Prego.» «Anche la mia risposta è semplice e breve. Noi non odiamo gli ebrei. Alcuni di noi sono sposati a ragazze ebree, molti di noi sono amici di ebrei. Noi odiamo i sionisti. Perché esser sionisti è come esser nazisti: significa credere in uno Stato razzista, espansionista, imperialista. Voi in Occidente identificate Israele con gli ebrei: non è la medesima cosa perché...» Il fidayn di prima tornò a tirargli la manica e a sussurrargli qualcosa. «Che vuole, Abu Mazim?» «Dice che vuol risponderle lui.» «Va bene.» Seguì un grande silenzio, poi un colpo di tosse, infine il gesto di una mano che si strappava il kassiah dal viso: rivelando un ragazzo. E il ragazzo parlò. In arabo, lento, perché Abu Abed traducesse. «Io, queste cose di cui mi parli, io le conosco. Non perché le ho viste ma perché le ho lette sui libri e perché le ho udite dai miei genitori che vivevano accanto a una famiglia di ebrei. E penso che siano state cose orribili, inconcepibili. I campi di sterminio eccetera. Ma fummo noi arabi, noi palestinesi, a commetterle? Lo sai bene che no. Lo sai bene che foste voi europei. E dopo vi vergognaste e tentaste di scordare dicendo che gli ebrei dovevano avere una patria per sé. E li mandaste da noi. Ma se ci tenevate tanto a dargli una patria, perché non gli deste la vostra? Un pezzo di Germania, o d'Italia, o di Russia o d'America? Credevate che qui ci fosse il deserto? E se gli ebrei sono buoni come la tua maestra, perché ci trattano come i tedeschi trattavano loro? Perché dopo averci rubato la terra, massacrato, cacciato, continuano a perseguitarci? Tu dici che vuoi bene agli ebrei. Ma allora tu vuoi bene a noi. Perché gli israeliani non sono più gli ebrei. Gli ebrei, oggi, siamo noi.»

Aveva appena detto così che un gigante in uniforme arrivò, facendo scattar tutti in piedi. Senza presentarsi, ci esaminò lento al di sopra del kassiah e lasciò cadere queste parole: «Se prendi la mia casa io prenderò la tua casa. Se prendi il mio onore io prenderò il tuo onore. Se uccidi i miei figli io ucciderò i tuoi figli». Poi, con un tono che non ammetteva repliche, annunciò che gli uomini dovevan dormire e che noi lo dovevamo seguire. Lo seguimmo. Erano quasi le due del mattino e per me incominciava la notte più lunga di quel viaggio ai confini di una tragedia che è anche un dramma della nostra coscienza.

4

Una notte sul fronte arabo

Amman, febbraio 1970

La prima impressione fu di trovarci in un luogo assai più insidioso, e più esposto. Compresi presto perché. Le luci di Gerico ci investivano di nuovo insieme al profumo dei gelsomini: il gigante ci aveva riportato indietro, verso il ponte Allenby, e non eravamo più sulla sponda del Mar Morto ma sul fiume Giordano. Gli israeliani insomma qui ce li avevamo a ridosso: con un paio di cannocchiali avremmo potuto vedere le loro pattuglie, le loro mitraglie puntate. Ciò che non compresi fu perché il gigante avesse deciso di farci passare la notte proprio lì. Un eccesso di stima? Una sfida? Ricordavo infatti che all'altra base c'era stato uno scambio di frasi in arabo tra lui e Abu Abed, e Abu Abed aveva ripetuto più volte la parola Vietnam: evidentemente a spiegargli che essendo stati in Vietnam eravamo abituati a un certo rischio e alle cattive sorprese. Imprecando mi dissi coraggio, poi passai a esaminare il posto dove mi trovavo.

Mi trovavo dentro un boschetto di palme e banani che nascondevano un edificio a un piano: forse l'avanzo di una piccola scuola, forse un ex magazzino, o forse una ex fattoria. Intorno ci girava come una veranda, coperta da una tettoia massiccia, e qui si aprivano le porte, qui era collocata la mitraglia antiaerea. Due sentinelle in uniforme e imbacuccate nel solito kassiah sorvegliavano l'unica strada per cui si arrivava, una terza teneva d'occhio il boschetto. Quando giunse il gigante scattarono e ci immisero dentro una stanza illuminata da un lume a petrolio. Nella stanza c'era un tavolaccio, due panche, una lavagna, una carta geografica della Palestina, una specie di libreria e un bauletto. Con gesti educati ma autoritari il gigante ci ordinò di sedere, poi sedette a sua volta, di faccia, si tolse con lentezza esasperata il kassiah, appoggiò sul tavolo due mani da strangolatore, e restò lì a farsi osservare. Era la maschera stessa dell'intelligenza crudele, della determinazione senza pietà. Sotto la fronte stempiata e incisa di rughe dove si annidava la polvere, gli occhi bucavano come aghi fatti per ferire; sotto i baffi ispidi, pesi, la bocca si serrava come una forbice ansiosa di tagliare. La barba non rasata da giorni copriva le guance grassocce d'un velo nero, cattivo, e quando le labbra si schiusero anche i denti apparvero neri: quasi li avesse macchiati masticando betel. Le labbra si schiusero per lasciar filtrare una voce bassa, allo stesso tempo arrogante e monotona. Con tal voce disse: «Mi chiamo Abu Kalid. Dirigo tutte le basi lungo il Giordano». Era l'uomo da cui dipendevano i quarantaduemila fidayn che ogni notte passavano il fiume per andar forse a morire.

Due stavano qui, alle mie spalle. Avevano oltrepassato la soglia con la leggerezza di un gatto e ora mi accorgevo di loro perché Abu Kalid li guardava: tenendoli sospesi in attesa di un'approvazione che tardava a venire. Infine egli sussurrò: «La». Cioè: no. E aggiunse qualcosa in arabo, mi parve due nomi. I due andarono via senza battere ciglio, e presto altri due entrarono. Avranno avuto sì e no diciott'anni e ti colpivano per una certa fragilità: spalle magre, torace stretto, collo smilzo. Sai, il tipo che passa bene dentro i tunnel di filo spinato, largo appena mezzo metro. Si assomigliavano molto malgrado uno fosse bruno e l'altro biondo. Avevano il capo scoperto e abiti di città. Il biondo era perfino elegante: calzoni di velluto e pullover rosso vino. Abu Kalid li squadrò e disse: «Na'am, sì». Fecero dietro front e uscirono. Per tornare in meno di cinque minuti, però, stavolta indossando la tuta mimetica e una specie di cuffia che gli chiudeva la testa fino al mento. S'erano anche sporcati il viso di nerofumo, tra il nerofumo le pupille spiccavano lucide e tristi, e in spalla portavano il Kalashnikov. «Bkatirkun, arrivederci» mormorarono. «Fi ama illa, arrivederci. Yallà, fate presto» rispose Abu Kalid. Poi ci spiegò che andavano in avanscoperta, laggiù tra i campi di mine, per preparare un attacco che sarebbe avvenuto domani. Neanche mezz'ora dopo avremmo udito quei tonfi. Quelle due esplosioni.

«Mi parli di sé, Abu Kalid.» Era una richiesta un po' strana se pensavi alle circostanze e all'ora: le due del mattino. Ma appariva evidente che egli non sarebbe andato a dormire, che avrebbe aspettato il ritorno dei due ragazzi. «Di me?» Sbirciò l'orologio, come a calcolare qualcosa, suppongo il tempo che i due avrebbero impiegato per arrivare alla sponda, restò un attimo sovrappensiero. «Sì, certo, se vuole. Ma ignoro la mia età. Calcolando che mio padre fu ucciso nel 1936, quando avevo all'incirca tre anni, dovrei avere trentasei anni.» (Ne dimostrava cinquanta.) «Abu Kalid, chi lo uccise?» «I terroristi dell'Irgun, gli ebrei. Lui era già nel gruppo di coloro che combattevano per opporsi alla creazione di Israele. E anche mia madre. Gli altri, di solito, ricordano la madre nell'atto di cuocer la torta o pulire la casa: io la ricordo col fucile in mano, o un pacco di munizioni da portare in montagna a mio padre.» «E sua madre?» «Non la vedo da tempo immemorabile. La lasciai che ero ragazzo. So che è viva e abita in territorio occupato dove collabora alla Resistenza. Ha perso tutto. Mio padre le aveva lasciato una casa e un campo dove coltivava le olive: era un contadino. Ma gli israeliani minarono la casa e sequestrarono il campo.» «E lei cosa fece?» «Continuai a fare il contadino, qua e là. Poi a quattordici anni andai a lavorare come operaio ma... non si tratta d'un problema psicologico. Si tratta d'un problema storico. La Resistenza palestinese è un fatto che esula dalle vicende di chi v'è implicato. Esiste come conseguenza di una realtà storica e indipendente dalla mia o sua volontà. Non a caso questa guerra assomiglia alla guerra d'Algeria, alla guerra in Vietnam: è il risultato ovvio dell'imperialismo e del colonialismo...» «È marxista, Abu Kalid?» «Non ancora. Prima di decidere se lo sono o no, devo studiarmi *Il capitale*. L'ho già letto ma non l'ho capito. Sorride?» «Sì, ma solo perché non parla come un ex operaio o un ex contadino.» Sembrò lusingato. «Ho letto molto. Di giorno lavoravo e di notte leggevo. Cominciai con Victor Hugo, Zola, Balzac, Tolstòj: i libri che trovavo in arabo. Ma poi trovai anche una grammatica inglese, una francese, e mi misi a leggere direttamente in inglese, in francese: bevendomi tutto in un gran miscuglio. Shakespeare, Sartre, Ezra Pound, Aragon, Collins Wilson...» «E ora?» «Ora leggo Guevara, Debray, Giap, Mao Tse-tung, e scrivo poesie. Sono quel che si suol definire un intellettuale, sebbene il termine stesso mi offenda. Gli intellettuali...»

Di nuovo sbirciò l'orologio e mosse le labbra in un calcolo muto. Calcolai anch'io: supponendo che la nostra base distasse dalla sponda due chilometri o al massimo tre, in questo momento i ragazzi stavano arrivando e forse guadavano già il fiume. «Gli intellettuali, dicevo, non servono nelle rivoluzioni. O servono a complicarle e basta. Del resto il mio sogno non era scriver poesie, era diventare un pittore. In Italia.» «In Italia?» «Esatto. Un libro sull'Italia m'aveva convinto che quello e nessun altro fosse il paese dell'arte, e m'ero fissato con Michelangelo. Lui come uomo, più che lui come artista. Mi perseguitava l'idea che avesse dipinto la Cappella Sistina per un papa che lo maltrattava. Pensavo: a Roma potrò vendicarlo insultando i preti. Ero giovane. Sapevo dipingere e basta.» «Cosa dipingeva, Abu Kalid?» «Né pecorelle né ulivi. Dipingevo gli uomini. Gli uomini come li avevo visti dal giorno di Deir Yassin, quando duecentocinquanta tra vecchi donne e bambini furono massacrati dai terroristi israeliani. Gli uomini come li conoscevo dal giorno in cui ci avevano minato la casa. Ha presente quel quadro del Goya, quello dove si vede un plotone di soldati francesi che fucilano i patrioti? Pensavo: a Roma dipingerò i nostri martiri sui marciapiedi, e la gente si fermerà, chiederà chi sono, cosa vuol dire. E io risponderò: sono la Palestina. In Europa non avete mai saputo ciò che accadeva in Palestina. Prima eravate distratti dalla vostra guerra, poi dal sollievo che essa fosse finita: gioia e dolore vi hanno sempre impedito di occuparvi di noi. O forse vi occupavate troppo degli ebrei. L'averli perseguitati vi riempiva d'orrore e d'amore: ogni volta che sbarcavano in Palestina vi sentivate meglio. La Terra Promessa! E giù film, giù romanzi. Mentre per ciascun ebreo che sbarcava, cento arabi venivan cacciati. O ammazzati. Terra Promessa da chi? Da Dio? A me non risulta che Dio abbia fatto quel contrattino con Mosè, presente il notaio. A me risulta solo che in Palestina c'erano e ci son sempre stati i palestinesi. Fin dall'Età del bronzo, fin dal periodo Neolitico.» «Ci sono stati anche gli ebrei, Abu Kalid. Col regno di David, di Saul, di Salomone... La storia è storia.» «Ci sono stati con noi, dopo esser giunti dall'Egitto come invasori. E all'inizio del Novecento, quando presero a parlare di Terra Promessa, i palestinesi erano i soli abitanti della Palestina da milletrecento anni. L'ha detto un filosofo ebreo, Erich Fromm: "Se all'improvviso tutte le nazioni dovessero rivendicare i territori dove i loro progenitori vivevano migliaia d'anni addietro, il mondo diverrebbe un manicomio". Siamo seri. La Palestina non fu promessa agli ebrei dal Signore, fu promessa agli ebrei dagli inglesi e i francesi e gli americani: affinché Israele li sostituisse in Medio Oriente allo scadere del mandato britannico.»

Per la terza volta gettò un'occhiata sull'orologio. Ora i due ragazzi avevano sicuramente guadato il Giordano e avanzavano sull'altra sponda. Carponi, trattenendo il respiro, cercando di individuare nel buio le tracce delle mine a catena: per poi appostarsi nel punto in cui dovevano osservare il numero degli israeliani, dei loro automezzi, il tempo che passava tra pattuglia e pattuglia, la disposizione delle mitraglie e i cannoni. Se tutto andava bene, avrebbero fatto ritorno verso le quattro del mattino e comunque prima dell'alba. Abu Kalid si strinse forte le mani da strangolatore e frenò un sospiro. «Ovvio che il sionismo sia la nuova forma di colonialismo, la più ipocrita. Ovvio che il sionismo sia la traduzione degli interessi inglesi, americani, e insomma capitalistici. Ma dal momento che tali interessi vengon mascherati con supposti diritti, io chiedo quali diritti avessero sulla Palestina questi ebrei, anzi questi europei, nati in Russia in Germania in Cecoslovacchia in Polonia in Inghilterra in Italia in qualsiasi Paese fuorché la Palestina. Nel 1918, cioè all'inizio del mandato britannico, qui non vivevano che cinquantaseimila ebrei. Nel 1948, cioè al termine del mandato britannico, l'emigrazione li aveva fatti salire a seicentomila. Ma erano stranieri che spesso non parlavano neanche l'ebraico: parlavano russo, tedesco, cecoslovacco, polacco, inglese, italiano. Come voi quando sbarcaste in America. Sì, i sionisti voglion ripetere ciò che accadde quando salpaste dall'Europa con le vostre navi e rubaste la terra agli apache, ai navajo, ai comanche. E chiamaste quella terra col nome di America e metteste gli apache nei musei. Ma la tragedia degli apache non si ripeterà in Palestina, nei musei noi non ci finiremo. Non farete i film western con noi, non ci chiuderete nelle riserve di filo spinato. Perché anche se siamo poveri com'erano loro, spesso ignoranti com'erano loro, abbiamo alle spalle una civiltà, una cultura, e un vantaggio: noi vi conosciamo. Gli apache, i navajo, i comanche non vi avevano mai visti: noi vi abbiamo incontrato assai spesso nel corso dei secoli. Sappiamo affrontarvi. E...»

Fu allora che esplose il primo boato. E subito dopo il secondo. E, spento l'eco del secondo, l'aria fu lacerata dal martellare di una mitraglia pesante. Due raffiche, lunghe. *Ta-ta-ta-ta-ta, ta-ta-ta-ta-ta!* E Abu Kalid rizzò il capo e spalancò gli occhi e capì. E capii anch'io, capirono tutti. E tutti insieme ci alzammo, uscimmo sulla veranda dove cinque o sei fidayn erano accorsi, ansimando, e Abu Abed balbettò: «Cos'era? Cos'è?» «Mine» gli risposero. Ma nessuno ebbe il coraggio di chiedersi ad alta voce: Eran loro? Se eran loro lo si sarebbe saputo più tardi, domani mattina.

L'aereo israeliano passò urlando sopra di noi

Eran circa le tre e mezzo quando decidemmo che starsene alzati era inutile: meglio riposare un poco in attesa dell'alba. Così Abu Kalid e Abu Abed e Moroldo si trasferirono accanto dov'erano tutti accampati, a me invece fu preparato un giaciglio nella stanza in cui mi trovavo. Con premura quasi materna un fidayn sistemò due coperte per terra, una come tappeto e una per rinvoltarmi, poi aggiustò alcuni cenci a mo' di guanciale, abbassò la fiammella del lume a petrolio e chiuse la porta sussurrando: «Laileh Sa'eedi. Buonanotte». Ma chi avrebbe potuto dormire. Cercai di impiegare il tempo annotando le frasi di Abu Kalid, studiando la carta geografica, le cancellature sulla lavagna, infine approdai alla libreria che conteneva cinquantasette volumi, la maggior parte in arabo ma alcuni in inglese: la vita di Ho Chi Minh, il diario di Che Guevara, un saggio di Giap, i pensieri di Mao Tse-tung. Conteneva anche una busta, così rotta che ti invitava a guardare, così la presi e dentro c'erano le poesie di Abu Kalid. Un centinaio di pagine scritte a macchina, in arabo, e in fondo alcuni fogli a quadretti con la traduzione in inglese. Potevo? Dovevo? Gli avrei chiesto il permesso più tardi. E, seduta vicino al lume, le ricopiai.

Prima poesia: «*La via al palazzo è così lunga / e io mi stanco, mi stanco / Una porta si apre, una candela si spenge / son io che rido in faccia alla paura / ma la paura ride a sua volta in me / Lei ride e io mi sento colpevole / di non averti ancora liberato / mia Palestina / E mentre il buio brucia / la tua coscienza urla / rifiuto di morire!*». Seconda poesia: «*La domanda è chi sei, come sei arrivato alle nostre frontiere / La risposta è: ci arrivai rendendoti un mendicante / Io son l'insulto dentro i tuoi occhi / E così essi vanno, spinti dalle mani che li tradirono sempre / che li vendettero sempre al nemico / che umiliaron sempre i loro pensieri / mentre rompevan le pietre pei ricchi / Ma essi non furon mai stanchi di rompere pietre / non si piegarono mai alle torture / Hanno una volontà che resiste a tutte le sofferenze*». Terza poesia: «*Tuo padre se n'è andato, tua madre è una prostituta / Le hanno messo il lievito negli occhi / le hanno mangiato il volto come il pane / Chi fa l'amore con tua madre nel fango? / Lascerai ancora mangiare tua madre / e sporcarla nel fango? / Tua madre è nuda ma non sentirti nudo per questo / È vero, persi coraggio / È vero, mi umiliai, ebbi paura / quando lei vendette il suo seno / Ma stanotte supero le montagne / e vo verso mia madre / mia madre morta mi chiama / oltre i fili spinati e il fuoco / È difficile andare da lei / ma è meno difficile che morir come lei*». Il rombo dell'aereo si abbatté a questo punto.

Volava così basso che ti sembrava di sentirgli sfiorare le punte degli alberi. Certo cercava noi. Certo i due ragazzi eran stati scoperti, forse uccisi, e ora l'aviazione israeliana cercava di individuare la base da cui eran partiti. A quell'aereo se ne aggiunse un altro. E poi un altro, e poi un altro: sfrecciavano a intervalli precisi e ogni volta i muri della mia stanza si squassavano quasi fossero carta. Nella veranda ci fu uno scalpiccio, poi uno scambio di frasi soffocate. La porta accanto si aprì, riconobbi la voce di Abu Kalid che dava ordini secchi. Angosciosamente sperai che non mettesse in funzione la mitraglia antiaerea, così localizzando il sospetto di chi ci cercava. Se non capivano che la base era qui, le speranze di cavarcela erano moltiplicate per cento. La mitraglia tacque. Presto il rombo si allontanò e svanì, verso sud. Ma era appena svanito che di colpo tornò: più forte, sempre più forte, mentre i muri si squassavano di nuovo, e lo scalpiccio riprendeva, e le frasi soffocate. Uno esclamò: «Ma lissa!». Ma lissa vuol dire «ancora no». Ancora no cosa? Bisognava uscire da quella stanza, Moroldo dov'era?, Abu Abed dov'era? Bisognava mettersi insieme. Aprii la porta, un fidayn mosse il fucile: «You stay! Stai lì!». Richiusi la porta, al rombo degli aerei si sovrappose lo scoppiettare di un elicottero. Ricordavo bene il rumore che fa un elicottero, c'ero stata tante volte in Vietnam, ciò che non ricordavo era cosa significasse starci sotto anziché sopra. Significava un terrore della fanciullezza, un terrore dimenticato, sepolto e che all'improvviso saliva alle vette della coscienza per fiorire in un sudore ghiaccio. Mi distesi per terra, sulla coperta. Bisognava rassegnarsi, calmarsi: non c'era nulla da fare. Solo sperare che andasse bene, mentre lui tornava, spietato, ma con un po' di sforzo ti ci abituavi, potevi perfino sollevare il coperchio di questo bauletto e guardare cosa conteneva, accorgerti che conteneva esplosivo, pensare, oddio, se casca una bomba speriamo non caschi proprio sull'esplosivo, e finalmente cedere al sonno, alla tensione, chiudere gli occhi e addormentarsi ascoltando uno scoppio lontano, poi uno vicino, poi il silenzio liberatore.

L'alba mi colse con un fascio di luce che entrava da una finestra priva di vetri. Saltai in piedi con la sveltezza che ti dà solo la gioia di saperti viva, aprii la porta e, dalla maniglia allo stipite, si tendeva uno stranissimo filo: sottile come un capello. L'avevan fissato in modo che si rompesse solo se uscivo: non si fidavan di me. «May I get out?», chiesi alla sentinella. Capì, annuì. Nel boschetto i fidayn stavan pulendo le armi, uno mi indicò il ruscello: «Wash? Lavare?». Raggiunsi il ruscello dove quattro ragazzi si stavan bagnando. Arrossendo fuggirono in risatine nervose. L'acqua era gelida, buona: puliva l'angoscia di una notte assai dura. Ma cos'era successo in realtà: quei due erano morti davvero? Tornai verso il fidayn che m'aveva indicato il ruscello, gli sedetti accanto pensando che era proprio un bambino e non si mandano i bambini a morire. «Speak English?» gli chiesi. «Little, poco» rispose. «Last night, israeli planes... bombing? La notte scorsa, gli aerei israeliani... le bombe?...» «Na'am, yes! Always, sempre.» «And comrades... friends... two, those two back? E i compagni, gli amici, quei due... Sono tornati quei due?» Strinse la bocca e gli occhi gli si fecero grandi, grandi. Chinò la fronte, gorgogliò: «La, no. No come back. Never come back. Non sono tornati. Non torneranno più».

Visto di giorno aveva l'aria di un rifugio assai stabile, certo non di una base messa su per quindici o venti giorni. Sui muri v'erano scritte in arabo, Abu Abed me le tradusse e dicevano: «Gli schiavi non combattono. (Arafat)». «Il suolo non parte ma gli invasori sì. (Arafat)». «Il lavoro politico non è una lezione, è un comportamento rivoluzionario. (Abu Kalid).» «Io muoio, lasciami. Salva il mio fratello ferito. (Un fidayn).» Nella veranda c'era un tavolo per mangiare e, in un bugigattolo, c'era una cucina vera e propria: coi pentoli. Apparve Abu Kalid, nuovamente coperto dal kassiah, e il suo sguardo era evasivo, la sua voce denunciava il malumore. «Buongiorno. Entro le sette e mezzo, le otto, dovete partire. Gli aerei bombardano di solito a quell'ora e non voglio assumermi la responsabilità di tenervi qui.» «Sono già venuti gli aerei, Abu Kalid.» «Ah, sì?» «Abu Kalid, cosa è successo stanotte?» «Tutte le notti succede qualcosa.» Più che malumore il suo era forse una pena repressa: e questa impediva ogni domanda, ogni curiosità. Soprattutto la curiosità su due ragazzi che non erano tornati e che non sarebbero tornati mai più. «Mangiamo. Tè o caffè?»

Il cibo arrivò in scodelle di latta come la sera avanti alla base di Abu Mazim. Fave bollite, formaggio di capra, salsicce, pane, tè e caffè. Cinque fidayn si unirono a noi. Uno era un ex imbianchino, tre eran studenti, un quinto allargò le braccia come a dire che non era nulla fuorché un fidayn. Una settimana dopo lo avremmo trovato che passeggiava per il mercato di Amman, evidentemente in licenza. «E di giorno che fate?» «Ciò che fanno i soldati. Ci si allena, ci si annoia, e a volte si va in azione. Ma solo se c'è nebbia e piove, per nasconderci un po'.» Abu Kalid ascoltava zitto ma buttava in bocca le fave con gesti secchi e nervosi, quasi che l'impazienza di vederci partire avesse incrinato l'armatura della sua impassibilità. «Ho letto le sue poesie, Abu Kalid.» «Grazie.» «Ne ho anche copiate tre.» «Grazie.» «Posso pubblicarle?» «Certo.» D'un tratto, senza nessuna ragione fuorché il bisogno di scaricare una rabbia, suppongo, disse che la settimana avanti avevan catturato un prigioniero. «Catturato e ucciso.» «Ucciso?» «Sì. Non voleva seguirci, si dibatteva, e non potevamo portarcelo a spalla per quindici miglia fino alle linee. Siamo stati costretti a ucciderlo. Lo dica, lo scriva.» «Perché, Abu Kalid?» «Perché i sionisti sappiano che, se non ci seguono quando li catturiamo, noi li uccidiamo. Se invece ci seguono senza darci problemi, ci impegniamo a non fargli nulla. Abbiamo troppo bisogno di prigionieri da scambiare coi nostri prigionieri.» «Brutta storia, Abu Kalid.» «Brutta?» «Sì, Abu Kalid. Non si uccidono i prigionieri.»

Allora si arrabbiò. Disse che quella era una guerra di liberazione, una rivoluzione, e non ammetteva sciocche ipocrisie. Disse che in Israele i prigionieri venivan torturati con le scariche elettriche, gli asciugamani bagnati come in Vietnam, che dagli interrogatori uscivano mutilati, dalle celle uscivano morti: perché uno dei loro doveva esser risparmiato? Disse che quel prigioniero non lo avevano ucciso i fidayn, lo aveva ucciso l'imperialismo, il capitalismo: la colpa era solo della borghesia capitalista che dopo aver perseguitato gli ebrei si serviva di essi, e dominava Paesi come il mio. Sicché combattendo per la Palestina i fidayn combattevano per l'umanità, e per l'Italia dove la gente moriva di fame come in India: accasciandosi sui marciapiedi dove al massimo si mangiava un sandwich. Sistemato l'Oriente, egli si sarebbe occupato di noi. Era così inferocito che non potevo pigliarlo sul serio, solo rispondergli che era male informato, in Italia non si moriva affatto di fame e anzi un nostro problema era proprio la dieta, fatta a base di sandwich, sì, ma col pane messo tra due bistecche. Poi, visto che restava deciso a «liberarci», persi le staffe e finì in una rissa. Conclusi che non si prendesse lo scomodo, secoli addietro gli arabi se l'eran già preso con le nostre coste, la Sicilia, la Spagna, e di ciò ci restava un ricordo di cui non eravamo grati. Comunque eran le sette e quarantacinque: potevamo anche andarcene. Allora capì che ero offesa, cambiò: «Posso spiegarle qualcosa?». «Sì, certo.» «Ecco. La vita di un fidayn è molto dura, non sempre uno è rilassato come vorrebbe. Per via dei dolori, delle responsabilità, ma specialmente dell'incomprensione che avvertiamo negli altri Paesi. Il mondo non sa, non capisce nemmeno perché si combatte. Ci crede fanatici assetati di sangue e tutt'al più ci guarda come al cinematografo. Ma questo non è un film, qui si muore davvero... Non vogliamo riprendervi la Sicilia, la Spagna, le coste... Vogliamo solo esser compresi. Abbiamo bisogno anche noi di amicizia.»

Gli eran venuti gli occhi lucidi lucidi. E non era più un arrogante demagogo, era solo un uomo che chiede d'esser rispettato: un apache che spara le frecce a noi bianchi, sbarcati nella sua terra con i cannoni. Gli tesi la mano e me ne andai: non dirò in che direzione. Dirò solo che quando mi accorsi dove avevamo trascorso la notte, mi colse un brivido lungo e Abu Abed esclamò in italiano: «Porca miseria!». Poi, con l'aria di non esserne affatto entusiasta, ci informò che la prossima tappa era una base al Nord, dopo la città di Irbid.

Quasi ogni notte la terra trema e le case si riducono in briciole

Al Nord, lungo il confine che si stende sotto il lago di Tiberiade e le alture del Golan, avvengono da circa un anno le operazioni più numerose e più temerarie dei fidayn. Solo negli ultimi mesi, in quella zona, essi hanno effettuato cinquanta attacchi: pagati con cento morti e duecentosessanta feriti. Quanti morti e quanti feriti abbiano inflitto agli israeliani, non si sa con precisione: scappando, i fidayn non hanno il tempo di contare i cadaveri altrui. Ma certo le perdite sono più gravi di quelle che le autorità di Tel Aviv vogliono farci credere quando, nei bollettini di guerra, dichiarano che «l'attacco si è concluso senza danni da parte israeliana». La regione è bollente: non a caso le rappresaglie aeree qui avvengono con più frequenza che a sud. In media, due o tre volte la settimana.

Ma vi sono periodi in cui i Phantom, gli Shyhock, i Super-Mystère, i Mirage piombano ogni giorno e ogni notte a ondate continue di cinque aerei per volta. L'incursione dura dai quindici ai trenta minuti, con bombe da cinquecento chili e napalm, quasi sempre ha per obiettivo le basi dei fidayn o i villaggi dove i fidayn tengono un quartier generale, un deposito di munizioni, i collaboratori efficienti. In quel paesaggio biblico, dove i tramonti si arrossano d'una bellezza struggente, lo spettacolo di case smozzicate o sbriciolate è normale: l'antiaerea giordana quasi non esiste, dal 1967 a oggi solo due aerei israeliani sono stati abbattuti. Uno Shyhock e un Super-Mystère. Ma il merito va alle mitraglie cecoslovacche dei fidayn, non ai cannoni inglesi di re Hussein.

A colpo d'occhio diresti che il terreno non si presta alla guerriglia: la vegetazione è scarsissima, prima di scorgere un albero in cima a una collina passano anche dieci chilometri. Le montagne abbondano solo di sassi e di muschio, i campi non sono quasi mai coltivati e scendono in vallate brulle, prive di qualsiasi rifugio. Viene in mente, a guardarle, quella Bolivia dove Che Guevara si fece prendere in trappola. Se osservi meglio però ti ricredi: i nascondigli ci sono, la zona è un nido di caverne. Alcune assai piccole: sufficienti per due uomini o tre. Altre abbastanza ampie da ospitare una intera compagnia. Tutte invisibili dall'alto e affogate entro pareti di monti che sembrano inventati per la guerriglia. Solo nel Vietnam del Nord, presso le province di Nam Ha e Tha Hoa, ho visto caverne così, monti così, e lì puoi gettarci le bombe che vuoi: non arriveranno mai a sfondare fino agli anfratti che la natura creò. L'unico pericolo è restarci bloccati se si forma una valanga: ma a questo provvedono i rinforzi in cemento che trasformano semplici grotte in solidissimi bunker. Le basi che si trovano al Nord sono infatti basi permanenti, attrezzate per un indefinito soggiorno.

Visitarle è quindi praticamente impossibile. Né ho ancora compreso per quale equivoco o generosità io vi venni introdotta. Più ci penso meno ci credo, e resta il fatto, mai chiarito, che al ritorno Abu Abed ricevette una vera lavata di capo. Gli rimproverarono di aver usato il lasciapassare per portarci proprio laggiù, gli proibirono i contatti coi giornalisti, lo misero in sostanza da parte e nei giorni che seguirono lo rividi solo una volta: a passeggio con la moglie e coi figli. Ma era ormai così ostile che anziché salutarci ci maltrattò. Non ho compreso nemmeno perché, dopo un simile dramma, nessuno mi abbia chiesto di tacere l'ubicazione della base. Forse non volevano sottolineare la sua importanza, o forse s'erano rassegnati a rimuoverla. A ogni modo, e nel caso che non sia stata rimossa, tal censura me la pongo da me: limitandomi a dire che la strada per arrivarci era controllata metro per metro dai fidayn i quali vedevano di malocchio perfino i camion dell'esercito giordano. Insomma, qui più che altrove, ti rendevi conto che la Resistenza palestinese, e in particolare Al-Fatah, costituisce in Giordania uno Stato dentro lo Stato, una forza non più eliminabile. Chi non prende sul serio i fidayn, o li considera romantici stracc ioni, insomma li sottovaluta, dovrebbe vederli in basi come quella: cambierebbe subito idea.

Anzitutto la comandava un ex ufficiale dell'esercito giordano: fino al 1966 Abu Mohammed, questo è il nome che dette, era stato militare di carriera e col diploma d'una delle più celebri accademie del Medio Oriente. Poi, un ex ufficiale di cui tutto potevi dire fuorché fosse un tipo qualsiasi. Disertato l'esercito di Hussein, era passato alle basi di addestramento in Siria ricominciando daccapo con l'umiltà di una recluta e, dopo la Siria, aveva seguito corsi di guerriglia in Cina e in Vietnam. Nel 1968 aveva partecipato alla battaglia di Karameh, negli ultimi due anni aveva passato le linee una cinquantina di volte «in azioni di gruppo o singole», e in alcune occasioni s'era anche spinto fino alla striscia di Gaza, al deserto del Sinai. Borghese, di nascita, ora maoista convinto, abbinava alla disciplina del militare il rigore dell'adepto politico, e l'esempio che dava ai suoi uomini era spinto fino al masochismo: quando una pattuglia partiva per un attacco, egli la guidava malgrado le infermità che gli bloccavano un piede, una mano, un braccio, e la parte destra del corpo. «Sì, cammino un po' zoppo e con la destra non sparo: è quasi paralizzata. Ma con la sinistra me la cavo assai bene.» «Come avvenne, Abu Mohammed?» «Oh, niente. Cose che succedono. Ero entrato in territorio israeliano, insieme con un compagno, per portare esplosivi a Gerusalemme. Al ritorno trovai la strada bloccata da loro che si stavano scontrando con un gruppo di Al-Fatah. Erano tanti, per cinque o sei fidayn avevano mobilitato perfino carri armati e cannoni. Mi trovai preso nel mezzo, un riflettore mi illuminò e una scarica di mitra mi tagliò quasi in due: dalla spalla al piede.» «E come ne uscì?» «Oh, niente. Fortuna. Consegnai le armi al mio compagno e gli ordinai di mettersi in salvo. Poi mi sollevai, ero pieno di pallottole ma nessuna aveva leso organi vitali, e mi diressi verso la frontiera giordana. Ci vollero settantadue ore e non fu facile, lo ammetto, perché avevo perso moltissimo sangue. Ma raggiunsi il fiume, un pescatore mi dette un passaggio per la sponda est dove mi consegnò ai fidayn. E loro a un ospedale. Qui il chirurgo fu costretto ad asportare tutti i muscoli a destra del torace.» Questo è il suo racconto: fatto con voce fredda e sguardo di ghiaccio. Aveva un volto durissimo, cupo. Nelle tre ore che rimasi con lui non cedette mai a un sorriso, a una espressione cordiale. Neppure quando mi disse d'avere moglie e due figli, uno appena nato.

La base era situata in una delle molte gole che affondano tra le montagne del Nord e ogni accesso, ogni altura, era sorvegliato dai fidayn: chi entrava lì dentro si trovava subito sotto la mira di fucili invisibili e pronti a sparare per il più lieve sospetto. Concentrava una cinquantina di giovani tra i quattordici e i ventotto anni, esperti nelle armi più svariate: dai Kalashnikov ai Carlov, dagli RBG ai katiuscia, dai bazooka all'artiglieria leggera. In massima parte studenti liceali e universitari, tutti stavano lì da sei mesi: le licenze eran rare, salvo casi di malattia. L'accampamento vero e proprio si annidava nei cunicoli di una profonda grotta che a sinistra era stata scavata per ricavarne una stanza con le pareti. Il soffitto della grotta era stato spalmato con bitume, in modo da impedire l'umidità, le pareti della stanza erano state imbiancate e su alcune vedevi quadri rivoluzionari con graziose cornici d'argento. Vedevi anche un giornale murale dove si riportavano gli avvenimenti del giorno, con tono goliardico. Ad esempio: «Moshe Dayan s'è rotto una gamba. Speriamo che non si riattacchi». Oppure: «Golda Meir ha ricevuto un membro dell'ONU. Era vestita di verde e s'era fatta la barba». Infine vedevi insegne e cartelli israeliani catturati in battaglia ed esposti con commenti ironici: «Giunto per posta da Tel Aviv onde dimostrare che i fidayn non entrano mai in Palestina (leggi Israele)». Per terra c'erano materassi puliti, coperte ben ripiegate, e ovunque tu girassi lo sguardo non sorprendevi il più innocente disordine. Non solo: per quanto tu ti spingessi all'interno, non annusavi mai gli avanzi di un cattivo odore.

C'era anche un centro ricreativo, e questo l'avevano messo nella grotta accanto, più piccola, come l'altra scavata e squadrata in pareti immacolate. Conteneva una libreria, un giradischi e molti dischi in cinese. Tra i libri c'era il *Corano* e, al solito, il *Diario* di Che Guevara e i *Pensieri* di Mao Tse-tung. Uno, in inglese, portava il titolo *Tecnologia e Nuovo Mondo*. Un pancone di pietra, su cui era sistemato un materassino, permetteva di ricevere gli ospiti con decoro, e fu qui che Abu Mohammed ci fece sedere:

offendendosi subito perché esclamai «si vede che questa base è diretta da un militare». In un Paese dove i militari non avevan fatto che brutte figure, rispose, il mio era tutt'altro che un complimento: esser stato all'accademia del resto gli serviva ben poco. Non dimenticassi che nell'esercito i rapporti tra ufficiali e soldati sono quelli tra padrone e servo, in guerriglia ufficiali e soldati sono fratelli perché la gerarchia non esiste. Nell'esercito un soldato non fa che obbedire agli ordini e specializzarsi in un'azione o in un'arma, in guerriglia ciascuno è indipendente e quando affronta il nemico agisce di sua iniziativa. E cosa chiedeva lui a un fidayn? «Il coraggio: bisogna che sia un uomo pronto a morire. Poi l'intelligenza e un po' di cultura: un ignorante o un cretino va bene per l'esercito dove è carne da cannone, non va bene qui dove per sopravvivere bisogna usare il cervello.» E ne morivano molti, pur usando il cervello? «Un mese fa ce ne ammazzarono otto: l'intera pattuglia. Li circondarono a far poco in tremila... La scorsa settimana, a venti chilometri da qui, ce ne catturarono sei. Anche lì l'intera pattuglia. Nell'ultima operazione partimmo in diciotto e tornammo in dieci. Ma cito gli esempi peggiori: il più delle volte torniamo indietro. Al massimo con un ferito o due. Passar dall'altra parte è difficile, però meno di quanto si creda. A neutralizzare lo sbarramento fotoelettrico ormai abbiamo imparato: è uno scherzo. Quanto alle mine, conosciamo tutte le possibili combinazioni: quasi sempre le evitiamo. Conosciamo anche il trucco del disco: mettono in azione un disco che ripete: "Attenzione, ti abbiamo visto, getta le armi", e poi sparano dalla parte opposta a quella da cui viene la voce. Il pericolo grosso viene dopo l'attacco, quando si alzano gli elicotteri e gli aerei. Così bisogna non tornare subito indietro, evitare il sistema dell'attacca e fuggi. Bisogna farci coraggio e addentrarci, per trovare rifugio nel primo centro abitato.» «Abu Mohammed, e per ripassare le linee e tornar qui?» «Oh, quello è semplice. Ciò che accadde a me fu dovuto a disgrazia. Ma non posso dirle come rientriamo.»

Poi uscimmo in giro per la base, circondati dai fidayn che mi fissavano come un anno prima mi avevano fissato i bambini di Hanoi. Chi è? Cosa vuole? È una donna! Due specialmente, tarchiati, bruttini: mi indicavano col mitra, si tiravano di gomito, ridacchiavano confusi nascondendosi l'uno dietro le spalle dell'altro. Finché li presi da parte e gli chiesi: «Siete molto amici, voi due, non è vero?». E loro dondolarono su e giù, imbarazzati, poi risposero in coro: «Siamo fratelli». Allora li interrogai e mi dissero di chiamarsi Nizar e Rafat, il primo di venti e il secondo di sedici anni. E mi dissero d'esser due contadini di Gaza, figli di un uomo morto combattendo contro gli ebrei nel 1948. Il primo a diventar fidayn era stato Nizar, che subito aveva pensato di portarci Rafat ma gli era venuto quel problema di coscienza, durato sei mesi: e se poi mi muore? Ma l'aveva superato pensando meglio un fratello morto che un fratello senza dignità, e ormai Rafat era lì da ben diciotto mesi. «Venni a quattordici anni e mezzo, mi spiego?» «Già, e non avevi paura, Rafat?» «Oh, sì! Tanta, sai, tanta! Ma ora no.» «Quante volte hai passato le linee, Rafat?» «Ventiquattro. Però mai con Nizar. Non vogliono mandarci insieme, temono che ci si preoccupi troppo di darci una mano.» «È questo che ti dispiace più di tutto, Rafat?» «Oh, no! È non poter giocare al calcio. Sai, io ero bravo, potevo diventare un campione. E mi son fatto un pallone coi cenci e a volte dico: chi vuol giocare con me? Ma tutti rispondono: smettila!» «E cosa ti manca più di tutto, Rafat?» «La mamma. Mi manca tanto la mamma.» Così il vicecomandante gli disse via, non dir queste cose, e lo mandò a giocare al pallone.

Il vicecomandante si chiamava Abu Ahmad. Era uno studente di Filosofia, con gli occhiali, anche in battaglia ci andava con gli occhiali e aveva ventun anni ed era qui da due anni. Aveva anche cinque fratelli, tutti fidayn, ma in basi diverse, e due sorelle che si addestravano per diventar fidayn. «E tua madre che dice, Abu Ahmad?» «Dice che le dispiace di non aver più di otto figli da offrire alla Palestina.» Quando Abu Mohammed permise a Moroldo di fare qualche fotografia, Abu Ahmad mi chiese di posare con lui. «Così ricorderai d'avermi conosciuto, e mi ritroverai dopo che sarò morto, e sarò un po' meno morto.» Posai con lui e fu lo stesso che spegnere la timidezza degli altri che mi corsero incontro, contenti, mi aggiustarono in testa un kassiah, cominciarono a dire «anch'io, anch'io, così mi rivedrai dopo che sarò morto e sarò anch'io un po' meno morto.» «Accidenti!» esclamai «Posso domandarvi un regalo?» « Sì, sì, sì!» «Ecco: restate vivi, per favore. Voglio pensarvi vivi.» A questo punto ci fu un gran silenzio, poi un gran confabulare, e Rafat si fece avanti, e mi abbracciò forte, e mi disse: «Me l'hanno detto loro. Mi hanno detto: abbracciala a nome di tutti».

5

Sul fronte della Cambogia

Phnom Penh (Cambogia), giugno 1970
Come un'epidemia che colpisce un Paese, poi ne passa i confini e colpisce un altro Paese, qui minaccia di espandersi a un altro ancora, così la guerra in Vietnam si allarga in un'orgia di distruzione e di morte. Da tempo aveva colpito il Laos, ora ha travolto la Cambogia e rischia di coinvolgere anche la Thailandia. Del resto non si chiama più guerra in Vietnam, si chiama guerra in Indocina. Non si parla più di Saigon, si parla di Phnom Penh. Questo nome che fino a pochi mesi fa non si sapeva neanche pronunciare, tantomeno scrivere, e che ora invece è sulla bocca di tutti.

Ciò che segue in tre puntate è un rapporto dalla Cambogia. Per farlo mi sono recata a Saigon, a Phnom Penh, sul fronte tenuto dagli americani e su quello tenuto dai sudvietnamiti. Ho parlato coi soldati americani e coi prigionieri nordvietnamiti, coi cittadini cambogiani e coi generali sudvietnamiti, coi diplomatici delle ambasciate e con la gente per strada. Ho vissuto di nuovo le paure, i disagi, le angosce che inevitabilmente accompagnano un giornalista alla guerra e ho visto creature morire dinanzi ai miei occhi. Ma ciò che segue non vuole essere il racconto di personali avventure o una ripetuta denuncia della più sciocca e bestiale fra le attività umane: la guerra. Vuol solo spiegare la verità su ciò che accade laggiù.

E la prima verità è questa: sono tutti stanchi, esasperati. Non ne possono più.

Cosa pensano, nel 1970, i soldati americani in Vietnam? Come giudicano l'invasione della Cambogia, la stessa guerra in cui il loro Paese si trova invischiato da quasi sei anni? C'è un episodio che rivela uno stato d'animo nuovo: il primo caso di ammutinamento che gli americani hanno avuto in Vietnam. Riguarda sei soldati della quarta divisione fanteria, ora in attesa di processo dinanzi alla Corte marziale. I nomi dei sei non sono stati forniti, «onde non recare imbarazzo o vergogna alle loro famiglie», ma la notizia viene confermata da qualsiasi autorità americana a Saigon. Eccola. La mattina del 30 maggio elementi della quarta divisione furono condotti sulla pista di Se San, a ovest di Pleiku, per salire sugli elicotteri che li avrebbero portati nella zona di combattimento detta Muso di Cane. Erano nervosi, ostili. Alcuni sedettero per terra e rifiutarono di imbarcarsi con questa semplice frase: «No, in Cambogia no». Intervennero gli ufficiali, convinsero la maggior parte dei riluttanti a partire. Ma non ne convinsero sei, e il loro caso è tutt'altro che eccezionale: a Tay Ninh ben dodici fanti della venticinquesima divisione destinata alla zona Amo da Pesca fecero lo stesso. Li persuasero a imbarcarsi con le minacce. Un tenente colonnello di cui mi sono impegnata a non rivelare nome e cognome mi ha detto: «Quasi ovunque abbiamo avuto soldati che si rifiutavano di andare in Cambogia. Il Vietnam sta incominciando a distruggere la struttura del nostro esercito. Siamo molto preoccupati. Vietnam is beginning to destroy the fabric of our army. We are very worried». La frase è confermata da tutte le dichiarazioni che ho avuto: «Io sono stato comandante nella Seconda guerra mondiale e posso affermarle che non c'è paragone tra i soldati americani di allora e di ora. Combattono senza entusiasmo e prima di mandarli all'attacco bisogna sempre discutere». Oppure: « Eh, sì, non è raro che una compagnia voglia dire la sua, prima di andare all'attacco: l'epoca dell'obbedienza cieca e assoluta è finita per sempre. Un capitano è costretto a negoziare coi suoi soldati, discutere l'azione con loro, se vuole che si muovano». Oppure: «Non riusciamo a cogliere il nemico di sorpresa perché i nostri soldati non accettano di muoversi se prima non gli prepariamo la zona con un violento fuoco di artiglieria e un ancor più violento bombardamento aereo».

Lo dimostra Snoul, la città rasa al suolo per niente. Su Snoul vi do il racconto di un testimone oculare, Peter Arnett. «Il generale Abrams s'è arrabbiato per la distruzione di Snoul. Se l'è presa con l'ufficiale che chiese l'intervento degli aerei. Ma cosa doveva fare, l'ufficiale, se i suoi uomini tornavano indietro? Fu martedì 5 maggio. I nordvietnamiti scavavano buche lungo i marciapiedi, li potevo vedere col cannocchiale e non erano più di cento. Alle quattro del pomeriggio l'undicesimo reggimento del primo cavalleria si mosse con cinquanta carri armati: un solido muro d'acciaio. Sulla pista del piccolo aeroporto della piantagione trovò resistenza. Non troppa: saranno state cinque mitraglie pesanti. Ma l'undicesimo tornò subito indietro. Ci riprovò alle cinque e mezzo, lanciando razzi che caddero sull'ufficio postale e sulle case, ma i nordvietnamiti si difendevano ancora e di nuovo i carri armati fecero dietro front. I soldati dissero: ci vuole l'aviazione. Giunsero i Phantom, gli A-37, gli Skyrider. Sganciarono una quantità folle di napalm, di bombe pesanti. Era ormai notte e potevi vedere le fiamme alzarsi in un unico rogo. Alle otto del mattino, quando i carri armati entrarono, non incontrarono la minima resistenza. Ma il primo cadavere che vidi non era il cadavere di un vietnamita, era il cadavere di una bambina. C'erano un mucchio di bambini a pezzi, o bruciati. E in piazza, vicino alla fontana, c'era un'intera famiglia carbonizzata. Un uomo, una donna, un ragazzo di circa otto anni, uno di circa sei, e uno di circa tre. Stretti in un unico abbraccio. Contammo le buche dei nordvietnamiti: non più di cinquanta. Ciò significa che i nordvietnamiti non erano più di cento, che avevo visto bene col cannocchiale. Gli americani invece avevano visto moltiplicato per venti. C'era anche un magazzino, il solo edificio rimasto in piedi. Gli americani vi si avventarono, si rifornirono di orologi da polso e da tavolo, motociclette, lambrette, vestiti da donna, liquori. Misero tutto sui carri armati, ridendo. Erano contenti perché non avevano avuto neanche un morto.»

Eppure gli americani sono bravi soldati. Sono coraggiosi, corretti, e quando viene il momento di battersi si battono veramente bene. Con fegato, con dignità. Io lo so perché li ho visti più d'una volta in battaglia, durante questi anni in Vietnam. Cosa li induce dunque, e d'un tratto, a crearsi la fama di indisciplinati o peggio? Il fatto, ovvio, che non credono più a questa guerra e quindi non hanno più voglia di morirci. Successe lo stesso ai soldati italiani nella Seconda guerra mondiale: in Africa, in Grecia. Non era la loro guerra e sebbene fossero bravi soldati anche loro, a un certo punto non si battevano più. Rinunciavano. Ci sono tanti modi per rinunciare, del resto. Non solo quello di far dietro front. C'è la marijuana ad esempio. Sul fronte del Vietnam se ne fuma più che nelle università di Berkeley o di Los Angeles: e questa non è una calunnia, non è una voce incontrollata. Le sigarette di marijuana a me le hanno offerte un mucchio di volte, i soldati. Con disinvoltura, innocenza, e sorpresa perché non le accettavo. «Ma perché? Qui le fumano tutti, anche gli ufficiali di alto grado. Costano poco, meno delle sigarette normali, e ti danno una sonnolenza così dolce. Naturalmente se

Sul fronte della Cambogia

vai all'attacco non fumi perché perdi i riflessi. Ma prima e dopo! Serve, credimi, serve. Se non altro a scordare che sei in Vietnam, in Cambogia, in posti dove non hai nessuna voglia di stare.» Le sigarette di marijuana si comprano ovunque e non sono proibite. Le vendono anche i contadini, sciolte o legate con un elastico. Le fabbricano loro, rozzamente: dentro ci trovi magari una mosca o una formica secca. Sono brutte, sono il simbolo stesso di una guerra insopportabile a tutti e che ha trasformato la tristezza in disgusto. Nel 1967 e nel 1968 i soldati che intervistavo erano tristi. Ora sono disgustati. Il loro morale, come quello dei prigionieri nordvietnamiti, è basso.

Naturalmente i loro capi lo negano. O ti rispondono via, in ogni guerra vi sono casi di ammutinamento o stanchezza o vigliaccheria. Poi ti mostrano un gruppo di soldati modello: «Intervisti loro». Loro appartengono di solito alle forze speciali: quei berretti verdi che scelgono le missioni più pericolose, vanno in pattuglia a cercare i vietcong, e quando li trovano non hanno pietà (ma i vietcong non hanno pietà con loro, sicché la delicatezza è reciproca). Tutti i berretti verdi che sono stata indotta a intervistare si son dichiarati a favore dell'intervento in Cambogia, ostentando l'aria del duro-che-non-ha-paura-di-nulla-ed-è-pronto-a-morire-per-la-patria-e-se-ciò-non-ti-piace-io-ti-spacco-il-muso. Mi hanno detto: «Certo che ci piace esser qui. Siamo qui per difendere gli Stati Uniti e la libertà. Siamo qui per sputare sui disfattisti e sui traditori che bruciano le cartoline o fanno le marce contro la guerra in Vietnam». Uno, che si portava addosso ben cento chili tra munizioni e apparecchi radio, stava andando «a caccia» nella giungla e voleva portarmi con sé. «Così ci vede in azione e vede che noi non scappiamo.» Della sua squadra faceva parte un Chou Hoi, cioè un disertore vietcong. Serviva a localizzare le mine, a saltare in aria per primo quando non le localizzava. L'idea del berretto verde era d'affiancarmi al Chou Hoi. Ma questi tipi costituiscono una minoranza. Non corrispondono a tutta la realtà del Vietnam 1970. A tale realtà si avvicinano molto di più le due interviste che qui riporto.

Esse non furono rubate. Furono fatte con la piena approvazione degli intervistati, i quali declinarono nome e cognome, poi lo scrissero su un cartoncino perché non me ne dimenticassi. Tenente Roger Halverson, ventitré anni, cittadino di Deerwood, Minnesota. Sottotenente Stephen Gordy, ventiquattr'anni, cittadino di Pittsburgh, Pennsylvania. Seconda brigata della venticinquesima divisione di fanteria. Base di Thien Ngon, zona Amo da Pesca. Era un pomeriggio di fuoco. Il sole piombava a picco e seccava in blocchi di gesso la mota dentro cui al mattino si affondava fino al ginocchio. I soldati grondavano sudore e bestemmiavano, esasperati. La base era uno spiazzato circondato dagli alberi e tra gli alberi c'erano i vietcong che la notte avevano bombardato coi mortai facendo sei morti. Halverson, un bel ragazzo biondo e disinvolto, stava dentro una jeep in cerca d'ombra. Gordy, un giovanottino barbuto e accigliato, stava passando e si fermò per curiosità. Trascrivo la conversazione esattamente come la ritrovo su nastro.

Davvero, Halverson, posso registrare e citare il suo nome?
Sì, sì, faccia pure. È bene che qualcuno parli, e io parlo volentieri perché so di esprimere il punto di vista della maggioranza qui al campo e in tutta la seconda brigata. Con lei stanno zitti, magari, ma con me si confidano e dicono esattamente ciò che dico io.

Ma questo non le procurerà guai?
No, non credo. La libertà di dire le cose c'è. Dirle, pensarle... Perché all'esercito non importa quello che dico, quello che penso: importa quello che faccio. E quello che

faccio è esattamente quello che vogliono loro: la guerra. Non sono mica una creatura, per loro, un uomo con sentimenti e opinioni: sono una cosa. Se mi rifiuto d'essere usato come un oggetto, allora sì, sono nei guai. C'è la Corte marziale. Ma se parlo con lei... Ed è questa la mia grande colpa: talk, talk, talk, and that's all. Parlare e basta. Senza applicare ciò che dico.

È già molto, Halverson. Incominciamo. Vuol ripetere qui nel registratore ciò che ha detto prima?
Sì. Ho detto che, sul piano della logica militare, l'invasione della Cambogia non fa una grinza. In Cambogia c'erano e ci sono i nordvietnamiti, i vietcong. Con i santuari, le armi eccetera. La Cambogia era neutrale per modo di dire. Ma da un punto di vista politico, storico, morale, l'invasione della Cambogia è inaccettabile. Perché serve solo ad allargare la guerra, ad allontanare la pace, ad attirare sugli Stati Uniti altro odio. Pollice giù, anzi: ambedue i pollici giù. Come per tutta la guerra in Vietnam. Una guerra in cui non credo, in cui non ho mai creduto.

Allora perché c'è venuto, Halverson?
Perché quando arrivò la cartolina non ebbi il coraggio di dire di no. Perché fui vigliacco, se vuole. Avrei dovuto accettare la galera. Ma non ho mai sopportato l'idea di andare in galera, anche sapendo che le galere per gli obiettori di coscienza sono galere molto speciali... Te ne fanno tante che rischi di crepare suicidandoti. Anche in Vietnam, ovvio, rischiavo di crepare: ma c'era sempre la possibilità che ce la facessi. Infatti fino a oggi ce l'ho fatta, eccomi qui. Mi restano solo quattro mesi e, se non mi rimandano in combattimento, dovrei uscirne vivo. Certo, è giocare alla roulette, e in galera sarebbe stato meglio. Ma... sì, credo che le mie ragioni per dire no fossero deboli a quel tempo. A volte mi chiedo se in fondo al cuore e al cervel-

lo non sospettassi che la guerra in Vietnam fosse giusta. Voglio dire: la mia coscienza si è maturata in Vietnam. È qui che ho aperto gli occhi. Perché oggi, se mi richiamassero, direi no senza esitare. E andrei in galera.

Halverson, cosa pensa dei sei soldati che a Se San rifiutarono di salire sugli elicotteri che li avrebbero portati in Cambogia?
Li ammiro. Molto. Qui nella seconda brigata c'è un mucchio di gente che li ammira e vorrebbe fare come loro. Vorrei aver fatto come loro. Ma non sono certo di averne il coraggio se il futuro mi offrirà un'altra occasione. Il coraggio è... una cosa buffa. Magari trovi quello per andare in battaglia e non trovi quello morale per dire no, non ci vado. Il fatto è che nel primo caso ti costringono, nel secondo hai facoltà di scelta.

Sei stato molte volte in combattimento, Halverson?
Sì. E ogni volta è stato terribile perché i nordvietnamiti sono fior di soldati. Dice che sono stanchi, anche loro. Non hanno più voglia. Sarà. Ma in combattimento non te ne accorgi. Si battono bene. Devono aver buoni ufficiali, questi nostri nemici. Nemici? Io non li considero davvero nemici. Non hanno mica invaso il mio Paese. Son io che ho invaso il loro. Ho combattuto anche contro i vietcong. Loro sono meno bravi: attaccano e scappano. Però se li immobilizzi, non cedono. Si fanno ammazzare fino all'ultimo. Ricordo la prima volta che caddi in una loro imboscata. Era un gruppo di ragazze. Ne ammazzammo una decina. Terribile. Vederle morte, voglio dire. Erano giovani, giovani... S'erano battute come leonesse.

Dev'esser difficile, Halverson, sparare contro nemici che non si riesce a considerare nemici.
Certo che lo è! Però, prima e dopo la battaglia. Durante, no. Perché quando ti sparano loro non ti trattano certo

da amico... Così dimentichi le tue belle idee e pensi solo a farli fuori. Le opinioni personali, sa, contano poco quando si tratta di sopravvivere. Sì, è dopo che ti prendi la testa fra le mani e dici: ma che senso ha? E il morale ti va giù, giù... Naturalmente vi sono anche giorni in cui il morale è su. I giorni in cui non hai morti, ad esempio, ed esci da uno scontro con il tuo gruppo al completo. Vai su di giri.

Eravate su di giri dopo l'attacco in Cambogia? E prima?
Oh, non saprei. Il morale dei soldati è sempre giù prima di un'offensiva. All'attacco ci si va sempre preoccupati, impauriti. Non si pensa davvero alle conseguenze politiche e umane di ciò che fai, si pensa solo a tornare vivi. Andare in Cambogia... per molti di noi era come andare in Vietnam. Anche come paesaggio non si vedeva la differenza, e il nemico era lo stesso. I più consapevoli, ovvio, i più intelligenti avevano rabbia. E attraverso la preoccupazione di salvare la pelle avvertivano l'ingiustizia di ciò che andavano a fare. Non ingiustizia da un punto di vista militare, ripeto...

Halverson, crede che l'operazione in Cambogia sia stata un successo come dice Nixon?
Boh! A sentir loro abbiamo trovato un mucchio di roba. Ma io questa roba non l'ho vista. Ammettiamo comunque che sia stata trovata: a che serve? Nixon dice: ad accorciare la guerra. Mioddio, accorciare? Allungare, direi. Perché ora i viet sono più in là: li abbiamo semplicemente spostati, sparsi. E poi Nixon dice: serve a proteggere i nostri ragazzi in Vietnam. Ah, sì? Com'è allora che in Vietnam essi continuano ad attaccarci? Viviamo nella menzogna. Ad esempio, le cifre dei morti che noi facciamo non sono mica vere. Loro vi dicono che in uno scontro abbiamo ammazzato cinquanta o cento viet. Li vedranno coi raggi infrarossi, tutti questi morti, perché noi non li vediamo

davvero. Ne vediamo cinque, dieci, al massimo venti. Dice: le cifre fornite alla stampa sono le stesse cifre fornite al generale Abrams. Be', vorrei proprio parlarci col generale Abrams e confessargli come stanno le cose. E le cose stanno che le cifre risultano da calcoli approssimativi, non dal conteggio dei cadaveri. Per esempio: ci hanno attaccato in modo tale, allora dovevano essere in numero tale, e dobbiamo averne ammazzati trecento. Mi spiego? Qui si dice: estimated number, numero stimato.

Halverson, cosa pensa degli studenti americani?
Vuol dire quelli della Kent University eccetera? Sono con loro, naturalmente! Io sono un radicale. Lo sono diventato in Vietnam. Oh, è stato terribile quando abbiamo letto di quei ragazzi uccisi dalla Guardia nazionale. Quasi peggio che morire in combattimento.

Halverson, è vero che in combattimento ci mandano quelli richiamati e non quelli volontari?
Dannatamente vero, anche se gli ufficiali smentiscono. Chi è venuto volontario in Vietnam ha sempre un trattamento speciale. Lo tengono nelle retroguardie. A morire ci vanno quelli portati qui con la cartolina di richiamo. Guardi, se esco vivo da qui voglio dare tanto filo da torcere al mio governo. Ma tanto che si pentiranno di avermi mandato quaggiù. E ciò che fanno gli studenti è nulla in confronto a ciò che voglio fare io. Perché gli studenti parlano di princìpi, non di fatti. E io parlerò di fatti. Denuncerò tutto, quando sarò a casa. Dirò tutto quello che ho visto, e quello che so, senza più paura di andare in galera. Perché...

Allude a episodi come il massacro di My Lai?
My Lai... sa, qui My Lai non ha fatto né caldo né freddo. È stato accolto con la solita indifferenza, in modo passi-

vo. Non ne sono mancati di My Lai, in Vietnam, e questa farisaica pretesa di mondarsi l'anima per un My Lai e basta... No, no, alludo all'intera struttura della nostra presenza in Vietnam. Vede, io amo il mio Paese. Io non sono uno di quelli che vogliono cambiare passaporto e stabilirsi ad esempio in Canada. Voglio salvarlo, il mio Paese, fare in modo che torni a essere un buon Paese. Voglio tornare all'università, e studiare, e laurearmi in Scienze politiche e impedire che il mio Paese commetta altri errori. Voglio andare nell'America Latina dove gli Stati Uniti preparano altri errori, altri Vietnam, e impedire a noi stessi di trasformare l'America Latina in un altro Sudest asiatico. Ma questo non basta. Ci vuole anche la protesta. E la protesta più valida non può venire che da quelli come me: che hanno visto, toccato con mano. E possono controbattere la menzogna.

E lei, Gordy, che ne pensa?
Penso che detesto l'esercito. E detesto la guerra. E più di tutto detesto la guerra in Vietnam. Non l'approvo, non l'ho mai approvata, non l'approverò mai. È una guerra priva di senso, una guerra che non porta a nulla: né per noi, né per i sudvietnamiti, né per i nordvietnamiti. Serve solo a uccidere gente e accrescere l'odio. Penso che noi americani non dovremmo stare qui, né in Cambogia, né in tutti i Paesi dove teniamo le armi. Come in Thailandia. Perché così portiamo anche la Thailandia dentro la guerra. Penso che il governo americano, attraverso la CIA e gli strumenti come la CIA, ha ficcato il naso in un Paese che si chiama Vietnam e in un altro Paese che si chiama Cambogia. E ci ha messo un governo di fantocci e di incapaci. Che ora tiene al potere con le armi. Se non ci fossimo noi americani in Vietnam quel governo cadrebbe in quattro e quattr'otto: non è il governo che i vietnamiti volevano e vogliono.

Ma di questa storia della Cambogia che ne pensa, Gordy?
Penso che Halverson sbaglia a sostenere che da un punto di vista strategico era giusto invadere la Cambogia. Perché ora abbiamo più nemici e più territorio da occupare e difendere, senza che ciò cambi la nostra situazione in Vietnam. Loro rispondono: necessità militari. La necessità militare esiste quando, dopo, ti trovi più al sicuro. Ma essere in Cambogia non ci rende più al sicuro in Vietnam, dove tutto continua come prima e peggio di prima. Halverson le ha detto: viviamo nella menzogna perché non è vero che ammazziamo tutti i viet delle cifre ufficiali. Si è dimenticato di dirle che neanche le cifre dei nostri morti sono vere. I morti americani di cui parlano a voi della stampa sono i morti in azione. E gli altri? E quelli che muoiono dopo l'azione in seguito alle ferite? Ad esempio, sui bollettini c'è scritto: cinque KIA e otto WIA. Che significa cinque killed in action, cioè morti in azione, e otto wounded in action, cioè feriti in azione. Almeno quattro di quegli otto muoiono all'ospedale o in viaggio verso l'ospedale. Quelli non contano? Per loro no, a quanto pare.

Però in Cambogia avete avuto meno morti che in Vietnam.
Bugie! Loro dicono che in Vietnam la percentuale dei morti è 15,3 e in Cambogia è 9,2. Dannazione, e la percentuale dove la mettiamo? Quel 15,3 si riferisce a quasi mezzo milione di uomini e quel 9,2 si riferisce a poco più di diecimila uomini! In proporzione, abbiamo perso più uomini in questo stupido attacco della Cambogia di quanti ne abbiamo persi durante l'intero 1969 in Vietnam! Io quando leggo che Nixon dichiara d'essere in Cambogia per difendere la vita dei ragazzi in Vietnam... Se non avessi voglia di piangere, mi metterei a ridere. Ha visto quella vignetta dove si vede un soldato americano che dice all'altro soldato americano: «Ehi, hai capito perché siamo venuti a morire in Cambogia? Per non morire in Vietnam!».

Però ci siete andati, in Cambogia. Solo sei si sono rifiutati, più dodici che poi sono andati lo stesso.
Questi sono gli episodi che sono giunti alle orecchie di voi della stampa. E gli altri? Ma ammettiamo pure che lei abbia ragione. Bisogna capirli i soldati: non è mica semplice dire no, non ci vado. I ragazzi, quando hanno saputo che si andava in Cambogia, si sono arrabbiati ma subito dopo hanno detto: «It's either Cambodia or Lbj». Sa cosa significa Lbj? No, non significa Lyndon B. Johnson, significa Long Being Jail. Lungo Stare Prigione. Cioè, se non si va in Cambogia si va in prigione a vita. Che vuol farci: alla prigione tanti preferiscono il rischio di morire. E così vanno in Cambogia.

Gordy, l'ho già detto ad Halverson: non dev'essere facile fare una guerra in cui non si crede.
No, non lo è. E quando sparo a un vietcong io penso: beato te, almeno tu muori credendo di morire per una causa giusta. Io invece... È terribile ammazzare e rischiare d'essere ammazzati senza crederci neanche un po'. Però, come le ha detto Halverson, la faccenda diventa facile quando sei lì e spari per non morire. Non te ne importa più nulla, allora, delle filosofie.

Gordy, crede che gli americani possano vincere questa guerra?
Certo, se ascolta i nostri generali, loro le dimostreranno che siamo dalla parte vincente. E, se si basa sulle loro cifre, i soldati che ammazziamo, le armi che catturiamo, le battaglie che vinciamo, deve concludere che siamo dalla parte vincente. Ma vincere una battaglia, molte battaglie, non significa vincere una guerra. In guerra ride bene chi ride ultimo. E io le dico che a ridere per ultimi saranno i nordvietnamiti, non noi. Il tempo è con loro, non con noi, Nixon dice che ritirerà molte truppe: ma ritirarle senza aver vinto la guerra non equivale a una sconfitta? Sì, il

Vietnam è stato ed è uno spreco inutile di tempo, di soldi e di vite umane.

Gordy, anche lei vuol fare come Halverson, cioè battersi a fianco degli studenti quando tornerà a casa?
No. Quando torno a casa io voglio sposarmi e dimenticare ciò che ho fatto e che ho visto, e non parlarne mai più, e non udire mai più la parola «guerra». Non c'è bisogno della guerra per difendere la democrazia, e ammesso che noi si sia qui per difendere la democrazia. La democrazia si difende col voto, con le tasse, con la pace. Non con la pelle dei ragazzi ventenni. Vero, Leon?

S'era avvicinato un altro tenente biondo, e ascoltava in silenzio. Alla domanda di Stephen Gordy annuì: «Sì, approvo. Tutto vero, tutto giusto. È una follia trovarsi qui. Lo penso anch'io, lo pensano tutti».

Come si chiama, tenente?
Leon Wright. Di Greenville, North Carolina. E non ne posso più.

Un prigioniero nordvietnamita m'ha detto la stessa cosa, tenente.
Ci credo. Sarà stanco, anche lui. Siamo tutti stanchi. Non ne possiamo più, da una parte e dall'altra, e...

E poi ci fu quella ventata che ci buttò quasi in terra, quell'esplosione tremenda, e quell'oggetto che schizzava su in cielo per ricadere a pochi metri da noi. Corremmo, tutti e quattro. L'oggetto era uno scarpone. Dentro lo scarpone c'era un piede.

«Una mina» disse freddamente Leon Wright.
«Già, una mina» ripeté ancor più freddamente Stephen Gordy.

Sul fronte della Cambogia

«Ma se ci sono passato stamani, di lì» disse Roger Halverson.

C'ero passata anch'io, c'era passato un mucchio di gente. Ma era toccato a quei due, un sudvietnamita e un americano. Il sudvietnamita non era grave, l'americano sì. Oltre a perdere il piede destro aveva riportato la frattura del cranio. Lo condussero con l'elicottero all'ospedale di Tay Ninh, dove la sera stessa morì.

*

Il numero dei prigionieri catturati in Cambogia durante il mese di maggio, e dentro la zona chiamata Becco di Pappagallo, si aggira sui novemila. Di questi novemila, solo duemila sono vietcong. Gli altri sono soldati nordvietnamiti giunti attraverso la pista Ho Chi Minh fra il 1965 e il 1969. La ragione è nota: i vietcong, ormai, sono stati quasi tutti ammazzati. Trentacinquemila nel 1968, con l'offensiva del Tet, l'offensiva di maggio, l'offensiva di giugno. Seimila nel 1969, con l'offensiva di febbraio. Quindicimila nelle varie battaglie e operazioni di polizia, il che include quelli assassinati individualmente nella cosiddetta caccia all'uomo e porta il totale a cinquantaseimila. Incredibile? Forse. Le cifre sono fornite dal comando di Saigon e, per il comando, ogni cadavere ha l'etichetta vietcong. Non a caso la battuta su cui tutti ridono, a Saigon, dice: «Sai cos'è un vietcong? Un vietnamita morto». Tuttavia, e considerate le eventuali bugie, gli ultimi due anni hanno visto una così tragica ecatombe di vietcong che per l'FLN è diventato sempre più difficile reclutare guerriglieri e s'è dovuto rimpiazzare i morti con le truppe di Hanoi. Il duecentosettantatreesimo reggimento VC che lo scorso agosto penetrò nella provincia di An Xuyen dalla foresta di U Minh era composto quasi completamente da nordvietnamiti. Il diciottesimo reggimento Bravo che il settembre scorso entrò nella provincia di Tay Ninh lungo la catena delle Sette Montagne era completamente nordvietnamita. Idem per l'ottantottesimo reggimento VC che in novembre raggiunse la Piana dei Giunchi, per il centunesimo Delta che in dicembre si fermò a Chau Doc, per il novantacinquesimo C che in gennaio si sparse nel Delta. Non solo: dei quarantamila uomini ammassati lungo il confine cambogiano agli inizi del 1970, appena diecimila erano vietcong. La prima divisione e la settima divisione nordvietnamita non contenevano neanche un vietcong, la quinta divisione e la nona divisione VC contenevano al massimo il venticinque per cento di vietcong.

Il destino dei soldati nordvietnamiti che scendono al Sud o in Cambogia è però più crudele di quello dei vietcong. La marcia attraverso la pista Ho Chi Minh dura mesi e si svolge a piedi, sotto i continui bombardamenti e le insidie della giungla: chi non crepa di napalm crepa di malaria, chi non crepa di malaria crepa di stenti. L'ambiente in cui piombano una volta giunti a destinazione è un ambiente ostile, sia da un punto di vista umano che da un punto di vista geografico. Se al Nord infatti il clima è temperato, o freddo, al Sud fa sempre caldo e l'afa umida dimezza il rendimento. Se al Nord si parla un dialetto, al Sud se ne parla un altro. Se al Nord si ignora la lingua cambogiana, al Sud la si comprende un po'. Se da certi pericoli insomma il vietcong può difendersi, il nordvietnamita non può. La barca si rovescia nel fiume? Egli non sa nuotare. Un ordine lo conduce in città? Qui lo riconoscono appena apre bocca. Il suo è il caso del montanaro alpino che viene spedito a Napoli per fingersi napoletano, e tra i napoletani si muove senza saper distinguere una pizza da una frittella. In più ha l'accento tedesco, non può farsi amare. Anche se i veri napoletani combattono la stessa guerra, hanno le stesse idee, resta l'incomprensione che

Sul fronte della Cambogia

sempre divide l'uomo del Nord dall'uomo del Sud: coi rancori, le rivalità. Si ha notizia di fucilate esplose nelle basi tra nordvietnamiti e vietcong, e il dramma più grave non è neanche questo. È che i nordvietnamiti al Sud o in Cambogia restano completamente tagliati dal loro Paese e dalle loro famiglie, senza alcuna possibilità di inviare una lettera oppure riceverla. Quando muoiono, lo si sa dopo mesi o anni. Quando cadono prigionieri, nessuno li reclama, nessuno interviene per sapere se sono ben trattati o no. Il Vietnam del Nord infatti non ha mai ammesso e non ammetterà mai di avere truppe in Cambogia o nel Sud. I suoi soldati sono tra i martiri più martiri della guerra in Vietnam.

La domanda da porsi è dunque la stessa che ci si pone per i soldati americani: qual è il loro morale, il loro stato d'animo? Indistruttibile come ci racconta Hanoi o piegato dall'esasperazione, dalle avversità? Sono davvero in grado, quei martiri, di continuare una guerra di cui non si vede la fine, oppure stanno cedendo e anch'essi non ne possono più? Per saperlo, ovvio, c'è un solo mezzo: parlare coi prigionieri. Ma intervistarli è difficilissimo. Più di ogni altra guerra, forse, quella in Vietnam si basa sullo spionaggio e sulle informazioni: i sudvietnamiti non amano che «il nemico sappia cosa sappiamo». Di tanto in tanto un prigioniero viene mostrato ai giornalisti ma per cinque minuti e in conferenze-stampa durante le quali tutti gridano insieme domande: dalla gran baraonda emergono appena due pupille smarrite e il borbottio di una risposta banale. Per incontrare da sola e con calma due prigionieri dovetti chiedere il permesso del generale Cao Tri, oggi l'uomo più importante a Saigon. Cao Tri li fece venire dal campo di Bien Hoa alla città di Tay Ninh dove ha sede il quartier generale del III corpo d'armata.

Fu una sera di fine maggio, al mio ritorno dal fronte di Bha Tu. Il primo prigioniero mi aspettava all'aperto, da ore: una specie di relitto umano, coi piedi scalzi e la benda sugli occhi. Si chiamava Nguyen Huy-thong, mi dissero, ed era comandante di battaglione: che lo intervistassi alla svelta perché dovevano riportarlo via. Risposi va bene e chiesi un luogo appartato. Senza togliergli la benda, me lo condussero in un pisciatoio. E qui lo fecero sedere, nel puzzo. Lui muoveva le narici, sorpreso, tentando di capire dove lo avevano messo. Ne seguì una scena selvaggia, gridai che lo togliessero immediatamente di lì. Per timore del generale, suppongo, ubbidirono e lo guidarono in un altro posto dove gli tolsero finalmente la benda. Sotto c'erano due occhi immobili, acquosi, tragici come le guance svuotate e il corpo consunto. Era il ritratto della stanchezza, dell'umiliazione, e non sembrava più un uomo ma la larva di un uomo che non reagisce più a nulla: neanche a un desiderio d'orgoglio. Dinanzi a noi c'era l'ufficio americano di collegamento. Un gruppo di GI venne alla finestra e cominciò a sghignazzare, a prenderlo in giro. Due gli si avvicinarono e presero a fissarlo in modo provocatorio. Ne seguì un'altra scenata, stavolta con insulti in inglese. I due si allontanarono e la finestra si vuotò: ma lui non mostrò alcun cenno di interesse. Io gli cercavo disperatamente lo sguardo per dire vedi, sono qui in amicizia, rispetto. Ma lui distoglieva gli occhi e, se per caso essi incontravano i miei, non vedevano nulla. Alle domande rispondeva con un filo di voce, un bisbiglio così spento che l'interprete doveva avvicinare l'orecchio alla sua bocca.

Comandante Thong, quando è stato catturato? E come?
Il 14 maggio, nella regione di Svay Rieng. Ma ero in fuga da molti giorni. Il comando ci aveva detto di abbandonare tutto se fosse stato impossibile difenderci. L'ordine era: non resistere e disperdersi in piccoli gruppi. Senza entrare nell'interno della Cambogia. Mantenere

piccoli gruppi qua e là per ricostituirci dopo in battaglioni. E poi l'ordine era: non preoccuparsi del materiale, lasciarlo nelle basi e nei nascondigli. Perché non lo so, non l'ho capito.

Aspettavate dunque l'attacco, ne eravate stati informati?
Sì. Il comando lo sapeva da almeno cinque giorni quando l'attacco incominciò, il 29 aprile. Ce lo aveva mandato a dire, nelle varie unità, per mezzo di staffette. Insieme agli ordini che ho detto. Io però non me ne preoccupai perché nella mia zona non c'erano stati bombardamenti aerei, e neanche di artiglieria. Cominciai a preoccuparmi solo il pomeriggio del 9 maggio quando seppi che i sudvietnamiti continuavano ad avanzare. Era ormai troppo tardi per difenderci, non ci restava che abbandonare tutto per ricostruire le unità in un altro punto. E così facemmo.

In quale punto i vostri gruppi dispersi dovevano riunirsi e ricostituire le unità?
Più a nord, verso Prey Veng. È qui che doveva avvenire la concentrazione di tutti i fuggiaschi, secondo il piano del comando. Ma io mi persi. Molti si persero. Il fatto è che non conoscevamo la regione, non conoscevamo la Cambogia. Non eravamo abituati a muoverci in Cambogia. Non si parlava la lingua e ogni posto ci sembrava uguale all'altro: anche se camminavi per chilometri e chilometri, era come girare in tondo e ritrovarsi sempre nello stesso luogo. Il comando aveva detto: disperdersi se possibile uno a uno. Ma questo era molto difficile, io mi scelsi un amico. Col mio amico mi trovai in quella pianura senza principio né fine, solo un albero qua e là. Ci spaventammo. Non avevamo alcun riferimento, ci mancava una bussola, una carta geografica. Eravamo partiti molto in fretta. Avevamo preso solo una rivoltella, un fucile, e un po' di munizioni.

Volevate combattere?
Sì, all'inizio sì. Ma poi ci chiedemmo se ne valesse la pena. Anche riuscendo vittoriosi da uno scontro ci saremmo trovati, più tardi, con le stesse difficoltà. Le difficoltà in Cambogia sono sempre state queste: non conoscere il terreno, non poterci spostare. I nostri movimenti erano limitati non solo dagli ordini ma dal timore di perderci. Così ci si concentrava in una base e si restava lì. Dunque, io e il mio amico ci spaventammo. Ma poi si scorse un villaggio e ci si diresse verso il villaggio. Il nome del villaggio non lo so, non mi preoccupai neanche di saperlo. Si entrò, di notte, e si vide subito che i sudvietnamiti c'erano già arrivati. Così si scappò, di nuovo. E ci si nascose in un tunnel, si aspettò la notte lì dentro. Ma la notte piovve. E il tunnel si riempì d'acqua. E si dovette uscirne per non affogare. E si tentò di allontanarci dal villaggio. Ma il villaggio era circondato. Ci presero.

Comandante Thong, da quanto tempo è in Cambogia?
Da più di quattro anni. Partii da Hanoi all'inizio del settembre 1965. Ma il viaggio vero e proprio ebbe inizio da Vinh Linh. Eravamo un battaglione. Si prese la Strada numero uno e poi si tagliò per la giungla e attraverso la giungla si arrivò al Laos. Poi, dal Laos, si passò direttamente nel Vietnam del Sud. La provincia di Binh Loi. Era novembre quando arrivammo a Binh Loi. Ci avevamo messo quasi tre mesi, a piedi. Era stata dura, molti erano morti per strada. Di malaria, di febbre, di bombardamenti. In Cambogia si venne molto tempo dopo. Io non ero localizzato in Cambogia: ci andavo e venivo dal Vietnam del Sud, per comunicare con le truppe lungo il confine. Non c'era altro modo per comunicare che quello di incontrarci personalmente. Non avevamo mica gli strumenti, la radio.

Era difficile andare e venire tra il Vietnam e la Cambogia?
Molto, molto difficile. Perché non si poteva camminare di giorno. Gli elicotteri ci avrebbero visto. E anche gli aerei da ricognizione. Gli americani hanno tutti quegli elicotteri che si abbassano subito per mitragliarti. E poi ci sono le spie, tante spie. Bisognava camminare di notte, attraverso i boschi. La notte è difficile perché non possiamo illuminarci la strada, si perde la direzione. Io quando andavo in Cambogia ci restavo parecchio perché era un tale problema tornare indietro. L'ultima volta ci rimasi tre mesi. Nella Sottoregione numero uno che appartiene alla Sezione numero uno. Il nome del posto non lo so, la chiamavamo così e basta. La Sottoregione numero uno era una base nella giungla, non lontana da un villaggio.

Vi sentivate al sicuro, lì?
Sì, perché non era mai successo nulla. Non ci avevano mai bombardato.

Era una base di nordvietnamiti o di vietcong?
Era un campo misto ma qui i nordvietnamiti erano in minoranza. So che le altre unità erano composte quasi sempre da nordvietnamiti ma io non le ho mai viste perché ogni unità era completamente staccata dalle altre. Si poteva comunicare solo con le staffette e le guide cambogiane.

I cambogiani si comportavano bene con voi?
Oh, sì. Molto. Sempre. Erano amichevoli, sempre. Ci aiutavano anche col cibo. Magari pagando. Ai cambogiani non importava che si stesse lì. A volte gli si chiedeva: vi diamo fastidio? Ma loro rispondevano: no, perché non ci fate mica del male, e pagate. Queste cose me le traduceva l'interprete perché io il cambogiano non lo so, però devono essere vere perché quando parlavano i cambogiani ridevano sempre. Certo nel Vietnam del Sud è un po-

co meglio. Per via della lingua. Anche lì la gente è molto garbata con noi, coopera molto. Nei villaggi e nelle campagne, nelle città invece no. Perché qui hanno paura del governo e degli americani.

Comandante, cosa ha fatto in questi cinque anni? Ha preso parte a offensive importanti?
No, non direttamente. Solo attacchi qua e là. Però continui, continui, senza riposo. Sono stati cinque anni molto duri. Anche perché non eravamo coordinati fra noi e si doveva decider da soli dove attaccare e come attaccare. Ci sentivamo soli. E poi i disagi erano gravi. Troppo gravi. Sempre nascosti, e spesso si mangiava poco. Troppo poco. Solo riso bollito. Magari senza sale. Specialmente in Cambogia. Queste ultime settimane in Cambogia sono state le peggiori, anche per via del mangiare. Prima che mi catturassero sono stato giorni e giorni senza mangiare.

Infatti ha l'aria sfinita, comandante. Mangia abbastanza, ora?
No... Ma non è il mangiare. È dentro. Sono sfinito dentro. E non da ora. Io, vede, ho quarantun anni. E fo la guerra da quando ne avevo diciassette e combattevo i francesi coi vietminh. Sono stanco... Smisi di fare la guerra solo nel 1954, dopo la battaglia di Dien Bien Phu. Io c'ero... E così tornai a fare il contadino, nei campi di riso. Però mi tennero di riserva nell'esercito, e nel 1964 mi chiamarono un'altra volta alle armi, e dovetti andarci. Dovetti lasciare la mia famiglia, i miei figli. Ho moglie e sei figli. La maggiore è una ragazza che oggi dovrebbe avere ventidue anni, il più piccino dovrebbe avere otto anni. Dico dovrebbe perché non so più nulla di loro, da quando ho lasciato Hanoi. Sono cinque anni che non ho notizie da casa e non posso darne.

Non scrivete lettere, non ne ricevete?
Si scrivono, sempre con la speranza di poterle affidare a qualcuno. Ma restano lì. Spedirle vorrebbe dire denunciare dove siamo... Riceverle, mai. Mai. Sì, è dura per noi. Per noi del Nord voglio dire. Pei vietcong è meglio. Loro hanno contatti coi loro villaggi, le loro famiglie. A volte possono dormire con le loro donne. Noi invece... Ci sentiamo soli, ci sentiamo abbandonati. Io non ho saputo più nulla neanche della mia vecchia madre che era così vecchia quando son partito. Forse è morta. Il pensiero di mia madre è quello che mi addolora di più. Perché i figli, chissà, un giorno potrei anche rivederli. Lei no. E anche a causa di lei ho avuto crisi molto profonde in questi anni. Quando aspettavo che questa guerra finisse, finisse, e invece non finiva mai. Non finisce mai. Anche il nostro capo, Ho Chi Minh, è morto senza vederla finire.

Le dispiacque molto, quando morì Ho Chi Minh?
Sì, fu un grosso dolore. Io sono un comunista convinto ma questo non c'entra. Ho Chi Minh, vede, era come un padre per noi. Una guida. Gli volevamo bene, lo chiamavamo zio e si pensava a lui come a un incoraggiamento. Quando è morto, e senza aver visto la fine della guerra, è venuto a mancarci l'incoraggiamento. E c'è rimasta addosso come una stanchezza, una mortificazione. Tutti hanno detto: anche lo zio è morto senza sapere com'è fatta la pace. E molti hanno pianto. Come me. Ero in Cambogia. Ero in quella foresta umida, calda, e piangevo. Appoggiato a un albero. Piangevo per lui, per me. Ora invece non ho più voglia di piangere. Non ho più voglia di nulla. Sono triste e basta. Perché sono prigioniero e nessuno mi reclamerà mai, nessuno si preoccuperà mai di sapere dove sono e come sto. E mi sento solo. Solo. Anche gli altri, è vero. Ma ciò non mi aiuta. Non aiuta nessuno.

Comandante, vuol dire che gli altri si sentono come lei?
Certo. Siamo tutti molto stanchi, molto tristi, non ne possiamo più di questa guerra. Ci avevano detto che sarebbe durata poco, che l'avremmo vinta subito e poi saremmo tornati a casa. Ma non era vero, ci avevano detto una bugia. Io... non mi fraintenda: combattere per la patria è un dovere. Ma quando una guerra continua anni e anni... si dimentica perfino il dovere. Gli americani sono troppo forti. E ora sono forti anche i sudvietnamiti. E non si può continuare così, non si può continuare sempre a combattere, a soffrire, a scappare, a morire. C'è un momento in cui si pensa: basta. C'è un giorno in cui si dice: mi arrendo. Perché un uomo è soltanto un uomo, e non si può chiedere a un uomo d'essere più che un uomo.

Comandante, crede che il Vietnam del Nord vincerà questa guerra?
Non lo so più. Prima lo credevo, ora non lo credo più. Perché non me ne importa più.

Poi arrivò il secondo e lui si lasciò allontanare, inciampando come un cieco. Anche il secondo era un comandante di battaglione, ma politico. Si chiamava Hoang Vuong e, se guardare Nguyen Huy-thong stringeva il cuore, guardare Hoang Vuong toglieva il respiro. La sua testa era ridotta a un teschio coperto di pelle e quel teschio era ravvivato soltanto da due occhi che non saprei definire se spiritati o terrorizzati. Li spalancava in modo così assurdo, fissandoti alla maniera di un cane che s'è appena preso un mucchio di botte e teme di prenderne ancora. Il suo corpo non sembrava nemmeno il corpo di un adulto: avrà pesato trentacinque chili a dir molto. Eppure lo spostava con grande fatica, neanche pesasse quanto un macigno, procedendo a minuscoli passi di uccellino ferito. Era zoppo, la gamba

Sul fronte della Cambogia

destra era rigida. Il braccio destro invece gli ciondolava giù senza nervi, e in fondo al braccio c'era qualcosa che ricordava una mano. Dico ricordava perché consisteva in un groviglio informe di dita spezzate, ritorte, cicatrizzate l'una sull'altra. Gli spiegai chi ero e gli dissi di non avere paura. Capì, si rinfrancò, prese a rispondermi con voce acuta: desideroso di raccontarmi tutto ciò che volevo.

Cosa ha fatto a quella mano, comandante Vuong?
Una granata, in Cambogia. Successe l'anno scorso, in agosto. Ero nella mia base, la Sottoregione numero uno della Sezione numero due. Si trova a Duc Hoa, nella provincia di Takeo. Gli americani ci bombardavano continuamente, con l'artiglieria, da due anni, ma quella notte sembrava tranquillo. Così mi stancai di stare dentro il bunker: era pieno di bestie lì dentro, e non si respirava. Uscii all'aperto per prendere una boccata d'aria. Mi allontanai di qualche passo e la granata arrivò. Mi investì tutto a destra: la gamba si ruppe, la mano si spappolò. È da allora che non combatto più. Infatti mi hanno catturato nell'ospedale.

Quando è stato catturato, comandante Vuong?
Il 2 maggio. L'ospedale era nella regione di Bha Tu che è un villaggio abitato in gran parte da sudvietnamiti. Sa, quelli che vivono in Cambogia. Io ero lì per guarire bene di queste ferite. Che gli americani preparavano l'offensiva noi si sapeva. Il comando ci aveva avvertito alla fine d'aprile e per questo l'ospedale era stato evacuato quasi completamente. Ma i malati più gravi non si potevano muovere e anch'io decisi di non scappare: tanto, così zoppo e monco, dove avrei potuto rifugiarmi? Non tengo neanche una rivoltella con questa mano. Ne parlai con un mio amico, nordvietnamita anche lui. Disse: hai ragione. Eravamo così stanchi. Anche moralmente. Decidemmo di stenderci sui nostri letti e aspettare la fine. Qualsiasi fine fosse.

La morte, la cattura. Ma devo esser sincero: speravamo la morte. Morire in fondo sarebbe stata una liberazione. Così non ci muovemmo neanche quando i sudvietnamiti presero a bombardar l'ospedale e a ogni colpo si sperava che fosse l'ultimo colpo. Ci andò male. Tanti morirono e noi, invece, no. Quando i sudvietnamiti apparvero nella corsia, si alzò le braccia.

Da quanto tempo era in Cambogia, comandante Vuong?
Solo dal giugno del 1968 ma a me sembrava un'eternità. È troppo tempo che fo la guerra, troppo. Ho quarant'anni, e fo il soldato da quando ne avevo venti e mi iscrissi al partito e mi misi a combattere i francesi coi vietminh. Nel 1954 mi rimandarono a casa e tornai a fare il contadino a Haiphong. Allevavo maiali, un mestiere bellissimo. Mi piaceva tanto. Ero così felice coi miei maiali, e poi m'ero sposato: ora ho due figli. Un bambino di otto anni e una bambina di cinque. Ma nel 1959 mi richiamarono un'altra volta per andare alla guerra. Mi iscrissero ai corsi di politica, per l'indottrinamento, e poi mi misero agli addestramenti dove divenni sottotenente. Istruivo le reclute, sa? Ma alla fine di novembre 1967 mi dissero che dovevo andare in Cambogia.

Mi parli del suo viaggio verso la Cambogia, comandante Vuong.
Oh, fu terribile. Dovevo accompagnare quattrocento soldati fino a Bha Tu e qui consegnarli a un altro ufficiale che li avrebbe portati nel Vietnam del Sud per rimpiazzare le truppe stanche. Si partì per la Strada numero uno, diretti alla pista Ho Chi Minh. A piedi. Si passò attraverso il Laos e poi si entrò in Cambogia, nelle regioni di Ratanakiri e Mondulkiri. Di giorno si camminava nella giungla che ci nasconde bene, di notte si camminava nelle zone scoperte. Non portavamo molte munizioni perché quel-

Sul fronte della Cambogia

le le avremmo trovate a Bha Tu, però ci portavamo il cibo sicché era una gran fatica lo stesso. Molti si ammalarono, molti moriron per strada. Infezioni, malaria, e anche bombardamenti perché gli americani c'erano sempre addosso con gli aeroplani. Quando uno moriva, si seppelliva al lato della strada e via. Una tristezza. Oh, che viaggio. Si arrivò a Bha Tu che da quattrocento eravamo ridotti a trecento. Dico, noi lo sapevamo che sarebbe stato duro, però non si credeva così. Lo sa quanto durò quel viaggio?

No, quanto durò?
Sette mesi. Si arrivò a Bha Tu solo nel giugno del 1968. Per due volte c'era stata un'epidemia e aveva impedito a tutti di continuare. Oh, non erano certo truppe fresche quelle che consegnai all'ufficiale! Erano truppe stremate. Ma lui le prese lo stesso, per l'offensiva di giugno a Saigon eccetera. Dice che l'offensiva di giugno andò male: per forza!

Lei vi partecipò, comandante?
No, io rimasi a Bha Tu perché mi avevano detto che appena giunto a Bha Tu avrei dovuto tornare indietro. Qui invece mi raggiunse l'ordine di non tornare indietro per nulla. Fu una grande amarezza, anche perché non conoscevo la Cambogia, e non parlavo cambogiano, e mi sentivo così lontano da casa, così strappato da tutto. E poi a Bha Tu non si aveva contatti con le altre unità, e non si sapeva nulla di quel che accadeva oltre il confine, e ci bombardavano continuamente. S'era costretti a stare sempre nei bunker e qui ci si ammalava. Gli ospedali erano pieni, i letti non bastavano più, e v'erano giorni in cui il morale scendeva veramente.

Ma i cambogiani come si comportavano?
Bene. Non ce n'erano molti perché quella zona era abitata soprattutto dai sudvietnamiti, però quei pochi si com-

portavano veramente bene. E noi, per ringraziarli, si accettavano nei nostri ospedali, gli regalavamo le medicine. Di medicine, sa, ne avevamo parecchie perché ci venivano da ogni parte del mondo: anche dagli americani cui questa guerra non piace. Avevamo anche molti medici perché erano giunti da Hanoi. Quel che ci mancava era il posto. Voglio dire: il nostro ospedale aveva duecento letti ma in media c'erano trecento tra feriti e ammalati. Molti finivano per stare per terra. O nelle case dei sudvietnamiti. Praticamente si faceva vita in comune con loro. Coi cambogiani, no. Li vedevamo e basta. I civili, voglio dire, perché i khmer rossi non si mostravano mai. So che nella zona esistevano, in bande armate. Ma non si mostravano mai.

Mangiavate abbastanza, comandante Vuong?
Oh, no! Solo riso, sempre riso. Con poco sale e a volte senza sale. Io il riso senza sale lo trovo schifoso. Una volta la settimana, ogni quindici giorni, i contadini ci vendevano un pollo: ma un pollo cos'è? Be', ci vendevano anche la carne di porco e la frutta: ma ce ne toccava un pochino per uno e basta. Non è mica grave, sia chiaro. Lo sapevamo prima di partire che sarebbe stato così e alla guerra non si può mica pretendere di riempirci lo stomaco come in tempo di pace. Però... ecco... però quando si ha fame si diventa più tristi, no?

Cosa vi rendeva tristi, comandante Vuong?
L'idea d'essere così isolati da tutto e da tutti, senza notizie da casa eccetera. Sentirci soli, dimenticati. E anche vedere che la guerra non finiva mai. E anche essere a corto di munizioni sicché quando si passava la frontiera per andare nel Vietnam del Sud bisognava contare i colpi. I soldati avevano l'AK-47 ma io avevo la rivoltella e basta. Con trenta pallottole. Cosa sono trenta pallottole? All'inizio credevo che bastassero perché ci avevano detto che gli

americani non sono forti e che i sudvietnamiti non combattono. Ma poi mi accorsi che non era vero. Sì, c'è molta differenza tra quello che raccontano e quello che succede: a noi soldati raccontano un mucchio di bugie. Gli americani sono forti, fortissimi. E anche i sudvietnamiti sono forti. Ci ammazzano quasi tutti quando si va all'attacco.

Però ne ammazzate anche voi.
Meno, meno. Guardi l'offensiva del Tet. Sapesse quanti di noi sono morti nell'offensiva del Tet. E l'offensiva di giugno? E l'offensiva di febbraio, l'anno scorso? Troppi morti, troppi. A noi dissero che l'offensiva del Tet era stata una grande vittoria, e lì per lì ci credemmo. Ma poi scoprimmo la verità. Fu un fallimento, un grosso fallimento. A Saigon specialmente ci fecero a pezzi. Al campo lo dicevano tutti. Fu dopo l'offensiva del Tet che si cominciò ad avere paura. Specialmente quando si andava all'attacco. Siamo molto preoccupati, molto impauriti, quando si va all'attacco. Chissà se succede lo stesso agli americani e ai sudvietnamiti.

Comandante Vuong, chi odia di più: gli americani o i sudvietnamiti?
Io non odio più nessuno. Sono stufo di odiare. Non mi riesce più. Prima odiavo tanto gli americani. Li odiavo quanto avevo odiato i francesi, e li odiavo come non riuscivo a odiare i sudvietnamiti perché i sudvietnamiti sono vietnamiti: in certo senso, fratelli. Ma ora, non so... Forse perché non ho più sentimenti, sono triste e basta. Forse perché capisco che anche i soldati americani sono innocenti: si trovano qui perché ce li hanno mandati, come me, non perché l'hanno chiesto. È strano... negli ultimi tempi non pensavo più a loro come nemici ma come compagni di disgrazia. Anche la notte che mi spappolarono la mano. Dissi a me stesso: da qualche parte, in Vietnam, c'è un americano monco come me.

Comandante Vuong, le chiedo ciò che ho chiesto al comandante Thong: crede che il Vietnam del Nord vincerà questa guerra?
Non ci credo più. Perché gli americani sono troppo forti, troppo equipaggiati. Perché noi nordvietnamiti si deve sempre scappare e, quando si scappa, ci manca l'appoggio della popolazione. Voglio dire: la popolazione è gentile con noi, ci nasconde e ci aiuta. Ma non si batte con noi perché ha troppa paura delle rappresaglie. Le zone che noi controlliamo sono poche, e anche in quelle zone siamo così stanchi. Così depressi. Forse i miei compagni la pensano diversamente. Forse io non posso giudicare a mente fredda perché sono un uomo sconfitto: sono prigioniero ed è lo stesso che essere morto. Però io comincio a credere che la guerra sia perduta per noi. Comunque... vinta o perduta... io... io...

Dica, comandante.
Io non ne posso più. Succeda quel che succeda. Non me ne importa più. Non ne posso più.

Pressappoco quello che disse a Phnom Penh quel prigioniero vietcong: Phan Van-sang, capitano nel duecentosessantaduesimo reggimento della nona divisione VC. Il capitano Sang era stato catturato il 23 maggio a Kampong Cham dai cambogiani, e questi avevano deciso di presentarlo alla stampa per vantarsi un po'. Le sue condizioni fisiche erano buone, il suo corpo non mostrava ferite, la sua espressione non era disperata come quella di Nguyen Huy-thong e Hoang Vuong. Malgrado i pollici immobilizzati da due anelli d'acciaio e la schiena minacciata dai fucili dei suoi carcerieri, riusciva a mantenere un certo controllo e abbastanza freddamente spiegò d'esser divenuto vietcong solo a ventisei anni, nel marzo del 1968, poi d'essere entrato in Cambogia l'ottobre seguente: con una compagnia di novanta uomini. Ma quando gli chiesero «Com'era la vita laggiù, e ora come ti senti?» rispose: «Dura. Troppo dura. A giorni si mangiava e a giorni no. Non potevi muoverti dalla base assegnata, ti sentivi lontano da tutto e da tutti. Dovevi nasconderti continuamente nei bunker. E diciannove mesi così sono troppi. Lo so che altri hanno sopportato questo per anni, ma io ero stanco. Mi sono arreso perché non ce la facevo più. Quasi tutti i miei uomini sono morti. Quasi tutti i miei compagni, i miei amici. Di questa guerra non voglio sentirne parlare mai più».

Valeva la pena invadere la Cambogia? Qual è la realtà militare che gli americani hanno ora dinanzi, quali sono i vantaggi e gli svantaggi strategici che il loro attacco ha causato, qual è il bottino che hanno catturato, qual è insomma la verità? Io sono stata tre volte al fronte, in cerca dei santuari e del materiale raccolto nei santuari. Due volte coi sudvietnamiti nella zona Becco di Pappagallo, una volta con gli americani nella zona Amo da Pesca. Coi sudvietnamiti mi sono spinta, il primo giorno, fino a sessantatré chilometri dal confine: nella provincia di Prey Veng. Qui sono salita su un carro armato che andava in perlustrazione e ho seguito una pattuglia che cercava nascondigli. Ma ho visto soltanto capanne bruciate, campi distrutti, cadaveri di contadini, carogne di vacche e maiali, e uno scontro abbastanza violento che s'è concluso con sei morti fra quelli del Nord e due morti fra quelli del Sud. Ero col generale Cao Tri e, mentre esaminava i documenti dei nemici uccisi, gli ho chiesto: «Erano truppe che difendevano un santuario?». Risposta: «No, no. Era il residuo di una compagnia dispersa». «Ma in questa zona c'era un santuario?» Risposta: «No, nessun santuario». «Allora cosa ci fate in questa zona?» Risposta: «Si dà la caccia al nemico». Il secondo giorno mi sono fermata invece in una base non lontana da Bha Tu, provincia di Svay Rieng. La base era accampata in aperta campagna, tra le risaie e le case coloniche. Dice che dietro le case c'erano un mucchio di nordvietnamiti però io non li vedevo e certo non facevano nulla, non tiravano neanche una fucilatina. Dopo aver fatto un giro tranquillo come una passeggiata sul mare, son tornata alla tenda del colonnello e gli ho chiesto: «Ma c'era un santuario qui?». Risposta: «No, non c'era niente». «Allora che ci fate qui?» Risposta: «Si rincorre il nemico». D'accordo, non è una gran prova. Ma è una prova.

Il terzo giorno sono andata al Nord, con la seconda brigata della venticinquesima divisione, in direzione di Krek. M'avevano detto che era un buon posto dove trovavano ancora un mucchio di roba. E qui qualcosa ho trovato. Ecco cosa: una mitragliatrice così arrugginita che ormai avrebbe potuto essere usata solo a mo' di clava, due vecchie motociclette Honda, alcuni nastri di munizioni pei fucili AK-47, diari militari e personali, quaderni con appunti di algebra e di geometria, lettere mai spedite, medicinali. In particolare: antibiotici in pillole, carbonato di potassio, aspirine, unguenti, iniezioni antitetaniche e antimalariche di fabbricazione francese ma anche inglese e cecoslovacca. Inoltre una provetta per gli esami chimici, un po' di cotone idrofilo, molto cotone di vetro. Per caricare tutto è bastato un camion che s'è riempito solo a metà: il bottino era contenuto in una buca di un metro per due e profonda due metri circa. Neanche questa è una gran prova, lo so. Ma è una prova e induce a meditare un po' sulle dichiarazioni fatte ai giornalisti dal capo del servizio segreto americano a Saigon, un pomeriggio domenicale in cui ci convocò a Than Son Nhut e ci dette la seguente lista del materiale catturato dagli americani nel mese di maggio. Eccolo: 11 tonnellate di medicinali, 8000 litri di petrolio, 8600 litri di benzina, 194 tra biciclette e motociclette, 1551 tonnellate di munizioni, 8611 fucili, 1095 mitragliatori, 3223 tonnellate di riso. Il capo del servizio segreto sembrava assai soddisfatto. Sottolineò che il quantitativo era pari a quello catturato in Vietnam nell'intera annata del 1969, e ciò non era vero: nel 1969, in Vietnam, di fucili e mitragliatori ne misero insieme 12.673 cioè quasi tremila di più. Concluse che il riso sarebbe bastato a nutrire per un anno 11.774 soldati a razione intera e 17.661 soldati a razione ridotta. E questo era vero. Ma alla guerra non si spara riso.

Indubbiamente i nordvietnamiti hanno subito in Cambogia un colpo durissimo: di materiale ne hanno perduto, almeno le prime settimane, e di santuari non ne hanno quasi più. Ma le conseguenze per loro non sono catastrofiche come il comando unificato di Saigon vuol farci credere. Sei mesi infatti gli saranno più che sufficienti per ricostruire le basi con tutto ciò di cui hanno bisogno: un po' più lontano dal confine oppure lungo il confine, di nuovo, se gli americani si ritiran davvero. Non solo, ci guadagneranno, e ci stanno già guadagnando, la libertà di stare in Cambogia senza i limiti posti da Sihanouk: il Paese è per quattro quinti nelle loro mani, in tredici province si muovono da padroni e con la stessa prepotenza dei sudvietnamiti nelle zone occupate. I due Vietnam hanno sempre guardato con golosità alla Cambogia: ai suoi campi di riso, alle sue foreste di caucciù. Hanno sempre sognato di annetterla al loro territorio, e nessun cambogiano crede che i vietnamiti siano pronti ad andarsene con tante scuse: sia quelli di Hanoi che quelli di Saigon. Chi ci rimette dunque in Cambogia oltre ai cambogiani? Gli americani, ovvio, che ora pagano lo scomodo di sostenere una duplice guerra. Sia che la faccian da sé, sia che la facciano fare ai sudvietnamiti fornendogli equipaggiamento e appoggio di uomini. La decisione di passare il confine fu quindi un errore? Il gioco valeva la posta? Ma su tale punto ascoltiamo chi se ne intende, cioè gli ufficiali che hanno guidato l'attacco. Ne ho intervistati molti, nella zona Amo da Pesca, e ne scelgo tre: tanto dicono tutti le medesime cose. Purtroppo di due non posso fornire il nome perché mi sono impegnata a tacerlo onde evitargli guai. Ma le loro dichiarazioni sono registrate su magnetofono.

Primo ufficiale (colonnello Peter Martin). «Non siamo affatto entusiasti dell'operazione in Cambogia e prenderei in giro lei, prenderei in giro me stesso, se dicessi il contrario. Io non nego che da un punto di vista militare la cosa avesse senso ma, proprio militarmente, non siamo riusciti a ottenere ciò che credevamo. Dice che il quartier generale era in questa zona. Ma dove? Non lo abbiamo scoperto. Se c'era, lo hanno evacuato prima del nostro arrivo. Abbiamo trovato tutti quei medicinali francesi, tutto quel riso, ma ha ragione lei quando osserva che alla guerra non si spara riso. Abbiamo trovato quei due ospedali, uno con sessanta letti e uno con duecento letti. Per gli ammalati di malaria, suppongo. Li abbiamo distrutti prima dell'avanzata, coi bombardamenti aerei e l'artiglieria. Di buono non abbiamo scoperto che una fabbrica di granate a mano e trecento proiettili da mortaio. Di mortai, però, solo due. Oh, abbiamo anche catturato un mucchio di gente, ma si trattava di contadini presi in mezzo alla battaglia. Dovremo rilasciarli. Certo aiutavano i viet ma se dovessimo arrestar tutti coloro che aiutano i viet, dovremmo mettere in prigione l'intera Cambogia. I veri viet, che si calcola fossero quarantamila, sono fuggiti a nord e a ovest: lasciando contro di noi solo qualche gruppo di cecchini, le squadre suicide. Ah, dimenticavo: ci sono stati quattordici disertori. Sono molti? Non so. Ma so che in una settimana abbiamo perso trentasei americani. Lei mi dirà: ma insomma non avete ottenuto nulla, proprio nulla, con questa operazione in Cambogia? Sì, abbiamo ottenuto una temporanea sicurezza lungo la frontiera e abbiamo dato una bella botta al nemico che non si sente più sicuro lungo la frontiera. Lo abbiamo fatto scappare. Ma non appena noi ce ne andremo loro torneranno, e ricostruiranno i santuari, e tutto tornerà come prima.»

Secondo ufficiale (un maggiore addetto alle operazioni).
«Giù, stia giù. Li vede quegli alberi? Sono nascosti lì dentro, stanno guardandoci. Sono gli stessi che la notte ci bombardano coi mortai. Sta succedendo in Cambogia quel che è sempre successo in Vietnam: il nemico si divide in piccoli gruppi e poi attacca. Col risultato che continuiamo ad avere morti anche dopo aver concluso un'operazione. Ecco cosa abbiamo ottenuto: un problema in più, un altro Vietnam. Li abbiamo sparsi. Prima erano un formicaio tranquillo, ora le formiche sono dappertutto e sono arrabbiate. Il mio comando dice che abbiamo ammazzato 3500 fra nordvietnamiti e vietcong. Forse. E con questo? Stando agli stessi calcoli, ogni settimana se ne ammazzano 2500 in Vietnam. A mio parere questa offensiva non è stata un successo. Io lo so perché l'ho diretta in molti punti. Mi creda: salvo qualche razzo e un paio di cannoncini, non abbiamo trovato che fucili e pallottole. I fucili erano vecchi fucili cinesi tenuti lì per riserva. A Saigon parlano di 9706 armi leggere che avremmo catturato. Bene: le sembra un gran danno per un contingente di quarantamila uomini? In poche settimane possono riavere tutto da Hanoi. Bastano alcuni camion lungo la pista Ho Chi Minh, ogni camion porta cinque tonnellate di roba. Ma come si fa a trovare tutti i nascondigli? Per la gran maggioranza si trovano dentro la giungla e qui non ci si arriva coi carri armati, coi mezzi corazzati: i bambù ad esempio hanno un tronco così grosso che spesso raggiunge il diametro di quindici centimetri. E son fitti, fitti. In altre zone si procede bucando il terreno: quando si trova qualcosa di duro si dice ecco un nascondiglio. La Cambogia è grande, si

può forse bucarla tutta? E poi per trovar cosa? Biciclette, motociclette, munizioni senza armi, libri di scuola, riso, pentole, quaderni. Quella dove sono stato ieri ad esempio era una regione abitata da civili sudvietnamiti. Avanzando non facevo che inciampare in vestiti da donna, vestiti da bambini, scarpine. Sono scappati anche loro, o se li sono portati via. Dice: ma il fatto che siano scappati non dimostra forse che sono stanchi? Sì, non sono più decisi come nel 1965 e nel 1968. Ma anche noi siamo stanchi, non ci battiamo più come prima. Non vediamo l'ora di ritirarci, stiamo già ritirando i carri armati. Ma non perché ce l'abbia detto Nixon: perché le piogge sono già incominciate e il terreno sta trasformandosi in mota. Guardi quel carro armato: affoga. Nella giungla siamo costretti a costruire strade per portarli via, c'è il genio al lavoro, che taglia alberi per lastricare le strade.»

Terzo ufficiale (addetto al servizio segreto). «Bisogna chiarire una cosa: i militari americani avevano sempre sognato l'attacco in Cambogia. Come il Laos, la Cambogia era la loro spina nel cuore. Ricorda i loro discorsi nel 1968? "Questa è una guerra a metà, non è possibile vincere con le mani legate, se almeno potessimo attaccar la Cambogia!" A rendere la Cambogia così importante c'era il fatto che essa non poteva essere bombardata: dopo la sospensione dei bombardamenti sul Vietnam del Nord, gli aerei americani si trasferirono sul Laos e i B-52 rovesciarono tonnellate di napalm sulla pista Ho Chi Minh che attraversa il Laos. Ma non sulla pista Ho Chi Minh che attraversa la Cambogia. Se a difendere le neutralità del Laos non c'era nessuno, a difendere quella della Cambogia c'era Sihanouk che strillava come un'aquila per la più piccola bomba. Nel novembre dell'anno scorso facemmo un tentativo su Dak Dam. Le bombe cascarono male e venticinque soldati cambogiani rimasero uccisi. Sihanouk inviò le fotografie alle Nazioni Unite e il tentativo non si ripeté. Ci contentammo di martoriare il confine con l'artiglieria. Dunque dicevo che i militari americani sognavan l'attacco in Cambogia. Westmoreland per primo. Nel 1968, dopo l'offensiva del Tet, Westmoreland chiese altri duecentomila uomini: erano per l'attacco in Cambogia. Si giocò il posto con quel sogno della Cambogia. Perché era solo un sogno: i militari intelligenti hanno sempre saputo che invadere la Cambogia avrebbe allargato il conflitto.

«La strategia del nostro nemico si basa sulla guerriglia: più la guerriglia si spande, più noi siamo nei guai. Ci invischiamo in una guerra di logoramento che non possiamo sostenere e la tecnologia non serve. Pensi, solo in questo punto abbiamo impiegato due battaglioni di fanteria, due battaglioni meccanizzati, uno squadrone di cavalleria. Vale a dire 1190 uomini. Più una cinquantina di carri armati, più un centinaio di elicotteri. Abbiamo fatto uno sbarramento di artiglieria così prolungato, abbiamo scaricato tante di quelle bombe coi B-52 che mai, in tre anni di Vietnam, avevo udito un simile fracasso. E cosa abbiamo ottenuto? Li abbiamo messi in un imbarazzo temporaneo, molto temporaneo. Dicono che entro il 30 giugno dobbiamo esserne fuori. Anche questa è una follia, uno strano modo di fare la guerra: su, via, svelti, il treno parte il 30 giugno. Certo, resteranno i sudvietnamiti: loro non si ritirano mica. E noi gli cediamo i nostri mezzi: la nostra aviazione, la nostra artiglieria. Ma con quale risultato? Glielo dico io. Invece di piazzarsi lungo il confine, i sudvietnamiti si spingeranno sempre più a fondo in Cambogia. E, insieme ai nordvietnamiti, si mangeranno la Cambogia. Dio! Prima era un foruncolo, ora è una piaga. Abbiamo stuzzicato il foruncolo per farne una piaga. E in seguito a ciò questa guerra durerà almeno altri dieci anni.»

6

La vera storia di Sihanouk

Prima dell'intervento americano e sudvietnamita, la Cambogia si identificava nel principe Sihanouk. Ma chi è Sihanouk? La storia ci dirà se fu un genio oppure un astuto politicante. Un merito, tuttavia, non gli può essere negato: con un capolavoro di diplomazia e di intelligenza è riuscito a tenere per anni un Paese disarmato come la Cambogia in bilico tra Russia, Cina e Stati Uniti.

Phnom Penh (Cambogia), giugno 1970
Quando ci voli sopra con un elicottero sudvietnamita, ben alto perché non ti raggiunga una fucilata vietcong, ti sembra ancora la Cambogia di due mesi fa: campi di smeraldo interrotti da graziose capanne di bambù, risaie lucide d'acqua che brilla al sole come un diamante, splendide foreste di cauccù e dolci fiumi che la guerra non infangò. Solo al momento in cui l'elicottero scende ti accorgi dei crateri lasciati dai B-52, le risaie ridotte ad acquitrini, gli alberi bruciati o divelti, le case sbriciolate sui fiumi dove i cadaveri gonfi galleggiano. Lo stesso, quando giungi a Phnom Penh. All'aeroporto le cose non sembrano cambiate: il traffico è intenso, ordinato, il doganiere guarda il tuo zaino con l'aria di non averne mai visto uno e devi spiegargli: «Vengo da Saigon». Ma poi entri in città, ed è una città morta. Scomparsi i turisti, chiusi i negozi, i musei, a mezzogiorno le strade sono quasi vuote e nel pomeriggio sono deserte. Sacchi di rena si ammucchiano dinanzi alle case di stucco, alle ville rosa e celesti, soldati impauriti controllano i posti di blocco da cui stamani sono passati

due camion pieni di cambogiani ma non erano cambogiani: erano vietcong. Dove si saranno nascosti? Cosa prepareranno? I nordvietnamiti e i vietcong sono ovunque, perfino fra i templi di Angkor. Non si va più ad Angkor. Non si va più in nessun luogo, se esci da Phnom Penh ti catturano senza pietà. Ventiquattro giornalisti sono scomparsi. Cosa ne hanno fatto? Di due si è ritrovato il corpo, dentro una fossa. I combattimenti infuriano in dieci province su diciassette. I sudvietnamiti avanzano invano e lasciandosi terra bruciata alle spalle. Il Vietnam è in Cambogia, e la Cambogia è destinata a sparire. Come si è giunti a questo?

La seconda puntata del mio rapporto vuole tentare di spiegarlo rifacendosi al personaggio principale della tragedia. Quell'inesplicabile imprevedibile Sihanouk che i francesi misero sul trono a diciassett'anni con la speranza che fosse un cretino. È successo tutto per lui: re, ex re, reggente, capo di Stato, ministro degli Esteri, cineasta, giornalista, poeta, oratore, sportivo, gran sacerdote, marito di quattro mogli tra cui una era italiana. Lui che diceva: «La Cambogia sono io».

Sihanouk aveva dato in affitto la Cambogia ai nordvietnamiti e i milioni entravano nelle sue tasche e in quelle della moglie, della suocera, dei funzionari. Meglio ospiti paganti, pensava, che occupanti clandestini

Il capitolo più incredibile di questa storia riguarda i rapporti tra Sihanouk e i nordvietnamiti. Esso si nutre di realtà così paradossali da lasciare allo stesso tempo divertiti e indignati. Chi avrebbe mai detto, ad esempio, che la presenza dei nordvietnamiti in Cambogia non fu mai dovuta a un'audacia di Hanoi o a una scelta ideologica di Sihanouk, bensì a una volgare questione di soldi? In altre parole, la Cambogia era stata affittata ai nordvietnamiti con lo stesso sistema con cui si affitta una casa o un podere: per starci, i nordvietnamiti pagavano fior di quattrini. In dollari. Anzi, in bigliettoni da cento dollari perché i cambogiani non accettavano da loro moneta di taglio inferiore. I bigliettoni da cento dollari approdavano dentro le tasche di tutti: di Sihanouk, di sua moglie Monique, di sua suocera signora Izzi, dei governatori delle province, dei commissari di polizia, degli ufficiali dell'esercito, dei contadini. Dice il professor Nuon Khoeun, insegnante di Storia all'Università di Phnom Penh: «Qui i nordvietnamiti erano a pensione e, le assicuro, si trattava di una pensione assai cara. Gli costava, al giorno, quanto l'intero hotel Ritz di Parigi. Pensi: solo all'ex governatore di Kendal i vietcong passavano trecentomila riel al mese, cioè quasi tre milioni di lire al mese. Un pollo non lo pagavano mai meno di cinquecento o seicento riel, cioè cinque o seimila lire. Per il riso davano il doppio del prezzo normale, e ogni anno acquistavano cinquantamila tonnellate di riso. Erano i nostri americani, i nordvietnamiti e i vietcong. La gente diceva: tanto, loro possono pagare, sono ricchi. Chi gli desse tutti quei soldi, non so. Però so che era buffo vedere i soldati di Sihanouk che in lambretta andavano nei santuari per chiedergli di sgombrare. Loro li cacciavano urlando: "Noi abbiamo pagato per stare qui!"». Ciò che accadde nel mese di aprile, quando i nordvietnamiti e i vietcong attaccarono le città di Takeo, Svay Rieng, Kompong Cham, fu in certo senso la reazione dell'inquilino che paga un affitto impossibile e si vede cacciare dal suo appartamento senza il permesso di fare le valigie. Nell'antico paesaggio le fucilate rimbalzavano come il grido romanesco: «Mascalzoni! Ridateci li quattrini!».

Ma come ebbe inizio l'intera faccenda? Come si sviluppò?

In una guerriglia moderna i santuari sono indispensabili. Chiunque sa che in Grecia, vent'anni fa, i partigiani di Markos avevano i rifugi e i depositi per le munizioni

La vera storia di Sihanouk

in Albania, in Jugoslavia, e in Bulgaria. Solo quando Tito ruppe con Mosca, chiuse le frontiere con la Grecia e isolò l'Albania, il governo di Atene riuscì a domare l'esercito rivoluzionario. Pei santuari nordvietnamiti e vietcong, la Cambogia si prestava assai meglio del Laos. Il Laos infatti confina col Vietnam del Sud solo per un tratto delle pianure centrali, la Cambogia invece ne abbraccia tutto il territorio che va dalle pianure centrali alla Cocincina. Nessun generale con un po' di cervello si sognerebbe di fare la guerra a Saigon senza avere le basi in Cambogia: ovvio quindi che Hanoi vi si stabilisse e dirigesse gli attacchi di là. La famosa battaglia di Dak To nel 1967, l'offensiva del Tet, l'offensiva di maggio, l'offensiva di giugno nel 1968, l'offensiva di febbraio nel 1969, la roccaforte vietcong di Tay Ninh, i combattimenti nel delta furono possibili grazie ai santuari in Cambogia. Questo lo sapevano tutti. Lo sapeva il segretario Dean Rusk, lo sapeva il ministro della Difesa McNamara, lo sapeva Johnson: sebbene negassero ufficialmente che fosse vero. Ragioni, anzi silenzio di Stato.

I nordvietnamiti scesero in Cambogia nello stesso periodo in cui i marines sbarcarono a Danang: febbraio 1965. E fu quell'anno che Sihanouk fece la sua scelta, cioè ruppe con gli americani e rinunciò ai loro soldi. Non scordiamo infatti che gli americani avevano investito in Cambogia la somma di 350 milioni di dollari, pari a oltre duecentoventi miliardi di lire, e vi avevano anche costruito una strada: la bellissima Route numero quattro che da Phnom Penh raggiunge il porto di Sihanoukville. (La strada non era finita quando Sihanouk cacciò gli americani: mancavano ancora quindici chilometri che egli completò da sé, e si vede la differenza.) Sihanouk, sia chiaro, preferiva gli americani. Il socialismo lo ha sempre visto come il fumo agli occhi e gli americani li ha sempre amati, segretamente, nella stessa misura in cui ama il «foie gras», lo champagne ben secco e il caviale iraniano. Ma i nordvietnamiti erano pronti a sborsare gli stessi soldi, lo stesso caviale, lo stesso «foie gras», ed erano da preferirsi per le seguenti ragioni. La prima è che, un giorno, gli americani se ne sarebbero andati dal Vietnam lasciando Sihanouk alla mercé di Saigon e del suo espansionismo. La seconda è che mercanteggiando coi nordvietnamiti Sihanouk si sarebbe assicurato una neutralità: meglio averli come ospiti clandestini che come invasori. La terza è che Hanoi gli offriva un alibi per sterminare i comunisti di casa: i famosi khmer rouges o khmer rossi. Chi l'avrebbe potuto accusare di anticomunismo se collaborava con Hanoi? I patti del resto erano chiari: io vi do il confine, vi tengo e vi proteggo, ma voi non mi toccate i khmer rouges perché a quelli ci penso io. Sia pure a labbra strette, Hanoi rispettava l'accordo. Dico a labbra strette perché i rapporti fra i nordvietnamiti e Sihanouk non furono mai cordiali. Io ricordo ciò che mi disse, nel febbraio dell'anno scorso, un diplomatico dell'ambasciata nordvietnamita a Phnom Penh: «Sihanouk? C'est un petit fasciste, un homme très mauvais. È un piccolo fascista, un uomo molto cattivo».

Nel 1966 i nordvietnamiti in Cambogia erano già venticinquemila e possedevano almeno undici zone pei santuari. I soldati venivano dalla pista Ho Chi Minh, le armi dal porto di Sihanoukville: su navi cinesi, sovietiche, e forse jugoslave. Le navi partivano dal porto di Haiphong una o due volte al mese e, attraverso il golfo del Tonchino, poi il Mar della Cina, circumnavigando il Vietnam, entravano nel golfo del Siam cioè a Sihanoukville: dove il materiale veniva sbarcato e caricato sui camion che immediatamente partivano per la Route numero tre. La signora Izzi, cioè la madre di Monique, esigeva un pedaggio su ogni camion ed era forse quella che ci guadagnava di più: a parte gli ufficiali della dogana. A Phnom Penh si usa dire che coi soldi pagati alla suocera e ai doganieri, i nordvietnamiti avrebbero potuto acquistare una flotta di bombardieri B-52. Ma Sihanouk negava, evidente, che il traffico avvenisse e che i santuari esistessero. Una volta all'anno invitava la stampa straniera, la portava a spasso e diceva: «Ecco, guardate, i vietcong dove sono?». Che ci fossero venne dimostrato soltanto nel 1967 quando Jackie Kennedy e l'allora fidanzato lord Harlech andarono in Cambogia e Sihanouk aprì le porte a un centinaio di giornalisti stranieri, in massima parte americani.

Trascinato dall'entusiasmo, Sihanouk annunciò che potevano muoversi a loro piacimento e perfino andare in cerca dei cosiddetti santuari vietcong. Tanto non li avrebbero trovati mai: si trattava di una calunnia. Molti giornalisti ignorarono la sfida e preferirono seguire Jackie per fotografarla sullo sfondo delle rovine di Angkor. Tre invece affittarono un'automobile e si diressero verso Kompong Cham. Erano Horst Faas e George McArthur dell'Associated Press, Ray Herndon dell'UPI. Erano veterani del Vietnam e non ci misero molto a scoprire ciò che volevano: una pista che da Kompong Cham portava dentro la giungla, diretta alla frontiera. Seguirono la pista, abbastanza larga da farci passare camion pesanti, raggiunsero una specie di villaggio e si accorsero che non era un villaggio: era una base vietcong. Baracche di bambù, trincee, bersagli per allenarsi al tiro, e perfino un'area di parcheggio sufficiente per venti camion. La base era vuota ma portava i segni di una partenza recente, qualcuno aveva lasciato appunti in vietnamita. Distava appena dodici miglia da Loc Ninh, in Vietnam, dove in quei giorni si stava svolgendo una furiosa battaglia. I tre giornalisti scrissero tutto. Sihanouk si arrabbiò come una tigre.

Disse che si trattava di una fantasia: il santuario, ammesso che esistesse, era un campo militare cambogiano. Disse che i tre erano stati mandati dalla CIA. Rinnovò il bando alla stampa straniera che da quel giorno poté entrare a Phnom Penh solo per recarsi ad Hanoi e con un visto di quarantott'ore. Ma la faccenda era ormai pubblica e tutti ammisero, finalmente, che la Cambogia non era un semplice punto di passaggio per i nordvietnamiti ma una base stabile: nella regione di Ratanakiri e Mondulkiri, ad esempio, c'erano più nordvietnamiti che cambogiani. Ai cambogiani avevano comprato la terra perché sloggiassero. Il traffico, ammisero tutti, era aperto. I camion della signora Izzi non costituivano un segreto per nessuno. Dice Sidney Nazzari, un anglo-italiano che nella zona di Kompong Cham dirige una piantagione di tabacco: «Quanti camion ho visto passare negli ultimi anni! La notte non si dormiva per il fracasso. Certo che sapevamo da dove venissero e dove andassero: la strada da Sihanoukville noi la chiamavamo pista Sihanouk, continuazione della pista Ho Chi Minh». Ciò che nessuno ammise, a quel tempo, è che i cambogiani fossero tutti d'accordo. Cedo di nuovo la parola a mister Nazzari. «Certo che i cambogiani erano lieti d'avere i nordvietnamiti e i vietcong: col mercato nero che ci facevano! In più, bisogna ammetterlo, da un certo punto di vista i nordvietnamiti erano ospiti deliziosi: non toccavano le donne, non si abbandonavano ad atti di prepotenza, non uccidevano, non rubavano, e non cercavano di indottrinare i contadini. Anche perché questo sarebbe stato inutile: per loro non esiste che Buddha e Sihanouk. Come inquilini dunque erano corretti, i nordvietnamiti, e anche generosi. O dovrei dire furbi? La faccenda degli ospedali, ad esempio. Gran parte di quei santuari erano o contenevano ospedali. Per un contadino cambogiano raggiungere l'ospedale in città è un grosso problema. Così andavano negli ospedali vietcong, tanto più che non spendevano nulla. Anche le medicine gliele davano gratis.» E ora cedo la parola a Nuon Khoeun, il professore di prima.

«Ospitare i nordvietnamiti era l'unico punto su cui andassimo d'accordo, noi intellettuali e Sihanouk. Per noi essi rappresentavano la causa giusta, cioè la lotta del popolo contro l'imperialismo straniero. A noi cambogiani i vietnamiti hanno sempre fatto paura, sia quelli del Nord sia quelli del Sud: perché attraverso i secoli sono sempre stati i nostri invasori. Però il male peggiore ci è sempre venuto dai vietnamiti del Sud, le idee nuove ci sono sempre venute dai vietnamiti del Nord e, dovendo scegliere con un fucile alla tempia, votavamo per Hanoi. Sì, l'autorizzo a scrivere che essi usufruirono sempre della nostra complicità e che non avrebbero potuto sopravvivere se l'intero Paese non fosse stato dalla loro parte. Li aiutavano e li tolleravano, guardi, anche quelli che oggi sono nel governo Lon Nol.» Da quel che ho capito, i soli che non li aiutavano erano i piantatori francesi: appartenenti, per lo più, alla Compagnie du Cambodge che produce cauccù. Ma i piantatori francesi coltivano ancora il ricordo della loro guerra ai vietminh. Staccati dal cammino della storia, non si sono mai accorti che il mondo è cambiato, e l'odio li acceca. Come diceva Sihanouk.

Il voltafaccia di Sihanouk avvenne, inaspettato e strabiliante, verso la fine del 1968. Fu in occasione del discorso per il quindicesimo anniversario dell'indipendenza cambogiana. All'improvviso la sua voce si fece più acuta e dichiarò che nordvietnamiti e vietcong invadevano la Cambogia: l'esercito cambogiano non poteva opporsi. Del resto, se non ci riuscivano gli americani, come avrebbe potuto riuscirci lui? Il discorso fece scandalo. Molti si chiesero perché Sihanouk l'avesse fatto. Una bizza? Un atto di follia? Un ricatto della suocera? O forse Hanoi s'era dimenticata di pagargli un conto?

In certo senso sì: il numero dei nordvietnamiti era aumentato incredibilmente. Ma non per colpa di Hanoi. Per colpa di Saigon. Le nuove truppe venivano infatti dal Vietnam del Sud, coi vietcong: cacciate dagli americani. Tutte le volte che gli americani vincevano una battaglia era per cacciare i nordvietnamiti e i vietcong dentro la Cambogia. «Abbiamo respinto le forze nemiche oltre la frontiera con la Cambogia e ce le teniamo»: affermazione del generale Goodparter, vice di Abrams, ora comandante delle forze atlantiche a Bruxelles. A poco a poco, insomma, Sihanouk s'era trovato nella posizione del padrone di casa che affitta un appartamento a cinque persone ma un giorno, andando a riscuotere, si accorge che le cinque sono diventate quindici, venti, e occupano anche l'appartamento vicino. Quanti erano i nordvietnamiti in Cambogia nel 1968? Risponde un diplomatico dell'ambasciata sovietica a Phnom Penh: «Io non ho mai creduto alla cifra fornita dagli americani: quarantamila. Io ho sempre pensato che fossero molti di più: tra i cinquanta e i sessantamila». Dei nuovi venuti, certi ignoravano i patti stabiliti tra Hanoi e Sihanouk: niente aiuto ai khmer rossi. Qualche khmer rosso fu visto nelle basi vietcong. Sihanouk ebbe paura. Vide in pericolo il suo caviale e il suo «foie gras» e il suo champagne. E il voltafaccia diventò un tradimento. Eccoci al capitolo sui rapporti con Sihanouk e gli americani.

In Cambogia molti pensano che lo stesso Sihanouk abbia organizzato la sua deposizione per uscire da una situazione insostenibile e perfezionare la sua politica del doppio gioco

Certo è difficile, oggi, immaginare Sihanouk accanto a Mao Tse-tung o ricevuto con tutti gli onori all'aeroporto di Hanoi. Quando si guardano certe fotografie c'è da non credere ai propri occhi, e gli interrogativi si fanno pungenti. La storia ci dirà se questo stranissimo uomo dalla pelle color caffelatte era un figlio di cane o una specie di genio. Qualsiasi cosa fosse, però, nessuno potrebbe negargli un talento ineguagliabile in politica estera. Riuscire a barcamenarsi tra America, Russia e Cina, tenere un Paese indifeso come la Cambogia al di fuori di una guerra selvaggia, fu il più grande capolavoro di intelligenza e di diplomazia che si sia visto nel nostro secolo. Un tipo onesto, con nobili princìpi di verità e di giustizia, non ne sarebbe mai stato capace.

Erano anni che Sihanouk insultava gli Stati Uniti dicendo che preferiva soccombere al comunismo cinese che al capitalismo americano, arrestando e umiliando i marinai di una nave che si avvicinava un po' troppo alla costa, denunciando le manovre della CIA e dicendo che non sarebbe mai riuscita a ficcare il naso in Cambogia, sputando su qualsiasi cosa che odorasse d'America. Dal 1965 Washington non aveva una benché minima rappresentanza a Phnom Penh. Ma i turisti della California, del Kansas, dell'Oklahoma giungevano al ritmo di cinquantamila all'anno, più che riveriti, e i rappresentanti delle grosse industrie americane abitavano in splendide ville da cui uscivano per girare a loro piacimento il Paese: queste grandi industrie contano più della CIA e vedono più della CIA e niente gli impedisce di avere amici nella CIA. La verità è che Sihanouk faceva il doppio gioco anche con loro e che il suo cuore anelava un riavvicinamento con gli Stati Uniti. Il viaggio di Jackie Kennedy era stato un disastro: non solo per l'episodio dei tre giornalisti ma per l'inadeguatezza di questa signora che non aveva capito un bel nulla e che ai regali le feste le onorificenze aveva reagito con sussiego e sgarberia. Ci voleva quindi un incontro più serio, ed esso fu preparato dall'ambasciata australiana a Phnom Penh. Il personaggio che stavolta avrebbe fatto visita a Sihanouk si chiamava Chester Bowles, ex ambasciatore nell'Unione Sovietica e in India. Sihanouk lo ricevette l'8 gennaio 1969 e fu allora che fece quel patto segreto. Lui che aveva sempre strillato il suo disprezzo per le spie.

Il patto si chiamava piano Vesuvio e consisteva nel fornire informazioni sui nordvietnamiti e i vietcong in Cambogia: le zone scelte, le armi, i movimenti di truppe. Alcune notizie le avrebbe date Sihanouk in persona, altre se le sarebbero procurate gli americani da sé, con mezzi di cui egli non disponeva: fotografie normali e infrarosse prese dagli aerei che finalmente potevano sorvolare la Cambogia, segnali radio trasmessi lungo il confine dov'erano piazzati sensori elettronici, rapporti di agenti in servizio nelle varie province. La CIA non era estranea alla faccenda ma il piano era del tutto affidato al comando militare americano di Saigon e coordinato dall'ambasciata americana di Saigon. Il presidente Thieu e il governo sudvietnamita dovevano restarne del tutto all'oscuro, per la diffidenza che Sihanouk nutriva verso gli antichi nemici. «Io lo so cosa vogliono quelli là» disse un giorno al nostro ambasciatore Vincenzo Tornetta. «Vogliono fissare il confine con la Thailandia qui in mezzo al palazzo reale. A destra il Vietnam, a sinistra la Thailandia, e via la Cambogia.» Per inaugurare il piano Vesuvio, Sihanouk informò gli americani che il traffico delle navi cinesi e sovietiche nel porto di Sihanoukville s'era raddoppiato. Specificò il loro numero, il loro carico, la data d'arrivo, tutto. E in realtà non c'era mai stato tanto lavoro, pei doganieri e i contabili della signora Izzi, come nel 1968. Sospesi i bombardamenti sul Nord, i B-52 avevano trasferito la pioggia di bombe sulla pista Ho Chi Minh: resa impraticabile anche da una violenta stagione di piogge. Mantenere il ritmo di quattrocento camion al giorno lungo la pista Ho Chi Minh era ormai impossibile per Hanoi: qualsiasi rifornimento andava spedito via mare.

Onde non si scoprisse troppo presto il suo gioco, Sihanouk ricorse a una tortuosità diabolica: fingersi molto arrabbiato coi nordvietnamiti che non stavano ai patti e denunciare attraverso la radio e i giornali «l'aumento delle loro infiltrazioni». Il 28 marzo 1969 tenne una conferenza-stampa pei giornalisti delle agenzie occidentali e mostrò una carta geografica su cui erano indicate, con bandierina, tutte le basi vietcong. Agli stessi giornalisti proibì di pubblicare la notizia «altrimenti gli imperialisti americani si mettono a bombardare la Cambogia», ma la censura si guardò bene di impedire che gli articoli fossero trasmessi. Il 3 maggio, in una seconda conferenza-stampa, esibì la fotografia di due vietcong ammazzati dai soldati cambogiani. Il 17 maggio informò di avere catturato tre nordvietnamiti e sette vietcong che nella regione di Ratanakiri «aggredivano la Cambogia insieme ai ribelli locali». (In realtà i dieci stavano facendo la spesa al mercato.) E a questo punto sembra che le ambasciate dell'FLN e di Hanoi perdessero le staffe gridando a Sihanouk la fatidica frase: «Rivogliamo li soldi». Sembra che anche l'ambasciata cinese intervenisse con indignazione. Ma i primi due furono calmati da Sihanouk con un ragionamento cordiale: «Diplomazia, amici miei, diplomazia! Possibile che siate così ingenui? Possibile che non comprendiate cosa sto facendo? Gli americani sono sciocchi, bisogna buttargli il fumo negli occhi. Solo denunciando a parole la vostra presenza posso mantenere la neutralità della Cambogia e tenervi qui».

I cinesi invece li tranquillizzò recitando una poesia che aveva scritto nel 1966 dopo un viaggio a Pechino: «Oh, Cina adorata! / Sempre nel mio cuore tu sei! / Profondamente il mio cuore sospira per te! / Oh, amici affezionati! / Le paure cambogiane voi avete annullato con la decisione di darci aiuto fermo e fraterno! / Oh, nobili difensori dell'umanità! / Voi che innalzate orgogliosi la bandiera che dice Uguaglianza Indipendenza Libertà pei popoli del mondo! / Oh, popolo della Repubblica cinese! / I cambogiani sempre vostri amici saranno!». Subito dopo riconobbe ufficialmente il governo rivoluzionario provvisorio di Saigon in esilio, rappresentato dal capo dell'FLN dottor Huynh Tan Phat che accolse con baci e abbracci. Era il 30 giugno e mancavano tre settimane al discorso che avrebbe tenuto alla radio per denunciare «la scandalosa presenza di sedicimila viet nella sola provincia di Svay Rieng». I casi sono due: o Sihanouk era pazzo e come tale veniva accettato, o alle ambasciate cinesi, nordvietnamita e vietcong non erano svelti di comprendonio.

Il fidanzamento tra Sihanouk e il comando militare di Saigon procedeva intanto a gonfie vele. Le artiglierie del generale Abrams e del generale Cao Tri martoriavano il confine con la Cambogia e le bombe cadevano sempre nel punto giusto. Presto Sihanouk cominciò ad alludere al possibile ritorno di un corpo diplomatico americano. E la cosa avvenne in luglio, con una missione composta dall'incaricato di affari Lloyd Reeves, dal secondo segretario, e dai due addetti militari. Vecchio scapolo scontroso, rigido prodotto dell'America bianca-protestante-e-snob, Lloyd Reeves aveva al suo attivo di quasi-ambasciatore solo un soggiorno nel Burundi. Sui problemi asiatici s'era fatto una ripassata al dipartimento di Stato: velocemente, prima di partire. Però parlava il francese meglio dell'inglese perché glielo aveva insegnato nell'infanzia una governante svizzera molto severa, e non era sciocco. Non si mostrava offeso, ad esempio, dalla noia di dovere abitare all'hotel Royale, dove tutto è possibile fuorché passare inosservati. Non si turbava del fatto di non avere nemmeno un ufficio: lavorava in uno sgabuzzino dell'ambasciata australiana, così scomodo e male arredato che per appoggiare il telefono era costretto a usare una cassetta vuota di bottiglie di whisky. L'importante, diceva, è avere il telefono e saperlo usare. Lo usò così bene che, poco dopo il suo arrivo, Chester Bowles tornò a Phnom Penh. Vide Sihanouk per due giorni e riuscì a ottenere la parziale chiusura del porto di Sihanoukville alle navi cinesi e sovietiche. Da quel momento, solo le navi già partite da Haiphong avrebbero potuto approdarci. Poi, in settembre, l'afflusso cessò del tutto.

La vera storia di Sihanouk

Fu un grave colpo pei nordvietnamiti, ma il peggio doveva ancora venire. E il peggio era la caduta di Sihanouk che molti, a Phnom Penh, ritengono organizzata dallo stesso Sihanouk. Proprio così. Essa sarebbe stata concepita, si dice, da lui che sarebbe andato a Parigi, avrebbe fatto il difficile, e all'ultimo momento avrebbe ripreso in mano la situazione con un volo da acrobata. La sua duplicità non aveva mai concepito capriole tanto pericolose, e nemmeno la sua intelligenza. Il rischio era grosso, avrebbe potuto travolgerlo come infatti lo travolse. Ma non c'era altro mezzo per cavarsi dai pasticci nei quali era immerso, anche dentro il Paese. La suocera che strillava per il veto alle navi di Haiphong e i pedaggi perduti. La moglie che teneva il muso. I khmer rossi che attaccavano le caserme. Un cattivo raccolto che aveva reso indispensabile l'importazione di seimila tonnellate di riso dalla Cina. I nordvietnamiti e i vietcong che non si difendevano più coi discorsi ma con le fucilate. Sihanouk fece un governo di salvataggio mettendoci a capo un amico devoto e ubbidiente: il generale Lon Nol. Ma Lon Nol non aveva alcuna fiducia in se stesso e volle al suo fianco il principe Sirik Matak: cugino di Sihanouk, da Sihanouk sempre umiliato ed esiliato con incarichi di ambasciatore. Le difficoltà interne aumentarono, Sihanouk annunciò di partire per un lungo viaggio che lo avrebbe portato in Francia, a Mosca, e a Pechino. In Francia per curare una pressione altissima, risultato della sua ingordigia a tavola. A Mosca e a Pechino, per aggiustare i rapporti incrinati dal suo improvviso amoreggiare con gli americani e anche per fare cessare la calata sempre più forte dei nordvietnamiti. Come prima tappa però aveva scelto l'Italia: poco dopo Natale, il nostro ambasciatore a Saigon ricevette un messaggio del console italiano a Phnom Penh con cui gli si chiedeva il visto per Sihanouk, per la moglie, la suocera, e altre cinque o sei persone.

Il visto venne concesso alla svelta, lo stesso Vincenzo Tornetta lo portò, giacché doveva recarsi in quei giorni a Phnom Penh. Tornetta andò anche a salutarlo. Sihanouk gli disse: «Sarò di ritorno in aprile, per la festa del Sacro Solco». Cioè il primo colpo d'aratro dell'anno. Ma era sovreccitato, nervoso. Partì il giorno dell'Epifania, con un aereo dell'Air France. All'aeroporto c'erano tutti gli ambasciatori tra cui quello sovietico che mormorò: «Chissà se lo faranno tornare». In Italia rimase trentasei ore, il tempo di andare da Roma a Ventimiglia guidando personalmente la sua Alfa Romeo. Ma sulla pista di Fiumicino aveva fatto un incontro: Lon Nol. Il quale, vedi caso, lasciava la Riviera dove Sihanouk stava dirigendosi, per rientrare presto a Phnom Penh.

D'un tratto sulla strada di Kompong Cham apparvero un centinaio di camion con migliaia di sostenitori di Sihanouk. Due deputati che erano in una macchina furono ridotti in pochi istanti in un ammasso di carne maciullata

Sihanouk si godeva il buon clima della Costa Azzurra e si sottoponeva ai tormenti di una cura dimagrante quando l'ambasciatore nordvietnamita a Phnom Penh ebbe un mezzo infarto cardiaco: causato, certo, da quelle dichiarazioni. Gli Stati Uniti, disse Sihanouk, non potevano ritirarsi dal Vietnam perché ciò avrebbe trasformato i Paesi confinanti in satelliti della Cina: «Cecoslovacchie dell'Asia». Non solo, la loro partenza avrebbe causato gran spargimento di sangue a Saigon e sarebbe stata interpretata dagli imperialisti rossi come «un atto di debolezza del gigante americano». L'Asia, insomma, «aveva bisogno dell'America». Ciò era dimostrato nelle Filippine e in Thailandia nonché in India e in Pakistan dove l'influenza sovietica e quella cinese si facevano sentire in modo sempre più forte. Non si dimenticasse che, partiti gli americani e permesse libe-

La vera storia di Sihanouk

re elezioni a Saigon, il Vietnam del Sud avrebbe votato in massa per i vietcong e che l'esercito sudvietnamita si sarebbe dissolto perché, malgrado fosse ben equipaggiato, era composto da mercenari. Conclusione: era indispensabile che gli americani restassero per mantenere un certo equilibrio in Asia e per impedire che accadesse in Cambogia quel che accadeva nel Laos dove due terzi del Paese erano in mano dei pathet lao. Neanche quindici giorni dopo, l'11 marzo del 1970, avvenne a Phnom Penh il sacco delle ambasciate nordvietnamita e vietcong.

L'episodio è noto. Però è il caso di ricordare che mai, nella storia della violenza, ci fu un sacco organizzato così bene. Quel giorno le scuole furono chiuse, e anche molti uffici o fabbriche. Novemila studenti furono inquadrati in file compatte e armati di cartelli già scritti ma non in cambogiano e in vietnamita: in francese e in inglese. I cartelli dicevano: «Vietcong, sales hypocrites», «VC, go home». A guidare gli studenti c'era una cinquantina di poliziotti con manganello e con le latte di benzina. Giunti dinanzi alle ambasciate, i poliziotti ordinarono agli studenti di segnare il passo poi riunirono le automobili dei nordvietnamiti o dei vietcong e vi dettero fuoco. I manganelli invece li usarono per spaccare mobili e vetri all'interno, o per picchiare i portieri che erano rimasti a guardia dei due edifici. Picchiarono solo i portieri perché le due delegazioni, avvertite in tempo non-si-sa-da-chi, s'erano rifugiate nell'ambasciata cinese e in quella cecoslovacca. (No, nell'ambasciata sovietica no. E io ho chiesto a un russo: «Perché?». Mi ha risposto: «Capirà, la situazione era delicata per noi». A Phnom Penh, infatti, chiunque sa che sul problema del Sudest asiatico i russi vanno abbastanza d'accordo con gli americani. Ripetono tutto ciò che dice il generale Abrams, danno la colpa di qualsiasi cosa ai cinesi, si dimostrano poco entusiasti di continuare il rifornimento di armi al Vietnam del Nord.)

La domanda da porsi è dunque questa: il sacco delle due ambasciate avvenne all'insaputa di Sihanouk o con l'approvazione di lui? Molti affermano: «Non solo egli approvava ma, prima di partire, aveva organizzato ogni cosa. Gli serviva per affrontare con più forza Mosca e Pechino». Il discorso ha senso ed è sorretto dall'esitazione, poi l'imbarazzo, con cui il governo americano riconobbe il nuovo governo Lon Nol. Appoggia anche la tesi secondo la quale fu Sihanouk ad avviare il colpo di Stato contro se stesso: onde superare la crisi e rientrare in extremis come un salvatore, un De Gaulle. Ma allora perché il colpo gli sfuggì di mano? Chi gli giocò lo sgambetto? Lon Nol? Certo no: gli voleva troppo bene e, anche politicamente, non ne sarebbe stato capace. Sirik Matak? Eh, sì. Proprio lui. Ma con l'aiuto di chi se sapeva che l'ambasciata di Saigon era dalla parte di Sihanouk? A questo punto i miei informatori incominciano a tossire e ad agitarsi con pena. Quindi, in un bisbiglio, fanno il nome di un tale che nessuno conosce: Joseph Lazarsky, numero due della CIA a Saigon e assistente speciale per la Cambogia. Il signor Lazarsky, un omaccione peloso coi tatuaggi sul braccio, lavorava per il gruppo che non amava il fidanzamento degli Stati Uniti con Sihanouk. Ed è un fatto che i suoi viaggetti a Phnom Penh si intensificarono dopo la partenza di Sihanouk, a Saigon rientrò proprio il giorno avanti la caduta di Sihanouk. Sihanouk, che era abituato a tradire ma non a essere tradito, perse la testa. E anziché battersi con un drammatico ritorno a Phnom Penh, proseguì per Pechino. Allora incominciò la tragedia.

Incominciò il 26 marzo, che era un giovedì. D'un tratto, sulla strada di Kompong Cham, apparvero un centinaio di camion carichi di contadini che alzavano fotografie di Sihanouk. Venivano dalle piantagioni di Krek, di Chupp, di Mimot, di Prek Kak, e alla cintura portavano grossi kup-kup: cioè i coltelli per incidere gli alberi della gomma. Erano migliaia e migliaia: un fiume inferocito. Gridando «Sihanouk, lunga vita a Sihanouk» si fermarono al centro della città dove si riunirono per organizzare la marcia su Phnom Penh. Dinanzi all'università passavano in quel momento due fedeli di Sirik Matak: i deputati Kim Phon e Sos Saoun. Erano a bordo di una Volkswagen. Ne scesero per tentare di calmarli. Ma prima che avessero pronunciato una frase, la Volkswagen era già in fiamme e loro erano già legati con le corde. Li fecero camminare per circa due chilometri, a botte e a spinte. Poi si alzò il primo kup-kup. Chi vide i cadaveri, dopo, disse che non sembravano neanche cadaveri ma carne macinata. A entrambi avevano strappato il fegato e il cuore, per cuocerli e mangiarli. È l'usanza di certe tribù cambogiane. Dice che significa disprezzo per il nemico. Dice che serve anche a diventare più forti.

Nel frattempo a Chupp, lo si seppe più tardi, era successa la stessa cosa: qui la «steak tartare» l'avevano fatta col fratello di Lon Nol, commissario di polizia. Insieme a lui avevano ucciso la moglie e i bambini, uno di tre anni. Tra Chupp e Kompong Cham era toccato invece all'autista di una piantagione di tabacco, scambiato per un militare perché indossava la divisa kaki. L'autista era a bordo di un battello prestato all'esercito per attraversare il Mekong e discutere coi contadini. Il motore del battello si spense, la corrente lo portò verso i dimostranti. Questi si gettarono sulla divisa kaki. Gli tagliarono prima le braccia, poi le gambe, e infine la testa. Misero tutto in un cesto, buttarono il cesto nel fiume che lo restituì giorni dopo. Poi si diressero verso Phnom Penh dove l'esercito li respinse, isolandoli a Kompong Cham. Qui, aprirono il fuoco con le mitragliatrici e ne ammazzarono un centinaio. «La rivolta è domata» disse Lon Nol. Al contrario: la rivolta era accesa e da quel momento tutti i contadini si sarebbero battuti per il ritorno di Sihanouk. Erano sempre stati per lui, intendiamoci. Nelle sterminate campagne di Ratanakiri, Mondulkiri, Kratié, Siem Reap, Kandal, Kompong Thom, laggiù dove non scorgi che campi di riso o foreste di cauccíù, e ignori cosa sia il telefono, la bicicletta, il giornale, non s'è mai amato che due divinità: Buddha e Sihanouk figlio di Buddha. «Mes enfants, bambini miei...» diceva Sihanouk quando andava a trovarli. E loro si buttavano per terra, a baciargli i piedi. Però una cosa è baciargli i piedi una cosa è difenderlo coi fucili. I fucili glieli hanno dati i vietcong.

E cosa accadde dopo la rivolta dei contadini, l'eccidio con cui l'esercito vendicò il linciaggio di Kim Phon e Sos Saoun? L'apocalisse. Ricostruire in modo cronologico gli avvenimenti di quei giorni è impossibile perché ogni dramma si svolse parallelo ad un altro dramma, ogni colpo di scena parallelo a un altro colpo di scena. Il 27 marzo le ambasciate nordvietnamita e vietcong chiusero i battenti e volarono ad Hanoi stabilendo una rottura de facto. Lo stesso giorno ufficiali americani e sudvietnamiti passarono il confine, guidati dal colonnello Ernest Terrell, e nella provincia di Mochoa si incontrarono con rappresentanti dell'esercito cambogiano per scambiar sigarette, sorrisi, e piani d'attacco ai santuari. «Ci vedranno di nuovo» concluse Terrell. Il giorno dopo i militari cambogiani si gettarono contro alcune basi nascoste nella giungla di Paknam uccidendo alcuni vietcong e rastrellando i vietnamiti della regione. Sotto la minaccia dei mitra, questi furon costretti a tagliare gli alberi «per i carri armati americani». Il 29 marzo i nordvietnamiti uscirono dai loro campi per attaccare le città di Svay Rieng, Prey Veng, Kampot, Takeo. Non avevano altra scelta: dal 20 marzo Lon Nol tentava di farli sloggiare. Ma la loro reazione fu isterica e avvennero brutti episodi in quelle città. I soldati che avrebbero dovuto difenderle se la dettero a gambe, come i poliziotti, ma i vietcong li presero e li giustiziarono. I civili che guardavan sorpresi per strada, dalle finestre, rimasero presi nel fuoco. A Saang morirono anche molti bambini.

Il governo si spaventò. Chiamò a raccolta l'esercito. Ma l'esercito non esisteva. Esistevano solo trentamila uomini scalzi, con un AK-47. Per prevenire un colpo di Stato da parte dei militari, Sihanouk non aveva mai voluto addestrare i soldati. Li aveva usati, al massimo, per fare i vigili urbani nei villaggi e nelle città. Durante l'ultima settimana di marzo, è vero, s'era svolta l'operazione contro i santuari nordvietnamiti e vietcong. E qui avevan mandato gli otto battaglioni migliori, insomma quelli che avevano un'uniforme e sapevan pigiare il grilletto. Ma cinque battaglioni eran scomparsi dopo il primo scambio di fucilate ed ora stavan nascosti nella foresta, tre battaglioni s'eran consegnati al nemico immediatamente. Allora Lon Nol si mise a reclutare studenti con un proclama in cui diceva che era necessario difendere il suolo della patria dall'aggressore vietcong. E gli studenti accorsero: giovanotti con la chitarra, ragazze coi bigodini. Eccitati formaron lunghissime file dinanzi alle caserme e ricevettero cose che non avevan mai visto: fucili e bombe a mano. Misero i fucili in spalla, le bombe in tasca o in un paniere, e se ne andarono agli addestramenti. Qui, tra risate e capitomboli, scoprirono che il fucile spara e la bomba a mano esplode. La faccenda li divertì alla follia e, sempre con le chitarre, partirono in cerca di nordvietnamiti e vietcong. Per fare cosa? Questo. Giunti nel punto ordinato, chiudevano gli occhi e sparavano tutte le pallottole insieme: mirando agli alberi, al cielo. Poi prendevano dal paniere le bombe e le gettavano a sasso, dimenticando di togliere la linguetta. I nordvietnamiti e i vietcong li lasciavano fare, pazienti. Dopo appoggiavan la bocca agli altoparlanti e gridavano in cambogiano: «Bravi bambini. Ora posate i fucili per terra, spogliatevi, e tornate a casa». Nella stragrande maggioranza dei casi, i difensori della patria ubbidivano.

Solo qua e là si impegnarono in qualcosa che assomigliava a un combattimento. E furono sterminati. Il capitolo più scandaloso della tragedia, il massacro dei vietnamiti, avvenne anche in seguito a questo.

Una signora francese regalò il suo cuoco, la sua cameriera e il loro bambino ai soldati

In Cambogia vivono, approssimativamente, mezzo milione di vietnamiti. Nati e cresciuti lì, da generazioni. Come i cinesi, fanno i mestieri più moderni o difficili. Sono artigiani, commercianti, autisti, meccanici, impiegati, antiquari. Se hai bisogno ad esempio di aggiustar l'automobile o la bicicletta, non vai da un cambogiano: vai da un vietnamita. Se ti serve un cuoco o un cameriere, non vai da un cambogiano: vai da un vietnamita. E lo stesso se vuoi comprare qualcosa di bello, o desideri un'informazione precisa. Molti sono anche pescatori, esatto, ma il loro pesce è sempre più abbondante e più grosso. Ciò nutre l'odio che i cambogiani hanno sempre avuto per loro, come pei thailandesi del resto. Un odio antico come le rovine di Angkor: risale al Trecento quando l'impero khmer possedeva gran parte del Sudest asiatico e i vietnamiti da una parte, i thailandesi dall'altra cominciarono a riconquistare il territorio perduto. La guerra durò secoli, fino all'Ottocento. I vietnamiti avrebbero finito col distruggere l'intera Cambogia se, nel 1863, non fossero arrivati i francesi. Ogni cambogiano ti dirà: «È impossibile dimenticare quel che i vietnamiti ci fecero fino a cento anni fa».

Il novantanove per cento dei vietnamiti residenti in Cambogia collaborava coi nordvietnamiti e i vietcong. Ma non per denaro, come i cambogiani: per motivi ideali, per nazionalismo. Sicché, quando i nordvietnamiti uscirono dai santuari per reagire alle provocazioni dei militari e dimostrare che non si sarebbero lasciati uccidere come pecore inermi, la rappresaglia del governo colpì quei pescatori, quei commercianti, quegli artigiani. Vero è che in alcuni casi accadde anche prima, cioè la settimana precedente la caduta di Sihanouk. Si sa di violenze avvenute a Chrui Changwar, villaggio cattolico sul Tonlé Sap, l'11 marzo: quando molte barche dei pescatori furono saccheggiate, staccate dagli ormeggi, bruciate e mandate alla deriva lungo il fiume. Si sa di capanne saccheggiate e di uomini portati via il 13 marzo a Kompong Trabek. Si sa di civili ammazzati e gettati nel fiume il 14 marzo, a Kompong Seng, dove alcune bambine furono violentate dai soldati dell'esercito malgrado un prete li supplicasse: «Le bambine no!». È allora che la polizia incominciò a proibire ai vietnamiti di andare a pesca e vendere il pesce. È allora che le società straniere ricevettero l'ordine di sbarazzarsi degli operai vietnamiti, i ristoranti e gli alberghi di licenziare il personale vietnamita. È allora che i ricchi furono invitati a consegnare i servitori vietnamiti. (Una dama francese lo fece, a Phnom Penh. Regalò agli sbirri il suo cuoco, la sua cameriera, e il loro bambino di pochi mesi.)

Ma i massacri veri e propri esplosero dopo. Conosciamo gli episodi, inutile ripetere una raccolta di orrori. Le medesime cose avvennero a Tak Mao, a Neak Leung, a Svay Rieng, a Kompong Cham. E mai per caso, sempre in seguito a un ordine-che-veniva-dall'alto. Da Saigon infatti il governo di Thieu ha realizzato che i vietnamiti della Cambogia sono ex simpatizzanti vietcong e preferisce abbandonarli al loro destino, così ripetendo l'errore compiuto in Medio Oriente coi palestinesi. Se chiudi migliaia e migliaia di creature dietro un filo spinato e ce le lasci per sempre, indifese, prima o poi esse trovano il modo di organizzarsi. E i campi profughi diventan caserme. «Io glielo dico sempre al mio governo» mi confidò un diplomatico dell'ambasciata sudvietnamita a Phnom Penh. «Se li abbandoniamo, li restituiamo ai vietcong. Ma ammettiamo che siano loro stessi vietcong: cosa importa? Sono vietnamiti, no? L'ottanta per cento del nostro Paese è composto di vietcong. Tanto vale fare ottantuno.» Poi, quasi piangendo, concluse: «Madame, io non posso nemmeno protestare con le autorità cambogiane perché mi rispondono: e voi, con le vostre truppe, vi comportate meglio? La risposta, Madame, è un bel no. Se sapesse cosa facciamo anche noi!».

Lo so, chiunque lo sa. Si comportan secondo la legge dell'occhio per occhio, dente per dente. Si comportano secondo l'odio che dicevo prima. Avanzano, coi loro carri armati, occupano un villaggio, una città, e ne fanno tavola rasa. Rubano tutto quello che c'è da rubare, ammazzano gli uomini, violentano le donne. Nei casi migliori le denudano e poi, nude, le mettono a cuocere il rancio.

I tre cambogiani che formerebbero con Sihanouk il governo in esilio appoggiato da Pechino forse non esistono nemmeno più: Sihanouk li avrebbe fatti sparire dal 1967

Ed eccoci all'ultimo capitolo della tragedia: la guerra civile ormai esplosa tra cambogiani e cambogiani. Da una parte, quelli che voglion tenere il governo Lon Nol; dall'altra, quelli che vogliono far tornare Sihanouk. I primi, condotti per mano dai sudvietnamiti e dagli americani. I secondi, condotti per mano dai nordvietnamiti e i cinesi. Entrambi però estremamente divisi tra loro, incerti, confusi. Per tentar di capirli bisogna rifarsi ancora una volta a Sihanouk e rammentare che la sua battuta «La Cambogia son io» non corrispondeva a una bizzarria innocua ma a una amara realtà. Della Cambogia egli era davvero l'unico signore e padrone, il gran feudatario che resta al potere grazie alla superstizione e al terrore. Il suo progressismo si esauriva a parole, il suo sinistrismo cominciava e finiva nei suoi rapporti con Pechino Mosca e Hanoi: in casa egli era un reazionario atroce, amato solo dai poveri analfabeti che non sospettavan nemmeno l'esistenza di qualcosa o qualcuno all'infuori di lui e, adorandolo, bevevano l'acqua marcia degli stagni, morivano di dissenteria. La libertà di parola non c'era, la libertà di stampa nemmeno, i candidati alle elezioni venivano scelti da lui. Chi si opponeva di rado poteva contentarsi della prigione, il suo destino era piuttosto l'esecuzione in piazza: col taglio della testa e una macchina da presa per riprender la scena onde Sihanouk ne cavasse un filmetto. L'alternativa al taglio della testa, quella d'essere assassinato in sordina. Si calcola che circa tremila dei suoi oppositori, da lui definiti «nemici della patria», siano stati eliminati dal 1965 a oggi. Ma chi erano gli oppositori di Sihanouk?

Eran coloro che Sihanouk chiamava khmer rouges, i khmer rossi. E ciò non significa necessariamente marxisti. Il programma dei khmer rossi era vago: basato sul nazionalismo e su un vago desiderio di giustizia sociale, ma soprattutto su un bisogno di libertà. In sostanza ciò che i khmer rossi volevano era la scomparsa di Sihanouk e l'instaurazione di una società più moderna, basata sui princìpi della democrazia. Si trattava insomma di antifascisti che invocavano la caduta di Mussolini. Fra questi antifascisti trovavi alcuni comunisti, risultato dei vietminh che nel 1947 si erano stabiliti in Cambogia per la lotta armata contro i francesi, ma non costituivano la maggioranza. Fornivano, al massimo, i leader più detestati da Sihanouk. I leader si chiamavano Khieu Sam Pham, deputato comunista, Hu Nim, intellettuale di sinistra, Hou Youn, altro deputato comunista. Gli stessi cioè che formerebbero insieme a Sihanouk il governo in esilio: il primo come ministro della Difesa, il secondo come ministro dell'Informazione e della propaganda, il terzo come ministro degli Interni. Dico «formerebbero» perché non è affatto provato che siano vivi e a Pechino. Nessuno li ha visti, neanche in fotografia, e a Phnom Penh si dice che Sihanouk si serva dei nomi di tre fantasmi. Conoscendo Sihanouk e i suoi diabolici giochi, la cosa è molto possibile. Nell'aprile del 1967, dopo aver domato una rivolta di khmer rossi nella provincia di Battambang, Sihanouk indicò Khieu Sam Pham, Hu Nim e Hou Youn, quali responsabili della cospirazione. Annunciò che, per non farne dei martiri, non avrebbe chiesto al tribunale militare di condannarli a morte: solo alla galera. Ma i tre sparirono misteriosamente e nessuno li vide più: né in Cambogia né all'estero. Così corse la voce che li avesse fatti assassinare di nascosto come gli altri.

Chi apparteneva comunque al movimento dei khmer rossi? Non certo i contadini di cui è nota la fedeltà a Sihanouk. Vi appartenevano, ecco, gli intellettuali: i maestri di scuola, i professori dell'università, gli studenti, i professionisti. I soli che ambissero a far parte della classe dirigente e anche i soli che fossero consapevoli dell'umiliazione imposta da Sihanouk. Il fatto d'essere intellettuali non li rendeva borghesi, almeno su un piano economico: gli intellettuali cambogiani sono così poveri che per sopravvivere sono spesso costretti a guidare i cyclò, cioè le carrozzine a pedale che sostituiscono i taxi e gli autobus. Però li rendeva pochi: non più di tremila. Di quei tremila una percentuale minima stava in città. Il novanta per cento stava alla macchia: in bande partigiane arroccate sulle montagne di Cardamomes o su quelle di Ratanakiri e di Mondulkiri. Di armi non avevan che qualche AK-47, comprato o rubato nelle caserme. La loro attività era scarsa, quasi inesistente: mai un colpo di mano, mai un sabotaggio. Più che guerriglieri eran poeti chiusi in una torre d'avorio e occupati a sognar l'impossibile, cioè giorni migliori. Coi nordvietnamiti e i vietcong non si mischiavano: perché erano vietnamiti, cioè nemici potenziali, e perché Sihanouk ci andava d'accordo.

La vera storia di Sihanouk

Un fatto è certo: chiunque abbia voluto la caduta di Sihanouk e in qualsiasi modo essa sia avvenuta, il 18 marzo fu accolto dai khmer rossi come il 25 luglio fu accolto dagli antifascisti italiani. Lon Nol non rappresentava il culmine delle loro aspirazioni ma, tra un Badoglio e un Mussolini, la loro scelta fu per Badoglio. Alcuni si misero perfino al suo servizio. Ecco ciò che m'ha detto un giovane intellettuale di Phnom Penh: «Io per esempio. Io ho sostenuto Lon Nol fino a ieri. Non vale un fico e lo sapevo. Ma, bene o male, aveva cacciato Sihanouk. Collaborai. Solo dopo mi accorsi che Lon Nol ci aveva giocati buttandoci nelle braccia dei sudvietnamiti. È la solita storia: tra Hanoi e Saigon, scegli Hanoi. Uno di questi giorni raggiungo i miei amici sulle montagne di Cardamomes. Sono tutti lassù».

Altri non si misero con Lon Nol ma non si misero nemmeno coi nordvietnamiti e i vietcong. Un po' perché sapevano di essere stati venduti da loro a Sihanouk, un po' perché volevano ribadire il concetto che i khmer rossi sono una forza autonoma, genuina, in nessun caso al servizio degli stranieri. Coi nordvietnamiti e i vietcong si mischiarono solo molto più tardi: nel mese di aprile. Ma non tutti: solo i marxisti più accesi, i seguaci di Khieu Sam Pham, di Hu Nim, di Hou Youn, i contadini che ormai ingrossavano le loro file al ritmo di due o tremila la settimana. Le testimonianze non mancano. Dopo una battaglia, c'è sempre un khmer rosso tra i cadaveri dei nordvietnamiti e vietcong. Dopo una retata di prigionieri, lo stesso. Ma il fatto paradossale è un altro. È che questi khmer rossi portino un distintivo con l'effigie di Sihanouk. Come se i comunisti italiani, dopo l'8 settembre, si fossero messi il ritratto di Mussolini all'occhiello.

Sihanouk, lo sappiamo, s'è posto a capo dell'Esercito di Liberazione e da Pechino ora guida gli stessi cui tagliava la testa. Ma i più intelligenti tra i khmer rossi non son d'accordo sul suo nuovo sgambetto e i più onesti vi si ribellano con indignata violenza. Si sa di guerriglieri anti Sihanouk e pro Sihanouk, di fucilate nel mezzo. E, infine, si sa di cinesi che tentano la riconciliazione. In veste di consiglieri, i cinesi son sempre stati in Cambogia coi nordvietnamiti e i vietcong: da qualche tempo però essi appaiono anche in gruppi armati. Molti francesi li hanno incontrati, ad esempio, nella piantagione di Prek Kak e alla domanda «ne siete sicuri?» rispondono: «Merde alors! Parlavan cinese e indossavano uniformi cinesi!». I sovietici di Phnom Penh lo conferman del resto con tranquillità: «È vero, è vero. Lo sanno anche gli americani. Non ne parlano per ragioni politiche». Sicché chiedi: «Truppe regolari?». E loro: «No, volontari. Ma per noi, capisce, è preoccupante lo stesso». Mai preoccupante quanto per Lon Nol, se dura o non dura, se riuscirà a impedire il ritorno del satanico acrobata detto Sihanouk.

Lon Nol è apparso in pubblico, dopo la cacciata di Sihanouk, soltanto una volta, in uno stadio in cui tutti i presenti erano certamente suoi fedeli: i sudvietnamiti li odia, degli americani ha paura, coi vietcong in fondo si trova bene

Chiuso a chiave nella sua villona alla periferia di Phnom Penh, protetto dai carri armati e dal filo spinato, egli non si affaccia neanche alla finestra: per timore, ovvio, d'esser fatto fuori. Giornalisti non ne riceve. Se per caso dà un'intervista per scritto, a comporla non è lui ma il suo ufficio-stampa che ripete sempre le solite cose: i vietcong sono imperialisti e aggressori della Cambogia, i sudvietnamiti sono i veri amici, gli americani sono i liberatori. Cose cui è il primo a non credere perché i sudvietnamiti li odia, degli americani ha paura, coi vietcong ci si trovava bene anche lui. Dal giorno in cui rovesciò Sihanouk, Lon Nol è apparso in pubblico solo una volta: il 5 aprile, nel corso di una cerimonia allo stadio di Phnom Penh, e dove vennero ammessi solo cittadini cari alla polizia. Fisicamente è grasso, con un faccione rotondo e due occhietti smarriti, una boccuccia a cuore. Lo ingoffa la timidezza dell'uomo salito troppo improvvisamente di grado e conscio della sua inadeguatezza.

Presuntuoso non è, e neanche cattivo. Nessuno crede ad esempio che sia stato lui a ordinare i massacri dei civili vietnamiti. È così pio, così misericordioso: passa il giorno e la notte a pregare dinanzi alla statua di Buddha e un anno fa, quando gli morì la moglie, espresse il desiderio di farsi bonzo. Il suo passato non è interessante. Nato nel 1913 a Prey Veng, da famiglia modesta, studiò al liceo classico di Chasseloup-Lambat di Saigon: dove c'era anche Sihanouk. Sotto l'amministrazione coloniale francese era magistrato e nel 1945 divenne governatore di Kratié. Alla carriera militare arrivò molto tardi, come tenente colonnello di un battaglione che combatteva a fianco dei francesi contro i vietminh. Nel 1960 Sihanouk lo fece comandante dell'inesistente esercito cambogiano, poi ministro della Difesa. E nell'agosto dell'anno scorso lo mise a capo del governo di salvataggio. Un'imprudenza? No: Lon Nol gli era così fedele, così affezionato. Quando gli si inginocchiava davanti e posava la fronte per terra, traboccava sincerità. Ed era così felice quando Sihanouk gli posava la mano sopra la testa dicendo: «Mon enfant... Bambino mio...». Non fu lui, dicon tutti, a cacciare il divino Sihanouk: fu il principe Sirik Matak. Sia gli americani che i sudvietnamiti lo guardano infatti come una specie di Diem da sostituire con un Cao Ky, e il suo Cao Ky è già pronto. Si chiama Son Ngoc Thanh ed è capo dei khmer krom, le forze speciali cambogiane al servizio del comando unificato in Vietnam. Son Ngoc Thanh è anche un funzionario della CIA per cui ha lavorato senza misteri per anni, spostandosi fra la Thailandia e Saigon. Un Graziani, insomma, per una prossima Repubblica di Salò.

La repubblica è attesa. Ma a Lon Nol preme di più il bonzo supremo che lo scorso ottobre morì e fu sigillato in un'urna ad attendere l'incenerazione. Essa può avvenire solo alla presenza di Sihanouk e Lon Nol non osa accendere il fuoco. Così il supremo bonzo si disfa come i protagonisti di questa storia da pigliar con le pinze e la maschera antigas.

7

L'uomo che ha invaso la Cambogia

Il generale Cao Tri, il nuovo uomo forte del Sud Vietnam, varcò la frontiera cambogiana con le sue truppe sedici giorni prima che Nixon annunciasse l'intervento. E per la prima volta nella storia di questa guerra gli americani si fecero prendere a rimorchio.

Tay Ninh, luglio 1970
L'uomo che più d'ogni altro ha cambiato la guerra in Vietnam è un generale di quarant'anni, dal volto enigmatico e privo di barba, lo sguardo freddissimo, la superbia del gran signore che perfino dinanzi a un plotone di esecuzione continua a fumare la pipa e a dirsi che il suo cameriere dev'esser punito perché ha scelto male il tabacco. Basso di statura, un po' tozzo, indossa solo uniformi impeccabili e riesce a non sporcarsi le scarpe anche se va in battaglia, dove non abbassa mai la testa e non porta mai l'elmetto. Parla (e molti dicono pensa) in francese, conosce bene l'inglese, sostiene che la sua cultura è europea: studiò a Saint-Cyr. Gli piacciono in ogni senso le donne e non soffre d'aver quattro figlie e un solo figlio, adora la pubblicità e per essa indulge ad arroganze molto discusse. Lo scorso maggio, ad esempio, invitò i giornalisti a nuotare con lui nella piscina di Chupp: sebbene la piantagione fosse ancora in mano vietcong. Mantenne la promessa e saltò in acqua sturando una bottiglia di champagne brut riserva speciale. Ha molti nemici, anche in casa, e questi raccontano che fa contrabbando di valuta straniera: suo zio venne sorpreso all'aeroporto di Than Son Nhut con

una valigia di soldi diretta a Hong Kong. Inoltre raccontano che abbatte tutti gli alberi intorno a Saigon perché il taglio degli alberi dipende da lui e su ogni tronco guadagna non so quante piastre. Ma a tali accuse egli risponde con un'alzata di spalle, un sorriso di ghiaccio: «Madame, non ne ho bisogno. Appartengo a una famiglia favolosamente ricca da generazioni. Posso comprare, non esser comprato». Che altro? Tiene alla gerarchia, stringe la mano solo a chi gli è pari di grado, non ha mai perso una battaglia, e l'attacco alla Cambogia l'ha voluto lui. Si chiama Do Cao Tri. Un nome che ha del tutto eclissato quello di un generale fino a ieri in auge: Cao Ky.

Chi ricorda Cao Ky nella Saigon del 1970? Al massimo Cao Tri: per esprimere il suo disprezzo e per spiegare che fu Cao Ky a tenerlo in esilio fino a due anni fa. «Vede, Madame, io ero stato uno degli istigatori del colpo di Stato contro Diem. E un giorno del 1964 questo giovanottello, questo Ky, mi ingiunge di lasciare il Vietnam entro ventiquattr'ore: pena il massacro della mia famiglia se non obbedisco. Perché? Perché rifiuto di sporcarmi le mani con la politica che, mi creda Madame, è più sporca della guerra. Me ne andai: in Francia, negli Stati Uniti, a Hong Kong. L'esilio ebbe termine nel 1966, quando amici stranieri ottennero di farmi rientrare e abitare nella mia villa di Dalat. Ma neanche a Dalat ero gradito e, per liberarsi di me, mi offriron l'incarico di ambasciatore in Corea. Accettai. Rimasi in Corea fino all'agosto del 1968 quando Thieu mi chiamò a rimediare la disastrosa situazione creatasi con l'offensiva del Tet e l'offensiva di maggio. E divenni comandante del III corpo d'armata.» Vedi caso. Il III corpo d'armata è quello di stanza intorno a Saigon, cioè addetto alla difesa di Saigon. Chiunque voglia fare un colpo di Stato ha bisogno del III corpo d'armata: centomila soldati con la fama d'essere i migliori nel Vietnam del Sud. Sicché molti pensano che Thieu non abbia rivoluto Cao Tri per cacciare i vietcong e basta, ma per contrapporlo a Cao Ky il quale batteva i pugni sul tavolo in modo sempre più minaccioso. Cao Tri, senza scomporsi, fece l'uno e l'altro. E sotto di lui ebbe inizio quella vietnamizzazione che da lontano sembra una parola ma da vicino è una sorprendente realtà.

Vi sono ancora 450.000 soldati americani in Vietnam. Eppure, quasi non si vede un soldato americano a Saigon. E neanche a Bien Hoa, neanche a Tay Ninh, neanche in numerose città del Delta, delle pianure centrali. Per trovarli devi entrare dentro le basi, recarti nelle province dove ti accorgi che hanno perso gran parte della loro autorità. Non fanno più da padroni, o da protettori. Fanno piuttosto da ospiti, e con un certo imbarazzo. Infatti, che la vietnamizzazione sia un processo militare scelto dagli americani per abbandonare la guerra e farla fare dai vietnamiti è indubbio: nel 1969 gli americani hanno regalato ai sudvietnamiti almeno duecento elicotteri e quattrocentocinquanta aerei F-5, F-1, A-37; per sé si sono tenuti soltanto i B-52 che partono dalle basi in Thailandia, in Giappone, nelle Filippine. Ma che il processo militare gli sia sfuggito di mano per diventare un processo politico è più indubbio che mai. Il giornalista, che prima doveva accreditarsi presso il comando statunitense e in seguito presso il comando sudvietnamita, ora deve presentarsi al comando sudvietnamita per avere la tessera del comando statunitense. L'ambasciatore americano che prima poteva piombare a palazzo governativo in qualsiasi ora del giorno, ora deve chiedere rispettosa udienza per esser ricevuto quando piace ai sudvietnamiti. Una mattina Bunker si recò da Thieu alle otto: aveva un messaggio molto urgente da consegnargli. Thieu lo fece respingere con la frase: «Io non do udienza prima delle dieci».

Gliel'ha insegnato Cao Tri. Lo stesso Cao Tri che ha ridotto i vietcong allo stato di inerzia in cui sono. Essi attaccano ancora a Danang, o in regioni come An Xuyen, ma in modo confuso. E Saigon non la disturbano, neanche con un petardo. Le strade che nel 1968 eran seminate di mine, nel 1970 non offrono più alcuna insidia. A Tay Ninh, che era la roccaforte vietcong ed oggi è il quartier generale del III corpo, puoi andarci in taxi e al tramonto: non ti succede nulla. Non di notte, dirai. D'accordo: la notte appartiene come sempre ai vietcong. Però essi non ne fanno gran uso. Usano la montagna di Tay Ninh, dirai, la cosiddetta Vergine Nera. D'accordo: le forze speciali americane sono arroccate sulla sua cima e per rifornirle di viveri ci vuol l'elicottero. I vietcong, infatti, gli stanno ai piedi e intorno. Però non escono mai dalle caverne che i B-52 non riuscirono a incrinare: col buio la cima si accende impunemente di luci e impunemente si regala agli sguardi come il Cristo del Corcovado. Son davvero in pessimo stato, i vietcong. Nelle piantagioni del Delta hanno smesso di tassar gli operai e anche di servirsene come portatori di armi: son finite per loro le marce che duravano cinque o sei giorni, senza il permesso di fermarsi a mangiare perché il cibo glielo porgevan per strada, come ai ciclisti del Giro d'Italia. Ogni piantagione è protetta dai soldati di Cao Tri, dalle forze popolari che dipendon da lui, dalle forze di autodifesa che ricevon le armi da lui. Ottocento fucili ogni cinquemila abitanti, e son gli stessi operai che montan la guardia: in turni di sei ore ciascuno. Non che gli operai siano diventati nemici dei vietcong, o li tradiscano. Se gli chiedi: «Esiston vc tra di voi?», rispondono: «Sì». Se gli chiedi: «E li denunciate?», rispondono: «No!». Poi aggiungono di non odiarli, di odiare l'esercito e basta, «perché i soldati fanno la guerra pei soldi e i vc per le idee». Ma un tempo gli operai si nascondevano ai vietcong e ne avevan paura, oggi invece li tengono a bada.

Cao Tri ebbe un vantaggio, è vero. Arrivò quando i vietcong erano già decimati e l'FLN faceva marcia indietro. Ciò risulta dal documento catturato dagli americani nell'ottobre scorso: la Resolution Number Nine, ovvero Ordine del giorno approvato dal nono Congresso del COSVN (Organizzazione comunista per il Vietnam del Sud). Il documento, emesso nel luglio del 1969, esclude la speranza di raggiungere una vittoria attraverso l'insurrezione popolare e compatta, stabilisce il ritorno alla guerriglia sparsa, e rimprovera i vietcong per lo scarso rendimento mostrato. Eccone alcuni passaggi: «Considerate le pesanti responsabilità, il teatro di guerra, le vantaggiose opportunità che abbiamo avuto, dobbiamo concludere di non avere ottenuto alcun sviluppo significativo nella nostra lotta contro il nemico. Al momento attuale gli ostacoli che ci impediscono di far progredire i risultati positivi dell'offensiva generale e allargarla alla fase insurrezionale sono i seguenti. Primo: abbiamo fallito la creazione dei forti legami politici che ci erano necessari. Secondo: il reclutamento militare rimane debole e non si serve dell'occasione offertaci dal disfacimento dell'esercito fantoccio e del suo governo. Terzo: la guerriglia va avanti irregolarmente e lentamente: le nostre forze territoriali, provinciali e perfino regionali non combattono con buoni metodi né in buone direzioni. Quarto: il grado di efficienza delle nostre truppe è ancora basso e rimpiazzare le perdite ci è molto difficile. Quinto: i quadri politici stanno facendo un progresso irrisorio soprattutto fra i giovani e tra le infrastrutture. Sesto: il trasporto di materiale al fronte è deficiente ed irto di ostacoli... Bisogna aggiungere inoltre che certi membri del partito e certi dirigenti di esso, inclusi quelli dei comitati regionali e provinciali, sono di mente stretta e assai superficiali nel valutare la nostra forza e quella del nemico. Vedono gli aspetti delle cose e non la natura delle cose. Sopravalutano il nemico e sottovalutano le capacità rivoluzionarie delle masse. Di fronte agli ostacoli si fanno scettici e mancano di determinazione. Infine nelle città evitano l'attacco, non effettuano la vigilanza, e tentennano a destra».

Ciò era indiscusso e Cao Tri ebbe anche questa fortuna. Se infatti gli americani avevan causato morte e dolore, insieme a essi avevan portato tanta ricchezza. Se alcune città eran state distrutte dalle loro bombe, su altre s'era abbattuto il benessere. Ogni nordvietnamita poteva osservare che a Saigon una famiglia su tre ha due motoscooter, ad Hanoi invece una famiglia su tre ha la bicicletta. Ogni vietcong stanco e dimentico dei propri sogni poteva dirgli: «Senti, chi me lo fa fare?», poi abbandonarlo con uno sberleffo. I predecessori di Cao Tri avevan vissuto una realtà assai diversa. Però se Cao Tri non fosse stato un buon generale e un tipo coraggioso, non ne avrebbe approfittato come ne approfittò: stringendo la capitale in una morsa di protezione, attaccando con crudeltà quel nemico stanco, affrontando il pericolo con un'insolenza da far raggricciare la pelle. Che conosca il proprio mestiere, lo sanno tutti. Che abbia coraggio da vendere, lo si vede a recarsi al fronte con lui. Io l'ho visto volare con un elicottero che un bambino avrebbe buttato giù con la fionda, tanto volava basso. Poi l'ho visto scendere dall'elicottero e salire su un carro armato che un altro bambino avrebbe distrutto con una granata, tanto era scoperto e lontano dalla base. Lui ci stava sopra col suo berretto blu, riconoscibile anche da due miglia, fumava la pipa e diceva: «Su avanti, avanti». Il carrista stringeva le labbra: avanti c'erano i nordvietnamiti. Dopo quaranta minuti così ordinò stop e decise di andare in pattuglia con sei uomini, il fotografo personale e me. Io divenni nervosa e brontolai: «Generale, non ho l'elmetto». «Neanch'io» rispose. Ai giornalisti che voglion parlarci, egli impone una specie di test: «Venga con me». Se non ci vanno, non parla.

La mia intervista avvenne dopo quel test e un episodio assai interessante. Tutti sapevano che ero stata ad Hanoi e mi guardavano con un certo sospetto: «On pense à vous et on pense au général Giap. Si pensa a lei e si pensa al generale Giap». Per tagliar corto dunque, con Cao Tri affrontai il discorso per prima: mentre l'elicottero ci portava in Cambogia. «Generale Cao Tri, ha letto la mia intervista con Giap?» Mi lanciò un'occhiata strana: «No, ma ne ho sentito parlare». «Vorrebbe leggerla, generale Cao Tri?» «Naturalmente.» In previsione di ciò ne avevo portata una copia. Gliela detti perché la mettesse in tasca. Ma lui prese a leggerla subito e continuò per tutto il volo fino al fronte: piano piano, segnando col dito ciascuna parola. Spesso, poi, pigiava il bottone del contatto radio collegato ai nostri due caschi e diceva in inglese: «Do you read me, mi sente? Giap ha detto davvero così? Passo». «Pronto... sì. Ha detto così, generale. Passo.» «Cioè che noi saremmo fifoni? Passo.» «Ha detto cattivi soldati, generale. Passo.» Oppure: «Pronto, do you read me? Ha detto proprio così, che con l'offensiva del Tet lui non c'entra? Passo». «Sì, ha detto che certe cose dovevo chiederle al Fronte. Passo.» Ma una volta fui io a pigiare il bottone: «Pronto, generale. Do you read me? Passo». «Sì, la sento, la sento. Passo.» «Che ne pensa di Giap, generale? Passo.» Aggrottò la fronte, esitò e poi: «È un gran generale. Passo».

Ci parlai nel suo ufficio di Bien Hoa e dopo nella sua bella casa di Saigon. Tentai spesso di provocarlo, metterlo in imbarazzo, fargli perder quell'aria da gran signore che affronta il plotone di esecuzione fumando la pipa e pensando che il suo cameriere deve esser punito per aver scelto male il tabacco. Non ci riuscii mai.

Generale Cao Tri, la domanda può sembrar prematura ma è la domanda che si pongono tutti: quando pensa di ritirar le sue truppe dalla Cambogia? O meglio: ritirerà mai le sue truppe dalla Cambogia?

Io non ho le restrizioni che hanno gli americani. Non ho alcun limite di tempo o di distanza: posso addentrarmi nella Cambogia quanto mi è necessario, posso restarci quanto mi pare giusto. In teoria, potrei essere a Phnom Penh da molte settimane. Se non ci vo, almeno per ora, è perché non mi serve. Però potrebbe servirmi domani, e alla sua domanda non posso rispondere. Sinceramente non lo so neanch'io quando e se ritirerò le mie truppe. Lo farò quando riterrò di aver recato abbastanza danno al nemico, e quando l'esercito cambogiano sarà in grado di difendersi da solo. Il fatto è che su questo punto non vi sono molte speranze: i cambogiani non vogliono battersi, non sanno battersi. Sono pessimi soldati. Senza fegato, amorfi. Non fanno che scappare e quando arriviamo noi sono tutti contenti perché hanno evitato il proprio massacro. Il loro esercito non esiste, e per costruire un esercito ci vogliono anni. Si son lasciati prendere di sorpresa dai vietcong e hanno perso tutte le loro città, i loro villaggi. Una vergogna. Attualmente controllano solo Phnom Penh, Svay Rieng, Kompong Cham. Ma anche questo è un modo di dire perché non hanno mai il coraggio di uscire dal centro della città e dar la caccia al nemico. Io temo che, se non avanziamo noi, il loro regime cadrà. E in tal caso, capisce... Il mio problema è logistico: controllare la Cambogia.

Cosa significa controllare la Cambogia, generale?
Significa starci. Solo quando si sta in una zona la si controlla. E quando si è assenti, quando si parte, non la si controlla più.

Ma lei crede che, con la Cambogia in mano ai nordvietnamiti e ai vietcong, gli americani si ritireranno?
Possono farlo. Per me, per noi, è lo stesso. Non ci interessa. Tutti quei limiti, tutti quei permessi, tutte quelle scadenze che gli americani son costretti a rispettare... E poi,

L'uomo che ha invaso la Cambogia

in fondo, l'obiettivo che s'erano prefissi lo hanno raggiunto. L'obiettivo era distruggere i santuari nemici. Li hanno distrutti, no? Ma ammettiamo pure che, partiti gli americani, i viet ricostituiscano i santuari dov'erano prima. Chi impedisce agli americani di tornare? Se hanno attraversato la frontiera una volta, possono attraversarla una seconda. E una terza, una quarta. Entrare e uscire, entrare e uscire: senza essere accusati di conquiste territoriali.

Quella della conquista territoriale è una accusa che si rivolge a voi vietnamiti.
Sciocchezze. Che ce ne facciamo della Cambogia? Chi vuole la Cambogia? Abbiamo un mucchio di terra fertile, più fertile della Cambogia.

Generale Cao Tri, v'è molta confusione sulle date che riguardano l'attacco in Cambogia e su chi ha voluto l'attacco in Cambogia. Chi l'ha voluto?
Io, Madame. Io, io. Io ho voluto l'attacco in Cambogia. Ho attraversato la frontiera cambogiana molto prima che gli americani si decidessero a farlo. L'ho attraversata il 14 aprile. Nella zona che poi fu chiamata Becco di Pappagallo. C'era una base vietcong molto importante. Sono entrato a nord e a sud della Strada numero uno, ho fatto un cerchio e ce li ho chiusi dentro. Avevo preparato personalmente quell'operazione. Si chiamava «Vittoria totale» e non doveva spingersi oltre i cinque chilometri dal confine: perché così mi era stato raccomandato onde non creare un clima psicologicamente sfavorevole. Durò tre giorni: con tre reggimenti di cavalleria, tre battaglioni di fanteria, tre battaglioni di ranger, più le truppe di rinforzo. Quattromilacinquecento uomini in tutto. Fu un successo completo. Riportammo solo otto morti e sessanta feriti, in compenso uccidemmo trecentosettantotto nemici con la fanteria e centoquarantacinque con l'aviazione. Facemmo anche

trentasette prigionieri e catturammo trentasette armi pesanti, settantaquattro fucili, sette razzi da duecentoquaranta, cinque da centoquaranta. Inoltre distruggemmo oltre cento tonnellate di medicine, oltre tre tonnellate di uniformi, oltre 1475 sacchi di riso da cinque chili ciascuno, trenta sacchi di sale, ben settecento bunker. E quattrocentoventi case. E un ospedale con duecento letti.

Ho capito bene, generale? Ha detto case e ospedali?
Certo. Era un ospedale ben organizzato, con sale chirurgiche eccetera. Erano organizzati molto bene, sia per difendersi sia per curarsi. Avevano ottimi sotterranei, ottimi campi, ottimi depositi. E infatti si difesero bene ma non potevano fare più di ciò che fecero perché li avevamo colti troppo di sorpresa. Niente aviazione, all'inizio: solo razzi e mortai. Piombammo alle sette del mattino e fu un vero massacro, creda.

Ci credo. Ora vediamo le date, generale. Accadde il 14 aprile, quindi sedici giorni prima che Nixon annunciasse l'intervento in Cambogia e sei giorni prima che facesse quel discorso rassicurante. Gli americani sapevano del suo attacco? Erano d'accordo?
Certo che lo sapevano: per darci una mano, si impegnarono lungo la frontiera e fecero un blocco nel punto in cui eravamo noi. Posso solo dedurne che lo stato maggiore del mio comando avesse informato Abrams, sia pure all'ultimo momento. Se poi Abrams fosse contento o no, non mi interessa e non mi riguarda. Però posso dirle che, dopo, gli americani erano molto contenti. Proprio soddisfatti. E fu in seguito a questa mia operazione che si trovaron d'accordo sulla necessità di distruggere i santuari con una offensiva congiunta. Sì, posso affermare che l'attacco del 29 aprile fu una conseguenza del mio attacco del 14 aprile. E posso aggiungere questo: è la prima volta, nel-

la storia di questa guerra, che gli americani sono costretti a seguire le nostre decisioni anziché noi le loro. Com'è giusto se pensa che noi possiamo fare assolutamente tutto ciò che vogliamo. Gli americani, invece, devono chiedere il permesso a Nixon.

Qualcuno ritiene che fosse un attacco progettato da tempo, generale.
Sognato da tempo. Da anni. È diverso. E accarezzato dal giorno in cui cadde Sihanouk, questo sì. Quel giorno io dissi basta, se non cogliamo l'occasione di entrare in Cambogia e distruggere le loro basi logistiche, noi militari cosa ci stiamo a fare? E non pensai più ad altro. Il raid del 14 aprile non lo feci solo per studiar le reazioni dei nostri nemici ma anche quelle dei nostri amici.

Vuol dire che non avrebbe potuto lanciare una grande offensiva senza l'intervento degli americani, generale Cao Tri?
Assolutamente no. La nostra offensiva sarebbe avvenuta anche se gli americani non avessero voluto parteciparvi. Non avevamo e non abbiamo affatto bisogno di loro. In Cambogia non siamo forse noi a sostenere la maggior parte dei combattimenti? Tra i nostri soldati, sei su otto combattono e solo due sono di rinforzo. Tra i soldati americani, invece, tre su otto combattono e cinque su otto sono di rinforzo. Gli americani, Madame, sono così affezionati ai loro B-52. Non capiscono che, salvo casi eccezionali, i B-52 servono a impedire la sorpresa e basta. Gli americani buttano via i soldi inutilmente. Adoprano gli elefanti per ammazzare le mosche perché sono abituati a fare tutto nel lusso, perfino la guerra. Sono troppo ricchi. Noi siamo poveri ma arriviamo allo stesso risultato cui arrivano loro perché sappiamo che per ammazzare una mosca basta un ventaglio. Insomma, Madame, quando c'è un cecchino che spara da un tetto io non chiamo i B-52 per

distruggere l'intera città: mando avanti i miei poveri fantaccini. Suvvia, un po' di tattica, un po' di coraggio! Per esempio, io non avrei mai bombardato Snoul come l'hanno bombardata loro. Non ce ne era bisogno!

Generale Cao Tri, applicherebbe lo stesso ragionamento ai bombardamenti americani sul Vietnam del Nord?
Madame, il mio principio è semplice: la vita umana costa. Anche quella del nemico. A me dà sempre fastidio ammazzare, distruggere: perfino se è necessario. Figuriamoci poi quando non è necessario. E con ciò credo di averle detto ciò che penso a proposito dei bombardamenti americani sul Vietnam del Nord.

Generale Cao Tri, applicherebbe lo stesso principio ai morti che ha fatto in Cambogia? Com'è andata la sua seconda azione in Cambogia?
Molto bene. Abbiamo trovato più di quanto credessi: ospedali, depositi di riso, installazioni militari. Inimmaginabile. Hanno tentato di scappare ma li abbiamo accerchiati e abbiamo fatto 1604 morti e 6105 prigionieri. Abbiamo anche catturato settantadue disertori, duecentottanta armi pesanti, 1820 armi individuali, dieci tonnellate di riso, dieci radio, due centrali telefoniche, sette macchine da scrivere, due automobili e due jeep. E poi abbiamo catturato cinquemila donne e bambini appartenenti a famiglie vietcong. Fuggivano tutti insieme, dopo essere stati abbandonati. Ora sono in un campo di concentramento, per gli interrogatori. In seguito li rimanderemo ai loro villaggi natali dove resteranno sotto sorveglianza della polizia. Cos'altro possiamo fare? Sono donne e bambini.

Generale, non potrebbe darsi che si trattasse semplicemente di contadini vietnamiti i quali abitavano da generazioni in Cambogia?

No, no. Venivano da Tay Ninh, dal Vietnam del Sud. Da qui i vietcong s'erano trasferiti in massa coi bovi, le masserizie, e ci vivevano con le famiglie.

Generale, lo sa che perfino molti ufficiali americani giudicano questa faccenda della Cambogia come un errore e un'assurdità?
Lo so. Ma hanno torto e le spiego perché. Quest'operazione è servita, serve, ad aprire gli occhi ai nordvietnamiti: a fargli rendere conto che non possono continuare a svuotarsi di tutto il loro sangue. Capiranno presto che non possono sostenere il terzo fronte che abbiamo aperto in Cambogia. Esso viene ad aggiungersi al fronte che hanno sul diciassettesimo parallelo e a quello che si allunga per cinquemila chilometri dal Laos fino a Saigon. Impossibile per loro continuare così, specialmente dopo ciò che hanno perduto. Anche i guerriglieri hanno bisogno di armi, di basi, di cibo. E il porto di Sihanoukville è chiuso per loro, la pista Ho Chi Minh non basta più. E il loro sangue cola nel Sud Vietnam, in Laos, in Cambogia...

Anche il vostro, generale.
Sì, ma siamo molto più forti di loro. Abbiamo amici più forti e più impegnati dei loro amici. Combattiamo in casa nostra, al massimo in campi di battaglia vicino a casa nostra. Possediamo un'aviazione e, in questa guerra, l'importanza dell'aviazione è definitiva. Possediamo mezzi corazzati, una mobilità totale. Non c'è paragone.

Ma i vietcong che si battono qui in casa loro: quelli non li considera, generale?
Senza il Vietnam del Nord, i vietcong sono nulla. Cade il Vietnam del Nord, cadono i vietcong. Che del resto sono già caduti. Quando cerchiamo i vietcong non troviamo che nordvietnamiti. Perfino le divisioni vietcong sono

composte per il settantacinque per cento da nordvietnamiti. I vietcong sono morti. Quelli che non sono morti stanno nelle foreste dove li abbiamo respinti e non fanno nulla fuorché piccoli attacchi. Nella regione controllata dal III corpo c'erano decine di migliaia di vietcong, ora calcolo che le loro unità combattenti non abbiano più di cinque o seimila uomini. Con le truppe di rinforzo e le infrastrutture dei quadri politici, non arrivano a quindicimila. Deve credermi, so quello che dico. E alla loro stanchezza, al loro senso di sfiducia, si aggiunge la stanchezza dei nordvietnamiti che non hanno abbastanza da mangiare e sono armati male e combattono così lontano da casa. Basta parlare coi prigionieri, lei ci ha parlato: le son parsi felici? Non vedono mai una città, devono sempre nascondersi, sempre soffrire...

Sì, ma il morale di un esercito non si giudica dai prigionieri. E quelli che non sono prigionieri resistono. E resistono bene. Lei lo sa, generale, perché li combatte.
Resistono fino a quando non perdono la pazienza. Questa guerra è una questione di pazienza. Dura di più chi ha più pazienza.

Anche il generale Giap dice così. Generale Cao Tri, lei ha letto l'intervista che feci l'anno scorso a Giap: cosa pensa di ciò che egli afferma?
Anzitutto penso che Giap sottovaluti noi e poi penso che sottovaluti gli americani. Sia da un punto di vista militare che storico. Gli americani non hanno mai perduto una guerra: né in America, né in Europa, né in Asia. E quando un Paese come l'America si impegna in una guerra come questa, a fianco di un piccolo popolo come quello sudvietnamita e contro un piccolo popolo come quello nordvietnamita, non può permettersi di perderla. Il fatto che nell'opinione pubblica americana vi

siano malintesi politici sul Vietnam non significa affatto che il governo americano accetti di subire una sconfitta in Vietnam.

Generale, non si tratta di malintesi politici ma di qualcosa di più. Questa guerra, i giovani americani non la vogliono più fare.
Urlano, è vero. Ma resta il fatto che l'esercito americano è l'esercito più forte del mondo e che non ha mai perduto una guerra. Può perdere una battaglia ma non può perdere una guerra.

Generale Cao Tri, se gli americani se ne vanno dal Vietnam senza avere vinto, è come se avessero perso. E a proposito: cosa accadrà di voi quando gli americani se ne andranno?
Gli americani non possono battersi e morire in eterno pei sudvietnamiti. Quindi, prima o poi, dovranno andarsene. Questa non è la loro guerra, è la nostra. E, per noi, essi hanno già fatto abbastanza. Sono intervenuti quando eravamo deboli, ci hanno aiutato e ci hanno reso forti: il loro compito è finito e non c'è ragione perché restino ancora. L'esercito vietnamita è ormai all'altezza dell'impegno che deve sostenere: ciò che Nixon chiama vietnamizzazione è un rinato senso di orgoglio, di responsabilità. Considerando l'esercito, le forze popolari e le forze di autodifesa, abbiamo in tutto un milione di uomini armati e in grado di fare la guerra da soli sia in casa che fuori. Sì, possiamo ormai cavarcela da soli e io ne avrei un gran piacere se gli americani se ne andassero il più presto possibile. Tutt'al più, lasciandoci qualche unità di rinforzo. Non ci resta che un punto debole: i mezzi di rinforzo per le nostre unità da combattimento. Se gli Stati Uniti accettano di darceli, siamo a posto. Davvero: questa guerra io vorrei farla da solo.

Sicuro di vincerla, generale Cao Tri?
Madame, è assurdo parlare di vittoria in una guerra rivoluzionaria dove non c'è un fronte e dove non ci sono combattimenti convenzionali. In una guerra così, la «vittoria» viene a colui che controlla il Paese e sa difendere il suo territorio. La maggioranza del Paese è sotto il controllo governativo: le ho già detto che il nemico è nelle foreste dove sarà costretto a restare Dio sa per quanto.

Ma è ben questo che vuole Giap. Una guerriglia sparsa e di lunga durata fino al completo logorio del nemico forte.
Madame, io non sono che un comandante di corpo d'armata: nel mio giudizio e nelle mie capacità di giudizio non posso andare più lontano di quanto vada. Quindi è possibile che mi sbagli. Ed è possibile che Giap veda meglio di me. Però io dico che si sbaglia lui. Perché non conosce la mentalità di noi sudisti, o non l'ha capita. È pazzesco illudersi che i sudisti aiutino i nordisti. Non siamo soltanto divisi, siamo diversi! Ma come fa Giap a dire che il Vietnam del Sud è quasi liberato? Dovrebbe saperlo che i suoi uomini al Sud sono ricevuti male. Dovrebbe saperlo che, quando controllavano i tre quarti del Paese, erano costretti ad attaccare i villaggi per essere accolti. Dovrebbe saperlo che per ricevere aiuto, si abbandonavano a vessazioni!

Generale Cao Tri, lei ci crede all'unificazione del Vietnam?
Senta, Madame. Oggi nel mondo vi sono tre Paesi divisi: la Germania, la Corea, il Vietnam. Per almeno due di questi Paesi, quando si parla di unificazione, si parla di una cosa che accadrà al massimo tra cinquant'anni. Il resto è utopia. Io sono un sudista e, non perché sono ricco, preferisco starmene per conto mio: senza che i nordisti vengano a darmi lezioni su cosa devo o non devo mangiare, su come devo o non devo vestire, su quel che devo o non devo pensare. Se fossi povero, direi la stessa cosa. Io non

ho bisogno d'esser liberato da loro, non voglio essere liberato da loro: e il capitalismo non c'entra. Madame, lei è stata ad Hanoi, ha visto i nordisti. Li ammiri pure, io le dico che non sono come noi, sono fanatici. Sono irragionevoli, cupi, noiosi, e parlarci è impossibile. Hanno i paraocchi. Non sono più vietnamiti, sono comunisti e basta. Hanno dimenticato il nostro spirito, la nostra storia. Se non fosse così, ci capirebbero meglio. E poi, ecco, si divertono a fare la guerra. Gli piace.

Generale Cao Tri, lei non si diverte a fare la guerra?
Io detesto la guerra, e questa guerra. Nella mia famiglia eravamo undici fratelli: tre li ho persi in questa guerra. Uno è stato ucciso e mutilato... a Dalat. Aveva ventisei anni, era nelle forze speciali. Due sono stati feriti e son rimasti infermi all'ottanta per cento. In fondo è come se fossero morti. Degli otto fratelli che mi restano, quattro sono al fronte: questa guerra la paghiamo cara. Troppo cara.

Sono d'accordo. Ma allora perché ha scelto questo mestiere, generale?
Mah! Tutti i miei fratelli hanno scelto altri mestieri. Due sono medici, due sono chirurghi, due sono veterinari, due sono ingegneri. Uhm... A me piaceva portar l'uniforme, suppongo. Piaceva l'avventura, il rischio. Avevo vent'anni. E poiché ero ricco cercavo qualcosa di diverso, forse di peggiore. Poi uno ci si trova dentro... e magari ci crede... come ci credo io. Perché penso che serva. Il Vietnam che vede oggi non è più il Vietnam del 1968 quando vi dominavano tipi come Cao Ky.

Lei non lo ama: vero, generale Cao Tri?
Definitivamente no. Come potrei amare qualcuno che non rispetto? Questo giovanotto che porta i gradi di generale e che non va mai alla guerra: tutt'al più ci vola sopra col suo

aereo quando il combattimento è finito. Vuol conoscere la giornata del vicepresidente e generale Cao Ky? Eccola. Si sveglia alle undici, fa colazione, va a giocare al tennis o al golf. Rientra a casa, fa una doccia, mangia, seduce una vergine. Va al club, gioca a carte, chiacchiera con gli amici, rimangia. Riseduce una vergine, rigioca a carte, richiacchiera con gli amici e fa le quattro del mattino così. Allora va a letto per svegliarsi di nuovo alle undici e ripetere quell'intenso programma daccapo. È difficile, per me, prender sul serio Cao Ky. L'ho conosciuto quando era un piccolo colonnello squattrinato, e mi cercava per chiedere soldi. Li perdeva al gioco. «Mon général» diceva «est-que vous avez un peu d'argent à me prêter...?» E io a prestargli soldi che non restituiva mai. Un giorno mi stancai. Gli regalai centomila piastre e gli dissi tieni, non farti vedere più. Ma le vere colpe di Cao Ky non sono nemmen queste. Sono i disastri del 1968.

Sta dicendo che la responsabilità dell'offensiva del Tet va attribuita a Cao Ky?
Senza dubbio. Fu colpa di Ky che a quell'epoca era il responsabile numero uno, aveva il Paese nelle sue mani. Avrebbe dovuto conoscere l'intenzione del nemico, sapere che esso stava per attaccare Saigon e tutto il Vietnam del Sud. Ma lui aveva altre cose da fare: il traffico di moneta, ad esempio. Per mettere insieme tanto denaro. Egli accusa sempre di corruzione e dimentica che se c'è un corrotto in Vietnam è proprio lui. Non si occupava di nulla, i problemi militari li lasciava agli altri. E chi erano gli altri? Incapaci. Madame, un generale non si fa in un giorno: ma nell'esercito sudvietnamita succede proprio così. La maggior parte dei nostri generali sono capitani col grado di generale: guardi Cao Ky. Nessun valore, nessuna disciplina. Se io fossi stato a Saigon, nel 1968, l'offensiva del Tet non sarebbe avvenuta. E neanche le seguenti: glielo assicuro.

Per l'incuria dei tipi come Cao Ky rischiammo di lasciarci rovesciare dai nordvietnamiti. Meno male che l'esercito reagì così bene e che la popolazione non collaborò.

Ne è proprio sicuro, generale Cao Tri?
Senta, Madame: qualcosa dev'esser successo se riuscimmo a respingerli. Se non ci fossimo riusciti, oggi il Vietnam del Sud sarebbe nelle mani dei comunisti: sì o no? Può darsi che la popolazione abbia collaborato qua e là: per paura, per calcolo. Può darsi che i nostri soldati non si siano sempre battuti come leoni: perché mal guidati. Ma l'appoggio delle masse non ci fu, la sconfitta del nostro esercito non ci fu: e Giap può dir quel che vuole. Giap ha tutti i diritti del mondo a sostenere che politicamente e psicologicamente l'offensiva del Tet fu un trionfo. Ma si sbaglia quando trasferisce tale giudizio sul piano militare. Anche lei gliAlo disse, né egli replicò in modo convincente. Gli stessi che dovevano sollevarsi si ritirarono nel guscio, e noi vincemmo.

O vinsero gli americani, generale Cao Tri?
Non posso andar nei dettagli, io non c'ero.

Generale Cao Tri, ho la sensazione che verso gli americani lei provi gli stessi sentimenti di Cao Ky.
Nient'affatto. I miei rapporti con gli americani non sono drammatici, io non ho verso di loro i complessi che hanno certi vietnamiti di sua conoscenza. Li tratto con cameratismo sincero. Niente sentimenti, è vero, ma questo si deve al fatto che io sono sempre stato dalla parte degli europei. La mia formazione culturale è francese, il colonialismo francese non è mai stato un problema per me, in Francia son sempre stato accolto a braccia aperte e a fianco della Francia ho combattuto i vietminh. Quando i vietminh hanno vinto, non ho provato alcun orgoglio ma una gran-

de amarezza. Una gran delusione. In America, invece, ci sono stato due volte: per fare la scuola di guerra e in esilio. Be', quando penso agli americani, penso sempre alla prima sera che mi invitarono a cena. Al momento di pagare mi dissero: «Ciascuno salda il suo conto, OK?». Restai scioccato. Sì, noi del Sud dobbiamo molto agli americani ma... ciascuno-salda-il-suo-conto-OK? Se i loro GI sono così stanchi, i loro ufficiali così scontenti, ecco: vadano a casa, vadano a riposare.

Generale Cao Tri, cosa farebbe oggi al posto del suo nemico Giap?
Finirei questa guerra dolcemente: dicendo a me stesso basta, non si può continuare a perder sangue fino all'ultimo, ricomincerò altrove e in un altro momento. Ed è così che accadrà. La Cambogia è l'inizio della sconfitta di Giap, a sua disposizione ormai non resta che il Laos. Ma il Laos non conta nulla, serve solo a difendere la pista Ho Chi Minh. Però Giap non può dirlo, non può ammettere la sconfitta, perché perderebbe la faccia. Non può nemmeno accettar negoziati se non è su un piano di forza: li perderebbe. Può solo servirsi della sua ingegnosa bugia: l'aver sempre negato di tenere truppe nel Vietnam del Sud. È stato abilissimo, in quello, perché ora può ritirare le sue truppe dolcemente come se non ci fossero state mai. Sì, ricordi ciò che le dissi nell'estate 1970: la guerra si spegnerà a poco a poco e le cose torneranno al punto in cui erano prima. Da una parte il Vietnam del Sud, da una parte il Vietnam del Nord. E tutti questi morti che abbiamo avuto da una parte e dall'altra saranno morti, in sostanza, per nulla.

8

Lotta fra generali

Oriana Fallaci era a La Paz nei giorni che hanno visto l'avvicendarsi, per fortuna quasi incruento, di quattro diversi governi in Bolivia.[1]

La Paz, 1970
Pronto, Oriana, ci senti? Ascolta, prima di occuparci della tua intervista con Debray vorremmo che tu ci parlassi della situazione in Bolivia. Sai, le notizie qui si contraddicono e tutto è stato così rapido, così imprevisto...
Imprevisto?! Vuoi dire imprevisto per voi. A La Paz attendevano il colpo di Stato da almeno due mesi. Non dimenticare che in America Latina si sa sempre tutto, nulla avviene di sorpresa, qui i colpi di Stato si preparano come da noi le elezioni. Senza misteri, insomma. Sai, quando giunsi a La Paz, la prima cosa che i colleghi mi chiesero fu: sei venuta per il colpo di Stato? E si stupirono perché risposi che no, in realtà ero venuta per intervistare Debray. Si parlava del colpo di Stato come di un treno che deve arrivare in orario e non si capiva perché quel treno tardasse. Naturalmente mi riferisco al colpo di Stato che preparava la destra. «El golpe de derecha» dicevano. Infatti è così che tutto è incominciato: col colpo dei militari di destra guidati dal generale Miranda, il comandante delle forze armate. Mi senti? Bene, pensa che le voci di un

---

[1] La redazione dell'«Europeo» l'ha contattata telefonicamente per avere un racconto in presa diretta di quanto stava accadendo a La Paz.

colpo di Stato erano così insistenti che a un certo punto andai dal presidente in persona, il generale Ovando, e gli dissi: «Signor presidente, qui tutti parlano di un "golpe de derecha". Cosa ha da dirmi in proposito?». E Ovando tirò un gran sospiro, poi rispose: «Eh, sì. Hay perigro, hay perigro. Il pericolo c'è, c'è». Senza stupirsi, mi spiego? Neanche parlassi di future elezioni. I colpi di Stato qui sono normali: il potere non si chiede, si piglia.

Ma se lo sapeva, perché non s'era premunito?
Perché non poteva farci nulla. Non contava più nulla, era prigioniero dei militari guidati da Rogelio Miranda. Lo era a tal punto che quando annunciai ai colleghi di La Paz che avrei chiesto a Ovando il permesso di incontrare Debray, loro esclamarono: «E che può farci Ovando? È Miranda che dà tutti gli ordini». Infatti, non appena Ovando mi disse va bene, le farò incontrare Debray, replicai: «Signor presidente, allora bisogna che telefoni subito al generale Miranda e lo metta con le spalle al muro. Anche per dimostrare che il presidente della Repubblica è lei». Ovando contrasse i muscoli del volto, telefonò in mia presenza a Miranda e gli disse: «Voglio, assolutamente voglio che questa signora veda Debray». Be', non ci crederai: malgrado ciò, essere ammessa alla presenza di Miranda fu cento volte più difficile che essere ammessa alla presenza di Ovando. E, quando ci riuscii, finalmente, dovetti ricominciare tutto daccapo. Era il vero padrone della Bolivia, Miranda, la chiave di tutto. È ancora la chiave di tutto, non mollerà facilmente.

Ma che tipo è?
Brutto. Anche fisicamente. Con quella cicatrice che gli taglia la fronte in due e si affonda in un solco verticale, sinistro, dall'attaccatura dei capelli alla base del naso. Una grinta. Non sorride nemmeno se gli fai il solletico ai piedi.

Lotta fra generali

Be', a me sorrise perché portavo un maxicappotto. Non lo aveva mai visto, mi chiese se in Europa ci si veste davvero così. Parlò quasi sempre in inglese e mi stupì perché in Bolivia non lo parla quasi nessuno, l'inglese. Solo quelli che sono stati negli Stati Uniti a far corsi di addestramento, come Miranda. Lui fu alla scuola di Fort Worth... mi spiego? È sempre stato l'uomo degli americani. Grande amico del signor Siracusa, l'ambasciatore degli Stati Uniti a La Paz e altra chiave della faccenda. Sai, fu Miranda che tradusse militarmente il colpo di Stato del 1964 contro Paz Estenssoro, il presidente che aveva distribuito la terra ai contadini e aveva nazionalizzato le miniere di stagno strappandole ad Antenor Patino. Però a parlarci mi parve meno sciocco di quanto si dicesse. Qua e là, dimostrava un certo buonsenso, per esempio quando mi disse: «La distribuzione della terra fu demagogia e basta, riuscì solo a trasformare il latifondo in minifondo. Che serve distribuire la terra se poi non si dà ai contadini un'assistenza tecnica? Il nostro problema è tecnico. Dagli altri Paesi dell'America Latina ci dividono almeno cinquant'anni e noi possiamo colmare quei cinquant'anni solo con la tecnica». Mi descrisse a lungo e con dolore il fatto che la Bolivia fosse così povera, così umiliata, così maledetta malgrado le risorse che ha. «Abbiamo terra» osservò, «abbiamo stagno, petrolio, oro, zinco, antimonio, zolfo, mercurio, e non abbiamo né i mezzi per tirar fuori quel bendiddio né la gente per farlo. Siamo appena cinque milioni, la metà della popolazione di New York. Qui la teoria di McNamara, il discorso sul controllo delle nascite, non funziona davvero.» Fino a che punto parlasse per sentito dire anziché per idee personali non lo so: però mi venne spontaneo paragonarlo a Cao Ky. Anche in Vietnam gli americani tentarono il colpo con un ignorante come Cao Ky che però le cose le capisce abbastanza. La differenza è che in Vietnam il colpo gli riuscì e qui invece, almeno per ora, gli è andata male.

Hai detto gli americani? In quale misura gli americani hanno contribuito al colpo di Rogelio Miranda?
In ogni misura, ovvio. Quando si parlava del «golpe de derecha» si parlava automaticamente del «golpe de los americanos». Si diceva: sarà la loro seconda San Domingo. Ora ti spiego. Gli americani, naturalmente, non gradirono affatto l'instaurazione di quel governo rivoluzionario nel settembre del 1969. Gli era già capitato un simile scherzo in Perù e ci avevano già rimesso il petrolio del Perù. Così quando il governo di Ovando decretò la nazionalizzazione del petrolio, persero quasi la testa. Erano i padroni esclusivi del petrolio boliviano che è un petrolio speciale, si chiama petrolio leggero, e si trova solo in Bolivia, capisci. Lo lavoravano nelle raffinerie della California, lo rivendevano ad altissimo prezzo, ovunque, e la nazionalizzazione fu un colpo duro. Vi reagirono con un ostruzionismo feroce. Non solo rifiutarono di comprare il petrolio che non gli apparteneva più ma fecero in modo che non lo comprasse nessuno. I boliviani lo offrirono a tutti, dal Brasile all'Unione Sovietica, dice che tentarono perfino un accordo con Onassis: fallirono sempre. In tutti i pozzi, le pompe erano ferme e gli operai a spasso. Ma c'è di peggio: prima della nazionalizzazione i boliviani stavano costruendo un metanodotto, grazie a un prestito della Banca Mondiale, per portare il gas in Argentina. Bene, la Banca Mondiale sospese il prestito, il metanodotto non andò più avanti, e il signor Siracusa... mi senti?

No, sì. Ora ti sentiamo, continua.
Be', parlavo del signor Siracusa. Il nuovo ambasciatore degli Stati Uniti, giunto subito dopo il colpo di Stato di Ovando. Nel 1969 il signor Siracusa era incaricato di affari a Lima ed era stato lui a sostenere i colloqui coi militari peruviani che avevano nazionalizzato la International Petroleum Company. Non aveva avuto molto successo,

con loro, ma coi boliviani ce l'ebbe, eccome. Fu lui a far sospendere la costruzione del metanodotto e a far risarcire le compagnie americane con il più fantastico indennizzo che si sia mai visto dopo una nazionalizzazione: circa ottanta milioni di dollari: cioè cinquanta miliardi e mezzo di lire italiane. Da pagarsi in vent'anni, perché al governo boliviano una cifra simile chi gliela dà, e da pagarsi facendo rientrare gli americani nel commercio del petrolio leggero. Avessi visto com'era contento l'inviato delle compagnie americane quando uscì dalla riunione coi ministri. Diceva: «Si tratta di una soluzione molto, molto soddisfacente per noi». Anche per questo incominciarono gli scioperi degli operai e le manifestazioni degli studenti, subito rintuzzate dall'esercito di Miranda. O dalla polizia. Guarda, dal giorno che sono arrivata non ho fatto che udire spari e scoppi. Tutti i giorni c'è stato almeno un morto fra gli studenti: qui a La Paz, a Sucre, a Cochabamba... Non se n'è parlato in Europa?

No, o molto poco.
Be', guarda. Succedeva così. Soprattutto dopo la vittoria elettorale di Allende, e la paura che aveva provocato. Le associazioni di destra facevano scoppiare bombe per strada, nei giornali, sui tetti, e poi dicevano che erano stati gli studenti di sinistra. Questi si arrabbiavano, scendevano in piazza, e allora cominciavano le sparatorie. Il colpo di Miranda fu preparato così, complice la CIA. Si è parlato di un ingente quantitativo di armi giunte da Canal Zone, la base americana di Panama. Per giorni, qui all'hotel Crillon, io ho visto il viavai dei generali americani che si incontravano coi generali boliviani. In alta uniforme eccetera. Qui nella hall ho visto il generale Sattori incontrarsi coi generali americani e ho perfino incontrato un gruppo di piloti americani specializzati nelle ricognizioni e nei bombardamenti. Indossavano la tuta di volo e le insegne

del corpo cui appartengono i piloti che in Vietnam compiono le missioni aeree sulle basi vietcong. Quando chiesi da dove venissero, la risposta fu: Canal Zone. Poi presero alloggio al mio piano e qui non facevano che ricevere visite di ufficiali boliviani, la notte si ubriacavano insieme e facevano un tale fracasso che non si dormiva. Ma non crederai mica che fossero venuti a La Paz per bere, no?

Scusa, se abbiamo ben capito, hai detto generale Sattori. Lo stesso del triumvirato che seguì il colpo di Rogelio Miranda? Certo. Il triumvirato Sattori-Albaraccin-Guastalla. Quest'ultimo lo sai chi è? Colui che presiedette il tribunale militare a Camiri, nel processo contro Debray e Ciro Bustos. Sattori, invece, è quello che comandava l'aviazione impegnata nella caccia al Che Guevara. Lo conobbi per questo, ma era terrorizzato all'idea che gli ponessi domande sul Che. Prima di ricevermi aveva telefonato al nunzio apostolico, mi disse, per sapere se fossi una sovversiva. Voleva anche sapere cosa pensassi della vittoria di Allende in Cile e io mi stizzii, gli dissi: «Non crede che sarebbe più interessante sapere cosa ne pensa lei?». Ne seguì una rissa verbale durante la quale si lasciò sfuggire questa frase: «Gliela faremo vedere noi ad Allende». Forse per questo si dice che anche contro Allende si sta preparando un colpo dei militari.

Senti, ma il presidente deposto, il generale Ovando, che tipo è? Cerchiamo di ricostruire con chiarezza ciò che è successo. Hai detto chiarezza? Ma allora tu non conosci proprio questa parte del mondo. Qui la chiarezza è doppiezza, la logica è irrazionalità. Ti dicono sì e non vuol dire sì, vuol dire no. Però potrebbe anche darsi che volesse dire sì perché sapendo che tu sai che il loro sì è un no, possono prenderti di contropiede dicendoti sì per sì. Sono maestri nel gioco degli specchi, delle tortuosità. Sono impareggiabili

Lotta fra generali

nell'arte di lasciarti sempre nella confusione, nel dubbio. Riescono sempre a tenere un piede in due staffe, quella di destra e quella di sinistra. Oddio, mi accorgo che sto già facendoti il ritratto di Ovando: il mago del compromesso, della furbizia. Oh, un uomo intelligentissimo, sai. Io ci ho parlato per un'ora e mezzo, nel suo salone a palazzo presidenziale, e per tutto il tempo è riuscito a menarmi per il naso. Mi avevano detto che non apre mai bocca: s'è mostrato loquace. Mi avevano detto che è introverso, timido: s'è comportato come un cordialone. Oriana qui, Oriana là, beviamo insieme un caffè, vorrei essere io a intervistarti per chiederti del Vietnam: neanche fossimo stati a scuola insieme. Mi sapeva inferocita perché mi negavano il permesso di andare da Debray, e voleva sedurmi. In un certo senso ci riuscì: l'intelligenza seduce sempre. E con quel doppiopetto scuro, quel visuccio bonario, quei baffucci tristi, l'avresti detto un professore d'università disposto a intavolar trattative con gli studenti che gli hanno occupato l'università. Niente di militaresco, mi spiego? Parlava di progresso, di rivoluzione, esibiva un profondo rispetto verso Che Guevara... Il generale Ovando, lo sai, era capo delle forze armate sotto Barrientos: la fine del Che è sempre stata il suo fiore all'occhiello. Però lo preoccupava che lo ritenessi responsabile dell'assassinio del Che: non faceva che dire che la decisione di ucciderlo non era stata sua. «Sai, Oriana, il Che aveva detto: "L'unico uomo con cui accetto di parlare è Ovando". Così volai subito a Villagrande ma quando arrivai seppi che era già morto.» Se c'è un uomo che non ti dirà mai la verità, questo è Ovando. Però io ci credo a un certo suo progressismo: ha troppo cervello per essere un reazionario. Se il colpo di destra maturò sotto di lui fu perché egli cedette alla stanchezza, allo scoraggiamento. A metà luglio, proprio nei giorni in cui la guerriglia aveva ripreso, gli era morto il figlio: in un incidente aereo. Vent'anni, studente di Ingegneria. E lui ne aveva talmente sofferto da ritirarsi nel guscio senza difendersi più. Da tre mesi, il governo, praticamente, era in mano del ministro degli Interni, Ayoroa.

Il colonnello Miguel Ayoroa Montano, quello che ora comanda la ribellione dei reggimenti Ingavi e Macheco e dell'Accademia militare? Quello attualmente accerchiato dai soldati del generale Torres?
Proprio lui. E sai chi è questo Ayoroa? L'ex maggiore che nell'ottobre del 1967 comandava il II battaglione dei ranger nella zona di Higuera dove cadde Che Guevara. Il capitano Gary Prado, cioè colui che catturò Che Guevara, era ai suoi ordini. Ayoroa sì che ne sa parecchie sulla morte del Che Guevara. Era grande amico di Gonzales, Ramos e Garcia: i tre cubani della CIA che interrogarono Debray dopo l'arresto, e fotografarono il diario del Che dopo la sua morte, e avvicinarono il Che prima che lo ammazzassero. Proprio così. Ci hanno fatto carriera tutti sulla morte del Che Guevara, sono usciti tutti di lì. Anche Ayoroa è un uomo dell'ambasciatore Siracusa. Capisci, fuori del governo c'era Miranda e dentro il governo c'era Ayoroa. Ora, se mi chiedi che razza di governo rivoluzionario fosse un governo dove comandava Ayoroa, ti rispondo: un governo così. Sai, in America Latina la parola rivoluzione si spreca: chi va al potere si definisce sempre un rivoluzionario. Però nel governo di Ovando, all'inizio, qualche rivoluzionario autentico c'era per davvero. C'era Marcelo Quiroga Santa Cruz, un intellettuale socialista che sotto Barrientos era stato incarcerato, c'era Alberto Bailey, un giornalista del Partito democristiano ribelle, c'era Mariano Baptista Gumucio, un radicale che fino al 1969 era stato costretto all'esilio. Quest'ultimo divenne ministro dell'Educazione, Bailey invece divenne ministro dell'Informazione, e Quiroga Santa Cruz ministro delle Miniere. Che è come dire ministro dell'E-

conomia. Fu lui ad attuare la nazionalizzazione del petrolio e fu Baptista Gumucio a voler l'alfabetizzazione degli indios che in Bolivia sono l'ottanta per cento e non sanno leggere né scrivere. Quanto a Bailey, guarda: era più a sinistra di un marxista. Li conosco bene tutti e tre, li ho intervistati, e mi son parsi tre tipi in gamba. Il fatto è che quando le pressioni del signor Siracusa divennero intollerabili, Alberto Bailey e Marcelo Quiroga Santa Cruz dettero le dimissioni: al governo non ci rimase che Baptista Gumucio. Non ho dubbi sulla buona fede di Baptista Gumucio, ma era troppo amico di Ovando e non fece nulla per impedire il colpo di Miranda. Bailey e Quiroga Santa Cruz invece lo denunciarono prima che avvenisse, e Ovando si arrabbiò al punto che voleva farli arrestare. Io stessa telefonai a Bailey e a Santa Cruz per avvertirli che stavano per finire in galera.

Comunque il colpo di destra è fallito, e al potere ora c'è Torres che si definisce presidente degli operai. Che tipo è Torres? E chi lo ha visto? I militari lo avevano praticamente mandato in esilio in Africa, con la scusa di farlo partecipare a una conferenza dei Paesi sottosviluppati, mi pare. All'inizio era a capo delle forze armate: fu buttato fuori proprio nel periodo in cui Bailey e Quiroga Santa Cruz uscirono dal governo. Anche a quel tempo la sua reputazione era buona. Lo è anche oggi. Quando facevo baccano per intervistare Debray e dicevo che in passato alcuni giornalisti lo avevano avvicinato, Bailey mi rispondeva: «Sì, ma allora c'era Torres». Guarda, Torres appartiene a quel genere di militari progressisti cui si riferisce l'arcivescovo brasiliano Helder Camara quando dice: «Tentiamo un colloquio coi militari intelligenti». Mi spiego? Tieni presente però che anche il governo di Ovando cominciò così, con le stesse parole di Torres, le stesse promesse di Torres, e poi invece... Fossi Bailey o Quiroga Santa Cruz non mi farei molte illusioni, ecco. Anche per Torres sarà difficile resistere a certi ricatti. E il signor Siracusa non se ne starà certo con le mani in mano, la CIA non si gratterà certo la pancia, ora che Torres ha la meglio. La Bolivia confina col Brasile, è vero, coll'Argentina, è vero, col Paraguay, è vero: e questi sono Paesi dove la destra è al potere. Però confina anche col Perù di Alvarado, col Cile di Allende, vicino c'è l'Uruguay dei tupamaros. E perdere la Bolivia, per gli interessi americani significherebbe perdere una fetta enorme dell'America Latina.

Allora com'è stata possibile la vittoria di Torres?
Senti, non possiamo mica fare una analisi della Bolivia al telefono, e oltretutto urlando così per capirci. Per spiegar queste cose ci vuole almeno un articolo. Quindi diciamo, alla svelta, così: qui tutto è possibile e niente è improbabile. E tra le cose possibili, forse probabili, c'è una svolta violenta a sinistra: il Che Guevara non aveva scelto la Bolivia a casaccio. La guerriglia, per esempio, ha ripreso con più vigore di tre anni fa: chi cerca il potere non può non tenerne conto, anche se è un militare. Come non può non tenere conto dei sindacati operai, dei movimenti studenteschi, dei preti ribelli che hanno per emblema un Cristo col fucile a tracolla. E lo sai qual è la frase preferita di questa gente? «La Bolivia non sarà mai una seconda San Domingo.» Torres doveva farsela con loro: è stato abbastanza intelligente da appoggiarsi a loro. O dovrei dire abbastanza coraggioso? Finoggi, tutti i presidenti che si sono buttati dalla parte del popolo son finiti male: o in esilio o impiccati a un lampione. Potrebbe succedere lo stesso a lui: non dimenticare che i contadini qui sono la stragrande maggioranza e che i contadini non sono certo a sinistra. Sai bene che furono i primi a denunciare il Che, a tradirlo. Be', ti saluto. Il resto lo scriverò: d'accordo?

D'accordo. Però un'ultima domanda, Oriana. Quali sono le probabilità che Régis Debray venga liberato da Torres?
Tutti dicono molte. E non è affatto escluso che Torres lo metta fuori. Ha già liberato molti detenuti politici o, perlomeno, nei giorni caldi ha lasciato che la folla li liberasse. Però è successo a La Paz, e Camiri non è La Paz. A Camiri c'è un mucchio di gente cui non importa nulla di Torres, e a cui piacerebbe tanto liquidare Debray. Insomma, a mio parere la sua sorte non è mai stata così incerta. Oggi come oggi vi sono cinquanta probabilità su cento che Debray sia liberato, e cinquanta che venga ammazzato. Atroce a dirsi, lo so. Ora ciao, ti saluto davvero sennò ci tolgono la comunicazione. E poi ho la gola secca. Hai registrato bene?

Benissimo, Oriana. Grazie.

9

Un italiano tra i preti in blue-jeans[2]

La Paz (Bolivia), novembre 1970
Era un bel ragazzo. Alto, dignitoso, forte. Dimostrava all'incirca trent'anni. Aveva un viso buono, gentile, reso intenso da due lenti spesse: da miope. Dietro le lenti si nascondevano gli occhi più dolci che avessi mai visto, pieni di una serenità quasi angelica: assurda. La stessa, del resto, che gli piegava le labbra insieme al sorriso di chi ha risolto ogni dubbio e naviga lungo le acque di un mare che non conosce tempeste. Ti irritava al solo vederlo. Ti metteva addosso la voglia di prenderlo a calci, insultarlo, perché non v'era alcuna ragione per cui se ne stesse così beato, così tranquillo. La stanza dove si trovava era dentro l'università, e l'università era chiusa da assedio onde impedirvi lo sciopero della fame che un gruppo di coraggiosi aveva proclamato per indurre il governo a restituire i corpi dei guerriglieri morti a Teoponte. Dalle finestre filtravano gli echi delle esplosioni, i gridi rauchi delle sentinelle. Dalla radio giungevano comunicati drammatici: il presidente della Repubblica diceva che avrebbe preso

---

[2] I sacerdoti cattolici del Sud America sono diventati un fatto rappresentativo della realtà di un intero continente. Oriana Fallaci interroga questi preti nuovi e fa esporre loro le idee che li muovono.

l'ateneo a «fuoco e sangue» se quei «farabutti» non se ne tornavano a casa. Gli rivolsi la parola in spagnolo: «Usted hace la huelga de hambre tambien? Fa anche lei lo sciopero della fame?». «Sì!» «Da quando?» «Da cinque giorni.» «Come si sente?» «Un po' debole, la pressione va giù.» «Vuole un chewing-gum?» «Oh, no! Ci mancherebbe altro!» Quest'ultima frase la disse in italiano e: «Toh! Parla italiano!» esclamai. «Certo. Sono italiano.» «E cosa ci fa un italiano qui?» «Il prete. Sono un prete.»

Non sembrava davvero un prete. L'avresti detto piuttosto uno studente o un guerrigliero di città. Vestiva un paio di blue-jeans, una camicia rosa e una giacca a vento col simbolo di una università americana: mi parve. Gli chiesi come si chiamasse. Luigi Palottini, rispose. Gli chiesi da, dove venisse. Da San Faustino di Narni in provincia di Terni, rispose. Ma perché volevo sapere questo? «Perché sono una giornalista, padre.» Allora si spaventò. Disse che se avessi parlato di lui sul giornale sua madre si sarebbe preoccupata, e anche suo padre, e anche sua sorella, e anche gli amici di Terni, per tacere del nunzio apostolico che lo avrebbe fatto rimpatriare e lui non voleva rimpatriare; voleva starsene qui, capito? «Capito, reverendo.» «Macché reverendo. Mi chiamo Luigi.» «Capito, Luigi. Una sigaretta, Luigi?» «E va bene, me la dia. Speriamo che Dio sia distratto e non mi dia di imbroglione.» Dio era distratto, anzi giusto, e non gli dette di imbroglione: diventammo amici. Finché durò l'assedio dell'università, non uscii praticamente di lì. Non perché volessi far dell'eroismo ma perché mi dispiaceva staccarmi da padre Palottini: coi suoi occhiali da miope, il suo sorriso assurdo, la sua serenità irritante, e quella fame che lo svuotava ogni giorno di più senza piegarlo. Gli altri li portavano via in barella, isterici, mezzo svenuti. Lui invece restava in piedi: cocciuto, satollo come se avesse mangiato un tacchino.

Quando tutto finì, senza fuoco né sangue perché gli scioperanti ottennero quel che volevano e il governo si impegnò a restituire i corpi dei guerriglieri, lo conobbi meglio. Venne a prendermi col camioncino e mi condusse alla sua parrocchia di Palca: villaggio a circa due ore da La Paz, oltre una catena di monti aguzzi e un fiume che d'inverno straripa per allagare tutta la regione isolandola dal resto del mondo. A Palca ci sono le miniere di rame, wolframio, antimonio, e gli indios ci vivono come trecento, quattrocento anni fa: in capanne di sterco o di fango, alla mercé di chi comanda. Di civile a Palca c'è solo un ponte, una piazza, e una chiesa costruita dagli spagnoli nel Seicento. È la chiesa di padre Palottini. Sorge dentro una fortino simile a quelli degli western e raccoglie enormi dipinti chiusi dentro cornici d'oro zecchino. I dipinti non valgon gran che. Ritraggono Vergini grasse ai piedi della croce, santi arrabbiati e col cuore in mano, angeli vestiti come Greta Garbo nel film *La regina Cristina*. Però le cornici valgono molto. Con un pezzettino ci potresti sfamare l'intero villaggio, e anche per questo padre Palottini va di rado in chiesa. La tiene sempre chiusa come la porta del campanile dove non sale mai per suonar le campane e chiamare i fedeli alla messa. La messa la dice ogni morte di papa e senza paramenti. Un poncho sulle spalle e via. Il poncho glielo prestano gli indios, ai quali non predica l'umiltà, l'obbedienza, l'attesa del Paradiso. Predica l'insurrezione, l'orgoglio, la libertà dalla paura e dal bisogno. È un prete a modo suo.

È un prete del Terzo mondo. Uno di quelli che in Brasile finiscono in prigione torturati e in Colombia, in Uruguay, in Guatemala finiscono invece coi guerriglieri per sparare al grido di «Cristo lo vuole!». Discepoli di Camilo Torres, il prete che morì in battaglia poco dopo il suo ingresso nella guerriglia colombiana, nuovi apostoli di un cristianesimo del quale s'era perduto perfino il ricordo, costituiscono il fenomeno più affascinante e sbalorditivo che avvenga oggi nel continente latino-americano. Sai cosa dice il manifesto con l'immagine del Redentore che essi incollan sui muri di tutta La Paz? Dice: «Ricompensa a chiunque darà notizie sul seguente individuo ricercato per sovversione, associazione a delinquere, complotto contro il governo stabilito: Gesù Cristo. Veste poveramente, operaio, malnutrito, con idee straniere, si associa a gente comune, disoccupata. Detto anche il principe della pace, la luce del mondo eccetera. Segni particolari: barba e capelli lunghi, ferite alle mani e ai piedi prodotte da cittadini rispettabili, diretti dalle autorità costituite».

Padre Palottini arrivò in Bolivia cinque anni fa. Si imbarcò a Napoli sulla nave *Donizetti*, fece tappa a Rio de Janeiro, raggiunse Santa Cruz col treno e La Paz con un camion. Non aveva la minima idea di ciò che andasse a fare, di chi andasse a incontrare, sapeva soltanto che laggiù al di là delle Ande c'era bisogno di lui e che su quei monti lo aspettava una vita difficile. «Ma più difficile a pensarla che a farla. Voglio dire: quando uno l'ha fatta, si accorge che non era tanto difficile.» Al vescovo egli parve un tipo innocuo, gli dette senza esitare quella parrocchia di Palca: praticamente chiusa dal 1695 quando c'era morto don Francisco Carrion y Cazares, il primo vicario, spagnolo. Non immaginava certo che invece di pulire gli ori che grondavano dentro la chiesa, coperti dalla polvere di duecentosettantacinque anni, quel giovanotto si sarebbe messo a combinar guai. Il primo guaio lo combinò quando si comprò un ciuco e, col ciuco, visitò tutti gli ottanta villaggi che da Palca si stendono lungo l'antico cammino degli incas fino a Ianacaci. In ogni villaggio lo accoglievano come uno stregone, credendolo don Francisco Carrion y Cazares il cui ricordo non s'era mai spento, ma padre Palottini diceva: «Scemi, don Francisco era un mascalzone che vi rubava l'oro per mandarlo in Spagna. Io non vi porto la parola di Dio, vi porto la penicillina». Il secondo guaio lo combinò quando spiegò ai minatori che eran pagati male e che quei sassolini lucenti erano wolframio, antimonio, roba per cui i ricchi sborsano fior di quattrini. Coi minatori si mise anche a ballare, quando c'era una festa: «Macché processione, facciamo due salti, fa bene». Il terzo guaio, il più grosso, lo combinò quando si mise in contatto col gruppo dei preti che guidano i moti rivoluzionari in Bolivia: lo spagnolo padre Prats, il francese padre Rivals, il belga padre Melchior, lo spagnolo padre Iriarte. Non ci volle molto perché diventasse uno di loro. E a un punto tale che, il giorno in cui acconsentì a dirmi ciò che chiedevo, pose come condizione che parlassi anche con loro «i quali son più intelligenti e più coraggiosi di me».

Nacque così questa intervista, forse la più incredibile che mi sia capitato di fare. Oltretutto al gruppo si aggiunse una monaca nordamericana, madre Ruth Payne. Eran giorni difficili. Così difficili che padre Prats fu poi arrestato, espulso, e gli altri dovettero darsi alla macchia. Dopo le prime battute chiesi loro che ci pensassero bene: potevo davvero pubblicar quella roba? Non sarebbe stato meglio tacere i veri nomi o fornire nomi fittizi? Ma loro risposero no davvero, no, e raddoppiaron la sfida lasciandosi fotografare. Peccato che quelle fotografie siano andate «perse». Spedite in un unico pacco, insieme a quelle di padre Palottini e Debray, giunsero a destinazione e sembrava che il pacco non fosse stato aperto. Invece era stato aperto e dai tubi metallici mancavano due rotolini: quelli, appunto, dov'erano impresse le immagini dei preti ribelli. Perché quelli e non altri, lo ignoro. Forse il servizio segreto che si occupava di me ne aveva aperti due a casaccio e, stabilito che non ritraevano campi di addestramento americani, aveva deciso di non guardare oltre. Cerchiamo di vederli lo stesso, questi apostoli in blue-jeans. Padre Prats, lunghissimo e magro, con un volto ascetico e duro, senza mai un sorriso dentro gli occhi azzurri. Padre Melchior, già vecchio e stanco, coi suoi capelli bianchi, il suo viso santo, la sua dolcezza di nonno indulgente. Padre Rivals, tarchiato e brutto, col suo naso a becco e il suo aspetto da operaio: gambe divaricate, braccia muscolose, mani callose e unghie nere. Padre Iriarte, con la sua aria sorpresa, il suo naso a ballotta, i suoi occhietti vivi e gioviali. Senza tonaca tutti e quattro, vestiti da poveracci affamati, e con la barba lunga. Infine, madre Ruth: una donnina giovane e tutt'altro che bella: specialmente con quei blue-jeans rosa, troppo stretti sui fianchi larghi. Un visuccio bruciato dal sole e dalle intemperie, una testa di capelli corti e untuosi: niente di spirituale, niente di diafano come nelle monache vestite da monache e che per intimidirti o annoiarti esibiscono una pelle elegante, di cera, un languore da Dame aux camélias. Io li ho amati uno a uno e li ho ascoltati con rispetto, con ammirazione. A chi non è d'accordo con loro non chiedo l'ammirazione, ma il rispetto sì. Se nel 1970 vi sono Paesi che non vivono come la Bolivia, cioè ai limiti della preistoria, ma riconoscono ed essenzialmente esercitano la dignità dell'uomo, si deve a gente che qualche migliaio di anni fa parlava così, come loro.

Io vorrei sapere anzitutto chi siete, e perché siete qui, e perché fate quello che fate.

Padre Luigi Palottini. Io faccio il prete da tredici anni, ora ne ho trentasei, e fino a cinque anni fa lo facevo in Italia dove mi trovavo benissimo: non ero né un frustrato sociale né uno scontento. Questa America Latina me la mise in testa papa Giovanni quando disse che qui c'era un terzo del mondo cattolico e un mucchio di lavoro da intraprendere. E non ci venni fischiettando di gioia: mi dispiaceva lasciare le mie belle comodità. Ero un pretino tradizionale, a quel tempo: sa, il bacchettone che biascica sempre preghiere e senza la tonaca si sente perduto. Cominciai a cambiare su quella nave quando un prete colombiano mi disse: «Butta via quella tonaca, vestiti da uomo, e andiamo a ballare». Lì per lì mi sembrò un'eresia, una vergogna, però mi feci coraggio e lo seguii. E siccome non sapevo ballare mi misi a far conversazione e scoprii che quando non hai la tonaca la gente ti tratta con più sincerità. E mi innamorai della gente come prima m'ero innamorato dei cieli. Perché la gente è Cristo, e Cristo non si trova nei confessionali: si trova per esempio andando a ballare. Si trova anche nei barrios... Appena giunto a La Paz mi buttai al lavoro in quel barrio e non avevo mai visto tanta miseria, tanta tragedia. Finché qualcuno mi spiegò: questo è nulla, devi andare in campagna con gli indios. E andai in campagna con gli indios. E presi quella parrocchia e mi recai nelle miniere, nei villaggi sperduti sulle Ande, e scoprii che esser cristiani non significa dire la messa ma liberare la gente dalla schiavitù. Scoprii che il Paradiso è sapere, che Iddio è rivolta, che il dovere di un prete è rendere gli uomini consapevoli dei loro diritti. Ora dico la messa il meno possibile e con meno preghiere possibili. Certo è difficile convincere i contadini a rinunciare al Pater Noster, ma un po' per volta uno ci riesce. E quando ci riesce si accorge che non ha più fedeli ma uomini, che lui non è più un prete ma un uomo. Lei vuol sapere chi sono. Sono uno che per la prima volta nella sua vita non si sente un prete ma un uomo.

Padre Gregorio Iriarte. Io sono spagnolo, ho quarantadue anni e faccio il prete da venti. Anch'io vivevo angelicamente, dicendo solo la messa e leggendo solo i maestri della Scolastica e predicando l'obbedienza, la pazienza, sciocchezze così. Gli occhi li aprii in Bolivia quando venni a predicare tra i minatori, e li volevo cambiare, e loro cambiarono me. Li volevo portare in cielo, loro mi portarono invece dentro la terra. Fu alla miniera del Siglo Venti, la più grossa miniera di stagno che esista in Bolivia, quella che apparteneva ad Antenor Patino e che il governo di Paz Estenssoro nazionalizzò ma fu una beffa. Ottocento chilometri di gallerie senza il minimo sistema di ventilazione, sicché quando esplodono le cariche di dinamite si forma una polvere densa da tagliare a fette, e la polvere è composta di particelle minerali che provocano silicosi e stagnosi. Due malattie che incominciano col farti sputare sangue e ti ammazzano nel giro di cinque anni. L'ottanta per cento dei minatori muoiono prima dei trent'anni, il resto non arriva mai a quaranta, e per un tal risultato guadagnano un dollaro al giorno: neanche diciannovemila lire al mese. I minatori mi dissero: «Padre Gregorio, perché prima di andare in cielo non dà uno sguardo alla terra e scende nelle gallerie con noi?». Ci scesi e ci rimasi sei anni. Per sei anni non vidi quasi mai la luce del giorno, come loro, e come loro vissi al livello delle bestie. Le loro case sono abitacoli di tre metri per quattro, e qui sta l'intera famiglia con cinque o sei bambini. La stanza serve da cucina, camera da letto, soggiorno, tutto. Non c'è acqua corrente, non ci sono servizi igienici, il piatto di lusso è un pugno di fagioli bolliti. Per spiegarle chi sono io, non trovo altre parole. Sono un prete che non porta più la tonaca e che Iddio lo cerca tra i minatori.

Padre Roberto Melchior. Io sono belga e sono prete da venticinque anni, ora ne ho quarantasette. Non volevo fare il prete ma il medico. Cambiai idea grazie a un gesuita che mi disse: «Quando il medico ha finito il suo lavoro, incomincia quello del prete». Ci credetti e qualche tempo dopo, era il periodo in cui mi consumavo dal dolore di aver lasciato Medicina, fui chiamato al letto di una moribonda. Arrivai mentre il medico si toglieva i guanti di gomma. Mi disse: «Monsignore, quando il medico non ha più nulla da fare, il prete può fare qualcosa». Così restai prete, senza dubbi, ma non un prete celeste. Fui il primo a bussare alle porte dell'America Latina, nel 1954. Lo choc in me avvenne sulla nave che mi portava a Rio de Janeiro, con gli emigranti portoghesi e spagnoli. Fu lì che mi tolsi la tonaca e indossai i blue-jeans. Poi andai nelle favelas di Rio, dove lavorai per tre mesi insieme a monsignor Helder Camara. Lui voleva che restassi in Brasile ma mi avevano detto: «Attenzione a non fermarti per strada, devi arrivare in Bolivia, è la Bolivia il Paese più tragico!». Ci arrivai nel 1955, per scendere subito coi minatori nelle miniere del Siglo Venti, e ciò che vidi gliel'ha già narrato padre Gregorio. Così eccomi a fare quello che faccio.

Padre Pedro Rivals. Io sono francese e sono diventato prete a vent'anni, ora ne ho quarantanove. Lo sono diventato a Tolosa, la mia città natale, e l'ho fatto nei primi tempi a Marsiglia dove i nazisti mi rastrellarono per deportarmi in Germania. È nei campi di lavoro tedeschi, sotto la minaccia delle mitragliatrici, che conobbi Cristo. È lì che giurai di dedicarmi alla riscossa degli umili, se fossi sopravvissuto. Sopravvissi e, finita la guerra, dichiarai ai miei superiori: «Voi continuate a cianciare quanto vi piace, io vado in America Latina e mi butto». Venni in Bolivia e trovai qualcosa di peggio dei campi di lavoro tedeschi: trovai un Paese che all'ottanta per cento è composto di analfabeti, al sessantatré per cento guadagna meno di dieci dollari al mese, cioè meno di seimilatrecento lire, un Paese dove quattro bambini su dieci muoiono di denutrizione prima d'aver cinque anni, dove gli operai sono ammazzati dai militari perché non vadano alla guerriglia, dove i nordamericani posseggono tutte le ricchezze. E mi dissi: Pedro, quant'è vero che tu credi in Dio, d'ora innanzi rinuncerai alle preghiere e annuncerai la buona novella della ribellione. Neanch'io insegno più il Pater Noster, e la messa la dico a modo mio. La messa per me è una chiacchierata col popolo: scelgo un avvenimento della settimana, qualcosa che riguarda il popolo boliviano o vietnamita o cecoslovacco, e lo discuto.

Padre José Prats. Io sono un gesuita spagnolo e ho trentanove anni. Divenni gesuita a trentun anni, per motivi in cui oggi non credo più perché non li ritengo più validi. Per misticismo, diciamo. Ero sedotto dalla teologia. Poi venni qua e scoprii gli oppressi. La solita storia. Oggi sono un gesuita perché voglio un mondo dove i rapporti tra gli uomini non siano ingiusti, dove i minatori e gli indiani non vengano ammazzati, dove il verbo di Cristo non sia mortificato e insultato.

Madre Ruth Payne. Io sono soltanto una monaca americana di Racine, Wisconsin. Diventai monaca a diciotto anni, nel 1952, suppongo perché volevo fare della mia vita qualcosa di speciale: ad esempio una mistica avventura. Ero portata alla vita contemplativa e la causa dei poveri m'era sconosciuta. Sì, lavoravo coi negri negli slums, ma paragonare gli slums negri ai barrios boliviani è talmente ridicolo: per un minatore indio, il negro americano è un supercapitalista. Mi laureai in Storia, Filosofia, Sociologia all'università di Saint Louis, e in Bolivia ci venni per fare ricerche scientifiche: non certo per una gloriosa missione di sacrificio. Però quelle ricerche le feci in un barrio, e fu come scoprire ciò che ignoravo di andare cercando. Mi accorsi che fino a quel momento ero vissuta in un mondo irreale, il mondo dell'ambasciata americana quando ti fa compilare questionari di questo genere: «Quali viaggi ha intrapreso in Bolivia? Quale agenzia turistica ha organizzato il suo viaggio? In quali alberghi è sceso? Quali erano le comodità e i difetti dei suoi alberghi?». Mi tolsi l'abito monacale, misi un paio di blue-jeans, e insieme a quattro sorelle che la pensavano come me decisi di restare in Bolivia. Dove intendo disturbare il più possibile gli Stati Uniti e, quando sento i boliviani parlare contro gli Stati Uniti, rispondo che hanno ragione. La sola cosa onesta che gli Stati Uniti possono fare è di andarsene da questo continente, di lasciarlo in pace.

Ora vorrei sapere quali sono i vostri rapporti con la Chiesa ufficiale e se ritenete che i preti come voi siano alla guida del rinnovamento che si prepara nell'America Latina.

Padre Luigi Palottini. Senta, ogni volta che ci si vede, io e il nunzio apostolico si litiga come bambini. Il vescovo è arrabbiatissimo con me, non gli va bene nulla di quello che faccio. Non gli va che vesta così, che parli così, che partecipi agli scioperi della fame, e minaccia sempre di rimandarmi in Italia. Per lui è peccato mortale perfino che vada ai balli dei contadini. Ha protestato con gli altri preti italiani e sono contento che gli abbiano risposto per le rime: «Eminenza, non è più un ragazzo e sa cosa fare della sua vita». Poveri vescovi: credono d'esser cristiani perché sanno tante preghiere in latino. Forse non è nemmeno colpa loro: sono stati educati così. Ma anch'io, accidenti, sono stato educato così: eppure certe verità mi sono entrate dentro la zucca! I vescovi vorrebbero ancora che i poveri e gli analfabeti guardassero noi preti come stregoni e si scandalizzano quando io vo sull'altare per dire: «Fratelli, basta col sacro, basta col mistero; basta coi dogmi! Gli spiriti non esistono, gli angeli e i diavoli non esistono: esistono solo gli uomini, esistete solo voi!». Si arrabbiano perché io non confesso più nessuno e quando un contadino mi chiede di confessarlo rispondo: «Smettila, scemo!». Be', che si arrabbino pure, che marciscano nella loro muffa: io non ho mai torturato la gente coi problemi di coscienza e le ripeto che il regno dei cieli, per me, è aprirsi a conoscenze maggiori.

Padre José Prats. Il nunzio, qui, è solo un diplomatico, un signore fuori moda e fuori posto, un povero tipo che presta la sua casa al generale Miranda e al generale Ovando perché ci vengano a mercanteggiare i loro colpi di Stato. Non lo rispetto, come non rispetto quelli che comandano in Vaticano. La Chiesa ufficiale mira soltanto a mantenere i suoi privilegi, la sua potenza politica. Cieca e conservatrice, dimentica sistematicamente che il cristianesimo incominciò predicando giustizia e difendendo gli oppressi. Quando il mondo matura anche i preti maturano. E in ogni diocesi, qui in America Latina, c'è un gruppo di preti che la pensa come noi. Se l'America Latina cambierà, lo si dovrà soprattutto ai pazzi come noi.

Padre Gregorio Iriarte. Il clero al potere ci dice: i preti non devono fare la politica. Come se il clero al potere non la facesse. Sul diritto dei preti a occuparsi di politica io non ho dubbi, se i preti vogliono dedicarsi agli uomini anziché agli angeli. La politica sta alla vita come il sale sta al cibo. Sul ruolo che la Chiesa, voglio dire la Chiesa vera e non la Chiesa ufficiale, ha in America Latina, io nutro molte speranze. Siamo pochi, per ora, ma buoni. Tuttavia non è il caso di esaltarci troppo, e lo sa perché? Perché si finisce col fare propaganda alla Chiesa ufficiale e col rischiare un nuovo clericalismo: quello di sinistra. A me il clericalismo di sinistra fa paura quanto il clericalismo di destra: guai se la gente si convince che la Chiesa ha in mano le soluzioni politiche ed economiche. Noi il popolo non lo dobbiamo guidare: lo dobbiamo aiutare a guidarsi da sé. Altrimenti ricominciamo a suonare la stessa musica di sempre e restituiamo ai vescovi l'autorità che ora, grazie a Dio, hanno perduto.

Padre Pedro Rivals. La Chiesa, qui, è ormai divisa in due: da una parte c'è quella ufficiale, coi suoi nunzi apostolici, i suoi palazzi, il suo clero, e dall'altra ci siamo noi disgraziati in blue-jeans che ci battiamo contro la miseria e difendiamo Cristo e magari finiamo in galera come in Brasile. La rottura tra le due Chiese è ormai indiscutibile, v'è uno scisma ideologico che si approfondisce ogni giorno, e non si potrà più rimettere insieme questi due tronconi. Ben presto i cristiani saranno costretti a scegliere tra le due Chiese: io non spero più che i vescovi e gli arcivescovi tentino di prender sul serio ciò che hanno firmato a Roma nel 1963 col concilio ecumenico. Lei chiede se abbiamo un ruolo definitivo nel destino dell'America Latina. Direi di sì ma siamo così pochi. Siamo solo il dieci per cento, ed è un dieci per cento che i monsignori del Vaticano vedrebbero volentieri sul rogo come le streghe al tempo dell'Inquisizione. Diventeremo di più, ovvio, ma è duro convincer gli incerti.

Padre Roberto Melchior. In America Latina siamo a una svolta definitiva e senza dubbio noi preti siamo i protagonisti di questa svolta definitiva. Noi preti all'opposizione. Il nostro numero è scarso? Certo, dieci anni fa non c'eravamo che io e padre Gregorio e poi padre Prats a dire certe cose in Bolivia. In cima alla piramide ci sono ancora gli altri; la marcia delle idee è così lenta. Ma quanti erano gli apostoli all'inizio? Noi non siamo che i nuovi apostoli della nuova Chiesa.

Chi di voi crede nella lotta armata, nella guerriglia?

Padre Pedro Rivals. Io di certo. Quel che accade in Bolivia e in quasi tutta l'America Latina autorizza moralmente alla lotta armata. Perché quando la legge è dalla parte del potere costituito, quando non c'è più dialogo tra gli oppressori e gli oppressi, quando la dittatura è incrollabile, allora una bella rivoluzione col sangue è più che legittima. E quando un prete ha capito che i diritti fondamentali dell'uomo sono violati, quando un prete ha tentato ogni protesta pacifica e ha fallito, il dovere di questo prete è predicar la guerriglia. Anche se il settanta per cento della popolazione non è pronto a farla.

Padre Roberto Melchior. Io non sono per la violenza ma v'è un momento in cui perfino un prete può giustificare la violenza. Così quando questi giovani vengono da noi per chiederci consiglio su andare o no alla guerriglia, noi li incoraggiamo ad andarci. E quando i nostri arcivescovi ci minacciano di scomunica perché li incoraggiamo, noi... Be', prima noi tentiamo di discutere, di spiegare e dirgli: «Monsignore lei sbaglia», poi continuiamo per la nostra strada. Io ho conosciuto Camilo Torres quando tornai in Belgio, nel 1955 e nel 1958. Era anzitutto e soprattutto un prete, un uomo di Dio. Non parlava mai in termini di violenza, spiegava tutto con la filosofia. Quando andò a far la guerriglia non lo compresi. Ora lo comprendo.

Padre Luigi Palottini. Prima di accettarci in questo movimento del Terzo mondo, ci fanno leggere un libro di Camilo Torres. E ci chiedono se siamo d'accordo con lui. Io lo lessi e conclusi d'esser d'accordo con lui, specialmente nel punto in cui dice: «Abbiamo esaurito tutti i mezzi pacifici». Per me è uno sforzo ricorrere alla soluzione violenta: perché non sono boliviano, perché vengo da un Paese ricco e civile, perché credo nella democrazia e nel Parlamento, e mi piace la protesta pacifica. Ma questi sistemi sono validi in Italia, in Europa, non in America Latina. Gli italiani non possono capirmi: stanno bene, loro, possono permettersi il lusso delle discussioni bellissime e sterili. Noi no. E il dilemma in ciascuno di noi preti non è se alla guerriglia ci crediamo o no: è se alla guerriglia ci andiamo o no.

Padre Gregorio Iriarte. In molti di noi, come in molti cristiani del resto, la guerriglia crea un problema di coscienza perché infrange il comandamento «non uccidere». Però non sono d'accordo con la posizione della Chiesa che definisce soldati quelli coi cannoni e terroristi quelli con le bombette. La Chiesa ufficiale benedice le bandiere dei soldati che fanno la guerra coi cannoni, designa cappellani militari e consente loro di portare un fucile, poi dice che la guerriglia è peccato. Come va questa faccenda? Io non la capisco.

Madre Ruth Payne. Io vorrei aggiunger qualcosa su questo punto. Vorrei spiegare che sono incapace di violenza e che se mi mettessero un fucile in mano non saprei cosa farne. Però capisco che se le cose continuano a funzionar così male, la guerriglia si moltiplicherà per mille. Certo, chi vive negli Stati Uniti o in Europa ci prende per esaltati, fanatici, ma chi vive negli Stati Uniti o in Europa non si rende conto.

Se credete nella guerriglia, perché non ci siete andati? Cosa vi ha trattenuto, cosa vi trattiene?

Padre Pedro Rivals. Non certo la paura di morire e, nel mio caso, non certo un problema morale. La ragione per cui non sono andato coi guerriglieri è che non erano sufficientemente preparati. Io non sono un romantico, sono un razionalista. La guerriglia non è una passeggiata pei boschi di Nancahuazu o di Teoponte, e se devo partire per farmi ammazzare subito allora è meglio che resti qui a preparare qualcosa di più serio. Mi indichi un gruppo armato che fa bene il suo lavoro e ha l'appoggio del mondo operaio, e io parto immediatamente.

Padre Luigi Palottini. Gliel'ho detto: è un dilemma, un dilemma straziante. Io mi ripeto sempre: ma se non ci vai, Luigi, cosa sei? Un venditore di parole, ecco cosa sei. Giusto. Però, vede... Non è la paura di morire, è la paura di ammazzare!

Padre Gregorio Iriarte. Esatto. Anch'io sono più disposto a morire che a uccidere. Quindi continuo a dire ciò che ho sempre detto: sono più che pronto ad andare coi guerriglieri ma come sacerdote e non come soldato. Non levo un dito contro chi è disposto a uccidere in nome della giustizia e della libertà ma il comandamento «non uccidere» io non l'ho ancora superato come padre Rivals.

Padre José Prats. I guerriglieri mi hanno chiesto di andare con loro. Ho risposto: «Vengo a condizione di non portare il fucile». Hanno rifiutato questa condizione e ho ritenuto che avessero torto. Ora non sono più così sicuro che avessero torto. Ma il fatto è che, quando si è abituati a parlare di pace e di amore, ci si mette molto a capire che la pace non conduce a nulla e che l'amore lo meritano pochi. Lei con questa domanda m'incrudelisce una pena.

Padre Roberto Melchior. A me è successo lo stesso. Anche a me i guerriglieri hanno chiesto di andare come cappellano ma a condizione che partecipassi ai combattimenti. «Non possiamo permetterci una bocca in più da sfamare e un fucile in meno per sparare, padre.» Ci ho pensato per giorni e notti, i più drammatici della mia vita, e poi gli ho risposto no. Ma è un no che dura fino a questo momento, un no che domani potrebbe diventare sì. Sì, non appena avrò risolto questo caso di coscienza terribile, mi farò il segno della croce e andrò.

C'è una cosa che non ho ben capito: i vostri rapporti con gli altri movimenti di sinistra, coi comunisti ad esempio. Chi di voi si definisce socialista?

Padre Luigi Palottini. Io. La sociologia cattolica non si basa forse su un concetto socialista? Quanto ai comunisti, in Italia ci litigavo sempre perché quelli son peggio dei vescovi: chiusi nei loro dogmi, egoisti. Qui no, non ci litigo. Forse anche qui si servono di noi per metterci da parte quando andranno al potere, e magari fucilarci. Ma io sono un cristiano e non partecipo della loro furbizia politica e so che il mio dovere è di restargli vicino finché hanno bisogno di me. A pugni ci prenderemo dopo, se necessario. Senta, io non odio i tipi come Rockefeller, però provo una gran rabbia quando li vedo. Avrebbe dovuto dargli un'occhiata a Rockefeller il giorno in cui venne in Bolivia col suo risolino sardonico, la sua beatitudine ricca, il suo disprezzo per chi non ce lo voleva!

Padre José Prats. Io non so se sono socialista perché non ho ancora capito cosa s'intende con questa parola. È come la parola cristiano: tutti gli danno un significato diverso. Diciamo che sono socialista nella misura in cui credo a una società dove i rapporti tra gli uomini non siano ingiusti e dove gli operai, i minatori, gli indiani non vengano umiliati o ammazzati. Sono un anticapitalista, evidente, ma il dialogo coi marxisti mi è spesso penoso. Li trovo così convenzionali, conservatori, e degni d'abitare in Vaticano. Io vado d'accordo solo coi marxisti che non sono iscritti al Partito comunista e con quelli che ne sono stati buttati fuori.

Padre Pedro Rivals. Io sono più socialista di un marxista perché dai marxisti mi differenzia la fede in Dio: sono convinto che il mondo vada verso la felicità e la giustizia e il progresso perché così vuole Dio. Credo che la vita non finisca con la morte, e i marxisti li frego su questo: quando loro muoiono, muoiono per sempre perché non sanno di resuscitare; quando io muoio, invece, muoio solo per un poco perché so di resuscitare. Il mio discorso non le sembra chiaro? Che me ne importa? È chiaro a me. Però aggiungo questo: il mio socialismo è più vasto del loro perché non si limita a questioni sociali ed economiche ma si allarga al campo della coscienza. Per me l'individuo è sacro, pei marxisti no. Se il mondo va così male, e se oltre alla Bolivia c'è la Cecoslovacchia, è perché sia il capitalismo sia il comunismo sia il cristianesimo non hanno mai fatto un corno per gli uomini.

Padre Roberto Melchior. Sono cristiano e quindi socialista. Dai marxisti mi divide soprattutto il loro negare Dio, e ciò per me non è un dettaglio. Però sapesse quanti di loro sono inquieti su questo punto, e quanti di loro sono più vicini ai cristiani dei cristiani che vanno alla messa. Mi trovo sempre d'accordo coi comunisti quando dico che Dio è gli altri, che chiunque lotti per la sua libertà ha in mano Dio. Naturalmente non parlo dei comunisti iscritti al partito, di quelli che vanno a Mosca e ne tornano indottrinati come i militari boliviani che vanno ad addestrarsi a Panama. Non parlo nemmeno dei sovietici che vengono a La Paz e si stabiliscono in una bellissima villa del quartiere residenziale o nell'albergo più lussuoso della città. Io per esempio ho una gran simpatia per la rivoluzione cubana ma non posso prescindere dal problema della libertà, mi spiego? Quella di preparare il cielo per domani è una vecchia promessa dei marxisti, e a me non basta. Non domani, gli rispondo, oggi!

Madre Ruth Payne. Non saprei, detesto le etichette. Ma ho sempre pensato di non aver diritto a due paia di scarpe quando un altro è scalzo e, se questo è socialismo, accetto l'etichetta. Più che socialista, comunque, gradirei definirmi rivoluzionaria. Oddio, è strano: cinque anni fa, prima di venire in Bolivia, non avrei nemmeno osato usar questa parola.

Padre Gregorio Iriarte. Sono un socialista cristiano, non un marxista. Purtroppo il socialismo cristiano non è stato mai definito ma è chiaro che si basa sulla lezione degli Evangeli e difende l'individuo. Con ciò non dico di negare al cento per cento il marxismo: esso va visto come suggerisce Helder Camara, cioè alla luce delle realtà d'oggi. Se Marx fosse vivo, la penserebbe in tutt'altro modo nei riguardi della religione. Ha scritto *Il Capitale* quando non esistevano preti come noi.

V'è un'ultima cosa che vorrei sapere da voi: una cosa che vi sembrerà forse frivola e superficiale. Ciascuno di voi continua a vivere nel rigore di un celibato imposto dalla Chiesa che rifiutate: come è possibile dunque che il vostro spirito rivoluzionario non coinvolga la vostra vita privata, affettiva?

Padre Luigi Palottini. Io sono un prete contento, per me il mestiere del prete è il più bello del mondo. Però sono un uomo normale, perbacco, e le dico che il celibato è una gran fesseria. Su questa storia ho avuto le mie piccole crisi e spesso penso che, se la Chiesa mi permettesse d'avere una moglie, diventerei un uomo più completo. Come fa un uomo a dedicarsi agli uomini se non conosce tutti i loro problemi, le loro necessità? Ma poi mi dico: che egoista sei, Luigi: aver carezze solo per te è così indispensabile? Hai davvero bisogno di una donna da amare quando vuoi amare milioni e milioni di creature su questa terra? Hai un vantaggio, Luigi: quello d'essere libero per rovesciare su tutti il tuo bisogno d'amore. Così stringo i denti e vado avanti.

Padre Gregorio Iriarte. Io difendo il valore del celibato come scelta religiosa e politica. Da un punto di vista religioso, perché dovrei limitarmi ad amare solo la mia famiglia quando ho il gran privilegio d'essere libero per dedicarmi al servizio del popolo? Da un punto di vista politico, sposarmi sarebbe follia. La gente ci rispetta anche perché abbiamo deciso di rinunciare a certi affetti e a certi piaceri: quel rispetto va sfruttato come un'arma. È un'arma in più.

Padre José Prats. La penso nello stesso modo, quello del celibato è un problema che non mi sono mai posto. Non ho rimpianti e non ho desideri perché la base della mia vocazione non è cambiata e vivere senza donne sembra più coerente, più facile. Dico più facile per fare la rivoluzione.

Padre Pedro Rivals. No, no: io quel problema ce l'ho ma è un problema che non viene dalla Chiesa bensì dalla donna. Dove la trovo una donna che abbia le mie idee e sia pronta a fare la guerriglia con me? Una donna che non abbia paura dei rischi e non cominci a lamentarsi perché la trascuro eccetera? Se la trovassi, me la sposerei subito. Ammesso che mi volesse, giacché ho quasi cinquant'anni e sono così brutto. Guardi, se c'è una parte del mondo dove è giusto che i preti si sposino, questa è l'America Latina. Un prete qui è così solo, così incompreso da tutti, e spesso così triste.

Padre Roberto Melchior. Mi dispiace non avere figli ma quel problema io l'ho superato molto tempo fa. Superai perfino le lacrime di mia madre quando mi vide partire e disse: «Non ti vedrò mai più, figlio mio». E non mi vide mai più. Io vivo davvero per il sacerdozio, ogni volta che dico la messa sono felice come la prima volta.

Madre Ruth Payne. Io e le quattro sorelle con cui vivo abbiamo deciso di sposarci quando ci pare, se lo vogliamo. Vede, noi quattro non parliamo più in termini di voti monacali, di castità, povertà. In povertà ci viviamo per scelta umana e politica, non per imposizione dei superiori. In castità ci restiamo poiché ci sembra non dignitoso dormire con un uomo fuori del matrimonio. Ma abbiamo deciso di vivere in un'epoca che ha scoperto il concetto di libertà, sebbene non abbia ancora realizzato la libertà. Non condivido il rigore di questi miei amici. Essi hanno capito così bene la giustizia ma non hanno capito ancora bene la libertà. Il che è normale. La libertà è una cosa talmente nuova nel mondo: tutti la sognano e nessuno l'ha mai vista.

10

Partirono con la chitarra, arrivarono con i fucili

La Paz, dicembre 1970
Tutto ricominciò circa quattro mesi fa, quella mattina di sabato 18 luglio, quando i sessanta si riunirono intorno a due camion in piazza Villaroel. I sessanta eran giovani, d'aspetto sano e curato, anzi borghese. Indossavano pantaloni senza rammendi, ponchos di buona lana, e le loro mani eran lisce, le loro unghie pulite. Studenti, professionisti, chissà. Per terra avevano ammucchiato sacchi, casse e bandiere. Le bandiere erano bianche e azzurre, con una grande A stampata nel mezzo, simbolo degli «alfabetizador», del resto appariva anche sui bracciali che i sessanta portavano al gomito e che balenava a ogni sollevare di poncho: come un avvertimento o un esibizionismo. La campagna di alfabetizzazione era intensa in quei giorni. L'aveva lanciata, col governo di Ovando, il ministro Mariano Baptista Gumucio: liberalsocialista convinto che si potesse risolvere l'ignoranza degli indios invitando i cittadini colti a recarsi nelle campagne con un abbecedario. E gli universitari avevano opposto un rifiuto all'inizio, avevano detto che tale programma mirava non a sradicare l'analfabetismo bensì a ingannare gli indios: i libri che il governo forniva non erano forse stampati negli Stati Uniti? Poi, invece, a un tratto, avevan cambiato idea. S'eran

recati da Mariano Baptista Gumucio per chiedergli scusa e costui, pazzo di gratitudine, li aveva condotti da Ovando. Tra sorrisi e strette di mano s'era svolta una cerimonia nel corso della quale lo stesso presidente aveva consegnato i diplomi di «alfabetizador», le bandiere, i bracciali, le casse coi testi scolastici, i sacchi coi quaderni e coi lapis. Se quella mattina di sabato Ovando si fosse trovato in piazza Villaroel, non avrebbe avuto sospetti. Si sarebbe limitato a esclamare: «Bravi ragazzi, andate con Dio. Vayan con Dios».

Non c'era traccia di nervosismo in loro. Né di impazienza o paura. Calmi e allegri obbedivano agli ordini di un piccoletto con gli occhiali e, mentre caricavano i camion, cantavano in coro: «Dagli una mano all'indiooo / Dagliela, ti farà beneee / Conoscerai il santo sudoreee / della lotta e del doveeer!». Uno, coi capelli lunghissimi e sciolti giù per le spalle, portava la chitarra a tracolla. Quando il materiale fu sistemato, balzò su un muricciolo e chiese: «Canto la mia?». «Sì, Benjo, sì! Canta la tua!» Allora accordò la chitarra e intonò una ballata che diceva così: «Un giorno chiesi a mio nonno / Nonno, ma Dio cos'è? / Mio nonno si mise serio e non mi rispose nulla / Mio nonno morì nel campo / senza preti né cure / Lo seppellirono gli indios / coi flauti e coi tamburi / Un giorno chiesi a mio padre / Padre, che sai di Dio? / Mio padre si fece triste e non mi rispose nulla / Mio padre morì in miniera / senza messe né protezione / Lo seppelliron le rocce / e l'oro dei suoi padroni / Un giorno chiesi a mio fratello / Fratello, dove sta Dio? / Mio fratello tirò un sospiro e non mi rispose nulla / Mio fratello vive nel bosco / conosce solo il sudore la malaria i serpenti / Che nessuno gli chieda dove sta Dio. / Lui non ha mai incontrato / un Signore così importante / Forse qualche volta Dio guida i poveri, sì / Però all'ora di mettersi a tavola / lo vedono solo i padroni / Così ti dico, fratello / se c'è un modo di incontrare Dio / questo è di non temere il sangue / perché gli altri vivano meglio». L'ultima frase si spense in un crepitare di applausi: «Bravo Benjo, viva Benjo!». Poi i sessanta saliron sui camion che avevano affittato per mille pesos ciascuno: cinquantamila lire all'incirca. I camion eran simili a quelli che noi usiamo per il trasporto delle vacche o dei maiali: in Bolivia li usano per farci viaggiare la gente. Però i camion da noi son coperti con un telone o un tetto che protegge dalle intemperie, in Bolivia non sono coperti da nulla. Non hanno nemmeno le panche, e la gente ci viaggia in piedi, agguantandosi per non cadere, cadendo a ogni curva un po' secca, bagnandosi fino alle ossa se piove. Perché la gente, vedi, in Bolivia vale meno di una vacca o un maiale da noi.

Il primo camion partì alle otto, in uno sventolio di bandiere. Il secondo no, perché andò subito in panne e fu necessario chiamarne un altro che giunse solo alle nove. L'incidente causò malumore in quanto i sacchi e le casse dovettero esser caricati di nuovo, ma presto si guadagnò il tempo perduto e il viaggio proseguì col tono di una scampagnata. Alle due del pomeriggio il piccoletto con gli occhiali ordinò ai conducenti: «Para, camionero, para! Vamos a comer». E i due gruppi si fermarono a mangiare in un pueblo. Mangiarono lentamente, scherzando, sembrava che non avessero fretta. Alle tre e mezzo si rimisero in strada e questa tappa durò fino alle undici, quando fecero sosta presso una guarnigione di carabinieri cui si rivolsero con giovialità: illustrando il programma di Mariano Baptista Gumucio e spiegando d'esser diretti verso l'Alto Beni. I carabinieri (anche in Bolivia si chiaman così) si congratularono e chiesero a Benjo di suonar la chitarra. Volevano *La Mariposa* ma Benjo rispose che *La Mariposa* lui non la conosceva e poi la chitarra non era sua, era di un contadino. A un contadino la regalò più tardi, per ringraziarlo d'un bicchiere d'acqua. Gli disse: «Toma, compañero. Prendila. Ahora tengo un fusi!». E il contadino, sbalordito, rispose: «Porque? Adonde vas?». E Benjo: «A Teoponte! Teoponteee!».

Teoponte è una cittadina presso cui sorge un noto centro aurifero di proprietà americana: la South American Placers. Si trova nell'Alto Beni, lo Stato a nord di La Paz dove Che Guevara intendeva portare la guerriglia. A Che Guevara infatti non piaceva Nancahuazu, la regione dove operò e morì: Nancahuazu fu scelta dai comunisti boliviani che all'inizio sembravano stare con lui, e lui vi si stabilì per evitare polemiche, tuttavia convinto che le condizioni geografiche, climatiche e sociali dell'Alto Beni fossero di gran lunga migliori. Anche Teoponte offre le montagne a picco di Nancahuazu, i valloni profondi, le zone adatte alle imboscate contro l'esercito: però offre anche una selva impenetrabile a ogni pattuglia e a ogni aereo di ricognizione, zone ricche di selvaggina, fiumi pieni di pesce. Non c'è bisogno di comprare il cibo dai contadini, a Teoponte. Con un po' di caccia e di pesca non muori mai di fame laggiù. E se non hai voglia di andare a caccia né a pesca puoi sempre nutrirti con le banane, coi mangos, con le patate dolci, coi pomodori che ci trovi a quintali. Ci trovi anche le vipere, è vero, e le zanzare e le malattie tropicali: però meno che a Nancahuazu, l'inferno degli inferni.

Giunsero a Teoponte alle due del mattino. E solo allora i due camionisti capirono la beffa perché avevano appena frenato che si trovarono imbavagliati e legati come salami. Fatto ciò, i sessanta sgonfiarono le gomme dei camion, aprirono i sacchi, ruppero le casse e ne tolsero le armi, le munizioni, le uniformi verde oliva nascoste sotto uno strato di quaderni e di libri. Si cambiarono svelti, senza aprire bocca. Caricarono i mitragliatori, si divisero in commandos e strisciarono verso i fili del telefono, le antenne della radio. Neutralizzarono l'una e l'altro, posero sentinelle in ogni punto nevralgico, piombarono al comando di polizia dove cinque poliziotti giacevano immersi nel sonno. Li immobilizzarono dicendo: «Siamo dell'ELN, l'Esercito di liberazione nazionale», quindi si diressero verso l'accampamento vero e proprio della South American Placers: un'area di capanne dove vivono duecento minatori con le famiglie. Volevano attaccare le case dei tecnici americani, l'idea era di sequestrarli onde ottenere la libertà dei compagni in prigione a La Paz. Ma gli americani, una dozzina in tutto, erano partiti venerdì sera in weekend: la domenica offriva solo due tecnici tedeschi, Eugen Schuklauser e Gunther Lerch, più cinquemila dollari in contante. Si presero gli uni e gli altri e poi corsero al fiume dove c'era la draga, sistemarono le cariche di dinamite, fecero saltare la draga, e il silenzio fu squarciato da una tale esplosione che tutti i minatori uscirono urlando dalle capanne: seguiti dalle donne in lacrime. Con un sorriso da ragazzini che giocano ai soldati, i sessanta li respinsero indietro: «Calma, fratelli, calma. Siamo dell'ELN. Tornate a dormire, domani ci sarà un'assemblea».

L'assemblea ebbe luogo alle nove del mattino, nel piazzale dell'accampamento, e ormai i sessanta non sorridevano più. Chiusi nelle loro uniformi, col fucile in spalla, sembravano più soldati dei soldati. In prima fila ce n'erano cinque, e dai cinque si staccò il piccoletto con gli occhiali e disse: «Sono Osvaldo Peredo detto il Chato, fratello di Inti Peredo e Coco Peredo morti nella guerra di liberazione. Questi quattro uomini sono lo stato maggiore dell'ELN: si chiamano Felipe, Luis Barriga Luna detto Martin, Jorge Ruiz Paz detto Omar, Estanislao Vilka detto Alejandro. Gli altri sono l'esercito dell'ELN. Da ieri è ripresa la lotta iniziata dal Che e interrotta dalla morte di Inti Peredo. Siamo qui per restare e combattere, per liberarvi dalle ingiustizie. Abbiamo catturato due tedeschi, ce ne serviremo. Abbiamo sequestrato cinquemila dollari dalla cassa del South American Placers, li useremo. Abbiamo anche aperto il mercato delle vettovaglie ed esse sono a vostra disposizione. Andate, prendete». Nessuno si mosse. Il Chato ebbe un attimo di smarrimento: «Andate, vi dico, prendete!». Nessuno si mosse. «È roba vostra, roba che vi appartiene!» Nessuno si mosse. Allora il Chato parve capire quel che il Che aveva capito quando era ormai troppo tardi per tornare indietro, e scosse la testa, impallidì. Mormorò: «Adios, compañeros» e ordinò ai sessanta di passare il fiume coi due prigionieri. Lo passarono a bordo di una lancia, quindici per volta. A mezzogiorno erano tutti dall'altra parte, scomparsi dentro la giungla.

Un libretto con i nomi dei guerriglieri

La notte tra la domenica e il lunedì la radio venne aggiustata, l'allarme lanciato a La Paz. E lunedì pomeriggio i primi soldati arrivarono. Ma la notizia era già giunta ai giornali dove mani invisibili avevano lasciato un libretto con la copertina rossa che oggi è il testo della nuova guerriglia e viene chiamato *El Libro Rojo*. Il libretto si componeva di quarantasei fogli ciclostilati e aveva per titolo *Volvimos a las montañas*, «Torniamo alla montagna». Nella prima parte dava un'analisi della situazione in Bolivia, con la lista delle società americane che vi tengono il potere economico. Nella seconda parte diramava vari messaggi fra cui, allucinante, uno che denunciava i nomi dei «traditori»: quasi tutti comunisti. Nella terza parte riportava le lettere di alcuni fra coloro che erano partiti e, cosa assolutamente straordinaria, anzi paradossale, forniva le generalità dei guerriglieri ora a Teoponte. Con nomi, cognomi, soprannomi di battaglia. Tutto.

Quando i giornalisti li lessero, rischiarono quasi l'infarto cardiaco. Non solo perché tale follia non s'era mai verificata negli annali della guerriglia, dove l'anonimità è indispensabile, ma perché, otto casi su dieci, si trattava di persone da cui nessuno si sarebbe aspettato quel gesto. Dirigenti universitari, professionisti, ex religiosi, figli di papà. E tipi mitissimi, dolci, incapaci di ammazzare una mosca.

C'era Benjo Cruz, ad esempio. Quello della chitarra. Studente di Teologia per tre anni, deciso a diventare gesuita, d'un tratto aveva lasciato i Sacri Testi e aveva preso a comporre canzoni protestatarie che cantava nei barrios, nei caffè, nelle campagne, spostandosi di pueblo in pueblo. Però senza ricevere soldi, accettando solo un pezzo di pane o una vecchia camicia: «Io canto per far pensare la gente» diceva, «mica per avere un conto in banca». L'unico spettacolo a pagamento lo aveva fatto per l'ELN alla fine di giugno in un teatro di La Paz dove gli snob s'erano spellati le mani ad applaudirlo e un americano aveva detto: «Ma questo è meglio di Bing Crosby, io lo porto al Carnegie Hall!». Lo conoscevano in ogni cantuccio, Benjo Cruz, anche perché non passava inosservato: con quell'aria di bellissimo santo, quei capelli lunghi alla Nazareno. Gli scettici esclamarono: non può essere lui, sarà un altro, o uno sbaglio. Si convinsero che era davvero lui solo quando Radio Altipiano trasmise un disco che le solite mani invisibili avevano posato sul tavolo di redazione. Si udì un accordo di chitarra, poi un'inconfondibile voce e: «Parla Benjo Cruz, cantante e chitarrista, soldato nell'Esercito di liberazione nazionale. Vi parlo dalla montagna, insieme ai miei fratelli di lotta. Vi parlo per spiegarvi il mio atteggiamento. Sono venuto qui, a fare il guerrigliero per giustificare il mio canto, per essere coerente con ciò che dico quando canto. Se avessi continuato con la chitarra e basta, mi sarei sentito un codardo come quelli che teorizzano sulla rivolta senza realizzarla».

C'era Nestor Paz, ex seminarista gesuita di Sucre, bello anche lui come Benjo. Dopo due anni di convento a Sucre, Nestor era venuto a La Paz per insegnare religione nel collegio americano Saint Andrews e qui aveva conosciuto Cecilia, una splendida ragazza dell'alta società boliviana, studentessa al Sacro Cuore, e se l'era sposata. Ma sai dove avevano fatto la casa? Dentro il convento delle Oblate, nella capanna del giardiniere. Dopo il matrimonio, Nestor aveva lasciato perfino il convento Saint Andrews che gli sembrava un po' reazionario sebbene durante la visita di Nelson Rockefeller avesse alzato un grande lenzuolo con la scritta: «Go home, Rockefeller», e insieme a Cecilia s'era messo a lavorare nei barrios. Costruiva un acquedotto pei poveri che nei barrios non hanno acqua e se vogliono un secchio d'acqua devono fare la fila dinanzi alle fontane: dalle quattro alle sei del mattino. *El Libro Rojo* conteneva una lettera di Nestor Paz. Diceva: «Io lo so che la mia decisione e quella di tanti compagni provocherà un diluvio di accuse. Da quella paternalista poverino-l'hanno-ingannato, a quella insultante di bandolero-demagogo. Però Dio sa che non è vero, perché Dio sa che il Cristo degli Evangeli ha annunciato la buona novella della libertà dell'Uomo. Io sono un cristiano coerente e come tale non posso starmene seduto a leggere gli Evangeli coi signori cardinali e vescovi e arcivescovi che si riempiono la pancia di buon cibo mentre i disgraziati si battono nella fame e nella solitudine. Questo loro egoismo essi lo chiamano pace, non-violenza. Ma la pace non è un oggetto che si trova sui marciapiedi, la pace è il prodotto dell'uguaglianza degli uomini. Come dice Isaia nel capitolo 58, è il prodotto dell'amore fra gli uomini e la fine dello sfruttamento».

C'erano due dei quattro fratelli Saavedra, tra cui Juan José Saavedra, dirigente universitario e militante del Partido democrata cristiano rebelde: un giovanotto che aveva studiato giornalismo in Germania, e a La Paz faceva il radiocronista. La sua famiglia gli aveva arredato una casa bellissima, però a poco a poco lui aveva venduto tutto:

tappeti, mobili, quadri, perfino tendaggi, e i soldi che ci aveva fatto li aveva dati ai minatori. Quando non gli era rimasto che un materasso, s'era caricato il materasso sulle spalle ed era andato a vivere in uno sgabuzzino degli uffici della DCR. Così aveva perso l'impiego di radiocronista, «una questione di dignità, lei capisce», ed era rimasto disoccupato. Vestiva come un pezzente perché quando aveva un vestito buono lo regalava a un minatore. Un giorno il suo cognato più ricco gli aveva offerto una giacca: «Se non ti offendi, Juan José». E lui aveva risposto: «Non me ne offendo se me ne regali quattro. Coi pantaloni». Poi aveva regalato le quattro giacche e i quattro pantaloni ai minatori coperti di stracci, e quando dico stracci dico gli stracci che da noi si usano per pulire in terra. Non si perdeva una messa, Juan José Saavedra, ed era ossessionato dal Che. Parlava sempre del Che, diceva che lo avevano ucciso come Gesù Cristo: dimenticandosi solo di inchiodarlo a una croce.

C'era Mario Suarez Moreno, vicepresidente della CUB, cioè la Confederazione universitaria boliviana, autore del quadro proibito dove si vede Gesù Cristo con un fucile a tracolla. Il nunzio apostolico lo aveva convocato per via di quel quadro: «Lei è un cristiano sincero, signor Suarez Moreno, sì o no?». «Sì, eccellenza.» «E allora perché ha dipinto quel quadro?» «Perché sono un cristiano sincero, eccellenza.» Poi c'era Adolfo Quiroga Bonadona, presidente della CUB, laureato in Giurisprudenza, un pacioccone grasso e buono che citava san Francesco per ogni pretesto e gli scarafaggi li raccoglieva tra il pollice e l'indice esclamando: «No los maten, ellos tambien son hijos de Dios» (Non ammazzateli, anche loro sono figli di Dio). E poi c'era l'architetto Rolando Aranibar Bustos che teneva la cattedra meglio pagata dell'università. Nella sua lettera aveva scritto: «Dopo anni e anni di studio mi sono fatto una carriera. Che ironia! Essere professionisti in questa società vuol dire essere parassiti, commerciare la miseria dei poveri con l'alleanza dei ricchi. I professionisti hanno un vasto orizzonte economico, la loro corruzione è più svelta. Me ne vado perché non voglio appartenere al gruppo di quelli che parlano d'amore per il popolo e poi sono schiavi del sistema che opprime il popolo». E poi c'erano i fratelli Rueda Pegna. Moises e Horacio, entrambi laureati in Medicina, entrambi comunisti espulsi dal partito per indegnità. Horacio aveva studiato in Cecoslovacchia, ed era stato a Praga nei giorni di Praga, e ne era tornato sconvolto. Ogniqualvolta incontrava per strada un comunista iscritto al PC boliviano, gli saltava addosso e gli rompeva il naso. Come Antonio Figueroa, un altro espulso. Lui mirava ai denti.

Ogni particolare di questa storia era stato incredibile: a cominciare dal modo in cui i sessanta erano riusciti a tener segreto lo stratagemma della partenza. Nessuno aveva detto nulla a nessuno. Nemmeno alle madri, nemmeno alle mogli. Chi aveva una moglie era uscito in punta di piedi prima dell'alba, e al risveglio lei aveva trovato una lettera dove immancabilmente era scritto: «Ti amo. Ma è molto probabile che non ci si veda mai più». Nestor Paz era sposato da un anno. Juan José Saavedra era sposato da tre mesi, e sua moglie era incinta. Benjo Cruz era sposato da due settimane. Ma come era stata possibile una tal disciplina? La risposta ha il nome di Chato Peredo, anzi dei fratelli Peredo.

L'incredibile storia di casa Peredo

Prima o poi qualche romanziere o qualche regista dovrà pur raccontarla, la storia dei fratelli Peredo. Perché storie così, personaggi così, capitan molto di rado nel mondo. La nostra epoca ha dato il caso dei fratelli Kennedy ma io non oserei fare un parallelo tra i Kennedy e i Peredo. O solo per osservare che, come i fratelli Kennedy, i fratelli Peredo sentono l'impegno familiare più dell'impegno politico: quando cade un Peredo, c'è sempre un altro Peredo che prende il suo posto. Tale imperativo gli fu inculcato dai genitori: Romulo Arano Peredo, patriota e scrittore, e Selveira Leigue, rivoluzionaria e saggista. Ambedue dell'Alto Beni, regione di perpetui insorti. Il vecchio Peredo aveva già avuto un numero imprecisato di figli e di mogli prima di sposare Selveira, ma è dal loro matrimonio che nacquero i quattro di cui si parla in Bolivia: Antonio, oggi trentaquattrenne; Guido detto Inti, più giovane due anni di Antonio; Roberto detto Coco, più giovane un anno di Inti; Osvaldo detto Chato, più giovane due anni di Coco. Per volontà della madre, che quanto a durezza ricorda un poco Rose Kennedy, Antonio fu il primo a gettarsi nella lotta di insurrezione, quando faceva il primo anno di Architettura a La Paz. E va da sé che scomparve assai presto dalla scena politica. Tipo seducente e indisciplinato, hippy ante litteram, si ingolfò subito in problemi sentimentali: perse la testa per una donna molto più vecchia di lui, già sposata, e non ebbe pace finché non ne fece sua moglie. Di mestiere faceva il radiocronista a La Paz, perché aveva una bella voce. Da La Paz partì per trasferirsi in Cile e poi a Cuba.

Inti fu il secondo a entrare nel movimento rivoluzionario, insieme a Coco, da cui non si divideva mai. A La Paz chiunque ti dirà che è impossibile separare Coco da Inti, ogni ricordo dell'uno si confonde col ricordo dell'altro. «Era un binomio speciale, si completavano a vicenda.» Bellissimi tutti e due, come Antonio del resto, favolosamente coraggiosi e bizzarri. Sui vent'anni scomparvero di circolazione per recarsi a caccia di coccodrilli nell'Alto Beni. S'erano costruiti una capanna di foglie sul fiume e ci rimasero, un anno e mezzo. Inti era un uomo chiuso, testardo. Non intelligentissimo forse, infatti non finì mai il liceo, ma lavoratore instancabile. Coco era estroverso, invece, studioso, sebbene lasciasse al terzo anno l'università dove contava di laurearsi architetto. Cordialone e sensibile, aveva sempre un sorriso per tutti: suonava la chitarra come un professionista. A La Paz, stanchi dei coccodrilli, ci rientrarono con l'idea di organizzar la guerriglia con Antonio Arguedas, l'ex ministro di Barrientos che consegnò a Fidel Castro il *Diario* del Che e che ora vive a Cuba. L'idea fallì perché il Partito comunista si oppose. A quel tempo, Coco e Inti si guadagnavan la vita facendo i tassisti e abitavano in casa della sorella Gati, professoressa di Filosofia all'università di La Paz. Dalla casa di Gati uscirono solo quando si sposarono. I matrimoni fecero chiasso perché fino al momento della cerimonia nessuno sapeva chi fossero le promesse spose: sia Coco che Inti avevano più fidanzate che capelli in testa. Il chiasso maggiore però avvenne per Inti, il quale andò a nozze lo stesso giorno e la stessa ora in cui la sua ragazza preferita gli dava alla luce un figlio.

In qualche periodo che oscilla tra il 1963 e il 1965, Coco e Inti furono a Cuba, dove conobbero il Che. Sembra che fossero loro a convincerlo definitivamente che il fuoco guerrigliero andava acceso in Bolivia. Così, quando il Che venne a La Paz nel 1966, furono i primi a mettersi con lui. Inti divenne il luogotenente del Che, il suo braccio destro, col grado di commissario politico. Coco divenne il suo braccio sinistro, col grado di commissario militare. E infatti era Coco che si esponeva di più. Se c'era da occupare un villaggio, l'avanguardia era guidata da Coco. Se c'era da recarsi a Camiri, il primo a offrirsi era Coco. Federico e Anna Forfori, i due italiani che a Camiri posseggono l'hotel Marietta, lo vedevano sempre a mangiare nel ristorante. Nel periodo in cui Barrientos non era sicuro che il Che si trovasse in Bolivia corse voce che la guerriglia di Nancahuazu fosse comandata da Coco. E Coco fu

il primo a morire: tredici giorni prima del Che, il 26 settembre 1967, nella battaglia di La Higuera. Gravemente ferito al torace, si alzò in piedi e gridò: «Mi arrendo!».
Gli rispose una raffica che lo perforò dalla testa ai piedi. Aveva ventisei anni e il Che scrisse: «Di tutte le perdite subite fin oggi, la più dolorosa è quella di Coco». Inti invece scrisse: «Sperava tanto di morire prima di me. Diceva: se ti vedessi morto non so come reagirei. Piangeva come un bambino quando cadeva un compagno». La sera in cui il cadavere di Coco giunse a Villagrande, sul dorso di un mulo, l'ottava divisione fece una festa. Ma Selveira Leigue Peredo disse: «Me ne restano ancora tre». Un anno dopo gliene sarebbero rimasti due.

Il gruppo da cui il Che era rimasto diviso, durante il combattimento che portò alla sua cattura, era il gruppo di Inti. Si trovava a nemmeno trecento metri dal Che, senza che l'uno o l'altro se ne fossero accorti, e fu il gruppo che riuscì a scappare. Nella fuga, Inti perse tre compagni ma gli restarono Pombo, Benigno, Urbano, Darío, con i quali riuscì a raggiungere Santa Cruz e poi Cuba.

Arrivò da Mosca per essere vicino ai suoi fratelli

Rientrò a La Paz, con Darío, nell'estate del 1969: insieme a un gruppo di cileni, argentini, brasiliani, colombiani. Qui, per prima cosa, ordinò l'esecuzione di Honorato Rojas, il contadino che aveva tradito il gruppo di Joaquim nell'imboscata dove morì anche Tania; per seconda cosa, assunse il comando dell'ELN. Lanciò anche un proclama: «Volveremos a las montañas» (Torneremo alle montagne). Ciò accadeva il 3 settembre e il 9 settembre era morto. Denunciato da un pittore italo-argentino, Luis Zilbetti, e forse tradito dal compagno con cui viveva, Tesorito Martines, non ebbe scampo. La sua casa in calle Sagaragua fu circondata alle sei del mattino da agenti in borghese, armati di mitragliatori. Impugnando la sua rivoltella cecoslovacca, Inti sparò per due ore: poi venne colpito al ventre e fatto prigioniero. Lo ammazzarono con un'iniezione fattagli, sembra, da Herbert Miranda: il medico giustiziato giorni fa a La Paz da un commando dell'ELN. E stavolta Selveira Leigue commentò: «Me ne restano ancora due». Quindi chiamò il Chato e gli disse di venire a La Paz per prendere il posto di Inti.

Il Chato è forse il più interessante dei quattro: più della politica, gli interessava la medicina. Di intelligenza eccezionale, s'era iscritto all'università di La Paz quando i suoi coetanei frequentavano ancora il liceo: poi era passato all'università di Buenos Aires perché qui poteva guadagnarsi la vita lavorando in una fabbrica di fiammiferi. A Buenos Aires era rimasto tre anni e in Bolivia era rientrato, zitto zitto, perché in quel periodo l'ambasciata sovietica offriva borse di studio agli studenti bisognosi. Coco, Inti, Antonio seppero che aveva ottenuto la borsa di studio allorché si trovava già a Mosca: presso l'istituto Patrizio Lumumba. A Mosca sposò una studentessa boliviana e rimase sette anni. Gli amici di quel periodo raccontano che si adattò al nuovo ambiente con velocità straordinaria. Imparò il russo come un russo, sbaragliò tutti i colleghi del Lumumba. Il voto massimo agli esami era cinque: non aveva mai meno di cinque. Presa la laurea, ricominciò daccapo con un corso di specializzazione e i professori dicevano che se non si fosse distratto dalla medicina sarebbe diventato un grande scienziato. Il fatto è che invece si distraeva: con la letteratura, con la pittura, con la musica. Cantava nei cori, si esibiva in spettacoli come chitarrista e come imitatore. Sempre allegro, sempre felice, gli piaceva divertirsi e divertire la gente: aiutato in ciò da un fisico che ricordava poco quello di Inti, di Coco, di Antonio. Era piccolo e miope, doveva portare gli occhiali.

Il Chato non credeva, tutto sommato, alla guerriglia aperta dei suoi fratelli. Ripeteva spesso che la lotta armata non è l'unico modo per risolvere le cose, e che lui non avrebbe lasciato l'Unione Sovietica. Invece la lasciò, con la moglie e la figlia nata da quel matrimonio, all'inizio del 1969. Andò a Cuba e poi in Cile «per essere più vicino a Inti». Dal Cile partì non appena la madre glielo ordinò, deciso a prendere le redini dell'ELN. Fu lui a condurre l'assalto al furgone che trasportava al Banco d'America seicento milioni di pesos della Cerveceria di La Paz. Il 30 dicembre, insieme a Darío. I soldi gli servivano per tornare alla montagna come aveva sognato Inti. Non li utilizzò mai. L'indomani sera, la casa dove Darío teneva il bottino fu circondata. Darío sparò fino all'ultimo colpo e poi cadde con la testa sopra il fucile: il gesto di quando si addormentava in battaglia. I seicento milioni furono ripresi da un colonnello e il Chato fu costretto a ricominciar tutto daccapo, con l'aiuto dei cileni e dei tupamaros. Però senza romanticismi, lui, senza bizzarrie. La sua preparazione fu scientifica, lenta: impiegò ben sei mesi. Il Chato scelse con cura Teoponte, il trucco degli alfabetizzatori, il materiale necessario, cioè non solo armi ma anche medicinali, plasma sanguigno, strumenti chirurgici, radio riceventi e trasmittenti, infine selezionò i guerriglieri. E impose ai sessanta di non restare anonimi: «Bisogna renderci pubblici come in un vero esercito. Quando si troverà un cadavere, nessuno dovrà dire che è morto un altro barbuto ma che è morto un soldato con un nome e un cognome».

E venne il giorno dello scontro

Gli andò bene, nei primi giorni. Lo scambio dei due prigionieri tedeschi riuscì e dieci dei compagni detenuti al Panoptico raggiunsero Cuba. Tra questi Victor Ortega, luogotenente di Inti, e Loyola Guzman, la tesoriera del

Che. Ovando in quel periodo era incerto, disperato per la morte improvvisa di un figlio, e a capo delle forze armate c'era il generale Torres. Ma poi Torres venne sostituito dal generale Miranda e, dalla base americana di Panama, giunsero piloti esperti nelle ricognizioni e nei bombardamenti: veterani del Vietnam. Da La Paz arrivarono i ranger allenati durante la guerriglia del Che dai Berretti Verdi di Papi Shelton: altro veterano del Vietnam. E Teoponte fu chiusa in un cerchio d'acciaio da cui non usciva neanche una zanzara. L'ordine di Miranda era non far prigionieri: fucilare i feriti e chi si arrendeva. E al resto ci pensarono le zecche, le vipere, i serpenti: Teoponte come Nancahuazu. Ecco il giudizio di un frate fiorentino che quella selva la conosce da trentatré anni: «Ah, poveretti! Io quando seppi che avevano ricominciato, esclamai: si sono messi in un altro guaio. Perché sì, l'Alto Beni Beni è migliore di Nancahuazu: ma a Nancahuazu c'erano uomini forti, pellacce che avevan già fatto l'esperienza di Cuba, un branco di tori insomma. Qui invece c'eran ragazzi abituati a dormire in un letto, col pigiama eccetera. C'erano bambini senza allenamento: il Chato non era mica un cacciatore di coccodrilli come il Coco e l'Inti! Per sopravvivere in certi posti, creda, non basta mica essere generosi. Io li so a memoria quei posti, perché ci sono andato a pesca di anime. Ci sono andato tutto bello, tutto pacifico, sul dorso di un mulo, eppure le giuro che ci ho sofferto un calvario da Gesù Cristo. Quelle montagnacce, quei torrentacci, quelle liane schifose, quella nebbia bollente, quelle zecche! Ah, le zecche! Una litania di zecche più lunga delle litanie di san Domenico: guardi che cicatrici mi porto sulle braccia e le gambe, risalgono a dieci anni fa. In quei posti, guardi, si muore di stenti prima che di pallottole».

Ci si muore anche di pallottole. Il primo scontro avvenne il 30 luglio quando il governo annunciò che sette guerriglieri eran morti. Dei sette, tre erano stranieri non identificati e quattro boliviani: Adolfo Quiroga Bonadona, quello che raccattava col pollice e l'indice gli scarafaggi perché anche loro son figli di Dio; Juan José Saavedra, quello che vendeva i mobili di casa per dare i soldi ai minatori e oltre ai soldi gli dava le giacche del cognato; Antonio Figueroa, quello che si picchiava coi comunisti filosovietici per la Cecoslovacchia, e il diciottenne Adolfo Huici. Fucilati o uccisi in combattimento?

Certo è che da questo momento si continuò solo a parlare di morti, di morti, di morti. Mai di prigionieri. Prima, Horacio Rueda Pegna, l'altro comunista espulso dal partito per indegnità. Poi Rolando Aranibar, l'architetto che aveva rinunciato alla cattedra presso l'università. Poi l'argentino Oscar Puente. Poi il brasiliano Luis Pires Almeida. Poi il peruviano Arturo Callapigna Hurtado. Poi il boliviano Luis Landivar. Il 18 settembre il servizio di controspionaggio dell'ELN intercettò un cifrario spedito da Teoponte a La Paz con cui si informava il quartier generale che non solo loro ma anche altri sette erano stati fucilati dai ranger. Tra i sette, il contadino Imacaki Vera, lo studente di Economia Ricaro Justiniano Roque, e Moises Rueda Pegna: il fratello di Horacio. La caduta di Ovando e l'avvento al potere di Torres, insomma, non avevano cambiato nulla: anche Torres rifiutava qualsiasi compromesso, qualsiasi armistizio, e l'unica concessione cui sembrava disposto era sospendere l'ordine di fucilare i prigionieri. Però non s'era ancora deciso il 16 ottobre, quando si sparse la voce che un guerrigliero molto importante era stato catturato a Tipuana: Chato Peredo.

A questo punto entrò in scena un personaggio che sembra inventato apposta per questo romanzo: il maggiore Ruben Sanchez, l'ufficiale che nel 1967 venne fatto prigioniero da Guevara ed ebbe salva la vita grazie a Inti Peredo. S'era comportato con tanto coraggio, il maggiore Sanchez, con tanta dignità, che non solo Inti aveva proibito di fucilarlo ma ci aveva discusso una notte intera: per convincerlo a restare con loro. All'alba lo aveva salutato con una stretta di mano: «Peccato che tu non voglia accettare. Sei un uomo in gamba, maggiore Sanchez». Dall'episodio, e soprattutto dal colloquio, Sanchez era uscito commosso e con un giuramento: un giorno avrebbe saldato il suo debito di gratitudine a Inti Peredo. Grazie a quel giuramento, per ben due volte a Camiri aveva evitato il linciaggio di Debray, però neanche ciò gli era parso mai sufficiente ed ecco che quel 16 ottobre 1970 il destino gli offriva l'occasione propizia: salvare proprio il fratello di Inti. Sanchez corse a palazzo presidenziale. Chiese udienza a Torres e ottenne che Torres facesse un radiogramma a Teoponte con l'ordine di non fucilar più nessuno. Il Chato è ora in prigione.

Ciò significa forse che la guerriglia in Bolivia è finita? Il generale Reque Teran, che ha preso il posto di Miranda, sostiene di sì. Ma molti giurano di no. In Bolivia sanno benissimo che per ogni Peredo che cade c'è un Peredo che prende il suo posto. E molti sostengono che Antonio Peredo è già scomparso da Cuba e si trova ora a La Paz.

Per la prima volta i guerriglieri accettano di parlare

Così il dramma di un intero continente è più vivo oggi di tre anni fa, e l'intervista che segue lo prova. L'unica intervista che i guerriglieri boliviani abbiano concesso dal giorno in cui andarono a Teoponte. Essa non fu verbale, ovvio. Le mie domande furono scritte e così le loro risposte. Però so con certezza che furono redatte a Teoponte. Come ciò avvenne, non posso dirlo. Posso dire solo che le ricevetti insieme alle fotografie del Chato, dello stato maggiore, dei detenuti politici, dei guerriglieri in partenza da piazza Villaroel. Una sera, rientrando in albergo, trovai una busta sgualcita con su scritto: «Oriana». La aprii e, autentificate dal simbolo dell'ELN, un fucile, trovai le fotografie e le risposte. Eccole.

Chi è l'uomo che vi dirige? Come siete organizzati?
Attualmente ci dirige Chato Peredo. Però siamo organizzati in modo politico-militare, quindi non dipendiamo soltanto da un comando unipersonale ma da uno stato maggiore. A livelli più bassi, poi, dipendiamo dai capi di pattuglia e di squadra. Anche nella rete clandestina esistono responsabili su scala nazionale e su scala locale, più gli addetti a funzioni specializzate. In sostanza possiamo dire che le strutture attuali del nostro comando e della nostra organizzazione dipendono dalle necessità e dalle contingenze. Non abbiamo alcun criterio dogmatico, non copiamo meccanicamente nessun altro movimento. Le responsabilità, dentro il nostro esercito, sono sempre personali.

Da un punto di vista personale, umano, fu difficile decidervi a partire per la montagna?
Sì. Per ciascuno di noi fu difficile. Non si trattava solo di partire, si trattava di prendere la decisione più grave di tutte: cioè dedicarci senza reticenze al nostro compito, prepararci ad affrontare sacrifici e pericoli con la promessa di non tornare mai indietro.

Vi furono casi di defezione durante i preparativi?
Sì, soprattutto quando ci toccò la perdita di Inti Peredo. In quella occasione molti dimostrarono come le loro idee rivoluzionarie costituissero solo una vernice che dava lustro alle loro chiacchiere di conferenzieri. Altri cedettero alla stanchezza, allo scoraggiamento. Altri si rivelarono ometti che credevano d'essere rivoluzionari solo perché si davano arie alla cowboy. I defettori furono in massima parte intellettuali. Tutto il loro snobismo, la loro mancan-

za di profondità, la loro paura a impegnarsi fisicamente, vennero alla luce d'un solo colpo.

Quanti siete, ora?
Per ovvie ragioni non possiamo dire a quanto ammontano le nostre forze. Ma non vediamo perché dovremmo nascondere che siamo un movimento di avanguardia e quindi numericamente piccolo.

Quanti contadini e minatori esistono ora fra voi?
In principio avevamo una composizione predominantemente studentesca e intellettuale, sebbene vi fosse tra noi gente come Estanislao Vilka. Poi, a poco a poco, elementi di origine popolare come contadini e minatori si aggiunsero a noi. Però restiamo una composizione prevalentemente studentesca. Del resto questo non l'abbiamo mai nascosto e riteniamo che sia un fenomeno normale.

Quanti sono fra voi i non boliviani?
Prima delle perdite che abbiamo subito, tra noi c'erano tredici non boliviani. Solo di due tacemmo i nomi, per ragioni di sicurezza, degli altri fornimmo le generalità: sei cileni, due argentini, un brasiliano, un peruviano, un colombiano. Comunque noi partiamo da un concetto continentale e non siamo abituati a classificarci secondo il Paese dove siamo nati. Pensiamo, come Bolivar, che l'America Latina sia un'unica nazione la quale giungerà a unificarsi. Non abbiamo ancora rapporti organici coi movimenti delle altre zone di questo continente, ma consideriamo come parte dello stesso processo quel che sta accadendo in Bolivia in Uruguay in Brasile e domani in Argentina.

Ritenete anche voi che l'America Latina possa diventare un nuovo Vietnam?

Sì. Però un Vietnam definitivo, che investa l'intero continente: centinaia di milioni di esseri umani i quali non hanno altra scelta, ormai, che la liquidazione definitiva dell'influenza yankee sul nostro continente. Qui tutto è assolutamente nordamericano: le armi, il trasporto, l'addestramento degli ufficiali. Nei quadri superiori dell'esercito, la dipendenza dagli Stati Uniti è addirittura personale: non v'è generale o colonnello, nell'esercito boliviano, che non sia legato in forma diretta o familiare ai grandi interessi nordamericani.

Quanti anni può durare questa vostra guerra?
Molti. Abbiamo appena iniziato una guerra che sarà molto, molto lunga. Dobbiamo essere anche preparati all'eventualità che gli yankee, domani, intervengano direttamente. In alcuni casi, forse, si faranno precedere dagli eserciti di altri Paesi, come l'Argentina e il Brasile, ma poi potrebbero intervenire direttamente. Tale eventualità l'abbiamo già messa nel conto. Ciascuno di noi si rende conto che, se non morirà in questa lotta, diventerà molto vecchio prima di poter dire che abbiamo vinto.

11

L'intervista è quasi uno scontro[3]

Port-au-Prince, maggio 1971
Giovedì. Baby Doc ha dichiarato che sarà pazzamente felice di ricevere tutti i giornalisti del mondo, così son venuta a intervistarlo. Ma ho la vaga impressione di trovarmi in un luogo che non fa per me. Ad esempio, c'è una cosa che non capisco: questa è una monarchia o una repubblica? Sulle carte geografiche e sui documenti c'è scritto repubblica, però Baby Doc è successo a Papa Doc come il figlio del re succede al re. Molto strano. È strano anche il silenzio che si fa intorno a Baby Doc: di lui si sa solo che ha diciannove anni e che pesa centotrenta chili. Dalle fotografie si direbbe piuttosto un lottatore giapponese di sumo e colpisce il suo volto: rotondo come un cocomero e inespressivo come un cocomero, con due occhietti invisibili e affogati nel grasso. Il collo non si nota perché è cortissimo e ha lo stesso diametro della testa; dal triplice mento e le orecchie si passa dritti alle spalle che formano un unico immenso cilindro, quasi l'uomo pneumatico delle gomme Michelin. Chissà se è intelligente. Un suo ex professore, impaurito, dice che a guardarlo bene si nota uno scintillio

---

[3] Oriana riesce a farsi ricevere dal figlio di Papa Doc ma litiga perché le hanno cambiato le domande dell'intervista.

nel suo sguardo ma i suoi ex compagni di scuola non sono d'accordo. Frequentava il primo anno di legge. Alle lezioni giungeva su una camionetta di tontons macoutes, la milizia di Papa Doc. In classe era scortato dal capitano Prospero Avril, una guardia del corpo che anziché i libri posava sul banco una rivoltella. Allo studio prediligeva i night-club dove si recava ogni sera con gli amici intimi: otto ragazzi ricchi di Port-au-Prince. Mi sarebbe piaciuto parlarci ma, proprio ieri, li hanno mandati in esilio nel Canada. Quarantott'ore per far le valigie e via. Mi è stato confermato dall'ambasciata del Canada che però non fornisce i nomi.

Sfido io, con quel che capita qui agli ambasciatori. L'ultimo a esser cacciato, nel giro di ventiquattr'ore, fu l'ambasciatore britannico Smith. S'era permesso di difendere i cittadini inglesi cui Papa Doc estorceva denaro per fondare Duvalierville: una città che non s'è mai fondata. A Smith non permisero nemmeno di far le valigie: gli requisirono perfino le foto di famiglia e le scarpe. Del resto hanno mandato in esilio anche la ragazza di Baby Doc, Gilberte Sales: una splendida mulatta di diciotto anni, figlia di un notaio locale. Baby Doc ci aveva preso una scuffia tremenda, lo scorso agosto se l'era portata in vacanza in Italia: Roma, Firenze, Venezia. Ma Papa Doc si infuriò e spedì Gilberte negli Stati Uniti: per l'esattezza a South Bend, Indiana, dove c'è il collegio femminile di Notre Dame. E Baby Doc non fece nulla per opporsi. Pare che sia molto timido, molto chiuso, molto silenzioso, che non ami esporsi a inutili rischi fuorché quello di correre a duecento all'ora lungo le strade inesistenti di Haiti. Possiede quattro automobili: una Lamborghini grigia, una R16 TS verde, una Citroën Maserati blu, una Austin Martin celeste, e dimenticavo: Baby Doc, che in realtà si chiama Jean-Claude Duvalier, vien detto Baby Doc perché suo padre era Papa Doc, cioè François Duvalier, il sanguinario dittatore di Haiti, morto a sessantaquattr'anni di infarto cardiaco. Morì, a quanto si afferma, mercoledì 21 aprile: affinché il figlio gli succedesse il 22 aprile. Per lui il 22 era un giorno fatidico, portafortuna: un 22 venne eletto, un 22 si proclamò presidente a vita, un 22 gli ammazzarono l'acerrimo nemico John Kennedy. Eleggere un 22 Baby Doc equivaleva quindi a investirlo di poteri soprannaturali, divini.

Quando potrò vederlo, ammirarlo? Sono le tre del pomeriggio e Baby Doc sta pronunciando il suo discorso dall'alba. La radio non trasmette altro e la città è in festa. Tutti i negozi son chiusi, i negri ballano per le strade suonando rozzi corni e ancor più rozzi tamburi. Ma io sono depressa. La stanza del mio costosissimo albergo brulica insetti schifosi e l'acqua nel bagno non scorre. Il telefono non funziona, comunicare con un altro punto della città è impresa sovrumana. Ad Haiti esistono solo tremila apparecchi telefonici, li impiantarono gli americani nel periodo in cui asfaltarono cinque o sei strade, ma poi Papa Doc cacciò gli americani e le linee smisero di funzionare. Ad accomodarle ci provaron gli inglesi. A metà dei lavori Papa Doc cacciò anche gli inglesi e si tornò al punto di prima. La centralinista è gentile: grazie a una mancia iperbolica, è riuscita a farmi parlare per trenta secondi coll'ambasciatore d'Italia Adorni Braccesi. Però ha dovuto mentire dicendo che la comunicazione era per Sua Eccellenza Max Dominique. Vorrei tanto sapere chi è questo Max Dominique.

La morte

François Duvalier non è morto il 21 aprile ma il 18, dopo un litigio con la figlia Marie Denise

Venerdì. L'ho saputo. È il marito di Marie Denise, la figlia prediletta di Papa Doc. Marie Denise se ne innamorò quand'era già sposato e tenente della guardia presidenziale: sembra infatti che sia molto bello, il negro più bello del reame, anzi, della repubblica. Per averlo, Marie Denise lo promosse capitano e lo costrinse a divorziare, poi spedì la prima moglie in esilio: con l'ordine di non metter più piede ad Haiti. Malgrado questo, o proprio per questo, quattro anni fa Dominique partecipò al complotto degli ufficiali per ammazzar Papa Doc. Il complotto fallì e, se non fosse stato per Marie Denise, oggi Max Dominique sarebbe in un cimitero. Invece è a Parigi come ambasciatore. Marie Denise fece un tale bordello che Papa Doc si limitò a includerlo nel plotone di esecuzione, imporgli di sparar sugli amici, infine cacciarlo via dal Paese. A morte lo condannò in contumacia e in seguito a una frase detta a New York: «Mio suocero è un figlio di cane». Con la condanna a morte gli ingiunse anche di tornare in patria, per mettersi al muro e farsi ammazzare, però Marie Denise replicò con una pernacchia e col tempo riuscì a mutar la condanna con l'ambasciata a Madrid.

Il fatto è che Marie Denise ottiene sempre quello che vuole. Le altre figlie invece no. Guarda l'ultimogenita: la quasi graziosa Simone. Innamorata cotta di Harry Tassy, congiurato anche lui, se lo vide fucilare dal plotone di Dominique e dovette seguire sorella e cognato a Madrid. Quanto a Nicole, la cicciona secondogenita, vive come una reclusa cui tutti dicono: «Stai zitta, tu!». S'era sposata con Luc-Albert Fouçard, nipote di Madame Saint Victor, la segretaria privata di Papa Doc, e costui la fece cornuta a Miami: con una messicana per cui divorziò. Recatasi a Miami per evitare il divorzio, Nicole riuscì solo a farsi mettere incinta e a sollevar lo sdegno della famiglia. Marie Denise e Max Dominique sono a Port-au-Prince dal 15 dicembre, quando giunsero con la speranza di ottenere per sé il trono presidenziale. A quell'epoca infatti Papa Doc sapeva già di dover morire assai presto. Il primo infarto lo aveva colpito in novembre, il medico gli aveva detto che non sarebbe durato sei mesi. Il secondo infarto lo colpì il 12 marzo, lasciandolo semiparalizzato e appena in grado di parlare.

Ho anche saputo il giorno in cui morì Papa Doc. Non il 21 aprile, la data ufficiale, ma il 18 aprile: domenica sera. C'era stato un litigio, tra lui e Marie Denise. Costei s'era espressa in modo sgarbato verso Zacherie Delva, un fedelissimo dei tontons macoutes: «Cette espèce de merde». Papa Doc aveva risposto: «C'est la merde qui me permette de rester au pouvoir». Ed eran seguiti strilli, rumore di oggetti rotti, bestemmie. Infine un gran silenzio. In quel silenzio la porta della camera si spalancò e la signora Duvalier uscì gridando: «Doc! Doc! Doc!». Dietro era Marie Denise che tentava invano di calmarla: «Fai la dura e poi gridi come una gallina spennata!». Il perché di quella frase nessuno lo seppe. Però chiunque notò che, a partir da domenica sera, in camera di Papa Doc entrarono solo sua moglie, Marie Denise, il cardiologo Alex Theard. Entrarono anche molti blocchi di ghiaccio e, la notte fra il 21 e il 22, quando fu ufficialmente annunciato il decesso, Papa Doc appariva intirizzito come un baccalà appena tolto dal frigo. Il professor Theard, che sostiene la tesi del 21, è stato fatto ministro della Sanità.

Si dice che Papa Doc sia stato sepolto in piedi, per via d'una certa superstizione vudù secondo la quale chi va all'inferno in piedi dispone dei propri nemici per l'eternità. Si dice che, quando Papa Doc è arrivato all'inferno, il diavolo si sia spaventato e sia fuggito in un'ambasciata. Si dice che Papa Doc abbia lasciato un testamento in quattordici lettere da aprire a intervalli precisi: la prima un'ora dopo la sua morte. Questa conteneva la lista del nuovo governo dove il numero uno è un feroce nemico di Marie Denise: Luckner Cambronne. Esportatore di mango, azionista della Air Haiti e della Haiti Travel Agency,

Cambronne fu ministro dei Lavori pubblici fino al 1969. Lo era diventato con la cacciata di Marie Denise e Max Dominique, smise di esserlo con la riabilitazione dei due e l'accusa di certe «irregolarità finanziarie». Ora ha in mano il ministero degli Interni, della Difesa, la polizia, i tontons macoutes, e lo stesso Baby Doc. È lui che ha esiliato in Canada gli otto ragazzi con cui Baby Doc si abbandonava a bagordi. È lui che ha innalzato intorno a Baby Doc un muro più inaccessibile della Muraglia Cinese. Povero Baby Doc. Anche per aprire bocca deve chiedere il permesso a Cambronne, a difenderlo non c'è che sua madre: eletta Prima Dama della Repubblica. La madre non voleva che il figlio prendesse il posto di Papa Doc. Fino all'ultimo tentò di impedirlo, ma Papa Doc fu irremovibile: «Non esistono altre soluzioni, è l'unico modo per evitare un bagno di sangue quando non ci sarò più». In realtà è andata proprio così. All'annuncio della sua morte si aspettavan massacri, incendi, saccheggi. I più compromessi correvano a chiedere asilo politico nelle ambasciate. E invece neanche un morto, neanche un filo di fumo.

Il fatto è che qui nessuno rischia, nessuno si muove. Lo spirito di rivolta che animò gli haitiani all'inizio dell'Ottocento, allorché i francesi furono cacciati e si instaurò la prima repubblica negra indipendente del mondo, s'è spento del tutto e per sempre. L'hanno spento due secoli di ignoranza, pigrizia, miseria: io non ho mai visto un Paese dove si vivesse in condizioni così disumane, così degradanti. Le favelas del Brasile, le barriadas del Perù, le borgate della Bolivia, i villaggi dell'India sono quartieri residenziali in confronto alle bidonvilles di Port-au-Prince dove quattro bambini su dieci muoiono nei primi mesi d'età, tre quarti della popolazione non raggiunge mai i cinquant'anni, il novanta per cento degli adulti non sanno leggere né scrivere, chi guadagna diecimila lire al mese deve ritenersi più che fortunato, e perfino l'acqua da bere è un lusso. «Voi europei avete scoperto Haiti con Duvalier» mi ha detto un intellettuale di Port-au-Prince. «Vi siete scandalizzati per il suo regime feudale e non vi siete resi conto che Haiti è Duvalier. Voi europei non potete comprendere Haiti. Vivete nell'era dei razzi, noi in quella dell'aratro. Ma non l'aratro tirato da un cavallo o da un bove: l'aratro tirato dall'uomo.» Poi ha aggiunto d'aver chiesto a un povero cosa pensasse di Jean-Claude presidente. E il povero ha alzato le spalle: «Jean-Claude chi? Per me possono far presidente anche un cane. Tanto non cambia nulla».

Nessuna risposta alla richiesta di intervistar Baby Doc. Il mio ambasciatore ha scritto perfino una lettera al ministro dell'Informazione, Monsieur Cineas. Ma costui non si cura neanche di dire se l'ha ricevuta. Nel Canale del Vento è apparsa una portaerei americana e ha gettato l'ancora proprio dinanzi al porto, non lontano dalle secche su cui Cristoforo Colombo perse la *Santa Maria*.

La dinastia

In un primo tempo Papa Doc pensava di affidare la successione alla moglie, poi cambiò idea e decise per il figlio

Sabato. Oggi è il Primo Maggio e la città gronda camion colmi di infelici che inneggiano a non so cosa. Si sventolano drappi rossi e neri, la bandiera di Haiti, si chiudono i negozi dove non c'è nulla da vendere e ancor meno da comprare: è sbalorditivo che un governo come questo celebri la festa dei lavoratori, ma pare che Papa Doc si considerasse un rivoluzionario. Anche se ignorava in cosa consistesse la sua rivoluzione. Un diplomatico francese glielo chiese, un giorno, e lui ammiccò: «Vedrà, vedrà». Per il Primo Maggio è d'uso requisire i camion privati e chi si ribella viene ammazzato. Ne sanno qualcosa gli ingegneri della Techin, la ditta italiana che era qui per dare assistenza tecnica nella costruzione delle strade. Ingiunsero al loro guardiano di non consegnarli, il guardiano ubbidì. L'indomani lo trovarono impiccato con un filo di ferro e crocifisso alla porta della Techin. Ma Baby Doc le sa queste cose? Certo le conosce sua madre, l'unica che non assomigli ai Duvalier. Non tanto perché di pelle è chiara e di corpo è asciutta ma perché v'è in lei una dignità sorprendente, un'eleganza che sarebbe arduo cercare nel resto della famiglia. Passa per una vera signora, la si definisce anche assai intelligente e assai coraggiosa: riesce difficile credere che Papa Doc volesse affidare a lei la successione. Eppure questa è la voce che corre e anche la confidenza che Papa Doc fece a più riprese ai suoi intimi: nel 1965 ne dette una specie di annuncio ufficiale. Cambiò idea e si decise per il figlio adolescente, raccontano, perché non si fidava a buttare una donna del genere in braccio alle belve che aveva allevato. Del resto la scelta di Baby Doc avvenne solo a Natale, dieci giorni dopo l'arrivo di Marie Denise e Max Dominique.

L'annunciò il 2 gennaio, nel discorso che teneva per Capodanno ai «bambini cari e puri di Haiti». Cominciò col dire che Roma non era stata fatta in un giorno e che neppure uomini grandi come Giulio Cesare, Augusto, Vespasiano, Tito, Traiano erano stati esenti da tribolazioni pari a quelle che affliggevano lui. Poi passò a inneggiare la gioventù haitiana, alla quale, al momento giusto, avrebbe rimesso il potere. Infine chiarì che Cesare Augusto aveva preso in mano i destini di Roma a soli diciannove anni, e concluse: «A questa gioventù offrirò un leader che le appartiene. Si tratterà di un cittadino che non avrà bisogno d'essere istruito sulle realtà del Paese perché da anni segue gli affari del governo, da anni l'ho iniziato all'amministrazione della cosa pubblica. Egli sarà degno di sostenere e trasmettere i frutti dell'insegnamento che gli ho inculcato». Quanto al fatto che la Costituzione repubblicana non prevedesse la scelta di un successore, dichiarò che avrebbe associato i suoi diritti ai diritti costituzionali con un processo giuridico che gli permettesse quel passo. Tale processo partì attraverso il «Nouveau Monde», un giornaletto che stampa seimila copie al giorno e appartiene a un francese di cittadinanza haitiana: Gerard de Catalogne. Con un editoriale assai perentorio, anzi minaccioso, Monsieur de Catalogne invitò amici e avversari a esprimere il proprio parere sugli avvenimenti ed estese l'appello all'«esercito immenso dei duvalieristi» onde la smettessero di fare i gesuiti e smascherassero i loro pensieri: ogni silenzio sarebbe stato giudicato un no. Non ci fu silenzio. Il primo a rispondere fu il capo di stato maggiore, generale Raymond, che è anche l'unico generale di Haiti. Ricordando che Haiti aveva avuto ben ventidue Costituzioni, scrisse che quelle del 1801, del 1805, del 1816 concedevano al capo in carica ogni diritto di designare un successore: niente impediva perciò che una ventitreesima Costituzione stabilisse altrettanto. Il secondo fu suo fratello, il ministro degli Affari esteri Adrien Raymond. Lui ricordò che non solo Cesare Augusto era diventato imperatore a diciott'anni ma che William Pitt era diventato primo ministro di Gran Bretagna a diciannove e Hussein era diventato re a diciassette. Il terzo fu il ministro dell'Agricoltura il quale definì il discorso di Papa Doc «trascendentale». E, mentre tutti si associavano a lui, gli uffici governativi presero a organizzare «feste spontanee in onore di Jean-Claude Duvalier e degli emendamenti necessari alla Carta fondamentale della Repubblica».

Le feste erano quotidiane. Ogni mattina alle dieci il lavoro veniva sospeso in qualche dicastero e i funzionari si riunivano intorno a tavole imbandite mangiando bevendo ballando al suono di tamburi e di pifferi. Cominciò il ministero degli Interni. Seguì quello della Difesa. Poi quello delle Finanze. Poi quello degli Affari esteri. E poi toccò al segretario di Stato, al capo del cerimoniale, ai capiservizio, al vescovo della Chiesa anglicana, all'arcivescovo della Chiesa cattolica, all'esercito della salvezza, alle varie sette religiose: finché si giunse al 22 gennaio e al definitivo discorso pei «puri e cari bambini dei cinquecentocinquantacinque distretti rurali di Haiti». Stavolta Papa Doc s'era preparato sul serio. Messo da parte il suo libro preferito, *Colloqui all'inferno tra Machiavelli e Montesquieu*, s'era letto un saggio di Guglielmo Ferrero: *Grandezza e decadenza dell'antica Roma*. E non solo designò il figlio come successore «secondo le dottrine di Guglielmo Ferrero e di François Duvalier», non solo lo definì un «fascio inespugnabile» per la felicità e la grandezza della patria di cui Jean-Claude era «la personificazione viva e tangibile», ma lo paragonò addirittura a Vespasiano il quale s'era meritato il titolo di secondo fondatore di Roma per aver rigenerato l'impero dopo i torbidi di Nerone. Paragonò inoltre sua moglie a Cornelia madre dei Gracchi per «l'olocausto del figlio» che essa offriva alla patria e annunciò che tale olocausto sarebbe stato ratificato dalla Camera legislativa e dal popolo.

La Camera legislativa lo ratificò seduta stante e nemmeno per alzata di mano: come avviene di solito giacché il voto non è segreto ad Haiti. «Chi è d'accordo resti seduto e chi non è d'accordo si alzi in piedi». Nessuno, naturalmente, si alzò in piedi. Il popolo invece lo ratificò con un referendum. E questo fu lo scandalo più divertente. Di solito, infatti, ad Haiti le elezioni si svolgon così: si macchia di inchiostro indelebile il mignolo di quelli che vanno alle urne, perché non ci vadan due volte, e si bastonano quelli che restano col mignolo pulito. Stavolta, invece, si stamparono solo schedine sulle quali era scritto: «Il cittadino dottor François Duvalier, presidente a vita della Repubblica, col diritto che gli deriva dalla Costituzione del

1964 emendata, ha scelto il cittadino Jean-Claude Duvalier a succedergli nella presidenza a vita secondo l'articolo 102. Questa scelta risponde alle vostre aspirazioni e ai vostri desideri? La ratificate? Risposta: Sì». Le schedine vennero distribuite indiscriminatamente, a manciate. Chiunque poteva averne venti, cinquanta, cento. E votavano tutti. Anche i bambini. Anche gli stranieri che scendevano dalle navi in giro turistico per i Caraibi. Ridendo da matti riempivan le urne fino a intasar le fessure, poi andavano a un altro seggio elettorale e facevan lo stesso. In un villaggio di novecento abitanti vi furono cinquemila sì. Nell'intero Paese ci fu un solo no. Lo votò una donna che sapeva leggere. Si presentò al suo seggio e ad alta voce disse: «Voglio quella col no». «Col no?!» «Col no.» «Non esistono schede col no.» «Allora ce lo scrivo da me.» Cancellò il sì, scrisse un no, e lo lasciò scivolare nell'urna. Due ore dopo era morta. Ammazzata.

Cuba è vicina. Una portaerei americana al largo

Domenica. La portaerei americana è ancora ferma dinanzi a Port-au- Prince e non accenna ad andarsene. Il «Nouveau Monde» ha scritto che non c'è nulla di straordinario, negli ultimi due anni son giunte ben trentasei portaerei americane, e sempre per far scendere l'equipaggio a terra onde ammirasse le bellezze di Haiti. Però l'equipaggio, stavolta, non è sceso a terra per niente. A terra si son visti solo i dieci ufficiali che ieri sera cenarono al nightclub dell'hotel Rancho. Bando alle barzellette: la realtà va ben oltre i limiti di una macabra farsa. Haiti è Haiti perché gli americani vogliono così. E gli americani vogliono così perché Haiti divide l'isola Hispaniola con San Domingo, perché Haiti è più vicina a Cuba di San Domingo. Nel punto più stretto del Canale del Vento, la distanza non supera gli ottantacinque chilometri. Da Cuba al porto di Mole Saint-Jacques, sulla costa nordovest, ci si arriva in tre ore di imbarcazione leggera. Per stare tranquilli, gli americani devon tenere bene in pugno Haiti: e fino a oggi ci sono riusciti senza sforzi eccessivi. Non dimentichiamo che Papa Doc fu il primo a rompere i rapporti diplomatici con l'Havana. Non dimentichiamo che nel 1959, l'anno della Sierra Maestra, fu lui a chiamare i marines perché gli organizzassero un corpo «capace di combattere una guerriglia possibile». I marines vennero e, al comando del capitano Heinl, addestrarono la milizia dei lupi mannari: i tontons macoutes. Nel suo feroce anticomunismo, a Papa Doc disturbava perfino che i tontons indossassero la stessa uniforme verde oliva dei barbudos di Castro. Infatti mutò il verde oliva in celeste, colore amato da Heinl. «Una cosa è certa» m'ha detto un funzionario dell'ambasciata statunitense, «non permetteremo mai che Haiti diventi una seconda Cuba.»

Il rischio è remoto. L'odio che Papa Doc nutriva per gli Stati Uniti era una bizza per sollecitare denaro: non c'è Paese meno antiamericano di Haiti. Mai una scritta «Yankee go home», mai una frase o un comizio contro la guerra in Vietnam, mai uno sgarbo o un insulto diretto alla bandiera stellata. Se vuoi esser trattato coi guanti ad Haiti non devi parlare francese ma inglese, e infatti i turisti americani son più numerosi di quelli canadesi per cui Port-au-Prince è sempre stata una spiaggia à la page. Specialmente da quando Cambronne ha voluto la nuova legge sul divorzio: applicabile anche agli stranieri. Ottenere il divorzio a New York è lungo, penoso: ci vogliono almeno due anni e il motivo dell'adulterio. Ottenerlo ad Haiti è uno scherzo: basta una scusa qualsiasi e due settimane. Non hai nemmeno bisogno di cercarti un avvocato: ci pensa l'agenzia di Cambronne, insieme al biglietto d'aereo e alla prenotazione d'albergo. Quest'anno ventinove americani hanno sciolto il matrimonio così, e guai a fargli un dispetto: anche economicamente il Paese è in mano loro.

Tutta la bauxite ad esempio se la portan via loro, con la ditta Reynolds: a Miragoane staccano la terra a blocchi, la imbarcano a blocchi su un cargo, e la pagan soltanto un dollaro e mezzo per tonnellata. Lo zucchero, idem: lo chiamano zucchero anticastrista e lo requisisce la HASCO, Haitian American Sugar Company, a un prezzo che non cambia dal 1944. Quanto alla carne, la compra fino all'ultima libbra la HAMCO: Haitian American Meat Company. È la carne che serve per fare gli hamburger, gli hotdogs. Costa meno che in qualsiasi altra parte del mondo, neanche cento lire al chilo, e sai chi possiede la maggior parte delle azioni alla HAMCO? Lyndon Johnson e Lady Bird. Negli uffici della HAMCO di Port-au-Prince, il ritratto di Johnson e di Lady Bird c'è sempre stato: anche prima che lui diventasse vicepresidente e poi presidente degli Stati Uniti. Sicché stupisce un poco che gli americani non siano entusiasti di Baby Doc. Sostengono che non durerà più di sei mesi, fanno scommesse su chi lo ammazzerà. Max Dominique? Luckner Cambronne? Il generale Raymond? «The boy is a big fat target. They shouldn't miss him. Il ragazzo è un bell'obbiettivo grasso, non dovrebbero mancarlo.» Ma dicevan lo stesso di Papa Doc che durò ben quattordici anni.

I nemici

Studenti haitiani addestrati in Cecoslovacchia danno il via alla guerriglia, ma vengono massacrati in poche ore

Lunedì. Nessun cenno di vita di Baby Doc. Anche il ministro dell'Informazione insiste nel suo silenzio. Ho deciso di rivolgermi al ministro del Turismo e indovina chi è costui: il padrone del «Nouveau Monde», Gerard de Catalogne. L'ho conosciuto stasera, in casa dell'ambasciatore Adorni Braccesi che ha offerto una cena in onore di lui e di sua moglie perché li incontrassi.

Monsieur de Catalogne è alto un metro e novanta, fatto come una pera, ha la pelle rosa e la voce stridula di un porcellino. Quasi ciò non bastasse, è convinto di assomigliare a De Gaulle. Non gli assomiglia proprio. Né fisicamente, né intellettualmente, né moralmente. Basti pensare che è stato al servizio di Papa Doc per dodici anni e che Papa Doc lo ha insignito due volte della sua più alta onorificenza: l'Ordine all'Onore e al Merito. Quando parla di Papa Doc si illumina tutto, sembra Teresa d'Avila che invoca Gesù. L'intelligenza sublime di Papa Doc. La cultura irraggiungibile di Papa Doc. Il coraggio temerario di Papa Doc. La signorilità squisita di Papa Doc. Forse è lui che scrisse il *Catechismo del duvalierista*, quel Pater Noster che dice: «O nostro Doc che stai a vita nel palazzo nazionale, benedetto sia il tuo nome, venerato esso sia dalle generazioni di oggi e di domani. Che sia fatta la tua volontà a Port-au-Prince e nelle province. Dacci oggi la nostra Haiti e non perdonare mai ai tuoi nemici...». Comunque è lui che ha scritto le didascalie sotto gli orrendi ritratti che deturpan la statua di Cristoforo Colombo vicino al porto: «François Duvalier, il vecchio leone che assicura a tutti pace e benessere nella dignità assoluta. Jean-Claude Duvalier, la giovinezza è la primavera della nazione». Appartiene a quel tipo di uomini nati per adulare, obbedire. Sostiene che la scelta di Baby Doc è stata un colpo di genio e che Baby Doc sarà un grandissimo capo: spietato con gli avversari, durissimo con gli incerti. «Nessuno lo ammazzerà: gli americani si stanno già convincendo che è meglio averlo amico. Perché solo avendolo amico si può mantenere un governo forte ad Haiti, un governo da opporsi a Cuba.»

La moglie, una russa dagli occhi perfidi, gli faceva da spalla: in un duetto di cortigianeria. Sicché è stato delizioso quando, spinti dalla pioggia, centinaia di insetti alati sono apparsi e si sono gettati su loro. Non su me o sull'ambasciatore: su loro. Pinzandoli. E con tale ferocia da farli partire. Prima di partire però hanno giurato che avrò l'intervista con la primavera della nazione.

Martedì. Un censimento non è mai stato fatto ad Haiti. A occhio e croce si calcola che i suoi abitanti siano tre milioni e mezzo, forse quattro. Ed ecco: sollevare tre milioni di persone o anche quattro, spiegargli che esiste un regime detto democrazia, non dovrebb'esser difficile. Però, malgrado alcuni tentativi che sfiorano l'eroismo incosciente, non c'è mai riuscito nessuno. L'ultimo episodio risale a circa due anni fa, con il gruppo di Gerard Brisson e sua moglie Jacqueline Volel. Erano una sessantina, per lo più figli di ricchi borghesi. Erano andati a studiare a Parigi e qui li aveva adottati il Partito comunista francese inviandoli a un corso di addestramento in Cecoslovacchia. Appreso l'uso delle armi, la tecnica della propaganda, eran rientrati in patria via mare: da Cuba. E nel novembre del 1968 era apparso ad Haiti il primo foglio antiduvalierista: «Contestazione». Era diretto ai giovani delle università e diceva basta con le attese, le esitazioni, le rassegnazioni: in tutto il mondo gli studenti si sollevano, lasceremo dire alla storia che noi eravamo vigliacchi? Viviamo nella miseria più atroce, nell'ignoranza più infame. A scuola ci lasciano andare quattro giorni la settimana per tre ore al giorno soltanto, non ci fanno leggere i libri di testo che sono in uso negli altri Paesi, e da studiare ci impongono le opere pestilenziali di François Duvalier... Si vive all'ombra della corruzione, del favoritismo, della menzogna. Non si ha libertà di stampa, né di pensiero, si ignora perfino cosa sia la democrazia. Battiamoci contro Duvalier, la sua follia paranoica, il suo regime feudale. Organizziamoci clandestinamente per una lotta di liberazione. Costi quello che costi.

Costò la vita a tutti, nel giro di poche ore. Una decina s'erano stabiliti a Coral, presso Duvalierville. Una cinquantina, sulle alture di Port-au-Prince: a Boutillier. S'eran presi una villetta, ci avevan sistemato un arsenale di munizioni e una tipografia. Lì stampavano «Contestazione», di lì partivano per brevi colpi di mano. Ma la CIA se n'era accorta, aveva trasmesso l'informazione a Papa Doc: l'alba del 2 maggio 1969 la villetta fu circondata dai tontons macoutes, dall'esercito con un cannone. I cinquanta si difesero fino a mezzogiorno, poi il cannone li spazzò. Venti morirono, e tra loro Gerard Brisson. Gli altri vennero catturati, fucilati sul posto e sepolti in una fossa comune. Nel pomeriggio toccò al gruppo di Coral. Ignari della disfatta subita a Boutillier, avevano attaccato per primi e innalzato la bandiera rossa. Furono massacrati uno ad uno, con gli abitanti del luogo. E due mesi dopo, sciolte le associazioni studentesche, il Progresso cattolico che le appoggiava, l'Unione democratica che le sosteneva, di opposizione non si parlava più. «Che pace qui!» disse Rockefeller giungendo ad Haiti. «Sì, ma è la pace dei cimiteri» rispose il suo accompagnatore.

Abbastanza esatto: a coltivare il sogno di rovesciar Duvalier ormai non c'erano che i duvalieristi. E questi tentarono il colpo l'estate dell'anno scorso, sotto la guida di Octave Cayard, colonnello della marina e amico di Papa Doc. Ma la loro storia rientra nei limiti di una barzelletta. Papa Doc lo venne a sapere, con voce dolcissima telefonò a Cayard e: «Octave caro, vorrei parlarti. Puoi venire oggi stesso a palazzo?» «Certo, Eccellenza.» E, invece di andarci, ordinò ai congiurati di prendere il largo con l'intera flotta da guerra di cui dispone Haiti: tre guardacoste addetti al contrabbando. Appena al largo si misero a sparare ma, dopo cinque minuti, due dovettero cessare il fuoco: il contraccolpo rischiava di spaccare il ponte. Mantenne il tiro solo la nave più grossa, una posareti, e ad esser giusti lo mantenne bene: dirigeva la battaglia un tale che aveva studiato all'accademia di Livorno. Centoventi obici atterrarono felicemente intorno al palazzo presidenziale: rifugiato in cantina con la moglie e il signor de Catalogne, Papa Doc subì perfino l'affronto di un ultimatum. Poi il cannone si inceppò e Cayard fu costretto a scappare dirigendosi verso Guantanamo. Sperava che gli americani lo aiutassero a ripeter l'attacco: invece lo scortarono fino a Portorico e qui gli tolsero le navi per renderle a Papa Doc.

La tortuga è stata venduta agli americani

Mercoledì. Monsieur de Catalogne non ha ancora detto quando vedrò Baby Doc ma ho scoperto una cosa deliziosa e, per spiegare quanto sia deliziosa, devo indulgere a una premessa geografica. Come l'Italia ha l'isola detta Sicilia e l'isola detta Sardegna, Haiti ha l'isola detta Gonave e l'isola detta Tortuga. La prima è proprio dentro il golfo, dinanzi a Port-au-Prince; la seconda è di fronte alla costa nordovest, a un tiro di schioppo da Cuba. Ebbene: zitti zitti, i Duvalier hanno venduto la Tortuga. E indovina a chi? Agli americani. Lì per lì credevo a uno scherzo. Ma non è uno scherzo. La notizia è stampata su «Le Moniteur», gazzetta ufficiale della Repubblica, ed esattamente sul numero che porta la data del 21 aprile 1971: Anno XIV della Rivoluzione duvalierista. Si trova in prima pagina, sotto il titolo *Decreto del dottor François Duvalier*, e il decreto sembra firmato il «secondo lunedì d'aprile»: cioè il 5 aprile. Ma il 5 aprile Papa Doc era paralizzato dall'infarto del 12 marzo: chi ha firmato dunque? La voce comune è che l'abbia firmato Marie Denise che in quei giorni non lo mollava mai e gli faceva da segretaria privata, nonché da consigliera.

Il contratto di vendita è un capolavoro. L'isola viene ceduta alla Dupont Caribbean Incorporated, rappresentata dal signor Don Pierson di Eastland, Texas, per la durata di novantanove anni e con l'opzione esclusiva di rinnovar l'acquisto per altri novantanove anni nel 2070. Alla Dupont Caribbean Incorporated è garantito l'uso, il possesso, l'usufrutto completo assoluto e senza alcuna restrizione di tutto il territorio. Su tale territorio la legge sarà dettata da un unico organismo: la Dupont Caribbean Freeport Authority, col suo consiglio di amministrazione che ha carta bianca in campo esecutivo e giuridico, diritto inalienabile di costruire strade, alberghi, case, porti, imbarcaderi, stazioni balneari, fabbriche, «le varie installazioni che saranno considerate necessarie», facoltà inderogabile di creare o incorporare società, compagnie, imprese industriali, «organismi sotto qualsiasi aspetto e qualsiasi forma», importazioni ed esportazioni esenti da dogana, libero scambio di valuta straniera. Il prezzo è irrisorio. In alcune zone, mezzo dollaro per metro quadro: cioè trecento lire. In altre, un dollaro per metro quadro: cioè seicento lire. In altre ancora, due dollari o quattro: fino a uno sborso totale di un milione e mezzo di dollari. Neanche un miliardo di lire.

Il resto è diabolico. Pei lavori già in corso la Dupont Caribbean promette di assumere preferibilmente personale haitiano ma a condizione che questi sia disposto ad accettare gli stessi salari e gli stessi sistemi esistenti nel territorio di Haiti. Vale a dire il massimo di un dollaro al giorno, senza limiti di orario e senza sindacati. In cambio, il governo di Haiti si impegna dinanzi alla Corte internazionale dell'Aia a non espropriare né nazionalizzare tale possesso e garantisce alla Dupont Caribbean diritti e privilegi simili su altri terreni di Haiti, cioè su terreni da scegliere in un prossimo futuro. Ufficialmente, insomma, si vuol fare dalla Tortuga una seconda Las Vegas: con casinò per giocare alla roulette, centri sportivi, sale da ballo, tribunali per divorziare alla svelta, cappelle per sposarsi in cinque secondi. Praticamente, invece, si mira a farne una seconda Guantanamo: giacché niente nel contratto vieta l'installazione di basi militari. Come dimostrano i punti che ho sottolineato. Del resto l'ultimo articolo, il numero 13, parla chiaro a proposito: «La Dupont Caribbean Freeport Authority Incorporated si impegna a non dare licenze né permessi né concessioni a nessuna impresa controllata da un Paese comunista. E in particolare si impegna a non permettere nessuna attività sovversiva nell'isola della Tortuga». Lo stesso contratto si sta preparando per la Gonave.

Papa Doc voleva vendere la Gonave a Onassis. Infatti Onassis venne qui con la Callas, qualche anno fa, e rimase diversi giorni col panfilo nel porto. Per sedurlo, Papa Doc gli regalò anche un pezzo di terra dove costruire una villa. Ma la Callas, donna di buongusto, brontolò che-ne-facciamo-di-questa-porcheria e batté i piedi finché il panfilo non ebbe tolto l'ancora dirigendosi verso spiagge più salubri. Onassis promise di tornare. Disse perfino che avrebbe studiato un accordo. Ma nessuno lo vide più.

Baby Doc

L'intervista è quasi uno scontro: devo lasciare Haiti e sul mio aereo incontro Marie Denise

Giovedì. L'appuntamento con Baby Doc è fissato per domani. Monsieur de Catalogne ha preteso la lista delle domande che intendo fargli. Gli ho fornito ventidue interrogativi molto educati. A esempio: come si spiega che Haiti sia una repubblica e che lei sia successo a suo padre come in una monarchia? Pensa di saper guidare un Paese a diciannove anni e senza alcuna esperienza politica? Ritiene la violenza uno strumento necessario per governare, come diceva suo padre ammiratore di Machiavelli? Ha paura di essere ammazzato? Accetterà la laurea honoris causa sebbene abbia frequentato solo pochi mesi di università? Come giudica i giovani che ovunque si sollevano per un mondo migliore? Cosa pensa di Fidel Castro come politico e come uomo? Cosa pensa della guerra in Vietnam? Come definirebbe la libertà? E la democrazia? Non teme che gli americani trasformino la Tortuga in una Guantanamo e Haiti in una San Domingo? Ha risposto da solo a queste domande? Monsieur de Catalogne ha letto ogni cosa senza battere ciglio. Poi ha schioccato la lingua e ha esclamato «bene, benissimo!». Infine ha promesso che avrò una bella intervista esclusiva, la più bella intervista della mia vita. Sono contenta, sono felice. Monsieur de Catalogne non è antipatico come sembrava e Port-au-Prince è un luogo squisito. Perché non piacque alla Callas? Spira un vento soave e i ritratti del papa Paolo VI dondolano appesi ai fili della luce elettrica. Li portò l'inviato speciale del Vaticano quando venne a fare la pace con Papa Doc che aveva cacciato a pedate l'arcivescovo francese Poirier.

Venerdì. Devo calmarmi un poco prima di raccontare quel che è successo. Se non mi calmo, rubo il fucile a un tonton e vo ad ammazzare Monsieur de Catalogne. Dunque, è successo questo. È successo che sono arrivata a palazzo. E a palazzo ho trovato un mucchio di giornalisti ai quali era stata promessa, come a me, una bella intervista esclusiva. Ci siamo guardati con lo stupore che paralizza le vittime di una beffa collettiva e poi ci siamo messi ad attendere, bestemmiando cose irripetibili. Un'ora dopo è giunto de Catalogne che ha reso a ciascuno la lista delle sue domande: quasi tutte cancellate. A me invece ha dato una lista nuova, pulita. Conteneva cinque domande cretine che non avevo mai posto o storpiavano in malafede totale alcuni dei miei concetti. Uno: «La sua investitura ha sbalordito il mondo; come reagisce al nostro sbalordimento?». Due: «Ha accolto con sorpresa la decisione di suo padre?». Tre: «Cosa pensa della democrazia parlamentare?». Quattro: «Suo padre era contro gli americani: perché?». Cinque: «Lei è il solo arbitro delle sue decisioni?». Sono saltata su, inviperita: «Queste non sono le mie domande!». Monsieur de Catalogne non ha risposto. Poi ha risposto: «Lei è autorizzata a porre queste domande e basta».

Gli altri giornalisti mi hanno circondato subito, affettuosamente, e mi hanno supplicato di non far sciocchezze: gli stranieri ad Haiti non godono immunità e, quando vanno in galera o dinanzi al plotone di esecuzione, non c'è santo che possa salvarli. Ma l'ira mi scuoteva come un temporale e, quando il ministro dell'Informazione ha annunciato che Sua Eccellenza il presidente a vita avrebbe ricevuto Madame Oriana Fallaci, son balzata in avanti come un vietcong che va all'assalto di una trincea. Non sapevo cosa avrei fatto ma sapevo che qualche cosa avrei fatto: entrando nel gabinetto presidenziale schiumavo, non mi teneva dietro neanche Moroldo che ha le gambe lunghe. Il gabinetto era quello di Papa Doc. In piedi c'era il ministro Cambronne, il ministro Raymond, il ministro Cineas, il generale Raymond, Monsieur de Catalogne e un altro figuro. Dietro il tavolo invece, e seduto, c'era Baby Doc: più grasso che in fotografia. Se ne stava lì immobile, inespressivo, vestito di grigio. Non ha detto nulla. Non s'è alzato nemmeno: cosa che fanno anche i capi di Stato e i re. Allora ho schiaffato il magnetofono sopra il suo tavolo, mi sono seduta, e ho sventolato il foglietto con le cinque domande di Catalogne: «Signor presidente, queste non sono le mie domande. Queste sono le domande del signor Gerard de Catalogne il quale ha nascosto le mie. Il signor de Catalogne sostiene che sono autorizzata a chiederle solo ciò che è scritto qui e suppongo che lei sia autorizzato a rispondere solo quel che c'è scritto lì». E ho indicato due fogli che aveva dinanzi a sé.

Be', è stato buffo. Anzitutto per l'esclamazione sommessa che è sfuggita a Moroldo: «Oddio!». Poi per il movimento ondulatorio che ha scosso i ministri: incerti se piombarmi addosso o no. Poi per il pigolio di Monsieur de Catalogne che sibilava tra i denti: «Inaudito! Inaudito!». Infine per lo smarrimento di Baby Doc che all'improvviso ha rotto quell'impassibilità e ha spalancato la bocca nel gesto di chi non sa cosa fare. Ha spalancato anche gli occhi. Ha posato sui suoi ministri uno sguardo incredulo, interrogativo, perduto, e sembrava dicesse: «Come? Che dice? Cos'è?». Faceva pena, ma pena. Faceva così pena che mi sono pentita e ho deciso di andargli in aiuto: «Senta, qui non ci resta altro da fare che leggere quel che ci hanno scritto». Dopodiché gli ho letto le domande del signor de Catalogne. Una ad una, sempre chiarendo che non erano mie e che io non c'entravo per nulla. A ogni domanda gli altri riprendevano a ondeggiare, bisbigliare, sospirare, Cineas stringeva anche i pugni: avresti detto che anelava a picchiarmi. Baby Doc invece sembrava sollevato e, mi sbaglierò, quasi grato. Mi ha letto ciò che gli avevano scritto con voce incolore, inciampando sulle virgole e i punti, o addirittura ignorandoli: come fa la mia sorellina che ha otto anni e frequenta la terza elementare. Un disastro. Vorrei darvi il nastro invece del testo. Ecco qua.

Uno: «Il mondo s'è sbalordito della mia investitura perché il mondo non è al corrente della realtà haitiana ma tutto s'è svolto nel modo più regolare la Camera legislativa ha riformato la Costituzione e ha dato a mio padre il diritto di designare il suo successore... Mio padre mi ha scelto e la sua scelta è stata approvata da un referendum con cui il popolo haitiano ha dato la sua approvazione con immensa maggioranza...». Due: «Durante gli ultimi otto anni non ho mai smesso d'essere a fianco di mio padre che era il mio professore e il mio maestro e non ha mai cessato di aiutarmi coi suoi consigli in più sono stato al suo fianco in tutta la sua battaglia politica che ha sostenuto e nei combattimenti che ha diretto questo apprendistato mi ha dato una formazione politica e morale che mi consente oggi di assumere le enormi responsabilità che ho assunto...». Tre: «In tutti i Paesi si parla di democrazia ma essa non esiste che in una sola forma quella che c'è negli Stati Uniti e in Inghilterra. La verità è che ogni Paese possiede le sue tradizioni storiche e sociali e non è concepibile che noi si segua l'esempio di certi governi oligarchici che hanno provocato la crisi attuale della civiltà occidentale... Punto». Quattro: «Ma no mio padre non era nemico degli americani mio padre aveva una grande ammirazione per gli Stati Uniti aveva un bel ricordo dei suoi studi all'Università del Michigan però mio padre non ha mai dimenticato cosa fu l'occupazione americana dal 1915 al 1934...». Cinque: «Naturalmente sono il solo arbitro delle mie decisioni e non permetterò che tocchino le mie prerogative ciò non mi impedirà di ascoltare le opinioni dei miei collaboratori e di realizzare nel mio governo un lavoro di équipe... Équipe».

Ha alzato gli occhi e mi ha guardato come a dire: «Ho finito, qui non c'è altro». S'è ricomposto nella sua posizione di Buddha e io non gli ho chiesto più nulla. Certo mi sarebbe piaciuto esigere un chiarimento sul discorso della democrazia che esiste solo negli Stati Uniti e in Inghilterra: ma sarebbe stata una crudeltà inutile. Ho raccolto il mio magnetofono e gli ho stretto la mano. Lui ha restituito la stretta ed è rimasto seduto. Però mi ha lanciato uno sguardo tale, sai lo sguardo dei cuccioli presi al laccio, che m'è salita dal cuore un'esclamazione: «Buona fortuna! Bonne chance!». A quanto pare, è stata la goccia che ha fatto traboccare il vaso. Tutti dicono che stanotte farei meglio a dormire in ambasciata: in albergo potrebbe accadermi qualcosa.

Sabato. Sono partita sotto la scorta dell'intera ambasciata italiana. Anni fa, per molto meno, l'intera famiglia Jacmel fu massacrata all'aeroporto con raffiche di mitra. Compresi la nonna e i bambini. Per qualche minuto, lo ammetto, ho provato anche un po' di paura. È stato quando, nella sala d'attesa, sono irrotti tre o quattro tontons e s'è saputo che l'aeroporto era circondato dalla polizia. Militi armati eran perfino sulla torre di controllo, sui tetti. Ma poi l'equivoco è stato chiarito: col mio aereo partivano anche Marie Denise e Max Dominique: Baby Doc li avrebbe accompagnati fino alla scaletta dell'aereo, insieme alla famiglia. Marie Denise e Max li ho incontrati a bordo: mi eran seduti vicino, dall'altra parte del corridoio. Lui era davvero bello, malgrado il naso che ha una larghezza di quindici centimetri circa. Elegantissimo inoltre, con le unghie laccate di rosa come una donna. Quanto a lei, era meno brutta di quel che appare nelle fotografie: naso piccolo e gambe stupende. Ma assomigliava un po' troppo al padre, soprattutto nel lampo feroce degli occhi. Appena l'aereo è decollato, hanno aperto una borsa di coccodrillo. Hanno tirato fuori un pacchetto di assegni e si son messi a contarli: facendo somme e moltiplicazioni. (L'eredità di Papa Doc, suppongo.) Quindi hanno preso una carta geografica della Tortuga e l'hanno esaminata con molta attenzione, tirandosi varie gomitate nei fianchi e ridendo come se avessero vinto a un gioco d'azzardo. Nessuno, ignorando il loro nome e cognome, avrebbe immaginato che erano in lutto.

Li ho lasciati in pace per un paio d'ore, onde studiarli meglio. Poi ho attaccato discorso. Mi hanno chiesto se fossi una turista. Quando ho risposto no, giornalista, lei ha abbassato lo sguardo sui ginocchi e s'è chiusa in un mutismo sdegnoso. Lui invece ha tentato di rendersi amico: sapeva chi fossi, conosceva la storia. Ha detto che ieri doveva venire a palazzo e non c'era venuto perché molto stanco: ora gli dispiaceva e sperava che non giudicassi Haiti attraverso Monsieur Cineas e Monsieur de Catalogne e un bambino come Jean-Claude. Per capire Haiti non bastano dieci giorni, ci vogliono dieci anni: o almeno due anni. Ma soprattutto bisogna aver conosciuto François Duvalier, averlo amato e ammirato come lo aveva amato e ammirato lui: Max Dominique. Ho frenato la voglia di ricordargli che, al gran Duvalier così amato e ammirato, lui era stato sul punto di fare la pelle: del resto, era stato quasi messo a morte per questo. Ma a cosa sarebbe servito? Sapeva che io lo sapevo. Così ho tagliato corto su quell'argomento e gli ho chiesto della Tortuga. Be', sebbene la mia domanda avesse un tono innocente, l'ha presa malissimo. Ha risposto che come italiana non avevo il diritto di giudicare la vendita della Tortuga: gli italiani non avevan fatto lo stesso vendendo la Sardegna all'Aga Khan? Gli italiani eran servi degli americani e la loro democrazia era una truffa: non c'era libertà in Italia, non c'era opposizione, non c'era nulla fuorché porcherie. Quanto ai giornalisti, erano pagati dalla CIA o da Mosca per scrivere male di Haiti. E qui è scoppiata una specie di rissa. Io non volevo, lo giuro. Oltretutto, mi divertiva ascoltarlo: apprezzar la sua grazia, la sua intelligenza, e la sua diplomazia. Ma non ce l'ho fatta. Gli ho risposto con brutalità e alla rissa s'è unita anche Marie Denise. Cosa uscisse dalla sua bocca non so: parlava creolo. In francese ha detto soltanto che loro due eran fieri d'essere haitiani. Affermazione cui lui ha replicato: «Non esageriamo, cherie». Proprio così, lo giuro: «N'exagérons pas, chérie». Ora stiamo scendendo a New York e mi chiedo se sia il caso, per me, di tornare ad Haiti. Forse no. Forse è più prudente, per me, fare un'altra capatina in Vietnam.

12
Ceylon. Una tragedia sconosciuta[4]

Colombo, agosto 1971
Una cortina di silenzio è scesa sulla tragedia, avvolgendo i vivi e i morti in un unico sordo sudario. Nessuno parla più di Ceylon, della rivolta che li straziò. I giornalisti che per mesi tentarono invano di sbarcare a Colombo hanno ormai dirottato verso Paesi meno chiusi e meno scomodi. Ottenere il visto è ancora un'impresa snervante, riesce una volta su cento. Se per caso lo ottieni ed entri nella capitale, non trovi che bocche mute o porte sbarrate. Pochi ti aiutano a frugare nella verità, la maggioranza vuole che il mondo dimentichi cosa accadde in aprile. Ricordi cosa accadde in aprile? Ciò che nessuno credeva potesse verificarsi in un paese retto da un governo socialista, con comunisti e trotzkisti al potere. All'improvviso, una notte, decine e decine di migliaia di ragazzi tra i sedici e i venticinque anni si sollevarono contro quel governo: per rovesciarlo. Studenti delle scuole medie, delle università, laureati di fresco. Maoisti, dicono alcuni; guevaristi, li definiscono altri. Armati con vecchi fucili da caccia, bombe

---

4 Per la prima volta nella storia una donna, a capo di un governo di sinistra, s'è trovata a dover fronteggiare una sanguinosa rivolta di studenti. Oriana Fallaci l'ha interrogata su questa straordinaria esperienza.

a mano rudimentali, bottiglie molotov, candelotti di dinamite, coltelli, assaltarono in quaranta distretti i posti di polizia, bloccarono i ponti e le strade, occuparono i villaggi, e per ben tre settimane tennero l'isola in pugno. Solo Colombo si salvò, stretta in un cerchio di fuoco da cui il governo lanciava appelli disperati: supplicando la Gran Bretagna, l'Unione Sovietica, l'America, la Cina, l'India, di inviare truppe e munizioni ed elicotteri e aerei. Le notizie giungevano rade, contraddittorie. La censura, imbestialita, non le lasciava passare. Taceva il telefono, tacevano le telescriventi, i corrispondenti più audaci venivano espulsi ma una volta fuori non avevano molto da raccontare: il coprifuoco durava ventiquattr'ore su ventiquattro e non consentiva ricerche. Poi, ai primi di maggio, si seppe che la rivolta era stata domata in un bagno di sangue. Almeno cinquemila giovani ammazzati, e c'è chi afferma diecimila. La strage di Erode.

Chi non era morto in combattimento, era morto fucilato: come quella ventenne, Miss Ceylon, che a Kataragama il plotone di esecuzione denudò e violentò. Chi non era morto fucilato, era morto impiccato: come quegli studenti di Storia a Kosgoda. Chi non era morto impiccato, era morto crocifisso: come quei laureati di Kandy. Chi non era morto crocifisso, era morto bruciato vivo: come quel gruppo di Akuressa, gettato su un falò di copertoni. Chi non era morto bruciato vivo, era morto di sevizie: come quello scolaro di Bandaragama cui spellaron le piante dei piedi per coprirle di pepe. Chi non era morto di sevizie, era morto decapitato o annegato. Per giorni e giorni i fiumi trasportarono al mare i cadaveri dei bambini legati tra loro pei polsi. Per giorni e giorni dagli alberi di cocco penzolarono gracili corpi appesi pei piedi. Per giorni e giorni sui cartelli delle strade asfaltate si videro fanciulle e fanciulli inchiodati come Gesù. Avresti detto che un'ondata di follia sanguinaria avesse sconvolto le menti dei poliziotti, dei soldati. L'incubo cessò solo con gli arresti. Quando ci si stancò di massacrare, torturare, sparare, incominciarono i rastrellamenti. Non si salvava nessuno che avesse la pelle fresca, gli occhi limpidi. Chiunque non avesse i baffi o le rughe, chiunque dimostrasse sedici anni o vent'anni, veniva acchiappato e gettato in prigione. O in un campo di concentramento. In meno di un mese le scuole e le università divennero orrendi depositi di ragazzi e ragazze stipati come maiali infetti. Quindicimila arrestati, la cifra è ufficiale. Quindi è lecito credere che anziché quindicimila siano molti di più.

Ma chi erano questi insorti? Chi li aveva sobillati, chi li aveva mandati al macello? Come s'erano sollevati e perché? Cosa volevano, cosa cercavano? Cos'era successo in realtà in questa Ceylon che sembrava l'ultimo luogo del mondo dove potesse avvenire una rivoluzione? Qui nessuno, infatti, era oppresso da un regime di terrore: si votava liberamente, nelle garanzie parlamentari. Qui a nessuno era proibito di battersi per una società diversa: i partiti marxisti esistevano in tutte le sfumature, da quelli pro Mosca a quelli pro Pechino a quelli pro Cuba. Poi anche la Corea del Nord, il Vietnam del Nord, il governo provvisorio Vietcong, la Germania Est. Eran rappresentati da un'ambasciata: per non parlare del corpo diplomatico cinese e sovietico, trattato quasi meglio del corpo diplomatico americano e britannico. Ma c'è di più: qui nessuno moriva di fame, di stenti. Un'usanza imposta dagli inglesi (che da Ceylon partirono graziosamente lasciando l'indipendenza e un mucchio di soldi nelle casse di Stato) stabiliva che a ciascun cittadino fosse regalata una razione settimanale di riso: due chili a testa. I sindacati erano forti, rispettati. L'assistenza medica era gratuita, e gratuita era la scuola fino all'università. Debellato l'analfabetismo, chiunque poteva arrivare senza spendere un soldo alla laurea. E chiunque aveva una casa, magari un pezzet-

Ceylon. Una tragedia sconosciuta

to di terra. Sia in città che in campagna non vedevi mai lo squallore che ti aggredisce in India, in Pakistan, in quasi tutta l'Asia. Niente mendicanti, niente malati, niente sporcizia. Dunque perché una rivolta così arrabbiata, una repressione così spietata?

Il reportage che segue vuol tentare di rispondere a queste domande ed è il risultato di due settimane trascorse a Ceylon dove ho potuto entrare, unica giornalista italiana, col beneplacito delle autorità. Sulla schedina di sbarco avevo scritto turista, e la parola suonava come una beffa: fino a quattro mesi fa, Ceylon era considerata il paradiso dei turisti. Essi venivano in ogni stagione ad assaporare un paesaggio tra i più seducenti del mondo: con le sue spiagge azzurre, i suoi boschi di smeraldo, i suoi templi millenari, i suoi elefanti addomesticati, le sue famose gemme. Oltre ai rubini e gli zaffiri, il folclore, il clima dolce come una carezza, li attirava la bonarietà dei cingalesi, la libertà che si godeva. Ma il paradiso è finito, i turisti non vengono più. Guarda gli alberghi: son vuoti. Guarda i ristoranti: sono sforniti. Guarda i negozi: sono deserti. C'è ancora il coprifuoco, alle dieci di sera. Se vuoi uscire col buio devi chiedere un permesso speciale, mostrarlo alle sentinelle alzando entrambe le braccia, e neanche quello basta: se la sentinella è nervosa, spara prima di controllare chi sei. Ovunque tu vada hai l'impressione d'essere controllato, spiato, seguito. Del resto, non sono molti i luoghi dove puoi andare: a girare l'isola ti scoraggiano con fermezza. È pericoloso, dichiarano. Pericoloso? La rivolta non è forse finita? Neanche per sogno, ecco la verità che la cortina di silenzio nasconde. La rivolta continua: a sud, nei distretti di Ratnapura e Badulla; a nord, nei distretti di Anudharapura e Polonnaruwa; a est, nei distretti di Trincomalee e Batticaloa. Gli insorti si nascondono nella giungla, sulle montagne, presso i villaggi più inaccessibili, e di lì escono solo per rapidi colpi di mano: l'attacco a un posto di polizia, l'irruzione in un mercato per procurarsi il cibo. Il governo sostiene che sono pochi: tremila, al massimo cinquemila. Aggiungi uno zero, però, e ascolta la gente che sa: «Nella giungla vi sono più di cinquantamila insorti di cui diecimila combattenti scelti. Ovunque c'è giungla vi sono insorti: non creda alle bugie ufficiali. La guerriglia è appena incominciata e durerà a lungo: anni, forse, per sfociare in una rivoluzione tremenda. Ceylon è un vulcano che lo scorso aprile vomitò solo qualche favilla».

Per esserne convinto, del resto, basta che tu vada a dare un'occhiata dinanzi all'università di Vidyalankara: appena fuori dal centro di Colombo. Non si studia più a Vidyalankara. Ormai è una prigione. Oltre il filo spinato e sotto il tiro delle baionette, hanno ammassato cinquemila studenti: guardarli è come guardare una miccia la cui fiammella corre verso la carica di dinamite. Gli studenti sono affacciati alle finestre, seduti sui balconi, accoccolati per terra, immobili, senza far nulla, i ragazzi coi sarong ormai sozzi, le ragazze coi sari ridotti a un cencio, e non c'è ombra di rassegnazione sui loro volti affilati. Ridono quando i guardiani imbracciano meglio il fucile. E ridendo cantano ballate insolenti dove una frase ricorrente dice: «Hai paura, poliziotto? Hai ragione ad aver paura. Aspetta e vedrai». Oppure vai nel campo di Anudharapura, su a trecento chilometri da Colombo. Io l'ho visitato con un permesso speciale giacché è il campo più decente, il solo che possono mostrare. Tra cinquecentotrentacinque giovani v'era un vecchio di sessant'anni: preso come ostaggio in cambio dei figli fuggiti nella giungla. Parlava inglese, mi ha confidato: «Dice che mi terranno qui fino al giorno in cui i miei figli si arrenderanno. Ma purtroppo non si arrenderanno: dovesse durare per sempre». Accade lo stesso in Malesia dove una guerriglia simile continuò dodici anni e tenne impegnate centomila truppe del Commonwealth ed ora è ricominciata. Accade in tutto l'Oceano Indiano: culla, come vedremo, di ogni ingordigia occidentale ed orientale, sovietica, americana, cinese. Ma a Ceylon il caso è allucinante. Come dice Sirimavo Bandaranaike: «a Ceylon hai la prova che gli uomini non sanno esser felici o che per esser felici hanno bisogno di soffrire».

Un'analisi della tragedia non può che incominciare da lei, Sirimavo Bandaranaike, la matrona che governa Ceylon. Infatti è lei che gli insorti dovevano catturare e ammazzare a conclusione del colpo di Stato; è lei che ha dovuto subire e ancora subisce una prova da cui uscirebbe sconvolto il più esperto uomo politico. Un caso più che straordinario. E va da sé che tutto appare straordinario in questa cinquantacinquenne che fu la prima donna della nostra epoca a diventare primo ministro: dalla sua personalità, che è un paradossale miscuglio di candore e scaltrezza, al suo aspetto fisico che non è certo quello di un leader. Se la trovi per strada ignorando chi sia, la prendi per una massaia che va a fare la spesa. Di una massaia ha l'andatura greve, un po' goffa, il corpo pesante, voluminoso, la mancanza assoluta di *sophistication*. Porta i capelli a crocchia, tirati sulla fronte bassa e sulle tempie con una specie di cattiveria o di autodisprezzo. Non si dà un filo di cipria, un velo di trucco. Il viso, che forse in passato fu bello o almeno piacente, è una maschera energica e perennemente imbronciata che a momenti assume tratti quasi monacali. Sai la maschera di certe mamme che hanno sgobbato tanto, sopportato tanto, e non hanno conosciuto la gioia: né sessuale né sentimentale.

È timida, brusca come lo sanno essere i timidi. Neanche il potere ha saputo liberarla dei molti complessi che la soffocavano da ragazzina, ed era una studentessa buddista al collegio cattolico di Santa Brigida, se ne stava sempre nell'ultimo banco, ad ascoltar zitta zitta. È sola. Non esiste un uomo nella sua vita, un'amicizia di cui si può fidare:

dal giorno in cui morì suo marito sostiene il ruolo di vedova con rigore asiatico, cupo. E qualcosa nel suo sguardo fisso, nella sua rassegnazione indurita, ti fa sospettare che sia stata sola perfino quando era vivo lui. Lui le era stato imposto dalla famiglia: sai quei matrimoni arrangiati per interesse e per calcolo, secondo un uso ancor frequente in Asia. Lo sposò a ventiquattr'anni. Solomon Bandaranaike ne aveva quarantaquattro, troppi di più. Uomo di grande cultura, di indubbia intelligenza, aveva studiato a Oxford con Anthony Eden e coltivava una grazia squisita ma le donne lo interessavan pochissimo: la sua vera amante era la politica. La leggenda o il pettegolezzo sostengono che lei volesse sposare un altro, quel Dudley Senanayake che ancor oggi è il suo avversario politico più irriducibile, il suo nemico più odiato. «Tutto ciò che fa Sirimavo» si dice a Colombo, «lo fa per rancore verso Senanayake.» Tuttavia l'unione con Solomon riuscì, ne nacquero perfino tre figli: Sunetra, che ora ha ventotto anni e vive a Londra; Chandrika, che ora ne ha ventisei e vive a Parigi; Anura, che ora ne ha ventuno e vive tra Cuba e Colombo. Le prime due, femmine; il terzo, maschio.

Solomon Bandaranaike era, politicamente, una specie di Nehru. Lo ossessionava la necessità di stabilire una terza forza progressista, una specie di socialdemocrazia, da opporre alla sinistra marxista e alla destra conservatrice che con Senanayake dominava il Paese. Ci riuscì fondando il Lanka Freedom Party, Partito della Libertà, e in quell'impresa Sirimavo gli fu molto vicina: con lo stesso spirito con cui si curava del suo cibo, dei suoi figli, dei suoi calzerotti. Moglie ubbidiente, devota, mite, lo seguiva in ogni viaggio e in ogni comizio. Gli faceva da segretaria: abitudine frequente a Ceylon dove le mogli degli uomini politici son quasi sempre depositarie dei loro segreti. E così, anche grazie a lei, il Partito della Libertà ebbe successo: nel 1956 Solomon Bandaranaike vinse le elezioni su Senanayake e divenne primo ministro. Quattro anni dopo era morto, assassinato da un monaco buddista per ragioni non chiare e forse non nobili. Era un mattino di settembre, lui se ne stava sulla veranda della sua casa a Colombo a leggere e aspettar visite giacché era abituato a ricevere tutti senza cerimonie. Arrivò il monaco e gli scaricò addosso sei colpi di rivoltella. Si udì un grido e basta: «Sirimavo! Aiuto! Sirimavo». Il monaco, processato e poi giustiziato, non spiegò mai il suo gesto.

L'assassinio gettò Sirimavo in una disperazione pari a quella dei membri del partito, all'improvviso privati dell'unico leader e di ogni speranza di successi futuri. Non c'era nessuno che potesse sostituire Bandaranaike e le nuove votazioni per il mandato 1960-1965 incalzavano. Come risolvere il problema? Il partito lo risolse offrendo a Sirimavo il posto che era stato di Solomon. Sirimavo si schermì, si difese, poi capitolò: l'avversario era Dudley Senanayake. E un po' per calcolo, un po' per sincerità, condusse la campagna elettorale in modo assolutamente geniale: piangendo. Si presentava alla folla vestita da vedova, cioè col sari bianco, e anziché parlare piangeva: mentre la folla piangeva con lei. Stravinse. Andò al governo e dalla moglie mite, dalla segretaria discreta, fiorì un personaggio che sembrava inventato apposta per sedurre la fantasia popolare: quello della mamma sempliciotta che dirige la nazione come una famiglia. Non era mai avvenuto che una donna diventasse primo ministro: Golda Meir e Indira Gandhi sarebbero giunte a quei fasti assai dopo. E, sebbene in politica interna subisse sconfitte (l'industrializzazione del Paese fallì, la nazionalizzazione del petrolio si concluse con un buco nell'acqua, la disoccupazione assunse aspetti pericolosi), in politica estera riuscì a fare il miracolo: assicurarsi una neutralità totale col cosiddetto non allineamento. In altre parole, ciò che alla mente sofisticata di Solomon era apparsa un'impresa difficile al suo buonsenso parve elementare: «Non ti servire da un bottegaio e basta, compra da tutti o da nessuno». La videro a Mosca dove s'incontrò con Chruščëv, a Pechino dove s'incontrò con Zhou Enlai. La videro in Cecoslovacchia, in Polonia, in Jugoslavia dove si presentava con la sua borsetta al braccio, il suo gioiellino sul sari, e con le mani giunte sul cuore diceva: «Vi parlo proprio da donna e da madre!». Del resto ciò non le impediva di mantenere ottimi rapporti coi Paesi capitalisti che per non perderla sganciavano fior di quattrini. E chi le costruiva in regalo l'aeroporto di Colombo, come il Canada, chi le finanziava la campagna contro la malaria e la sovrappopolazione, come gli Stati Uniti, chi le forniva materie prime, come la Gran Bretagna. Un capolavoro. In fondo essa non si meritava di perdere le elezioni del 1965 ed esser soppiantata dal solito Senanayake.

Ma ormai la vedova piangente non era più una vedova piangente, ormai il mestiere che per caso o destino aveva intrapreso le piaceva moltissimo. Nei cinque anni che seguirono si oppose a Senanayake con la furia di una leonessa e coltivò un unico sogno: riprendersi il suo posto. Per riprenderlo ogni mezzo era buono, anche il compromesso più audace. Ad esempio, un Fronte Unito coi partiti comunista e trotzkista: lei che s'era sempre vantata di non accettare il marxismo, lei che veniva da una famiglia di proprietari terrieri e aveva ereditato da Solomon un bel conto in banca. Ma era sete di potere, la sua, o buonafede? Molti sono convinti che si trattasse di buonafede, sia pure alimentata da una dose di ingenuità. Sia la figlia Sunetra che a Oxford s'era laureata in Economia politica, sia la figlia Chandrika che alla Sorbona s'era laureata in Scienze politiche, sia il figlio Anura che a Londra studiava Storia moderna, non facevan che ripeterle quanto il mondo andasse cambiando e quanto i vecchi schemi fossero superati. I loro ragionamenti non eran diversi da quelli che a Ceylon infiammavano i giovani contestatori capeggiati da un certo Rohana Wijeweera, ex studente all'Università Lumumba e confesso maoista. E, lungi dall'ignorarli, Sirimavo li registrava con umiltà, ci meditava con curiosità, ne subiva l'influenza. Ripeteva come un ritornello che da una parte c'erano i ricchi, dall'altra i poveri, che il vuoto andava colmato, il socialismo applicato. Con le più oneste intenzioni, sostengono alcuni, fondò il Fronte Unito e lanciò un manifesto con cui scagliava anatemi contro i capitalisti locali e stranieri, prometteva la nazionalizzazione delle banche, la socializzazione dei beni di consumo, la costruzione di enti statali per dirigere le piantagioni di tè, di cocco, di gomma. Si esibì anche in comizi privi di lacrime durante i quali gridava: «Toglieremo ai ricchi per dare ai poveri!», e di nuovo stravinse. Anzi, stravinse più clamorosamente che nel 1960, ammucchiando ben centoquindici seggi su centocinquantuno. Ma, un anno dopo, le scoppiò sotto i piedi la rivolta guevarista. Dice che al momento di saperlo essa cadesse di schianto su una poltrona e annaspasse in cerca di aria. Dice che confidasse a un parente: «Questo è il dolore più grosso della mia vita, la beffa più crudele». Dice che parlando alla radio, nel suo messaggio agli insorti, la sua voce tremasse e più d'una volta sembrasse rompersi negli antichi singhiozzi. Povera donna, bisogna capirla.

Vedremo nel prossimo articolo come la rivolta ebbe luogo e con quali protagonisti. Qui il discorso si limita a Sirimavo Bandaranaike e al ruolo che essa sostenne nei giorni in cui il Paese bruciava. Un ruolo definitivo: fu la sola a non scappare e a reagire. Mentre i ministri, i sottoministri, i capipartito, i deputati si nascondevano come conigli terrorizzati dentro gli alberghi, le case degli amici, e perfino nelle cantine e sui tetti, Sirimavo restò dentro il palazzo presidenziale a organizzar la difesa e la controffensiva: faccenda quasi impossibile. Per sua volontà infatti l'esercito cingalese era diventato il più insufficiente del mondo: appena seimila soldati, poco più di diecimila poliziotti, millecinquecento marinai, due o trecento avieri, e niente cannoni, niente carri armati, niente razzi. Soltanto vecchi fucili cecoslovacchi o inglesi, due o tre dozzine di mitragliatrici arrugginite, quattro autoblindo scassate. Durante la Giornata delle forze armate, che si teneva ogni anno sul lungomare, bastava un quarto d'ora per far sfilare quella miseria e, perché il corteo non apparisse esiguo, ci si aggiungeva gli scolari, le belle ragazze, i preti buddisti. Tuttavia lei non disarmò. Col criterio della massaia che vede andare a fuoco la casa e chiede aiuto a chi capita, vicini e passanti, amici e nemici, lanciò il suo SOS a chiunque volesse ascoltarlo. E risolse il problema. Il primo Paese a rispondere fu l'India che mandò cinquecento uomini, cinque elicotteri e tre motovedette per sorvegliare le coste. Il secondo fu il Pakistan che mandò due elicotteri, le uniformi, gli walkie-talkie, le munizioni. Il terzo fu la Gran Bretagna che da Singapore inviò sei elicotteri «prestati» dagli Stati Uniti, armi, autoblindo. Il quarto fu la Jugoslavia insieme all'Egitto, e, verso la fine del mese, l'Unione Sovietica che spedì cinque MiG e una sessantina tra piloti e tecnici. L'ultima fu la Cina che, sia pure in ritardo, contribuì con centocinquanta milioni di rupie, cioè quindici miliardi e settecentocinquanta milioni di lire italiane, e una letterina firmata da Zhou Enlai. Accettare tutto da tutti fu il colpo maestro della Bandaranaike la quale sapeva benissimo come dietro gli insorti ci fosse sicuramente una delle potenze che ora le porgevano aiuto. Ma quale?

A Colombo le tesi son due. La meno diffusa sostiene che dietro gli insorti vi siano i sovietici. I sovietici sono molto allarmati per la nuova base navale che gli americani stanno allestendo a Diego Garcia, un'isola che fa parte dell'arcipelago Chagos, capace di contenere un'intera flotta di sottomarini: sono ancora più allarmati, però, dalla presenza cinese nell'Oceano Indiano, troppo numerosa e troppo minacciosa. I sovietici vorrebbero affittare Trincomalee, lo splendido porto sulla costa nordest dove gli inglesi potevano comodamente ammassare centotrenta navi. Ne hanno bisogno per arrivare al Mare del Bengala senza essere bloccati dai ghiacci invernali del Mar della Cina. Non riescono ad averlo, però, e temono che Trincomalee vada ai cinesi. Come se ciò non bastasse, i loro rapporti economici con Ceylon sono spesso un po' zoppicanti: ad esempio non sono mai riusciti a concludere l'accordo di pesca lungo la costa dell'isola e più di una volta hanno minacciato di interrompere l'acquisto del tè, acquisto che riguarda il quindici per cento della produzione locale. Di qui il loro interesse a provocare una rivoluzione, a far cadere l'attuale governo: dice quella tesi. Ma è una tesi azzardata. A Mosca il Fronte Unito della Bandaranaike sta benissimo, a Mosca s'è smesso da tempo di compromettersi in certe avventure, a Mosca non piacciono i piantagrane detti guevaristi. Sul piano della logica è più giusto fermarsi sulla tesi secondo cui dietro gli insorti vi sarebbero i cinesi. Vogliono anche loro Trincomalee, non riescono neanche loro a ottenerla. E i cinesi sono ovunque a Ceylon, come le mosche. Col pretesto di costruire (in regalo) un grande edificio intitolato alla memoria di Solomon Bandaranaike, si son portati a Colombo tremila fra tecnici e operai. Sbarcando, ciascuno di loro parlava già cingalese. Ciò gli permette di fraternizzare e muoversi indisturbati: non dimentichiamo che la Bandaranaike è ossessionata dall'idea di tenersi tutti buoni, sì, ma i cinesi non posson permettersi il lusso della sua imparzialità. Non possono fidarsi di un governo fatto di socialisti moderati, comunisti moscoviti, vecchi trotzkisti. Hanno disperatamente bisogno di Ceylon come un trampolino per l'Africa. Dunque chi tentò il cinico colpo, chi mandò quella gioventù a morire? La Corea del Nord, si afferma a Colombo, non è più un segreto che furono i nordcoreani a sobillare i ragazzi con la propaganda, con l'addestramento alla guerriglia: infatti l'ambasciata nordcoreana è stata chiusa e il suo personale cacciato in meno di ventiquattr'ore. Ma chi è così sciocco da illudersi che i nordcoreani agissero di loro iniziativa personale, per se stessi e basta? E di chi erano lo strumento? Dei russi o dei cinesi?

La risposta ce la forniranno gli insorti che son riuscita ad avvicinare, nella giungla intorno a Colombo e a Colombo. Intanto, ecco quel che dice Sirimavo Bandaranaike. L'intervista che segue avvenne a palazzo presidenziale e fu registrata su magnetofono. È l'unica intervista che la matrona a capo di Ceylon abbia concesso in tali circostanze: ha quindi il valore di un documento raro. Sirimavo Bandaranaike parlò un'ora e mezzo, nel suo inglese veloce e affannoso, con la franchezza bonacciona che la distingue. Non si negò mai, non si trincerò mai dietro la prudenza o l'alterigia. Mi piacque. Mi parve una donna perbene, con un coraggio grosso così.

Signora Bandaranaike, sono trascorsi ben quattro mesi da quando la rivolta esplose a Ceylon. Eppure in molte regioni si combatte ancora, in tutta l'isola c'è ancora il coprifuoco, e lo stato di emergenza non accenna a finire: insieme all'incertezza, all'attesa angosciosa di un altro bagno di sangue. Signora Bandaranaike, la mia domanda è quella che chiunque vorrebbe porle: com'è possibile che tutto ciò si sia scatenato in un Paese retto da un governo di sinistra, anzi socialista?
Lei mi chiede di aiutarla a capire qualcosa che nemmeno io capisco, nemmeno io mi spiego. L'unica cosa certa è che si tratta di una rivolta di giovani, teoricamente non diversa da quella che turba quasi tutti i Paesi del mondo e che si accese con maggior virulenza nel maggio del 1968 a

Parigi. Del resto voi stessi in Italia ne sapete qualcosa: accadono episodi assai turbolenti nelle vostre strade e nelle vostre università. Sì: a mio parere l'idea di fondo, in questi giovani, è più o meno la stessa. Cioè un odio cieco verso la società, un abbandono irrazionale alla violenza: due cose che la nostra società non riesce a frenare perché troppo permissiva e troppo indulgente. Ma la loro giustificazione qual è? Io comprenderei questi ragazzi se anziché contro i regimi democratici insorgessero contro i regimi reazionari, fascisti. A Ceylon non c'è mai stato un regime veramente reazionario, fascista, e oggi ancor meno. A Ceylon nessuno è mai morto o muore di fame, le conquiste sociali sono notevoli. V'è cibo per tutti, v'è alloggio per tutti. Il riso, che è l'alimento principale, viene distribuito gratuitamente, e oltre alla razione gratuita, il resto viene venduto a prezzo irrisorio. L'assistenza medica è gratuita. L'istruzione è gratuita, compresa quella universitaria. La percentuale d'analfabetismo, infatti, è bassissima. Tante cose restano da fare, è vero: la disoccupazione per esempio è alta. Però solo il trentaquattro per cento dei giovani insorti erano e sono disoccupati e, se posso giustificare quel trentaquattro per cento, non posso giustificare l'altro sessantasei per cento. Perché hanno scelto la strada della violenza, del sangue? Il loro non può essere stato un movimento spontaneo. Deve esserci stato qualcuno, dietro, che li ha sobillati: usati, sfruttati. Ma chi?

Già, chi? So che lei ha escluso ufficialmente ogni responsabilità russa o cinese. E, del resto, sia i russi che i cinesi hanno dimostrato di appoggiare incondizionatamente il suo governo.
Infatti. Sia gli uni che gli altri hanno condannato la rivolta. I russi ci hanno fornito i MiG, i piloti per allenare i nostri piloti. Sulla utilità dei MiG ci sarebbe da discutere, ovvio, giacché non si combatte una guerriglia coi MiG: ma all'inizio eravamo talmente sconvolti che non abbiamo pen-

sato a questo particolare. E, comunque, resta il fatto che i russi sono stati tra i primi ad aiutarci: insieme agli americani, agli indiani, ai pakistani, agli inglesi. Quanto ai cinesi, l'aiuto militare ce l'hanno offerto un po' tardi: quando il grosso della rivolta era ormai domato. Però ci hanno sostenuto con offerte sostanziose di denaro e resta il fatto che Zhou Enlai ha preso nei riguardi del mio governo una posizione molto amichevole e precisa. A tutt'oggi, insomma, non abbiamo la benché minima prova che la Cina o la Russia fossero dietro la rivolta: l'unica responsabilità che abbiamo accertato è quella, indiscutibile, della Corea del Nord. Non v'è dubbio che i nordcoreani abbiano sibillato e aiutato gli insorti, che li abbiano indottrinati con riunioni, lezioni, fogli scritti, che gli abbiano perfino insegnato a fabbricare le bombe e a procurarsele. Sappiamo perfino che gli insorti frequentavano le loro case. Ben in seguito a ciò abbiamo espulso l'intero personale dell'ambasciata nordcoreana che ora è vacante. Voglio dire: i rapporti diplomatici con la Corea del Nord non sono rotti: però noi non abbiamo un ambasciatore a Pyongyang e loro non hanno più rappresentanti a Colombo. Ma il punto non è questo. Il punto è: per chi agivano i nordcoreani? A salutare l'ambasciatore nordcoreano, sulla pista dell'aeroporto, c'erano i cinesi. Non i russi. Tuttavia gli interessi dei nordcoreani, a Colombo, oggi sono nelle mani dei sovietici. Sono i sovietici, ad esempio, che pagano l'affitto della villa che ospitava l'ambasciata nordcoreana. In quel senso si direbbe che i rapporti tra i nordcoreani e i russi sono assai buoni. La verità verrà a galla. Le mie indagini continuano.

Signora Bandaranaike, ha provato a parlarne con gli insorti fatti prigionieri o arrestati?
Certo che ci ho provato. Ci ho parlato e a lungo. Ma in quella direzione non ho scoperto nulla. Ho scoperto sol-

tanto ragazzi inquieti, scontenti, avviliti, e colmi di rabbia per la società in cui vivono. Discuterci era difficilissimo, non solo per quella rabbia ma per il rancore che mostravano verso di me. Sembrava che abbiano subito un lavaggio cerebrale: ripetono tutti le medesime cose, come un disco rotto. E, tra le cose che ripetono con maggiore convinzione, v'è il loro desiderio di liberarsi di me. Mi hanno detto che il piano principale era bombardare la mia casa e catturarmi, poi uccidermi. Allora gli ho chiesto perché, e non hanno saputo rispondermi. Hanno saputo dirmi soltanto che dovevo essere uccisa e che, se non fossero stati traditi, mi avrebbero certamente uccisa. Così gli ho posto un'altra domanda: «E credevate davvero che fosse possibile?». Risposta: «Sì, ventiquattr'ore ci sarebbero bastate per eliminare lei e prendere in mano il governo». Un dialogo allucinante. Ho tentato di sapere perfino chi avrebbero messo al governo e loro hanno detto: «Noi stessi». Quel che non hanno saputo dirmi è cosa avrebbero fatto, una volta preso il governo. A questo punto si perdono in slogan, in frasi prive di senso. Alcuni raccontano che volevano tagliare e strappare tutte le piante del tè, in quanto il tè era stato piantato dagli inglesi, e sostituirle con piantagioni di riso. Mi sono sembrati spesso ingenui, politicamente e mentalmente più giovani dei loro diciotto o venti anni. Ma soprattutto mi sono sembrati sviati, malguidati, sfruttati dai loro capi.

Quanti sono i capi che avete arrestato?
Solo cinque o sei, e tutti locali. Pochi, perciò. Del resto quelli non parlano e, sulle poche cose che dicono, non si trovano mai d'accordo. Diresti che la mano destra ignora quel che fa la mano sinistra. Di certo s'è potuto accertare soltanto che la loro organizzazione risale a cinque o sei anni fa e che è basata sul sistema delle cellule clandestine. A ogni cellula appartengono tre individui e raramente ti

danno il nome degli altri due individui. L'unico nome che forniscono senza esitare è quello di Rohana Wijeweera, loro capo assoluto e riconosciuto. Ma questo lo sapevamo e ben per questo Wijeweera venne arrestato a marzo, cioè prima dell'insurrezione. Sapevamo anche che Wijeweera non è filosovietico, è filocinese. E tutti loro, del resto, sembrano filocinesi: non credono nella democrazia, disprezzano il sistema parlamentare, sono convinti che attraverso le riforme e la legge non si possa raggiungere il progresso. Sono impazienti. Prepotenti e impazienti. Ed ecco il particolare più doloroso, un particolare che vale non solo pei giovani estremisti di Ceylon ma per tutti i giovani estremisti del mondo: Europa compresa. Il prezzo della democrazia si chiama tolleranza, pazienza. La democrazia è lenta, ha bisogno di tempo per attuare le cose. Non conosce bacchette magiche, non conosce miracoli. Loro invece vorrebbero risolvere tutto con la bacchetta magica, con i miracoli. O dovrei dire col sangue?

Però l'anno scorso, durante la battaglia elettorale, Wijeweera e i giovani del suo movimento aiutarono non poco la coalizione che lei capeggiava. Si dice che senza di loro lei non avrebbe vinto in modo così schiacciante, signora Bandaranaike. Si dice che la loro rivolta sia nata proprio dal fatto che il suo governo li abbia delusi non mantenendo le promesse fatte.
Anzitutto non si può né giudicare né condannare un governo che è al potere da appena undici mesi. Ammeno di non essere, appunto, fanciulli impazienti e sciocchi. Il discorso della bacchetta magica, insomma. Alcune nazionalizzazioni le avevamo già fatte quando la rivolta è scoppiata, e molte riforme le avevamo avviate. Poi non è vero che io devo la mia vittoria elettorale ai vari Wijeweera. Egli non ha mai aiutato nessuno e tantomeno me. Del resto perché avrebbe dovuto dal momento che non crede nel sistema

parlamentare e nella democrazia? E come avrei potuto accettare l'aiuto di qualcuno che chiaramente sputa sulla democrazia? La mia alleanza coi comunisti e coi trotzkisti è avvenuta e avviene con patti chiari: o accettare il mio gioco, vale a dire il gioco democratico, o non ne parliamo neanche. Comunisti e trotzkisti hanno accettato, accettano, e così li tengo al governo. Il giorno che non accettano più, fo a meno anche di loro. Non sono marxista, non lo sono mai stata, e quando parlo di socialismo non parlo il loro linguaggio. Il socialismo io lo intendo come uguaglianza, giustizia sociale nella libertà. Se per colmare il vuoto tra coloro che hanno e coloro che non hanno si deve ricorrere alla prepotenza, non se ne parla neanche. Naturalmente può darsi benissimo che in alcuni distretti, in alcuni villaggi, i giovani estremisti abbiano consigliato di votar la mia lista: ma in malafede, mi creda. Il mio governo si annunciava liberale, indulgente, ed essi sapevano che la rivolta armata sarebbe stata più facile sotto un governo liberale, indulgente. Ecco il punto su cui non riesco a perdonare questi ragazzi, dove li trovo vili. Essi non si ribellano mai quando dovrebbero, e cioè nei regimi fascisti, nei regimi reazionari, nei regimi totalitari, di destra o di sinistra. Si ribellano sempre nei regimi che consentono loro di vivere e organizzarsi. Facile, no? Loro citano Lenin, vogliono ripetere le gesta di Lenin. Però dimenticano, o fingono di dimenticare, che Lenin si rivoltò a una società che di giusto non aveva nulla e di liberale ancor meno. In democrazia, nessuno impedisce a nessuno d'esser comunista. A Ceylon il comunismo è fortissimo in tutte le sue forme e le sue sfumature. E proprio di ciò essi si approfittano.

Signora Bandaranaike, cosa provò la notte in cui seppe che tre quarti del Paese era in mano agli insorti? Paura, rabbia, dolore?

Le tre cose, ma anzitutto dolore, proprio un dolore da donna. Ho tre figli e ciascuno di questi insorti avrebbe potuto esser mio figlio. Chi non soffre a vedersi costretto a sparare sui propri figli? Piansi. Sì. Perché non ammetterlo? Non mi sono mai vergognata delle mie lacrime, perché non sono mai state gratuite e, se gli uomini politici sapessero piangere un poco, il mestiere di governare sarebbe una faccenda più umana. E poi provai paura, sì. Il primo giorno specialmente eravamo tutti abbastanza terrorizzati. Però, che mi creda o no, la mia non era una paura personale. Quando accettai il posto di mio marito, sapevo benissimo che avrei potuto essere assassinata come lui. Lo dissi anche ai miei figli: «Se accetto, ho molte probabilità di finire come vostro padre. Prima o poi qualcuno scaricherà anche su di me un paio di rivolverate». Mi aspetto quelle rivolverate ogni giorno, da anni. A tale possibilità sono così abituata che il rischio non mi preoccupa neanche più e il timore iniziale è divenuto rassegnazione. O indifferenza? La paura di cui parlo perciò aveva altre radici: riguardava questo povero Paese cui appartengo. Mi son rovinata l'esistenza per questo Paese, pensavo, e quei bambini cattivi me lo fanno a pezzi. Ecco quel che provai. Ma non restai certo con le mani in mano. Non scappai certo come fecero alcuni. So che si sparse la voce ch'io fossi fuggita in Svizzera: quando lanciai quel messaggio alla radio, molti pensarono che parlassi da una nave. Ero qui, invece, dentro il palazzo presidenziale, a dare gli ordini più dolorosi che possa dare un capo di Stato e una donna. L'ordine di respingere gli insorti. Vede, dico insorti. Ho sempre detto insorti, mai terroristi. E Dio sa se in alcuni casi si comportarono proprio da terroristi.

Però la polizia ne ha ammazzati tanti, signora Bandaranaike. Troppi. Si parla di molte migliaia: un intero Paese deci-

mato nella sua gioventù. Si parla di atrocità, brutalità senza pari: a questo pensò mentre dava quegli ordini?
Molto più di quanto non creda. Vi sono stati eccessi, è vero. Vi sono stati episodi brutti, non lo nego. Episodi anche inutili. Però la stampa occidentale li ha troppo pubblicizzati, o li ha pubblicizzati senza porsi i perché. E i perché esistono. Sia l'esercito che la polizia erano del tutto impreparati ad affrontare un simile attacco. Non solo perché nessuno credeva possibile che a Ceylon potesse avvenire una rivoluzione ma perché non avevano le armi per difendersi. A gruppi di duecento e trecento, gli insorti attaccarono commissariati di polizia che eran difesi da appena cinque o sei persone con due o tre rivoltelle: al massimo uno o due fucili automatici. Li attaccarono con le bombe a mano, con le cariche di dinamite: molti poliziotti vi bruciarono vivi. Altri furono massacrati senza pietà. Altri ancora vissero per giorni nel terrore: le comunicazioni telefoniche con Colombo erano impossibili, i fili erano stati tagliati, i ponti erano stati fatti saltare, le strade erano bloccate. Soli con quelle misere rivoltelle, quei due fucili automatici, i poliziotti non sapevano mai se avrebbero rivisto il mattino. E... al fratello poliziotto non perdona mai nessuno, un poliziotto è sempre visto con antipatia. Io lo perdono, invece. E trovo comprensibile che, una volta ripresa in mano la situazione, egli si sia abbandonato a qualche brutalità. Per vendetta, per ira, per panico. Quale guerra viene mai combattuta con mezzi civili?

Nessuna. Ma più violenta è la repressione, più lunga è la guerra. Infatti quelle brutalità non sono riuscite a domarla, ed essa continua.
Sì, esistono ancora gruppi d'insorti. Nascosti nella giungla, perlopiù. Ne escono per cercare cibo, magari per rubarlo, e poi rientrano nelle loro tane dove ogni tanto ven-

gono scoperti da una pattuglia o da un elicottero. Come facciano a resistere non so. Eppure resistono. Giorni fa ne hanno catturati una dozzina: tre ragazzi e nove ragazze. Eran ridotti in condizioni pietose, avevano le braccia e le gambe completamente deformate dalle pinzature degli insetti e dai morsi dei serpenti. Non mangiavano da molti giorni, non camminavano neanche più, respiravano a fatica: divorati dalla febbre. Lei non ha idea di cosa sia la giungla in questa stagione. Zanzare, serpenti, bestie feroci. Possiamo calcolare quanti ragazzi sono morti per colpi d'arma da fuoco, non possiamo calcolare quanti sono morti di infezioni, malaria, e perfino mangiati dalle tigri. Nella giungla hanno i campi, e i feriti li hanno portati quasi tutti nei campi. Quindi son certa che il massacro maggiore è successo così, ed è spaventoso. Se solo potessimo convincerli ad arrendersi, uscirne...

Per finire nei campi di concentramento? Mi risulta che ve ne sono ben quindicimila nelle prigioni e nei campi di concentramento. Ammucchiati come bestie, da mesi. Ma fino a quando potrete tenere una generazione dietro il filo spinato? Questa è una domanda che non consente ancora una risposta. Nemmeno io so quanto a lungo potremo e dovremo tenerli rinchiusi. Perché i casi sono due: o li lasciamo andare e così tornano dentro la giungla a preparare un'altra rivolta, oppure li teniamo dentro e così priviamo il Paese della sua gioventù. O dovrei dire dei suoi futuri leader? Non è un segreto per nessuno che i ragazzi oggi chiusi in prigione sono i più intelligenti, i più coraggiosi, i migliori. Sviati finché vuole, confusi finché vuole, capaci soltanto di distruggere e senza idee per ricostruire: eppure son loro il futuro di Ceylon. Io non posso credere che abbiano agito per pura cattiveria: io son certa che i più agivano in buona fede, che inseguivano un sogno non spregevole. Chi va a morire è sempre generoso. Allora che dobbiamo fare

Ceylon. Una tragedia sconosciuta

di questi generosi? Dobbiamo ammazzarli tutti? O dobbiamo farci ammazzare tutti? L'unica speranza è recuperarli: parlandoci, discutendoci, dimostrando che si sono messi dalla parte sbagliata, che la violenza porta solo violenza. Ci stiamo provando. Il guaio è che non ci ascoltano. Sono troppo delusi, troppo amareggiati: mortalmente amareggiati. A ogni ragionamento oppongono un cupo silenzio, si direbbe che non abbiano voglia di nulla: neanche di pensare.

Forse hanno voglia soltanto di riprovare. Corre voce che siano pronti a un'altra rivolta, che vi si preparino per tentare di nuovo entro l'anno.
Lo so. Sono decisi a fare un altro tentativo. Per questo restano dentro la giungla a farsi divorare dai serpenti e dalle tigri. Di armi ne hanno ancora, e anche di capi. Hanno ripreso a organizzarsi, a fabbricare le bombe, e le loro cellule funzionano ancora. Alcuni dei loro santuari sono ben protetti e quasi inaccessibili nelle regioni montagnose. Lo so: ce li avremo sulle spalle per molto tempo ancora, insieme a quelli che li sobillano. Conoscono ormai gli errori commessi, si sono accorti che la tattica usata in aprile era rozza e incompleta: della sconfitta subita si serviranno per studiare un piano migliore. Lo so e non mi faccio illusioni. Però non credo che si muoveranno presto, e non credo nemmeno che siano fermamente convinti di farcela una prossima volta. Era più facile che ci riuscissero lo scorso aprile: allora, se non altro, eran protetti dall'elemento sorpresa. E anche dall'elemento illusione: qualcuno aveva loro detto che certe potenze straniere avrebbero fornito un aiuto, che la popolazione si sarebbe sollevata, che in ventiquattr'ore avrebbero conquistato il potere. Ora sanno che la popolazione non si muove, che le potenze straniere preferiscono aiutare il governo. Ceylon non è, almeno geograficamente, il Vietnam. Ceylon è un'isola: basta

sorvegliare le coste per evitare che una nave si avvicini. Quando ci riproveranno sarà solo per reagire all'umiliazione. Un suicidio.

E se non riusciste a fermarli?
Dovremo aumentare gli effettivi dell'esercito, ovvio. Ecco la mia vera grande sconfitta. Perché vede, io sono sempre stata una antimilitarista: ho sempre odiato la guerra, le armi, gli scoppi. Ho sempre ridotto le spese militari a un minimo quasi ridicolo, sono sempre stata fiera d'avere un esercito minuscolo e insufficiente. Senza generali, senza elicotteri. Sa quanti elicotteri avevamo? Tre. E neanche da combattimento, da ricognizione. Con una fionda li buttavi giù. Mi piaceva l'idea di non posseder carri armati, razzi, cannoni, mortai. Credevo che il mio pacifismo fosse contagioso, dicevo: «Non è coi fucili che si difende la democrazia, non è coi fucili che si instaura la giustizia sociale e la libertà!». E invece no. Ho imparato a mie spese che anche la democrazia, la giustizia, la libertà, si difendono con i fucili: per proteggerci dalla violenza non c'è che la violenza. Quale amara lezione, quale crudele delusione. Avevo un nodo alla gola mentre chiedevo le armi ai Paesi stranieri, ma il nodo alla gola si sciolse in lacrime quando vidi quelle armi arrivare. Io ero nata per fare la mamma, ma non una mamma cui piace picchiare. Ed eccomi invece a picchiare i miei bambini cattivi. Se solo riuscissi a sapere chi li ha resi cattivi!

Probabilmente, se lo scoprisse, non potrebbe dirlo, signora Bandaranaike. Il suo faticoso lavoro di non allineamento se ne andrebbe a carte quarantotto.
È vero anche questo. L'Oceano Indiano sta per diventare una polveriera, e lo diventerà. Ceylon fa gola a troppa gente: a destra e a sinistra, a oriente e a occidente. Perché non cada in braccio a qualcuno, perché non diventi un picco-

lo Vietnam, non ho altra scelta che tenere il piede in due staffe, tre staffe, più staffe possibili. Non posso mettermi con un blocco o con un altro, suscitar gelosie, rancori, rivalità. Io, vede, non sono un animale politico: nel senso che non ho mai studiato l'arte della politica, non ho mai letto né scritto saggi. A questo mestiere sono arrivata per destino o per caso: non digiuna del tutto perché quando si è vissuto con un marito come il mio si è fatta una certa scuola, però senza basi scientifiche. Ebbene, quelle basi scientifiche io le ho sostituite con il buonsenso. E cosa dice il buonsenso? Esattamente quello che dicono i trattati di alta politica: quando due cani abbaiano, non metterci il dito: lascia che si mordano fra loro. Del resto ho abbastanza guai in casa mia per andare a cercarli anche in casa altrui.

Signora Bandaranaike, lei è la prima donna della nostra epoca che si sia trovata a dirigere un Paese. Le è mai successo di provarne rammarico, anzi pentimento?
Sono parole grosse e non vorrei usarle ma, se voglio essere onesta, temo di doverle usare. Perché la mia non fu assolutamente una scelta: lo ripeto, fu un'imposizione che mi ingiunsero gli altri. Come le ho già detto, a questo mestiere io sono arrivata per destino o per caso: non perché abbia voluto il potere. Anche da ragazza ero timida, priva di ambizioni. A scuola mi nascondevo sempre nell'ultimo banco, e non aprivo mai bocca. Le mie compagne di classe, son certa, non sono ancora convinte che il primo ministro Sirimavo Bandaranaike sia la stessa persona che conobbero ragazzina, in un collegio di monache. Mi sembra di sentirle: «Ma chi avrebbe detto che Sirimavo...». Non l'avrei detto nemmeno io. Non sognai mai una carriera, una professione: sognai sempre e soltanto una famiglia e dei figli, coi pomeriggi domenicali trascorsi a fare del giardinaggio. Ancora oggi, la gioia più grossa per me è trascor-

rere un pomeriggio in giardino a coltivare le mie rose. Le ambiguità della politica mi irritano profondamente: come le bugie, i compromessi. La diplomazia e la furbizia non sono mai state il mio forte. Il mio più grande difetto, o, se preferisce, la mia più grande virtù, è sempre stato dire ciò che penso: con una franchezza giudicata spesso maleducazione. Mi ritrovai dove sono senza entusiasmo, mi piegai all'esigenza come a una disgrazia. E il prezzo più grave che dovetti pagare fu la rinuncia dei figli: non poterli più seguire, occuparmi della loro educazione. A volte mi chiedo se la rivolta di questi ragazzi mi sfugga, nel suo significato, proprio perché il dialogo tra me e i miei figli s'è interrotto. Loro...

Loro sono più con gli insorti che con lei, non è così, signora Bandaranaike? Ho sentito parlare di una certa lettera che da Parigi le avrebbe scritto sua figlia Chandrika.
No, è Sunetra, quella che sta in Inghilterra: è lei che ha preso una posizione precisa. Ha scritto anche un articolo su una rivista, contro il mio governo e me. Capita spesso che i giovani non vadano d'accordo coi genitori. E in fondo è normale, anche giusto. Se non succedesse così, il mondo si cristallizzerebbe nel passato e le cose non cambierebbero mai. Però c'è un punto che contesto a questi contestatori: essi vivono talmente meglio di quanto vivessero i loro padri e le loro madri. Hanno talmente di più. Più libertà, più cibo, più cultura. Tutto sommato questa era un'isola felice, comoda, e comunque meglio di tante altre. Allora perché hanno scatenato quel bagno di sangue? Cosa vogliono, cosa volevano? Io le ripeto ciò che ho detto all'inizio di questa conversazione: non posso aiutarla a capire perché nemmeno io capisco. Capisco soltanto che sono infelici. Ma perché? Perché? Che il benessere renda infelici? Non vorrei che questa tragedia m'avesse insegnato la cosa peggiore: che per esser felici bisogna soffrire.

13
Il telegramma sbagliato

Nell'isola di Ceylon si è riprodotta come in un piccolo laboratorio una situazione tipica del nostro tempo: un governo di sinistra attaccato con le armi da insorti estremisti, la Russia e la Cina che giocano la loro partita a scacchi su fronti opposti, i giovani rivoluzionari che si gettano allo sbaraglio e si trovano alla fine abbandonati a se stessi.

Colombo, agosto 1971
La sorveglianza è spietata, la paura è infinita: avvicinare gli insorti, a Ceylon, è un'impresa ai limiti dell'impossibile. Chiunque nega d'aver rapporti con loro, chiunque rifiuta di indicarti una pista: farlo equivarrebbe finire in prigione o sottoterra e a che serve se non sai il cingalese? Gli stessi insorti non hanno interesse a prender contatto coi giornalisti locali o stranieri: i primi non possono pubblicare nulla, visto che la libertà di stampa non esiste più, e i secondi sfuggono difficilmente al controllo della polizia. Per tentare il colpo bisogna abbandonarsi alla speranza d'essere avvicinati da un loro emissario: quel che è successo a me, per due volte. Inutile, quindi, sottolineare l'eccezionalità di queste due interviste: le sole, a quanto mi risulta, che siano state fornite dai guerriglieri dello Janatha Vimukthi Peramuna. Indispensabile, invece, chiarire perché non sono documentate da nomi e fotografie. Non sono documentate da nomi perché giurai di tacerli e non dare la più vaga indicazione sul luogo e sul modo in cui ogni intervista sarebbe avvenuta. Non sono documentate da fotografie perché non mi fu permesso scattar-

le, malgrado suggerissi di nascondere i volti. Mi vietarono di portare qualsiasi macchina eccetto il magnetofono, non accettarono neanche la presenza del collega Moroldo che viaggiava con me per illustrare il servizio. Né l'imposizione fu sciocca. I bianchi a Ceylon son pochi e, se due bianchi a Ceylon apparivano riconoscibili, questi eravamo proprio io e lui in coppia. Sola, insomma, avevo maggiori probabilità di passare inosservata: sia a Colombo, dove si svolse l'incontro meno avventuroso, sia fuori Colombo dove si svolse l'incontro più pericoloso. Infatti dovetti faticare non poco per giungere a quella capanna dentro la giungla. In tre ore di viaggio dovetti cambiare tre tragitti e sei taxi. Colui che mi accompagnava per farmi da interprete tremava come un cane bagnato.

Si tratta di due interviste molto simili e molto diverse: simili nella sostanza e diverse nel tono. Le do entrambe per offrire due testimonianze separate e allo stesso tempo provare la veridicità delle loro informazioni. Tuttavia né l'una né l'altra bastano a comprendere i fatti di Ceylon. Per questo è necessario integrarle con la storia della rivolta. Ecco la storia.

Essa inizia nel 1962 con un ventenne mite, secco, occhialuto, di nome Rohana Wijeweera. Figlio di un intellettuale comunista e comunista lui stesso, Wijeweera sognava di studiare Medicina a Mosca. Chiese una borsa di studio all'ambasciata sovietica di Colombo e immediatamente l'ottenne: per l'Università Lumumba. Partì in autunno, pieno di fervore e di belle speranze. Alla fine dell'inverno il suo fervore s'era già trasformato in rabbia, le sue belle speranze in disperazione: dal giovane mite era esploso un turbolento individuo che anziché frequentare le lezioni di Anatomia partecipava alle piazzate degli studenti cinesi, o lanciava furiosi anatemi contro «il revisionista Chruščëv e la cricca del Cremlino, traditrice del proletariato». Rientrò in patria nell'estate del 1964, per passarvi le vacanze. Tre mesi dopo, quando si presentò all'ambasciata sovietica per rinnovare il visto sul passaporto, si sentì dire che non avrebbe più messo piede in Russia e che l'Università Lumumba se la poteva scordare. Il colpo fu grave. Vi reagì sconfessando tutti i partiti, perfino il PC pechinese che gli spalancava le porte. E, insieme a un gruppo di coetanei contestatori, fondò lo Janatha Vimukthi Peramuna o Fronte popolare di liberazione. Il movimento, dichiaratamente maoista e antiparlamentare, si prometteva di sollevare a Colombo una rivolta armata entro dieci anni: cioè entro l'agosto del 1974.

Non è casuale che proprio in quell'anno fosse passato da Ceylon Che Guevara, alla ricerca di un focolaio per la sua prossima rivoluzione. Proveniente dal Congo e, sembra, diretto in Vietnam, il Che s'era fermato a Colombo una quindicina di giorni: entusiasticamente accolto dai trotzkisti locali. Però questi non gli eran piaciuti e aveva preso contatto coi ragazzi del JVP. Non è casuale nemmeno che l'anno seguente Sirimavo Bandaranaike perdesse le elezioni e il seggio di primo ministro andasse a Dudley Senanayake, uomo di destra e legato agli americani. Infiammato dal Che e incattivito da Senanayake, Wijeweera ebbe buon gioco a reclutare adepti tra la gioventù dell'isola. Era una gioventù scontenta, delusa. La conquista dell'istruzione gratuita, ad esempio, non le aveva portato che infelicità. Le facoltà scientifiche erano scarse e prive di mezzi, gli universitari finivano sempre con lo studiare materie umanistiche, il Paese non offriva molti impieghi a chi avesse la laurea in Letteratura e in Filosofia: la scuola era una fabbrica di disoccupati. E cosa fa un laureato senza lavoro a Ceylon? Torna a zappare la terra di suo padre contadino? Qualcuno ci tornava, meditando vendetta, ma i più non ci provavan neanche. Oltretutto i cingalesi non hanno mai amato rompersi la schiena, disfarsi in sudore: all'inizio del secolo, per avviare le piantagioni di tè, gli inglesi furon costretti a chiamare gli indiani e se oggi Ceylon vende il tè al mondo intero si deve esclusivamente agli indiani. A quei due milioni e mezzo di bravi coloni, cioè, che costituiscono la popolazione tamil. I neoprofessori in Letteratura e Filosofia non volevano durar fatica come i tamil. Non volevano tornare ai villaggi. Volevano stare in città e guadagnare con mestieri comodi, borghesi, magari statali. Quando Senanayake fondò il Land Army o Esercito della terra e mandò gli studenti a piantare il riso, a raccoglier la gomma ed il cocco, ebbe una pessima idea. Perché li incattivì, li esasperò, e li buttò in braccio a Wijeweera.

Wijeweera prese l'avvio da questo. E su questo innestò un fanatismo nazionalistico che era già sospeso nell'aria. Infatti, abolendo l'insegnamento della lingua inglese, anzi di ogni lingua che non fosse il cingalese, i passati governi avevan gettato le basi di una generazione chiusa ad ogni scambio culturale col resto del mondo. A ciò devi aggiungere che uscire da Ceylon era difficilissimo, emigrarne proibito, che lo stesso Wijeweera era schiavo di quel piccolo cosmo. A parte un po' di russo, anche lui non parlava che il cingalese. Non leggeva che il cingalese. A parte quei due anni a Mosca, anche lui non conosceva che Ceylon: era un ignorante riscattato solo dai sogni e dalla presunzione. Predicava l'indipendenza ad esempio: ma quale indipendenza? Quella che gli inglesi avevan lasciato senza far versare una goccia di sangue? Inveiva contro l'influenza straniera: ma quale influenza straniera? Quella che da Oriente e da Occidente regalava a Ceylon miliardi destinati ad esser sperperati o rubati? Le sue proteste apparivan confuse. Ma tutto era confuso nel JVP, anche il programma: basato sulla Teoria dei cinque punti. Cosa volessero quei cinque punti nessuno riuscì mai a capirlo. Uno diceva: «Elimina i vecchi». Eliminarli in che senso? Un altro diceva: «Disintegra la tua personalità». Disintegrarla in che senso? Di sicuro c'era soltanto che si trattava di ragazzi ansiosi di distruggere e senza idee per ricostruire.

Eppure quei ragazzi riuscirono a farsi ascoltare da chiunque avvertisse un disagio, un disgusto, o anche il desiderio di una esistenza migliore. Riuscirono ad avere con sé molti operai, molti intellettuali, perfino molti preti buddisti. Riuscirono a indottrinarli nei corsi chiamati le Cinque lezioni, a intrupparli nel credo della violenza. Crebbero così alla svelta che Senanayake si terrorizzò e organizzò un piano per sterminarli. Esiste un rapporto della polizia (voluto proprio da Senanayake) che contiene tutti i nomi, gli indirizzi, le attività, le zone di influenza, le strutture organizzative dello Janatha Vimukthi Peramuna. Si chiama *The Rise of the Red Dragon*, «Il sorgere del dragone rosso», e sembra la requisitoria di un processo destinato a concludersi con una ecatombe. Il rapporto sparì, misteriosamente, quando Sirimavo Bandaranaike vinse le elezioni e Rohana Wijeweera parve smussare le sue bellicosità. Per alcuni mesi su Ceylon stagnò una specie di armistizio. Ma poi accaddero due cose. Accadde che a Colombo capitassero alcuni membri di Al-Fatah, con nuove trovate per la guerriglia. E accadde che a Colombo si aprisse l'ambasciata nordcoreana. L'armistizio si ruppe, il conflitto ricominciò: condotto dai Club dell'amicizia cingalese-nordcoreana, copia dei Club dell'amicizia cingalese-sovietica. Sui muri apparvero manifesti, sui giornali pagine a pagamento che esaltavano Kim Ming-sung. Nei porti approdarono navi che con la scusa di «fare acqua» scaricavano casse di materiale pesante. Mentre dalle case sparivano misteriosamente i fucili da caccia. Mentre la giungla si riempiva di spari e la selvaggina anziché diminuire aumentava. Mentre alla radio si davano annunci mortuari, tutti redatti nello stesso modo: «Si è spento il signor Tal dei tali, si è spenta la signora Tal dei tali, i funerali avverranno il giorno tale, all'ora tale, nel luogo tale. Gli amici sono invitati e non è necessario che portino fiori».

Il governo non si accorse subito che moriva un po' troppa gente a Ceylon, che si davano troppi annunci di funerali. E avrebbe scoperto solo con la rivolta che tali annunci erano messaggi: non si riferivano ad alcun decesso ma invitavano i membri del JVP a riunioni di massa spiegando che non c'era bisogno di portare armi. La parola «fiori», infatti, stava per armi. Però si accorse che un noto contrabbandiere di valuta aveva cambiato un milione di rupie (pari a cento milioni di lire italiane) per l'ambasciata nordcoreana, e che avvenivano strane cose a Ceylon. Per esempio saltavano in aria depositi di tritolo di cui nessuno reclamava la proprietà, per esempio si trovavano armi perfino nei Club dell'amicizia cingalese-sovietica, per esempio Wijeweera usciva dal suo silenzio per capeggiare un immenso comizio che nessun avviso aveva mai indetto. Quella del comizio fu forse la faccenda più allarmante: i ventimila ragazzi riuniti all'improvviso in Hyde Park avevan tutta l'aria di compiere una prova generale. Il rapporto del Dragone rosso venne perciò riesumato, un'ondata di arresti ebbe inizio e a metà marzo colpì lo stesso Wijeweera. L'indomani Sirimavo Bandaranaike si presentò alla radio e lanciò un appello ai genitori e ai figli. A questi chiese di astenersi da atti irresponsabili, a quelli chiese di sorvegliarli. «Vi parlo come una mamma!» singhiozzò. Ma il suo singhiozzo si perse nel fragore di una nuova esplosione: stavolta una fabbrica di bombe a Kandy. Gli arresti si moltiplicarono: cento, duecento, trecento per volta. Non v'era prigione che non stipasse contestatori tra i diciotto e i ventitré anni. E il Comitato dei dodici, insomma il JVP, si decise a lanciare l'attacco.

Il telegramma sbagliato

Un attacco bene organizzato, ammettiamolo. Un'offensiva del Tet in sedicesimo. Non solo ogni città ma ogni villaggio aveva il suo effettivo di insorti, i suoi commandos. A Colombo esistevano contatti, ed appoggi nel quartier generale delle forze armate, nella stessa radio. Uno dei direttori, H. M. Mohideen, aveva già scritto il discorso della vittoria da leggere in un messaggio speciale. Dall'offensiva vietcong del 1968 questa si distingueva soltanto per la penuria di armi: in sostanza gli insorti disponevan soltanto di bombe a mano, bottiglie molotov, fucili da caccia e un favoloso coraggio. Quanto al piano, era eccellente: assalto ai posti di polizia che in provincia condensano ogni autorità e dispongono di potere assoluto, distruzione delle linee telegrafiche e telefoniche, occupazione dei vari distretti, presidio delle strade e dei ponti. E, contemporaneamente, conquista di Colombo col rapimento della Bandaranaike. Poteva riuscire. Sarebbe riuscito se non fosse successo il malinteso di cui parlano i due guerriglieri nelle mie interviste. Per colpa di una pattuglia incaricata di fare i telegrammi (particolare che essi non sanno), in provincia si sbagliò la data dell'attacco. Si prese la mezzanotte del 5 aprile per la mezzanotte del 4, si anticipò tutto di ventiquattr'ore. E mentre a Colombo si aspettava il momento giusto, nelle campagne s'era già insorti: i fili telefonici pendevan tagliati, gli uffici postali bruciavano, le strade e i ponti erano bloccati. Sai chi portò la notizia a Colombo, l'alba del 5? Un medico che era stato chiamato nella capitale per un intervento chirurgico e che a Kegalle era stato fermato dai JVP: «Che ci vai a fare? A Colombo non c'è nemmeno la luce elettrica. È in mano nostra». Il medico aveva insistito per passare, i JVP non s'erano opposti. E, quando egli era giunto a Colombo, s'era accorto che la città era tranquilla. Così dette l'allarme.

L'allarme venne confermato, tre ore dopo, da una comitiva che era stata a Kandy per partecipare a una festa.

Anche questo gruppo era stato fermato e lasciato ripartire: sia pure dopo una sosta notturna. A mezzogiorno del 5, insomma, le autorità sapevano tutto e i soldati erano già in marcia, a raggera, verso Monaragala, Badulla, Matara, Amparai, Anudharapura, Trincomalee. Senza entusiasmo, d'accordo. Con mezzi grotteschi, d'accordo: cioè a bordo di automobili private, autobus, camioncini, roba requisita dalla disperazione di un governo privo di esercito. Un po' quel che accadde in Cambogia nel 1970. Infatti si trovò a malpartito per parecchi giorni, fino a quando arrivarono i rinforzi indiani, pakistani, americani, russi, iugoslavi, inglesi. I ragazzi di Wijeweera si battevano come leoni. Ma alla fine furono questi a venire sconfitti. Essere leoni non basta, ed essere leoni gentili è un difetto. Ho chiesto a un francese che faceva parte della comitiva di Kandy: «Che tipi le parvero?». Mi ha risposto: «Molto timidi, molto gentili. Fermandoci ci spiegarono che stavan facendo la rivoluzione e cortesemente ci chiesero se potevamo prestargli qualche rivoltella. Non avevamo rivoltelle: sospirarono delusi. Poi, perché non corressimo rischi, aprirono una locanda e ci misero lì: per la notte. Ci prepararono perfino i letti e al mattino ci offrirono la colazione».

La storia è questa qui, e il resto è noto. Come provano le due interviste, a Ceylon c'è ormai una guerriglia che non accenna a finire e che non finirà. Ma sarebbe il caso di non considerar la faccenda con eccessivo distacco e ricordarci che il mondo è molto piccolo, l'Oceano Indiano, paradossalmente, vicino.

All'improvviso, da una curva del viottolo, sbucò una bicicletta con due ragazzi. Uno pedalava, l'altro sedeva sul manubrio. Girarono intorno alla capanna due volte, sobbalzando sui sassi e le buche, poi si fermarono. Quello alla guida della bicicletta si allontanò quasi subito, con un cenno d'intesa. L'altro si aggiustò la camicia dentro i calzoni, si guardò intorno e prese tempo: onde accertare, suppongo, che l'incontro non nascondesse una trappola. Quando parve convinto che nulla lo minacciava, entrò nella capanna e venne verso di me. Era piccolo e smilzo, color caffellatte. Aveva un viso rotondo, imberbe, e lucidi capelli neri, lucidi occhi neri. Finse di esaminarmi con calma, quasi con insolenza, quindi porse una mano curata e disse qualcosa in cingalese al tipo che mi accompagnava. Dicendola sorrise un sorriso di denti bianchi, lunghi, feroci. Chiesi cosa avesse detto. Il tipo che mi accompagnava tradusse: «Ha detto che se ci trovano ci ammazzano tutti e tre. Spera che nessuno ci abbia seguito». Risposi che lo speravo anch'io, ardentemente, e mi informai se poteva parlarmi in inglese. Non poteva. Conosceva solo il cingalese, spiegò. Quindi sedette, tranquillo, e annunciò che era pronto a rispondere a ogni domanda fuorché alle domande che avrebbero potuto aiutare la polizia a rintracciarlo. La polizia gli dava la caccia da quasi quattro mesi: viveva alla macchia, spostandosi di casa in casa, di villaggio in villaggio, senza mai avvicinarsi alle strade asfaltate e senza mai restare nello stesso posto più d'un giorno o una notte. Del resto eran molti a viver così: tutti coloro che non avevan potuto raggiungere i rifugi dentro la giungla o avevan l'incarico di mantenere i collegamenti. Concluse che non si trovava lì per sua iniziativa o capriccio: prima di vedermi aveva chiesto l'autorizzazione del gruppo cui apparteneva. Alcuni s'eran mostrati contrari, altri favorevoli: s'era messa la proposta ai voti e avevano vinto i secondi. Dovevo considerarlo perciò un emissario ufficiale, un inviato del Janatha Vimukthi Peramuna o Fronte di liberazione popolare. Annuii e cominciò l'intervista. Era un mattino assolato, privo di vento. Anche le foglie degli alberi di cocco sembravano immobili contro il cielo d'azzurro accecante. Un po' per rispettar quel silenzio, un po' per timore d'essere uditi da una eventuale pattuglia, parlammo sempre a fior di labbra: le voci ridotte a un sussurro.

Non ti chiederò il nome, naturalmente, né quello della città o del villaggio dove sei nato. Però vorrei sapere quanti anni hai, e da che famiglia vieni, e cosa facevi prima di diventare guerrigliero.

Ho ventun anni, sono un ex studente di Medicina. Abbandonai gli studi quando entrai a far parte del JVP. Mio padre è un maestro di scuola e ha contribuito parecchio a dare una coscienza a noi giovani. È sempre stato trotzkista ma dissidente, cioè non è mai stato uno dei traditori che oggi stanno al governo con la Bandaranaike. Dopo ch'ebbi preso contatto col movimento e n'ebbi accettate le idee, cioè la filosofia marxista, ne parlai con mio padre che ne fu felice. Ti dico questo per spiegare che non ci siamo soltanto noi giovani a volere la rivoluzione, molti vecchi sono con noi. I professori, ad esempio, e i genitori. Sono loro a nasconderci e a proteggerci. All'inizio non tutti erano d'accordo, ora sì. Li ha convinti la repressione che il governo ha esercitato ed esercita, il massacro. Noi uccidevamo solo in combattimento e avevamo l'ordine di non commettere atrocità. Loro invece ci catturavano e ci ammazzavano a sangue freddo. Lo fanno ancora, se ci ritengono irrecuperabili. La polizia specialmente. Ci appendono a testa in giù e ci lascian morire così. A volte ci accendono un fuoco sotto la testa. Oppure ci scorticano le piante dei piedi e poi ci mettono ritti sulle scatole di latta aperte. Oppure ci chiudono dentro un bidone che fanno rotolare giù per una scarpata. Quanto alle ragazze, le violentano sempre. O gli infilano nella vagina una bottiglia col collo rotto e scheggiato. Ti dico queste cose perché i compagni mi hanno raccomandato di dirtele: il mondo non sa. Il mondo crede che a Ceylon vi sia un governo democratico e socialista, così non si spiega perché ci siamo messi in una tale avventura e continuiamo a combattere.

Il telegramma sbagliato

Da quanto tempo sei nel Fronte popolare e come ci sei arrivato?
Ci sono dal 1968, l'anno in cui il JVP prese a funzionare sul serio. Però il movimento esiste dal 1964. Lo fondarono un gruppo di dodici studenti capeggiati dal nostro leader, Rohana Wijeweera. Nel 1968 eravamo diecimila, nel 1969 eravamo ventimila. Ora non so: includendo i simpatizzanti, noi calcoliamo d'esser circa duecentomila. Entrai nel JVP dopo esser stato avvicinato da un militante. Il militante era un mio amico di scuola. Diceva cose giuste. Diceva che il socialismo si può raggiungere solo attraverso la rivoluzione armata, non attraverso le riforme. Così hanno fatto in Cina, così hanno fatto a Cuba, così hanno fatto in Vietnam. La cosiddetta democrazia ti dà solo la libertà politica, e che te ne fai? La libertà politica è un lusso pei ricchi. Ti mandano a scuola gratis e quando hai finito l'università non trovi un impiego. Ti danno il riso gratis e quando hai mangiato quello non mangi altro perché non c'è da lavorare. La democrazia è sempre asservita a un imperialismo. Ecco quel che diceva il mio amico. E il discorso mi piacque.

Di quale imperialismo parli?
Di quello russo, di quello americano, di quello britannico. Le potenze che dominano il mondo. Anche la Cina è una potenza ma noi non consideriamo la Cina come un Paese imperialista; non abbiamo le prove che la Cina commetta gli abusi dell'America e dell'Unione Sovietica. Se un giorno le avremo, saremo anche contro la Cina. Per ora tuttavia possiamo affermare che a Ceylon i cinesi ci hanno sempre sostenuto. Ci hanno sempre incoraggiato, ci sono sempre stati amici.

Allora è la Cina il Paese che vi ha aiutato a scatenar la rivolta?
No, è la Corea del Nord. Anche gli opuscoli, i libri, i manifestini ce li davano quelli della Corea del Nord. Noi non

potevamo stamparli e così loro li stampavano a Pyongyang, poi ce li portavano con le navi. Ci hanno dato perfino alcune armi automatiche. Fu una nave nordcoreana a portarcele, quella che approdò alla fine del novembre scorso nel porto di Hambantota: giù, al Sud. Era una nave carica di fucili ma non fece in tempo a scaricarli tutti: solo la metà. La polizia se ne accorse, la nave dovette riprendere il largo. E ora tu mi chiederai perché avendo fucili automatici abbiamo condotto l'offensiva coi fucili da caccia. Perché i fucili automatici erano pochi e fu deciso di darli in dotazione soltanto ai commandos speciali, soprattutto quelli che avrebbero agito a Colombo. Ma a Colombo la rivolta fallì e i fucili non vennero usati. Sono ancora nascosti, perlopiù murati sottoterra. Il governo lo sa perché alcuni, in altre città, ce li ha catturati. Quando ci penso, piangerei. Io e il mio gruppo ci siamo battuti per tre settimane coi fucili caricati a cartuccia. I fucili a cartuccia non mirano lontano, dopo pochi metri la rosa dei pallini si allarga e si perde. Così dovevamo avvicinarci all'obiettivo fino a toccarlo, quasi, e i poliziotti ci facevano fuori alla svelta. Ho perso quindici compagni così.

Parlami ancora di quei fucili automatici. Li hai visti? Che tipo erano?
Cinesi. Ne ho visti solo due o tre e mentirei se dicessi che ricordo il tipo. Ricordo che qualcuno disse: «Sono gli stessi che usano i vietcong». Erano molto belli, molto pesanti. Se non sbaglio, AK... AK...

AK-50. Sì, sono fucili cinesi. Eppure lo sai cosa si dice a Colombo? Si dice che dietro i nordcoreani ci fossero i russi, che lo scorso febbraio in un Club dell'amicizia cingalese-sovietica si siano trovati opuscoli e armi sovietiche.
Balle. Mai visto un'arma sovietica fuorché i MiG-17 che i russi hanno dato alla Bandaranaike per bombardarci. Mai

sentito dire che i nordcoreani fossero amiconi dei russi: non avremmo più accettato l'aiuto dei nordcoreani. Noi dai russi non abbiamo mai avuto neanche il minimo incoraggiamento morale, ed escludo che i nordcoreani ci abbiano imbrogliato agendo per loro. Sanno benissimo che non accettiamo l'Unione Sovietica come un Paese socialista. Ciò che l'Unione Sovietica fa in Cecoslovacchia e in Mongolia è degno di ciò che gli Stati Uniti fanno in America Latina e in Vietnam. Su questo punto non troverai un insorto che ti dice il contrario. Dopo Lenin, tutti i leader sovietici hanno tradito il socialismo e ce n'è solo uno che ci piace un po' di più: Stalin. Ma la simpatia per Stalin non ci rende filomoscoviti e tra Mosca e Pechino la scelta non offre esitazioni.

E il denaro chi ve lo dava? Il denaro per comprare i fucili da caccia, la dinamite, le uniformi. I cinesi o i nordcoreani? Nessuno. Dai nordcoreani non abbiamo mai accettato soldi, ch'io sappia, perché Wijeweera era contrario. È una questione di principio, diceva: i soldi devono essere nostri. Così ci tassavamo o versavamo una parte del nostro salario o vendevamo il poco che avevamo. Molte ragazze ad esempio hanno venduto i gioielli. I ragazzi più ricchi hanno venduto pezzi di terra, automobili. Wijeweera ci insegnava a non sprecar soldi in sigarette, divertimenti. Così di regola nessuno fumava, nessuno andava al cinematografo. Quanto ai fucili da caccia, li requisivamo o li rubavamo. Avevamo gli elenchi di chi possedeva fucili da caccia e non perdevamo tempo a comprarli. La stoffa per le uniformi invece ce la davano i nordcoreani. La dinamite si trova dappertutto. Anni fa ce n'era un mucchio anche nell'edificio che i cinesi stanno costruendo per il governo.

Vorrei tornare al Fronte popolare di liberazione, al modo in cui vi siete ammessi e vi siete organizzati.

È un movimento clandestino. Lo è sempre stato. Così vi si è accettati con molta cautela; passa molto tempo prima che si sia ammessi a far parte di una cellula. Il primo atto consiste nel frequentare le Cinque lezioni. Devi vedere queste Cinque lezioni come un corso scolastico, concentrato in un mese di studio. La prima lezione equivale alla prima classe e solo se superi gli esami della prima lezione puoi frequentare la seconda lezione, solo se superi gli esami della seconda lezione puoi partecipare alla terza lezione, e via dicendo. Le lezioni avvengono generalmente di notte, in casa di un compagno fidato. Durano dalle sei alle quattordici ore: uno entra la sera ed esce la mattina. Vi partecipano dai sei ai dodici possibili compagni e sono tenute da capigruppo molto preparati: gente che ha viaggiato o che è stata a Mosca, a Pechino, all'Avana, a Praga. Quelli che ne sanno di più, si capisce, sono quelli che sono stati all'estero con una borsa di studio. Si incomincia con lo spiegare i problemi economici di Ceylon, le cause della disoccupazione, i metodi dell'imperialismo. Poi si illustra la filosofia marxista e si parla della rivoluzione cinese o cubana o nordcoreana. Si parla di Mao Tse-tung, di Kim Ming-sung, di Fidel Castro, di Che Guevara e della lotta che condusse in America Latina.

Allora è esatto chiamarvi guevaristi?
No, è la stampa straniera che ci ha appiccicato questa definizione di guevaristi. Se la dici ai compagni di base, non sanno nemmeno cosa significa. Molti di noi ignorano perfino chi fosse Che Guevara, io lo so perché sono un leader, insomma un capogruppo, e ho fatto studi più approfonditi. E non credere che anch'io ne sappia molto del Che. So che era argentino, mi sembra, che da Buenos Aires andò al Messico e a Cuba. Qui incontrò Fidel Castro e lo aiutò a fare la rivoluzione. Quando la rivoluzione fu vinta, Fidel Castro lo fece ministro ma lui non voleva es-

ser ministro: voleva portare la rivoluzione nel mondo. Si mise a girare il mondo e capitò anche a Ceylon, per una quindicina di giorni. Qui vide i trotzkisti dell'LLSSP e poi vide Rohana Wijeweera. Certo la figura del Che è interessante, a noi serve d'esempio: ma si tratta di un esempio troppo remoto, troppo lontano da noi. In sostanza non ci interessa perché non era cingalese, e lo stesso discorso vale per Mao Tse-tung. Noi rispettiamo Mao Tse-tung come l'artefice di una grande rivoluzione e facciamo nostri molti dei suoi pensieri, però non possiamo definirci veramente maoisti. Perché Mao è cinese e noi siamo cingalesi. Il nostro capo spirituale, simbolico, è Rohana Wijeweera e basta. Dico simbolico perché a dirigerci non è solo lui, è il Comitato dei dodici che fondarono il movimento con lui. La prova è che Wijeweera stava in carcere quando esplose la rivolta.

E questi dodici del comitato, ora dove sono?
Uno è morto assaltando un posto di polizia vicino a Colombo, uno è fuggiasco, non si riesce a trovarlo, tre sono stati arrestati. Gli altri conducono la guerriglia.

Torniamo a quel corso scolastico. Cosa accade dopo la quinta lezione?
Se uno supera la quinta lezione viene ammesso nel movimento ed entra a far parte di una cellula. Ogni cellula è composta di tre membri nelle città e dei sei od otto nelle campagne. Una volta che fai parte della cellula, puoi partecipare agli addestramenti militari. Questi avvengono nella giungla, in campi organizzati. Ve ne sono ovunque, anche a quindici miglia da Colombo. L'addestramento incomincia col judo e il karate, poi ti insegnano a usare la rivoltella, il fucile, e a fabbricare le bombe a mano, le bottiglie molotov. Ti insegnano anche a passare sotto il filo spinato, a superare gli ostacoli, ad andare all'attacco. I campi

sono molto grandi, possono contenere anche duecento compagni per volta. Le ragazze si addestrano insieme ai ragazzi: come percentuale esse sono il venti per cento. Ad allenarci sono istruttori che generalmente vengono dall'esercito: ufficiali delle forze armate. Infatti vi sono parecchi ufficiali delle forze armate nel nostro movimento, l'esercito avrebbe dovuto unirsi a noi nella rivolta. Non si unì perché fallimmo, comunque l'esercito non si abbandonò mai ad atrocità come la polizia. E alcuni ufficiali sono stati arrestati, anche se il governo non lo dice.

È mai successo che un campo venisse scoperto?
Mai. Erano tutti situati in zone sicure. Per non insospettire con gli spari, li sceglievamo nelle zone di caccia. Del resto, in tutta Ceylon si va a caccia. Inoltre nessuno ha mai tradito, e la disciplina è molto dura fra noi. Ti avranno detto, probabilmente, che siamo scoraggiati dall'avere rapporti sessuali. Anzi, un amore. È vero, e la ragione mi sembra evidente: quando ami qualcuno, cominci a preoccuparti e a temere la morte. Lo stesso Wijeweera non lo vedevi mai con una ragazza e non ha mai voluto sposarsi. Le ragazze stanno nei campi con noi, combattono con noi, e bisogna abituarci a vederle soltanto come camerati. Soprattutto, bisogna abituarci a rispettarle: guai se ci abbandonassimo a promiscuità. Naturalmente se uno vuole sposarsi non gli viene impedito, però un tal desiderio non è mai accolto con soddisfazione dai leader. Amarsi significa sempre distrarsi. Ti avranno anche detto del ragazzo combattente e della ragazza combattente che sono stati fucilati dagli insorti. È vero. Sì, è un episodio doloroso, ma vero. Quei due erano stati sorpresi a fare tutt'altre cose che combattere e, quando si è in guerra, non ci si posson permettere certi lussi. Ci voleva un esempio. E così quei due furono fucilati dinanzi a tutti.

Ora ti chiedo un'altra cosa: perché la vostra rivolta è scoppiata sotto un governo socialista, un governo che offriva un programma pieno di buone intenzioni e che piaceva perfino ai Paesi con cui andavate d'accordo?
Perché in questo governo non c'è nulla di socialista. Non sono socialisti, sono imbroglioni e basta. In questo governo il vero padrone è Felix Dias Bandaranaike, il nipote della Bandaranaike, un vero fascista. Lei ce lo tiene perché è suo nipote. E poi lei, per restare al potere, si metterebbe con tutti. È vero, durante la campagna elettorale la aiutammo. Però con l'impegno di rovesciarla se non avesse mantenuto le sue promesse. Non le ha mantenute. Tutto è rimasto come prima, anche economicamente il Paese è sull'orlo del disastro. Il progressismo della Bandaranaike, lo vedi in politica estera e basta. È passato solo un anno, d'accordo, dal giorno in cui lei tornò al potere. E sarebbe stato giusto darle più tempo. Ma non potevamo aspettare di più: Felix Dias Bandaranaike aveva giurato di sterminarci. Cominciò con l'incidente di febbraio, quando ci saltò in aria quel deposito di munizioni a Nellundeja e cinque di noi morirono. Da quel momento gli arresti non si contarono più: non c'era prigione, non c'era commissariato di polizia che non chiudesse due o trecento dei nostri. L'operazione sterminio doveva concludersi entro il 9 aprile: quando arrestarono anche Wijeweera fu evidente che dovevamo passare all'attacco. Wijeweera venne arrestato a metà marzo, senza un atto d'accusa. Il 27 febbraio aveva tenuto quel comizio a Colombo, in Hyde Park, ed aveva detto: «Con questo comizio noi usciamo dalla clandestinità e ci impegniamo a non agire se non siamo provocati». La presero per debolezza e in pochi giorni ne rastrellarono cinquecento. Cosa dovevamo aspettare? Che ci ammazzassero tutti?

Quando fu deciso l'attacco?
Due settimane dopo l'arresto di Wijeweera, il 28 marzo. Quel giorno ci fu la riunione del Comitato centrale dei dodici. Però i capigruppo come me ne furono informati solo il primo aprile. L'ora X era la mezzanotte del 5 aprile e il piano era di scatenare l'offensiva da Colombo. Avevamo diviso Colombo in cinque distretti, in ciascuno di essi avremmo dovuto incontrarci alle 11,30 di sera per convergere sul quartier generale delle forze armate, sulla stazione radio, sulla centrale della polizia, sulla casa della Bandaranaike. Sistemati questi punti principali, ci saremmo riuniti coi compagni nelle campagne e i villaggi, già insorti per proprio conto all'ora X. Ma accadde che l'ordine fu dato male o compreso male: anziché intendere che l'ora X era a mezzanotte del 5 aprile, nelle campagne intesero che era alla mezzanotte del 4 aprile. Così in quasi tutti i distretti dell'isola l'attacco scoppiò la notte fra il 4 e il 5, quando a Colombo erano tutti fermi.

Ma come fu possibile?
Non lo so, non lo so. I più si misero in testa che il 5 incominciasse alla mezzanotte del 4: è pazzesco. Quando ce ne accorgemmo, era ormai troppo tardi. Villaggi e province erano in mano agli insorti, a Colombo il governo ne era informato. Non potemmo far altro che sospendere il piano iniziale e improvvisarne un altro: cioè lasciare che l'offensiva proseguisse nelle campagne e da queste convergere sulla capitale. Non era una soluzione sciocca: resistendo bene nelle campagne avremmo indotto l'esercito e la polizia a venirci incontro e a lasciare Colombo sguarnita. Ma non funzionò. Fummo anche traditi. Nei commandos di Colombo s'erano infiltrati alcuni agenti provocatori del Criminal Investigation Department: quei tre capi furono arrestati. Venne arrestato perfino l'intero commando che avrebbe dovuto catturare la Bandaranaike. S'era dato ap-

puntamento al cinema Ritz. Quando uscì dal cinema, trovò le camionette della polizia. Quello, forse, fu il colpo peggiore. Con un ostaggio come la Bandaranaike avremmo potuto cavarcela. E invece... In sostanza, a Colombo non si tentò nemmeno un inizio di rivolta. Le armi che i capigruppo dovevano distribuire alle 11,30 rimasero sepolte sotto i ponti, lungo le strade, nelle fosse di cemento.

Ma se foste riusciti a conquistare il potere, chi avreste messo al governo?
Il Comitato dei dodici. Non si trattava di ragazzini ma di gente preparata: quasi tutti dottori e ingegneri fra i venticinque e i trentacinque anni. Poi anche molti professori, molti intellettuali: gli uomini ce li avevamo. Wijeweera per primo. Lo avremmo liberato e lo avremmo fatto primo ministro.

Dunque ci riproverete?
Certo! La rivoluzione è fallita solo militarmente nella sua fase finale: la conquista di Colombo. E non c'è da sorprendersi, in fondo: non si improvvisa una offensiva come la improvvisammo noi. Cioè in quindici giorni e con quasi tutti fucili da caccia. Ci preparavamo da anni, è vero, ma non eravamo maturi. Né pronti. Proprio come i bambini quando nascono prematuri. Come ex studente di Medicina ti dico che quando un bambino nasce al settimo mese di gravidanza ha molte probabilità di vivere ma anche molte probabilità di morire. La gestazione deve esser completa per riuscire bene. Ma perdere un figlio che nasce prematuro significa forse non mettere al mondo più figli? Dopo un parto, riuscito o no, una donna resta incinta più facilmente. E, da un punto di vista politico, l'offensiva è riuscita: guarda in che condizioni si trova il governo. Ci riproveremo. Attualmente siamo un po' sparsi, un po' disorganizzati, e spesso in ritirata: gli attacchi che av-

vengono qua e là sono più che altro operazioni di disturbo. Ma ci stiamo velocemente riunendo, riorganizzando.

Quanti siete, stavolta?
È un calcolo difficile perché non abbiamo mica le tessere di iscrizione. Non le abbiamo mai avute, essendo clandestini. Noi calcolavamo di raggiungere, coi simpatizzanti, un effettivo di duecentomila, di cui ottantamila combattenti veri e propri. Di questi, almeno diecimila, e forse quindicimila, son morti, altri quindicimila sono prigionieri. Ne restano cinquantamila. Due terzi si trovano nei campi militari, all'interno e al Sud del Paese. Io lo so perché fo l'ufficiale di collegamento e vo di campo in campo. In certi posti trovi anche ottocento combattenti. Più di prima, cioè. Il governo è pazzo a illudersi di averci eliminato: non solo il grosso delle forze è in salvo ma spesso s'è arricchito di nuovi elementi. La ragione è semplice: dandoci la caccia, torturandoci, ammazzandoci, la polizia non fa che spingerci più profondamente dentro la giungla. Ci procura anche amici che prima non avevamo. Prima speravamo che il popolo sarebbe insorto con noi e ci sbagliavamo. Il popolo non insorse con noi. Non era neanche con noi. Lo spaventavamo. Ora no. Al contrario.

Vuoi dire che ora la popolazione vi aiuta?
Ovvio. È indignata da quel che ci viene fatto e allora ci aiuta. A ciò devi aggiungere un fatto molto elementare: non v'è famiglia che non abbia avuto un giovane morto o non abbia un giovane prigioniero, ricercato, fuggiasco. Di conseguenza ogni famiglia è almeno sentimentalmente con noi. I genitori ci proteggono, i contadini ci nascondono. O ci forniscono il cibo: polli, pesce essiccato. Esistono casi difficili, è vero, casi di gruppi costretti ad assaltare i villaggi per procurarsi qualcosa da mangiare: ma sono pochi. Sono quelli che si sono perduti e non riescono a ri-

unirsi con gli altri. In complesso siamo bene equipaggiati. In molte zone abbiamo scorte di riso che posson bastarci per due o tre anni. E abbiamo ospedali da campo con medici, infermiere. Infine abbiamo le armi non utilizzate e ne aspettiamo altre. I nordcoreani ci hanno fatto sapere che non ci abbandoneranno. E nessuno ne dubita. Giorni fa, sulla costa Sud, sono state avvistate due navi nordcoreane. La sorveglianza era strettissima e così non sono riuscite ad avvicinarsi alla spiaggia ma prima o poi ci riusciranno.

Ma i mezzi per combattervi ormai il governo li ha: elicotteri, aerei, munizioni. I piloti sovietici sono qui, e anche il denaro cinese.
Se i cinesi si sono buttati dalla parte della Bandaranaike, peggio per la loro coscienza: non li considereremo più amici. Quanto ai piloti sovietici, che possono farci? Bombardarci? Sì, ma alla cieca: la giungla ci nasconde bene, è fittissima. Tutti gli aerei dell'aviazione sovietica non basterebbero a stanarci, ammenoché non vogliano fare ciò che hanno fatto gli americani in Vietnam: defoliare i boschi. La Bandaranaike può permettersi una cosa simile? Io dico di no: il nostro è un Paese agricolo, si regge sulla coltivazione del tè, del cocco, della gomma. Per distruggere noi bisogna che distruggano anche tutta l'agricoltura. Bisogna che ammazzino anche tutti i contadini dei villaggi. No, per affrontarci devono accettare la guerriglia. E non sono in grado di affrontare la guerriglia. Sono troppo pochi e hanno paura. Hanno tutto da perdere. Noi siamo tanti, invece, e non abbiamo nulla da perdere.

Quanto credi che durerà?
Forse anni. Non abbiamo fretta. Siamo stati impazienti ma ora non lo siamo più: perché non siamo più inesperti, non ci illudiamo più di conquistare il potere in un giorno solo. Sappiamo che ci sarà un'altra offensiva, o molte altre of-

fensive: in fondo, la nostra, è la storia dei vietcong. Più ne ammazzi più ne saltano fuori. Ti dirò di più, tanto il governo lo sa: non è neanche detto che si debba aspettare molto. Il prossimo inverno ne vedremo delle belle a Ceylon.

Vietato rubare la noce di cocco

Lui, invece, lo incontrai a Colombo. L'appuntamento era sul lungomare, non lontano dal mio albergo, e la parola d'ordine per riconoscerci era: «Would you like to buy some gems?». Vorrebbe comprare qualche pietra? Giunse all'ora fissata, le sei del pomeriggio. Sedette sulla panchina dove lo stavo aspettando e in pessimo inglese sussurrò: «Would you like to buy some gems?». Mi commosse perché arrossiva e non aveva l'aspetto del guerrigliero, la necessaria arroganza del combattente. Era un omino timido, brutto, tutto denti e bocca e paura. Indossava un abito occidentale dagli orli unti e una camicia sfilacciata. Le sue mani eran tozze, le sue unghie orlate di nero. I suoi occhi eran buoni, innocenti, e forse non intelligenti. Li girava intorno come una lepre braccata dai cani, appariva talmente a disagio. Quando, col ritardo della cautela, arrivò il tipo che ci avrebbe fatto da interprete, ebbe un respiro di sollievo che gli vuotò i polmoni fino all'ultima goccia di aria. Fu attraverso lui che mi chiese di non prendere appunti per favore, per carità: sennò si sarebbero accorti che lo intervistavo e lo avrebbero preso e gli avrebbero fatto tante cose orribili come spaccargli le gambe e le braccia. Lo rassicurai: avrei registrato il colloquio col magnetofono che tenevo nascosto in borsa. Sorrise, pieno di gratitudine pazza. Parlammo così per un'ora, mentre il sole tramontava in fiammate d'oro e di rosso. Dietro di noi i bambini giocavano con gli aquiloni e dinanzi a noi il mare si rompeva in onde rabbiose: investendoci di spruzzi portati dal vento. A ogni spruzzo il viso gli si bagnava come di lacrime. O erano davvero lacrime?

Chi sei? Quanti anni hai? Perché tremi?
Sono un operaio del porto. Ho venticinque anni. Tremo perché la polizia mi cerca. Il mio capogruppo è stato arrestato, e loro gli hanno schiacciato i testicoli, e lui ha fatto il mio nome. Ha fatto anche il nome di tre studenti e di un altro operaio. Ha detto che eravamo stati noi a portargli le cartucce. È vero. Io una volta gliene ho portate cinquecento e gli ho portato perfino un fucile da caccia col binocolo, sai, uno di quelli che sparano fino a cinquecento metri. Ma del fucile lui non ha parlato. Non avrebbe dovuto parlare di nulla, era il nostro leader, però gli perdono perché io avrei parlato come lui. Forse non sono un buon guerrigliero, anche nelle Cinque lezioni non ho brillato molto. Mi son sembrate tanto difficili. Gli addestramenti militari lo stesso. Domani scappo. Non posso restare qui in città. Cerco di raggiungere un campo nel centro del Paese.

È vero che vi sono ancora molti campi?
Oh, sì! Tutti quelli che si usavano per l'addestramento. Non li hanno mica scoperti. Questo dove andrò è il medesimo dove facevo gli addestramenti. Sta dodici miglia dentro la giungla ed è organizzato bene, con la cucina e tutto. E poi c'è la farmacia, e poi ci sono le stuoie per dormire. Io ci andavo il weekend, dal venerdì sera al lunedì mattina. S'era un gruppo di centoventicinque tra ragazzi e ragazze ma c'erano anche cinque monaci buddisti. Prima erano quattro, poi divennero cinque. Questi monaci buddisti erano molto giovani e molto strani. Dicevano d'aver fatto il corso delle Cinque lezioni e d'essere diventati marxisti, però andavano ancora vestiti da monaci e non si volevano mai togliere la tonaca. Gli istruttori si arrabbia-

vano per questo. Dicevano che con la tonaca non si può sparare, e non si può correre, e non si può passare sotto il filo spinato, e non si può fare nemmeno il karate. Volevano che i monaci si spogliassero e si mettessero il sarong. Ma ogni volta ci voleva un mucchio di tempo perché loro si spogliassero e si mettessero il sarong. Si vergognavano, chissà perché. Forse perché noi si rideva.

Vi sono molti monaci buddisti nel Fronte popolare?
Abbastanza, tra i giovani. C'è chi dice mille. Io ne conosco altri due, a parte quei cinque, e anche loro sono marxisti. Però anche loro portano la tonaca. Ci ho parlato. Mi hanno detto che i sentimenti religiosi vanno abbandonati perché la religione è l'oppio del popolo. Allora gli ho chiesto: «Perché vi vestite da religiosi?». E loro: «Perché è comodo». Non li capisco ma non importa. Neanche io sono religioso, quasi nessuno nel movimento lo è. A cominciare dalle ragazze.

E le ragazze sono molte?
Tra noi operai, no. Appena il dieci per cento. Ma nelle università sì, anche il trenta per cento. Sono brave ragazze, molto serie. Anche troppo serie: non ridono mai. Noi ragazzi a volte si ride. Si rideva anche quando le ragazze si mettevano i pantaloni per fare gli addestramenti al campo. Ma l'istruttore ci rimproverava. Diceva: «Non bisogna prendersi le confidenze con le ragazze!».

Parlami degli addestramenti al campo. Erano duri?
Eh, sì. Per via del judo e del karate eccetera. Con le armi invece non si perdeva molto tempo. L'istruttore diceva che non importava essere tiratori scelti, tanto avremmo attaccato in massa. Ci insegnava a imbracciare il fucile, ci faceva tirare due o tre colpi, e poi basta. L'istruttore usava il sistema dei palestinesi, glielo avevano suggerito quelli

Il telegramma sbagliato

di Al-Fatah quando erano venuti a Ceylon. Non ho capito bene cosa sia questo Al-Fatah ma credo che sia un partito contro gli ebrei. Al campo c'era molta disciplina. Era proibito fumare e bere. Era anche proibito rubare. Io una volta rubai una noce di cocco e fui rimproverato aspramente. Non l'avevo mica rubata in un negozio, l'avevo colta da un albero, ma loro si arrabbiaron lo stesso e dissero che ero un cattivo rivoluzionario. Così gli dissi: «È meglio rubare una noce di cocco che assaltare una banca». Ma loro risposero che mi sbagliavo, che assaltare le banche per una causa come la nostra non significa rubare.

Di quali banche parli?
Delle banche che i commandos hanno assaltato per procurarci i soldi. Ne hanno assaltate due o tre in questi anni. Avevamo bisogno di soldi e quelli che si dava noi non bastavano. Noi si dà tutti i mesi una parte del nostro salario. Anche se il salario è basso. Ce l'ha insegnato Rohana Wijeweera, il nostro capo. Lui va sempre vestito come un pezzente e appena si trova in mano una rupia la versa nelle casse del movimento.

Torniamo agli istruttori. Chi erano gli istruttori?
Ufficiali dell'esercito. Alcuni scappati dall'esercito e altri ancora dentro l'esercito. Il mio era un tenente di Colombo. Veniva agli addestramenti con l'uniforme di tenente. C'erano parecchi ufficiali tra noi e anche soldati. Il mio tenente diceva che al momento opportuno tutto l'esercito sarebbe stato con noi, che quando saremmo stati sul punto di conquistare Colombo almeno due reggimenti sarebbero passati dalla nostra parte. Diceva che non saremmo mai riusciti a tenere Colombo senza l'esercito ma non bisognava dirlo sennò il piano sarebbe fallito. Vorrei tanto sapere se quel tenente è stato arrestato: cinque ufficiali sono stati arrestati a Colombo e un reggimento in-

tero è stato allontanato perché sospetto di avere rapporti col Fronte popolare. Il governo non lo dice ma è proprio così. Del resto io so di due poliziotti che lavoravano per noi. Ci davano le informazioni. Io però non ho mai voluto avvicinarli perché ho sempre avuto paura che fossero due agenti provocatori.

Ma tu hai partecipato all'insurrezione?
No, perché ero nel gruppo di Colombo e a Colombo tutto fallì. Sapevamo che l'offensiva sarebbe scoppiata la notte tra il 5 e il 6 aprile, così alle undici e mezzo di sera ci si riunì nei posti stabiliti e si aspettò che i capigruppo ci distribuissero le armi. Ma si aspettò e si aspettò e si aspettò e non successe nulla. Poi a un certo punto ci dissero di scappare e disperderci: il piano era stato annullato. Così si scappò. A Colombo s'era cinquemila, a parte gli studenti delle università. Ma successe una gran confusione e non si poté neanche raggiungere i commandos della periferia, non si poté neanche dissotterrare le armi e le uniformi. Sai, avremmo dovuto indossare l'uniforme per l'insurrezione. Era un'uniforme di cotone blu. La stoffa ce l'avevano data i nordcoreani. Le uniformi le avevano cucite le ragazze dell'università e ciascuno di noi aveva dovuto pagare la sua.

E come lo sapesti dell'insurrezione?
Dai ragazzi della mia cellula, a voce. Tutti gli ordini si ricevevano a voce. Solo quando c'erano le riunioni numerose e importanti si sapeva attraverso la radio. E anche attraverso i giornali. Si ascoltava quell'annuncio mortuario, o si leggeva. L'annuncio era sempre fatto nello stesso modo, diceva che era morto un tale e che i funerali si sarebbero tenuti nel posto tale e che gli amici erano invitati. E poi diceva: «No flowers necessary». I fiori non sono necessari. Voleva dire: «Non portate le armi». Per l'insurrezione

Il telegramma sbagliato

invece doveva dire: «Flowers appreciated». Cioè: portate i fiori. Che era come dire: portate le armi. Però questo annuncio coi fiori io non lo vidi mai.

Raccontami come sei entrato nel movimento.
Mi avvicinò un tale e cominciò a discutere di politica: in un modo tale che capii subito cosa voleva. Voleva sapere se fossi di sinistra. Infatti attaccava i partiti di sinistra per vedere se li difendevo. Li difendevo eccome e lui si mise a parlare più chiaro. Mi chiese se mi sarebbe piaciuto partecipare a una riunione. Dissi certo e ci andai. La riunione era in una casa e non era proprio una riunione, era come una lezione di scuola. Ma lunga. Incominciò alle dieci di sera e finì alle cinque del mattino. Parlò un tale che parlava molto bene. Ci descrisse l'instabilità economica di Ceylon e il fatto che si dovesse comprare il riso dai cinesi perché invece del riso si coltivava il tè per gli inglesi. E poi ci descrisse la disoccupazione e il fatto che il nostro governo fosse sempre stato pieno di ladri. Gli altri Paesi ci davano i soldi e i ministri del nostro governo li rubavano. Il ragionamento mi convinse e tornai alla seconda lezione. Questa volta mi interrogarono per vedere se avevo capito le cose della prima lezione e poi lessero i pensieri di Mao. Infatti alle pareti c'erano grandi ritratti di Mao e di Kim Ming-sung che è un grande capo nordcoreano.

Succedeva spesso che leggessero i pensieri di Mao?
Sì, sempre. Prima ci parlavano dell'America e della Russia per spiegarci che quelle erano potenze imperialiste, poi ci parlavano della Rivoluzione cubana, della Rivoluzione nordcoreana, e della Rivoluzione cinese. E poi ci leggevano i pensieri di Mao. Però una volta ci hanno anche letto un libro su Che Guevara che era un messicano, no, un argentino. Non l'ho capito bene. Le lezioni diventavano sempre più difficili e l'esame per passare da una lezione

all'altra era duro. In quarta, ad esempio, si studiava il marxismo. E questo era difficilissimo. Molti di noi non lo capivano mica e così ci tenevano lì per tredici o quattordici ore. Finché s'era capito. Bisognava stare fermi, composti, ed era un bel sacrificio. Però era un sacrificio che facevi volentieri in quanto sapevi di farlo per il tuo Paese. Verso l'alba, quando eravamo stanchi, il maestro ci parlava del nostro Paese. Ci ricordava che era stato invaso dagli indiani, dai portoghesi, e ci infiammava tutti. Era così bello ascoltarlo che saresti andato immediatamente a combattere e non ti importava più di morire. Una volta uno di noi si entusiasmò talmente che si vuotò le tasche e dette tutti i suoi soldi. Aveva appena riscosso il salario, lo consegnò fino all'ultima rupia. Ma quando andò a casa e lo disse alla moglie, la moglie si arrabbiò e lo picchiò.

Scusami, sai, se rido.
Oh, non importa! Si rise tanto anche noi!

Senti, ma queste Cinque lezioni le superavano tutti?
No. Soprattutto la quinta. La quinta era tremenda perché era l'analisi del marxismo oggi nel mondo. Meno male che io la feci di giorno. Andò avanti dalle nove del mattino alle nove di sera, senza mangiare, e alle nove di sera mi fecero l'esame. Mi chiesero cosa avevo capito e lo dissi. Avevo capito che il marxismo sta alla base della filosofia del socialismo e che dal marxismo sono derivati tutti i gruppi che hanno deteriorato l'idea del socialismo: come il revisionismo sovietico e il socialismo parlamentare. E poi ho capito che non si poteva cambiare le cose col socialismo parlamentare e che la democrazia era una truffa e che la libertà non serve un cavolo. Dunque bisogna fare la rivoluzione con le armi e questo compito tocca ai giovani perché i vecchi sono fossilizzati nelle vecchie idee. I vecchi vanno eliminati. E poi ho capito che noi di Ceylon

non siamo i soli a voler fare la rivoluzione, ad esempio c'è il popolo palestinese e c'è il popolo vietnamita. Ho detto queste cose e mi hanno promosso. Altri non li hanno promossi e li hanno tenuti lì come riserva. Non sono entrati neanche a far parte di una cellula. Io invece sì.

Ti sei mai pentito di essere entrato nel movimento?
Sì, quando mi sono accorto che ci avevano mandato al macello come le vacche. Tutti quegli anni di sacrifici, di preparazione, per mandarci al macello come le vacche. Ho provato come una rabbia, un'indignazione. E ho pensato: si sono approfittati di noi, ci hanno preso in giro con tutte le loro chiacchiere sulla giustizia e su Mao Tse-tung e Kim Ming-sung. Gli uomini sono malvagi. Da qualsiasi parte si mettano e qualsiasi filosofia abbraccino, sono malvagi. E perché devi batterti per dei malvagi? E non ero il solo a pensare così. Eravamo tutti molto depressi, molto scontenti. Ripetevamo che ci avevano guidato male, troppo male, da incapaci. Ma non è durato molto, almeno dentro di me. Dopo un mese ci ho meditato su e ho capito che non bisogna parlare così, non è giusto. È come far morire due volte quelli che sono morti: bisogna continuare. E mi son rimesso in contatto coi miei compagni e gli ho chiesto: «Voi continuate?». E loro hanno risposto: «Sì». Allora gli ho detto: «Continuo anch'io».

In altre parole, e malgrado ciò che hai sofferto, sei pronto a ricominciare?
Lo siamo tutti. Non abbiamo scelta. Quando ci si mette su una strada simile, non si torna indietro.

14

Questa è l'amara verità

Dacca, gennaio 1972
E così ora si davan la mano, gli ufficiali pakistani e indiani, i vinti e i vincitori. Si scambiavano abbracci e congratulazioni. Conversavano amabilmente sul prato. Disinvolti, mondani, impeccabili nelle uniformi stirate. «Caro generale, caro colonnello. Vi siete battuti bene, sì, ma vi siete battuti bene anche voi. Ci avete dato del filo da torcere, sì ma ce lo avete dato anche voi.» Neanche fossero stati a una partita di calcio anziché a una guerra dove s'eran scannati senza pietà e avevan massacrato migliaia di creature. Poco lontano i morti si decomponevano al sole. Gli avvoltoi vi piombavano sopra a strapparne brandelli, occhi, intestini, e i cani ne divoravano i piedi, gli orecchi, le labbra: in uno spettacolo irriferibile, atroce. Da quasi ogni casa si alzavano urla di donne cui avevano detto che un cadavere appena scoperto era il loro figlio, il loro marito, il loro fratello. Per le strade i mukti bahini sfogavan vendetta linciando chiunque sembrasse un nemico: scavalcavi corpi con gole tagliate, lingue strappate, tendini recisi. Sulla città distrutta, priva di governo, di legge, di pane, di acqua pulita, di mezzi di comunicazione, si levava il pericolo della pestilenza. E quelli si davan la mano, si scambiavano abbracci e congratulazioni, conversavano

amabilmente sul prato. Ecco il dialogo, captato col magnetofono, tra un maggiore pakistano di nome Mustafà e un maggiore indiano di nome Surajit. Trascrivo le parole una a una, tali e quali le ritrovo sul nastro. A renderlo completo non mancano che le prime battute: infatti cominciai a registrare solo dopo avere notato i due che si salutavano con particolare effusione, parlando in inglese.

«... Sorpresa gradita.»

«Posso dire lo stesso, Surajit.»

«Ti vedo bene, sai. Hai un'ottima cera e non sembri nemmeno stanco.»

«Nessuno di noi era stanco, Surajit, e ti dirò: non mi sento sconfitto. Non che intenda minimizzare il vostro successo, ma come potrei sentirmi sconfitto dal momento che non ho combattuto?»

«Hai ragione. Di' un po', Mustafà: ti aspettavi che Niazi si arrendesse?»

«Io? Guarda, l'ordine mi lasciò sbalordito. Capisci, le nostre armi erano intatte. Avremmo potuto combattere senza problemi, e darvi l'inferno.»

«Un po' di inferno ce l'avete dato, Mustafà. In tre giorni ho perso quarantasei uomini. Sempre in gamba, eh? Sempre bravi.»

«Anche voi, anche voi. Avete un ottimo esercito anche voi, e la vostra aviazione ha fatto faville. Ce ne avete buttate di bombe! Mi avete fatto fuori quasi una compagnia.»

«Ma tu a Dacca quando arrivasti, Mustafà?»

«In marzo.»

«In tempo per i massacri, dunque.»

«Guarda, io di massacri non ne ho mai visti. So che una parte delle nostre forze era utilizzata per controllare la situazione ma escludo che ciò sia avvenuto col terrore. Siamo gente corretta e lo sai. Pensa: uno dei miei soldati fu sorpreso con un pacchetto di sigarette bengalesi. Finì alla corte marziale e si fece sei mesi.»

«Mustafà, io non parlo di sigarette. Parlo di gente ammazzata. Ne avete fatti fuori parecchi, accidenti. Io prima non ci credevo, ma poi ho visto coi miei occhi e... Ci avete dato dentro un po' troppo.»

«Be', una certa confusione c'è stata. E qualche malinteso. Ma nulla di eccessivo, sai. I cadaveri che vedi non son mica di gente eliminata da noi. Questi si ammazzan tra loro, credimi. Non è giusto buttar la colpa su noi.»

«Se non è giusto dimmi perché, quando sono entrato a Dacca, mi hanno soffocato di baci e di abbracci. Suvvia, Mustafà!»

«Surajit, quella è gente che applaude chi arriva. Ti giuro che se rientrassimo noi pakistani ci accoglierebbero nello stesso modo. Io avevo un mucchio di amici tra i bengalesi, potrei accompagnarti in un mucchio di famiglie dove andavo a cena.»

«Così per cena cuocerebbero te! Mustafà, siamo onesti. Il fatto è che siamo soldati e, quando riceviamo un ordine, ubbidiamo. Avete ricevuto ordini di ammazzare e avete ammazzato. Né più né meno come facciamo noi.»

«Be', la guerra è guerra, Surajit.»

«Qui volevo arrivare, e non parliamone più. È finita.»

«Eh, già. Finita. Tua moglie sta bene, e i bambini?»

«Sì, sì. Tutto a posto. E la tua famiglia?»

«Mi mancano notizie da un mese. To', è arrivato il tuo generale. Andiamo a consegnare le armi. Però mi dispiace regalarvi la mia rivoltella. C'ero affezionato.»

«Cinese?»

«Sì, cinese. E ottima, sai.»

«La mia è russa. Naturalmente. Be', addio, Mustafà. Spero di rivederti in un'occasione migliore. Ma vedrai che la prigionia durerà poco. E noi indiani siamo gentili coi prigionieri.»

«Lo so, lo so. Addio, Surajit. E di nuovo congratulazioni, eh?»

«Anche a te, anche a te.»

Tra indiani e pakistani saranno stati un migliaio. Trecento gli uni, settecento gli altri: controllati dalle pattuglie indiane nascoste dietro gli alberi, col fucile puntato. A un ordine dato con l'altoparlante formarono un grande quadrato, un lato per i vincitori e tre lati per gli sconfitti, poi si irrigidirono in posizione d'attenti e il generale Nagra avanzò. Con voce eccessivamente cortese ricordò agli sconfitti che dalle sedici e trenta di giovedì 16 dicembre, ora in cui il generale Niazi aveva firmato gli atti della resa, essi erano prigionieri di guerra dell'esercito indiano, ma nessuno intendeva umiliarli, privarli dei loro privilegi e dei loro diritti. Sarebbero stati trattati da gentiluomini, secondo la convenzione di Ginevra, avrebbero ricevuto la posta, le visite, lo stipendio mensile, e avrebbero potuto pregare Allah cinque volte al giorno secondo le abitudini. Ora gettassero le rivoltelle. Le gettarono, insieme ai pacchetti delle pallottole, alcuni insieme al frustino, poi si sciolsero e ripresero a chiacchierare come Surajit e Mustafà. Si conoscevano quasi tutti, come Surajit e Mustafà. Specialmente i più vecchi, col grado di colonnello in su. Quasi tutti avevano studiato nelle stesse scuole, nelle stesse accademie fondate dagli inglesi, ad esempio l'Accademia militare indiana di Wellington.

Il Bangladesh è una corda al collo

Insieme avevano fatto la Seconda guerra mondiale, avevano combattuto in Africa, in Italia, in Birmania. E quando gli inglesi se n'erano andati, nel 1947, dividendo il subcontinente in tre parti, Pakistan occidentale-India-Pakistan orientale, le nuove nazioni s'erano costruite gli eserciti coi reggimenti lasciati dagli inglesi, con gli ufficiali formati dagli inglesi. Uomini che usavano dormire insieme, mangiare insieme, esercitarsi insieme, per la stessa bandiera, s'eran separati per servire bandiere diverse e nemiche. Un dramma? Macché. Il loro era il caso dei calciatori che per anni stanno nella stessa squadra, a giocare le stesse partite contro gli stessi avversari, e d'un tratto vengon trasferiti a squadre diverse e rivali: tu al Milan e io all'Inter. Se il tuo mestiere è quello di calciatore, cosa t'importa di appartenere al Milan o all'Inter? Ti importa di segnare i gol. La guerra, loro, la vedevano come un mestiere: un mezzo per segnare i gol. Erano professionisti. E da professionisti s'erano ammazzati per quindici giorni: fino a Dacca. Da professionisti, e quindi da colleghi, s'eran ritrovati dopo diciotto giorni: su quel prato di Dacca. A recitare la farsa di un cerimoniale svanito, di una morale tramontata: qua-la-mano-sei-uomo-d'onore, siamo-cavallereschi-in-un-rispetto-reciproco. Il fatto straordinario è che la nuova nazione detta Bangladesh sia sorta da una guerra combattuta con uno stile che non usa più. Una guerra da museo. Il fatto paradossale è che né vinti né vincitori abbiano compreso il terremoto da essi avviato.

Il trionfo degli indiani, la fine del Pakistan orientale, la nascita del Bangladesh, hanno acceso una miccia che rischia davvero di condurre a un conflitto mondiale o almeno a quello definitivo tra Unione Sovietica e Cina. Sia russi che cinesi vogliono il subcontinente, sia russi che cinesi vogliono l'Oceano Indiano, sia russi che cinesi vogliono lo Stretto del Bengala. E se la Russia aveva bisogno che l'India assorbisse il Pakistan orientale, la Cina ha bisogno che al di qua dell'Himalaya esistano nazioni a lei amiche. Ha bisogno dell'Assam, del Sikkim, della Birmania, ha bisogno soprattutto del Bengala che è aperto sul mare. Anzi i due Bengala: il Bengala orientale che ora si chiama Bangladesh e il Bengala occidentale che fa parte dell'India. Per averli però non si serve degli ufficiali usciti dall'Accademia di Wellington, si serve del terremoto

Questa è l'amara verità

avviato dagli ufficiali dell'Accademia di Wellington: cioè della guerra rivoluzionaria che i pakistani hanno provocato coi loro massacri e che gli indiani hanno sorretto coi loro mukti bahini. Militarmente sono serviti a ben poco, i mukti bahini: solo a piazzare qualche carica di dinamite. Politicamente però son diventati una forza immensa: perché hanno convinto i bengalesi a schierarsi contro i pakistani in una resistenza sorda magari, passiva, ma incessante e utilissima. Gli indiani non avrebbero vinto senza l'appoggio della popolazione, i pakistani non avrebbero perso se non avessero avuto contro la popolazione. E i mukti bahini hanno dimostrato che i carri armati, le trincee, i bombardamenti aerei non servono a nulla se manca la spinta ideologica: che la conquista di un territorio non vale se non è accompagnata dalla conquista dell'uomo. Hanno dimostrato che la guerra, oggi, non è più un mestiere per ufficiali eleganti che poi si stringon la mano, non è più una partita di calcio per generali che poi firmano gli atti di resa. È un'impresa basata sulla psicologia, sulla propaganda, sulla partecipazione delle masse. Un villaggio ostile, un ponte saltato, un soldato ammazzato nel sonno ottengono il doppio di una battaglia campale: perché un esercito tradizionale non sa come difendersi da quel nemico onnipresente e invisibile. Anzi, perde la testa organizzando massacri: e i massacri vanno a tutto vantaggio di quel nemico onnipotente e invisibile, raddoppiano il numero dei villaggi ostili, dei ponti saltati, dei soldati ammazzati nel sonno, affrettano la sconfitta finale.

Lo si è già visto coi vietcong in Vietnam, con gli algerini in Algeria, coi fidayn in Palestina. E lo sanno bene i cinesi che da anni lavorano, zitti, nel subcontinente asiatico. Nessuno può dire quanto sia o sia stata profonda nel Bengala orientale l'influenza dei cinesi: ma chiunque può prevedere quanto lo sarà. Entrando nel Bengala orientale, e dando vita al Bangladesh, gli indiani si sono messi la corda al collo. Ora non sanno se comportarsi da conquistatori o da liberatori, se ritirare o non ritirare le truppe, se disarmare o non disarmare i mukti bahini, se impedire i loro linciaggi o chiudere gli occhi. E come è possibile chiudere gli occhi dinanzi a qualcosa che non accenna a finire? L'episodio visto e fotografato da noi giornalisti allo stadio di Dacca, quando quei quattro furono trucidati a colpi di baionetta, non è che uno dei tanti. E magari non è nemmeno il più atroce. Per tutto il Bangladesh si svolge da due settimane un eccidio paragonabile solo ai massacri compiuti dai pakistani. Assetati di vendetta e di sangue, i mukti bahini non si contentano più di sgozzare i razakar o sospetti razakar. Stanno eliminando anche i bihari. I bihari sono musulmani venuti dall'India, una minoranza etnica che assomma a circa due milioni di cittadini, operai generalmente, impiegati. Allorché il Bangladesh si chiamava Pakistan orientale non si mischiarono alla lotta dei mukti bahini, ma non la ostacolarono neanche. Ora invece si afferma che stavano con l'invasore e quindi vanno puniti: se sei un bihari non hai via di scampo. A Mirpur, una città a otto miglia da Dacca, ne esistono trecentomila. Chiusi in casa col loro terrore, privi di cibi, d'acqua, di medicine, di protezione, ogni sera si vedono piombare addosso i mukti bahini che spalancano le porte e sparano all'impazzata. Sparano su tutto, su tutti, su giovani e vecchi, su donne e bambini, non fanno mai meno di cinquanta, di cento morti per volta. Giorni fa alcune famiglie tentarono di fuggire su tre autocarri. Gli autocarri vennero fermati, successe una carneficina. Alla Croce Rossa internazionale, che tentò l'invio di funzionari, non fu permesso di intervenire.

Non interviene nessuno, e il governo meno di tutti. Il governo del Bangladesh è un governo incapace, composto di vecchi paurosi che scapparono a Calcutta non appena i massacri di marzo ebbero inizio. E qui restarono tranquilli, in attesa di giorni migliori, per rientrare dopo la presa di Dacca. Impreparati, confusi, pavidi, non sanno neanche da che parte iniziare per tenere in pugno il Paese e i mukti bahini che non vogliono cedere le armi. I mukti bahini si sono divisi in tre gruppi: un gruppo di destra, un gruppo di estrema sinistra, un gruppo studentesco di contestazione. Quelli di destra, nati dalla Lega Awami e dalla vittoria elettorale di Sheikh Mujib Rahman, appoggiati dai russi, sembravano i più ragionevoli. Chiedevano riforme sensate. Ma i filocinesi di estrema sinistra e gli studenti contestatori li accusarono di essere venduti alla CIA. Sicché, per smentire l'accusa, essi esigono ora la nazionalizzazione delle banche e di tutti i mezzi di produzione, lanciando slogan del genere: «La rivoluzione non è terminata, la rivoluzione continua». La rivoluzione è l'ultima cosa di cui gli indiani hanno bisogno nel Bangladesh: gli screzi tra il governo indiano e il governo del Bangladesh sono già in atto. Sperando di calmare i mukti bahini il primo ministro Tajuddin Ahmad ha chiesto a Nuova Delhi la testa dell'ex governatore del Bengala orientale, Malik, più quella di otto membri dell'ex governo e di ventun funzionari onde processarli come criminali di guerra. Nuova Delhi ha risposto che i trenta si trovano sotto la protezione della Croce Rossa internazionale e che sono stati trasferiti all'accampamento indiano insieme ai militari pakistani che si arresero al generale Aurora. Intestardito Tajuddin Ahmad ha aggiunto di volere anche quei prigionieri onde scegliere tra gli ufficiali chi va processato come criminale di guerra. Ma come è possibile consegnare a Tajuddin Ahmad i soldati che si arresero dopo aver ricevuto da Aurora la garanzia di essere trattati secondo la convenzione diGinevra? Perfino il generale Nagra, più duro di Aurora, ripeté la promessa nella cerimonia del 19 dicembre, quando i settecento consegnarono le armi. Gli stessi ufficiali indiani che quella mattina conversavano da colleghi con gli sconfitti si rifiuterebbero di commettere un tal tradimento. E alcuni l'hanno dichiarato, con frasi sprezzanti sui mukti bahini: «Li vengano a prendere, se hanno coraggio, li riceveremo». Si immagini che scena se gli ufficiali indiani si mettessero a sparare sui mukti bahini e viceversa.

Eppure, è una scena che ha molte probabilità di succedere. Le cose vanno così male, a Dacca, che Indira Gandhi è stata costretta a inviarvi un emissario speciale, il signor M.D.P. Dhar, presidente della Commissione politica del ministero degli Esteri indiano. Il signor Dhar si è portato dietro un bel po' di gente. Dice che gli serve per organizzare l'arrivo dei tecnici indiani che ricostruiranno il Paese distrutto, e anche per organizzare il rimpatrio dei bengalesi che si erano rifugiati in India. Ma su dieci milioni di rifugiati, appena duecentomila sono rientrati nel Bangladesh, e la presenza del signor Dhar ha tutta l'aria di servire a ben altro: per esempio a tener testa alle bizze e alle debolezze di tipi come Tajuddin Ahmad. Davvero il Bangladesh sarà il devoto alleato che Indira Gandhi cercava? O non sarà piuttosto un vicino scomodo, disubbidiente, che si rivolterà agli indiani come si rivoltò ai pakistani? C'è di peggio. Ora che il Bengala orientale ha ottenuto l'indipendenza, anche il Bengala occidentale la pretende. E sogna di staccarsi dall'India, di unirsi al Bengala orientale: se vogliono impedirlo, gli indiani devono ricorrere ai mezzi cui ricorsero i pakistani. Di comunisti filocinesi ne hanno eliminati parecchi in questi anni: c'è chi dice migliaia. Ma la loro guerriglia continua, e il giorno in cui si arrese Dacca le strade di Calcutta si riempirono di bengalesi che sventolavano bandiere rosse con la falce, il martello, la stella. Sventolandole, gridavano: «Bangladesh! Bangladesh!». E non il Bangladesh che ha per capitale Dacca: il Bangladesh che ha per capitale Calcutta.

Il pianto di Niazi

Le due interviste che seguono vanno lette tenendo in mente tali premesse. Sono le interviste col generale indiano Jagjit Singh Aurora, cioè il gran vincitore, e il generale pakistano Amir Abdullah Khan Niazi, cioè il grande sconfitto. Due uomini in apparenza molto diversi, oltretutto Niazi è un musulmano e Aurora è un sikh, ma in sostanza talmente simili. Proprio come il maggiore Mustafà e il maggiore Surajit. Incontrai Niazi nella villetta in cui era tenuto prigioniero, al campo militare di Dacca, il pomeriggio del 18 dicembre. Incontrai Aurora nel suo ufficio del quartier generale, a Calcutta, il giorno seguente. Il primo fu duro, sgarbato, e non voleva parlarmi. Il secondo fu cordiale, educato, e ci teneva a parlarmi. Il primo rispose alle mie domande con ira e col pianto in gola; il secondo vi rispose con gioia e col sorriso sulle labbra. Ma ascoltandoli non potevo fare a meno di pensare che entrambi avevano cinquantaquattro anni, entrambi erano nati in province del Punjab, entrambi avevano studiato all'Accademia di Wellington, entrambi credevano in una guerra tradizionale che non porta più a nulla, entrambi rappresentavano un mondo destinato a sparire. Soprattutto, entrambi avevano combattuto una guerra che li avrebbe travolti. Ed entrambi, quindi, l'avevano perduta. L'unica differenza era che Niazi lo sapeva, Aurora no.

Parla il generale pakistano: «Perché ho perduto la guerra»

La vedo molto triste, generale Niazi, molto abbattuto. Suppongo che sia così dal momento in cui ha firmato i fogli della sconfitta dinanzi al generale Aurora.
No! Non è vero! Non sono triste, non sono abbattuto! La mia coscienza di soldato è a posto, capito? Io non ho perso una battaglia, ho perso una guerra! Capito?

Veramente... Scusi, non è peggio perdere una guerra che perdere una battaglia?
No, non è vero! Per un generale, per un soldato, perdere una battaglia è peggio che perdere una guerra. Capito? E io non ho perso una sola battaglia, capito? Non v'è una sola città, un solo villaggio, che gli indiani abbiano conquistato con la forza: capito? Tutte le zone che hanno preso erano zone da me abbandonate con una ritirata strategica, capito? E non mi sono arreso, io, capito? Ho semplicemente accettato la proposta del cessate-il-fuoco. Capito?

Come preferisce, generale: capito. Però resta il fatto che lei ha firmato una resa incondizionata, e che ha ordinato ai suoi soldati di deporre le armi, e che ora è prigioniero degli indiani insieme a 93.000 pakistani, e che, insomma, ha ceduto al generale Aurora.
Io non mi sono arreso! Io non le permetto di dire che mi sono arreso! Io ho semplicemente accettato la proposta del cessate-il-fuoco! E non voglio parlare coi giornalisti, non ho nulla da dire ai giornalisti! E chiuda quel registratore: capito? Via, via!

Generale, non crede che dovrebbe spiegare al mondo perché ha consegnato Dacca agli indiani senza sparare un colpo di fucile?
No.

No...?
E va bene! L'ho consegnata perché altrimenti sarebbe avvenuto un macello inutile. Perché migliaia e migliaia di persone sarebbero morte senza ragione. Certo che avrei potuto continuare a combattere. Per un mese, forse per due. Ma che senso avrebbe avuto, che risultato? Non avevo più una via d'uscita, una sola speranza: eravamo completamente isolati, tagliati fuori, senza contatti. Non avevo

neanche più la squadriglia che avevo in principio, m'eran rimasti soltanto due caccia che non potevo usare perché la pista dell'aeroporto era stata distrutta dai bombardamenti. Non mi arrivavano più rifornimenti di alcun genere: né soldati, né armi, né plasma. Gli indiani ci circondavano da tutte le parti, ci bombardavano ogni due ore, e dal mio Paese ci separavano ben tremila miglia. Chiesi aiuto al mio governo, a Karachi. Il mio governo rispose che non poteva far nulla, che tenessi duro. Tenni duro ma non servì: la situazione peggiorò. Allora mi rivolsi ai miei capi, gli chiesi se volevano che continuassi a resistere. Risposero che mi lasciavano arbitro della decisione ma che, a loro parere, resistere era privo di senso. Era loro parere, resistere era privo di senso. Era privo di senso anche per me, e così posi la domanda finale: preferite che mi arrenda? Non preferivano nulla, mi dissero, ma sarebbero stati d'accordo con me se avessi deciso di arrendermi. E io accettai il cessate-il-fuoco. Fu duro, fu straziante, ma lo accettai. Oh, non avrei mai immaginato che finisse così! Quando incominciò la guerra, io ero sicuro di vincerla.

Generale, non vorrei infierire con un'osservazione crudele, ma la storia è piena di casi come il caso di Dacca. Tante volte un esercito s'è trovato circondato senza speranza. Eppure ha continuato a combattere, e questo è ciò che il mondo si attendeva dai pakistani.
Lo so. Anche i miei soldati si attendevano questo. Son sicuro che molti son rimasti delusi, offesi. Loro volevano continuare, se non altro morire da eroi. Dicevano d'essere freschi, d'avere munizioni abbondanti. Io non volevo che morissero, invece. Perché mandarli al macello? Perché procurare un carnaio? V'è un momento in cui un uomo si stanca di assistere allo spargimento di sangue, specialmente se è inutile. E poi c'era la popolazione. Gli aerei indiani non si limitavano a colpire gli obiettivi militari, centrava-

no anche quelli civili. Conosce la storia dell'orfanotrofio, dei trecento bambini ammazzati nel sonno...

Fu l'unico errore, generale Niazi. Ammesso che a commetterlo siano stati gli indiani. Ma davvero lei, così duro, si preoccupava dei bambini di Dacca e della popolazione innocente?
Io... ecco... io... Saremmo caduti. Saremmo comunque caduti. Era solo questione di tempo. Non potevo più muovermi, capito? Avevo perso ogni flessibilità, continuavo a pompare da un pozzo che si esauriva, e non si può consumare senza rimettere: è un suicidio. Ci avevano abbandonato tutti. Connazionali, alleati. A un certo punto arrivò la notizia che la VII flotta americana era dinanzi al porto di Chittagong. Tirai un respiro di sollievo. Dissi a me stesso: con la VII flotta posso farcela, ce la farò. Non credetti un attimo, ovvio, che la VII flotta fosse lì per evacuare i cittadini americani di Dacca. V'eran pochissimi americani a Dacca, e quei pochi eran partiti con gli aerei durante la tregua di ventiquattr'ore. Inoltre giudicai normale che gli Stati Uniti intervenissero, finalmente: non s'eran schierati dalla nostra parte? Non ci avevano promesso aiuto? E li aspettai. Li aspettai, li aspettai... Ma non vennero. Non vollero far nulla. Come i cinesi. Anche i cinesi si son comportati malissimo: alleati a chiacchiere e basta. I russi sono stati seri con gli indiani, gli americani e i cinesi non sono stati seri con noi. Ci hanno imbrogliato e io sono pieno di indignazione, di amarezza, di rabbia.

Generale Niazi, si rende conto che il loro intervento avrebbe significato la Terza guerra mondiale?
Sciocchezze. Pretesti infantili. Non ho mai creduto un attimo al pericolo di una Terza guerra mondiale. La Russia non avrebbe mai accettato di fare la guerra agli americani e ai cinesi contemporaneamente. Prender sul serio una simile eventualità era superficiale, imbecille. Ma perché

Questa è l'amara verità

gli americani non ci hanno aiutato? Cosa dicono i giornali? Perché? Non lo sapevano che non avevamo più scampo? Non c'era più scampo. Capito?

Ho capito, generale Niazi. Ho capito. Quel che non capisco è perché lei si fosse messo in una situazione senza scampo.
La popolazione locale. Il novanta per cento della popolazione locale era contro di noi. E io che potevo farci? Su tre fronti avevo gli indiani, ovunque avevo i mukti bahini. Non che militarmente prenda sul serio o abbia mai preso sul serio i mukti bahini. Non c'è stata una singola battaglia tra noi e loro, un singolo scontro diretto. Ma strategicamente erano un peso perché ci sobillavano la popolazione. Voglio dire, ci combattevano attraverso la popolazione: coi piccoli sabotaggi, i dispetti. Ci facevano saltare le strade, i ponti, le arterie di comunicazione. I ponti e le strade distrutte che si incontrano venendo a Dacca non li abbiamo mica fatti saltare noi per rallentare l'avanzata indiana: li hanno fatti saltare loro per impedirci di tentare accostamenti tra guarnigione e guarnigione, o rifornimenti di uomini e di materiale. Era un incubo. Di giorno non potevamo muoverci perché gli indiani ci bombardavano e ci mitragliavano, di notte non potevamo muoverci perché la popolazione ci piazzava cariche di dinamite. Tutti contro ce li avevamo, tutti contro...

Generale Niazi, certe cose accadono quando un Paese è occupato da un ospite non gradito. Se la popolazione era contro di voi ciò significava che il Paese vi considerava veramente invasori. Di cos'altro avevate bisogno per capire che qui non eravate voluti, che eravate odiati?
Anzitutto non è una questione di odio, è una questione di ignoranza. I bengalesi sono ignoranti, ascoltano senza ragionare, e per venticinque anni hanno subito il lavaggio cerebrale da parte di coloro che, sobillati dagli indiani,

sostenevano l'illegalità della nostra presenza nel Pakistan orientale. È dal 1947 che si sentono ripetere «i pakistani sono cattivi, i pakistani sono invasori, il vostro Paese si chiama Bengala e non Pakistan orientale». Il loro non era odio ma ingenua sottomissione alla propaganda indiana. Poi c'è il fatto della lingua. Non parliamo la stessa lingua: noi non comprendiamo il bengalese e loro non comprendono l'urdu. Ciò ci è stato fatale. Quel che unisce un popolo è, prima di ogni altra cosa, la lingua. Senza lingua in comune, l'unione non esiste. E se io avessi potuto spiegarmi, se avessi potuto parlare con loro... Ma non parlano nemmeno l'inglese, o ben poco: come facevo a spiegarmi? Quando non ci si capisce, si diventa inevitabilmente nemici. Creda: la sola battaglia che noi pakistani abbiamo perduto è stata la battaglia della lingua. Lo stesso che dire la battaglia della mente.

Ma questa faccenda della lingua non è forse un buon argomento per dedurre che il Bengala, era il Bengala e non il Pakistan orientale?
No. Ciò che lei chiama Bengala è Pakistan. Ancora oggi io mi sento nel Pakistan. A Dacca io mi son sempre sentito nel Pakistan. Ancora oggi io mi sento nel Pakistan. E lei, gli altri, possono chiamarlo come gli pare, cambiargli il nome quanto gli pare: resta il Pakistan.

Generale Niazi, se il Bengala era il Pakistan, se a Dacca lei si sentiva a casa sua, se non si considerava un invasore, perché ha dovuto ricorrere alla legge marziale e al coprifuoco e alle repressioni?
Quali repressioni? Le mie truppe si son sempre comportate in modo pulito, senza sprecar munizioni in sparatorie inutili e senza ammazzare innocenti. Io sono arrivato a Dacca all'inizio di aprile e, se lei allude agli incidenti di marzo, sappia che in marzo non c'ero. Sì, è vero che in

marzo vi furono alcuni incidenti ma... Se ci furono, vuol dire che non potevano essere evitati.

Io non li chiamerei incidenti, generale Niazi. Li chiamerei massacri.
Massacri? Quali massacri?

Quelli che io stessa ho visto, che tutti hanno visto, fotografato, accertato. A Dacca, a Jessore, ovunque fino a giovedì 16 dicembre. Negarli e perfino discuterli sarebbe grottesco. Tentar di spiegarli, invece, non lo è. E così le chiedo: non potrebbe darsi che simili atrocità siano avvenute a sua insaputa e per iniziativa di truppe senza controllo?
No! No! L'esercito pakistano è un esercito disciplinato, composto da professionisti con una tradizione di ordine e di obbedienza: le mie truppe non sono mai state senza controllo. Hanno sempre fatto quello che io ho ordinato. E io non ho mai ordinato... eccetto quella notte quando... voglio dire, la sola notte in cui potrebbe esser successo qualcosa fu quella notte... Però quella notte si trattò di una operazione militare di cui assumo ogni responsabilità. Si trattò di un atto di guerra. E io lo ordinai. Dovevo pur fermare ciò che stava accadendo, dovevo pur dare un esempio. Lo detti. Con disposizioni molto dure. Ed è tutto.

Un momento, generale. Di quale notte parla? Di quale rappresaglia parla? Ce ne sono state molte da aprile a oggi. L'ultima, nei tre o quattro giorni prima che lei si arrendesse. Ricorda? Quei duecento intellettuali trucidati nelle paludi fuori città.
Io non mi sono arreso! Lei non deve usare quella parola! Io non mi sono arreso! Io ho accettato il cessate-il-fuoco!

Generale, di nuovo non vorrei infierire: non ne ho il diritto e poi lei è prigioniero. Ma non è stato un cessate-il-fuoco: è

stata una resa incondizionata. E comunque: di quale notte parla? Cosa intendeva risolvere quella notte?
Non ho niente da dire, niente da giustificare. Fu un atto di guerra, ripeto. E poi i particolari io non li conosco, li sanno i miei ufficiali. I miei ufficiali... Li incaricai di eliminare alcuni centri di ostilità. Punto e basta.

E le donne rapite, violentate, stuprate, ammazzate, portate via? Solo in una caserma, a Jessore, ne hanno trovate duecentocinquanta. E molte s'erano impiccate col sari. Anche loro andavano considerate centri di ostilità?
Quante esagerazioni. Sulle donne ci sono state un mucchio di esagerazioni. Dicono che anche al mio campo ce n'erano duecentocinquanta, la metà delle quali incinte. Mi sono informato e non ce n'erano neanche cento, neanche cinquanta, e solo una era incinta. Io non nego che episodi del genere siano avvenuti. Avvengono sempre quando vi sono molti soldati: è inevitabile. Ma non sono avvenuti nella misura che si afferma e, comunque, questo mi sembra un argomento senza importanza. Proprio non è il caso di sprecarci tempo e parole. Preferisco chiarire il punto precedente, relativo agli incidenti che lei chiama massacri. E per chiarirlo sostengo che il mio esercito non fece nulla per sete di sangue: tutto ciò che fece, lo fece perché io l'avevo ordinato. E io lo avevo ordinato perché lo ritenevo necessario, indispensabile, da un punto di vista militare e strategico. Eravamo in guerra.

Generale, a lei piace la guerra?
Certo che mi piace. Eccome. Moltissimo. Io ho sempre voluto fare il soldato, non ho mai pensato di poter far altro. Al mio Paese, il mestiere di soldato è il mestiere più degno. Il lavoro più nobile. La guerra è necessaria, per portare la pace ci vuole la guerra: la tribù cui appartengo è una tribù di guerrieri che fanno la guerra da cinquecen-

to anni e io ne sono fiero. Non mi fermo neppure un momento a considerare i vaneggiamenti di coloro che sputano sulla guerra. Quando non c'è la guerra, io mi annoio. Del resto tutti i generali si annoiano senza la guerra, e sono ben felici che scoppi una guerra. Se si impara a giocare a bridge, è per giocare a bridge. A cosa serve saper giocare a bridge se non si gioca a bridge?

Ma la guerra non è un gioco a bridge, generale. Come lei ben sa, la guerra è uccidere ed essere uccisi.
Certo. E con questo? Ovvio che alla guerra si muore. La guerra si fa per ammazzare, mica per curarci le malattie. Un soldato deve anzitutto ammazzare. Ma non considerare ciò come un crimine. E se per ammazzare egli deve morire, lui muore. Se per ammazzare deve lasciarsi prendere prigioniero, lui si fa prendere prigioniero. Noi musulmani la vediamo così, e per questo siamo i migliori soldati del mondo. Noi musulmani abbiamo fede, molta fede, che la guerra sia una cosa necessaria e giusta. Quando c'è da ammazzare, ammazziamo. Quando c'è da morire, moriamo. E ammazzando, morendo, diciamo: «Sia fatta la volontà di Allah». Le dirò di più: per fare una guerra, non abbiamo neanche bisogno di crederci. Io, quando è scoppiata questa guerra, non mi sono chiesto se ci credevo o no: sono stato contento e basta. Contento di combattere, di obbedire agli ordini del mio governo. Sono un soldato: non discuto gli ordini. E se l'ordine è uccidere mio fratello, mio padre, mia madre, io li uccido.

Generale Niazi, lei ce l'ha un fratello o un padre o una madre?
Naturalmente. Ho anche una moglie e cinque figli. Due femmine sposate, una femmina da sposare, un maschio che è capitano dell'esercito, un altro maschio che presto entrerà nell'esercito. Dico presto perché ha sedici anni.

Ebbene, ci pensava a loro mentre faceva la guerra?
Non direi. Avevo altre cose da pensare.

È atroce.
Cosa è atroce?

Ciò che dice, generale. Il fatto stesso che lei parli della guerra come di uno sport.
Ma la guerra è uno sport! Un gioco, uno sport. Se preferisce, un lavoro. Sicché io non posso vederla in termini di sofferenza come fa lei: la sofferenza, mia o altrui, non mi turba. Non mi scandalizza. Non mi ferma. Ammenoché non sia inutile al cento per cento. Voglio dire: la sofferenza mi serve. Solo quando non mi serve io la rifiuto. Se un mese o un anno di agonie mi è utile per prendere tempo, per guadagnare qualcosa, io lo affronto con gioia. Se seimila o seicentomila morti mi servono per vincere una battaglia o una guerra, io me li procuro con piacere. Il problema, per un soldato, non è la pietà: è il calcolo strategico. La vita umana va vista come calcolo strategico. La ragione per cui non ho voluto provocare altre migliaia e migliaia di morti con una inutile difesa di Dacca è che tale carneficina non serviva alla mia strategia. Evitandola, ho guadagnato tempo. E anche uomini vivi per la prossima guerra.

Perché? Pensa già a un'altra guerra?
Certo. Ci sarà. Anche gli indiani lo sanno. E sanno quali sono le conseguenze dell'aver vinto questa guerra: più guai per tutti e in particolare per loro. Onestamente, agli indiani sarebbe convenuto perdere. E sa perché? Perché, ora che il Pakistan orientale si chiama Bengala libero, anche il Bengala occidentale vorrà essere libero. Il Bengala occidentale appartiene all'India, è India: no? Bene: comincerà a volersi staccare dall'India, a volersi riunire col Bengala

orientale, e a chi servirà un tale bordello? Ai comunisti. I veri vincitori di questa guerra non sono gli indiani, sono i comunisti. E questa guerra non è affatto finita: è appena incominciata. Anche a Dacca. Nelle strade di Dacca non sono più i pakistani a sparare: sono i bengalesi. Armandoli contro di noi, gli indiani hanno costruito un esercito contro se stessi: se ne accorgeranno presto. Se ne accorgeranno quando la parola «oppressori» sarà usata contro di loro, quando la dinamite sarà fatta scoppiare per loro: vedrà. Gli indiani credono d'essersi serviti dei bengalesi per procurarsi un territorio e un alleato sicuro. Sciocchezze. Sono i bengalesi che si sono serviti degli indiani. Per questo gli indiani esitano ad abbandonare il Bengala. Per questo vi stabiliranno la loro presenza che del resto è già stabilita. E dalla loro presenza fiorirà una guerra civile in cui gli indiani saranno i primi a pagare.

Sembra quasi che le dispiaccia, generale Niazi. Posso chiederle se considera gli indiani alla stregua di fratelli?
Fratelli in armi, sì: senza dubbio. Infatti non c'è odio tra noi e gli indiani: per noi è sempre stato più facile intenderci con gli indiani che con i bengalesi. Ci facciamo la guerra, è vero: da anni. Ma appena la guerra è finita, ci stringiamo la mano e ci salutiamo con effusione. Io non capisco la sorpresa di coloro che non credevano ai propri occhi questa mattina, durante la consegna delle armi. A parte il fatto che tale cordialità fa parte del gioco, abbiamo combattuto tante guerre insieme. La Seconda guerra mondiale, per esempio. E siamo stati insieme fino a venticinque anni fa, spesso abbiamo studiato nelle stesse scuole, nelle stesse accademie. Io frequentavo il corso del generale Nagra. E parliamo entrambi l'inglese, spesso parliamo dialetti comuni. Di veramente diverso, tra noi, non c'è che la religione. Sì, anche senz'armi, siamo fratelli.

Un'ultima domanda, generale Niazi. Si sentì molto umiliato, giovedì pomeriggio, quando firmò dinanzi a quei fratelli i documenti della resa?
Più che umiliato, addolorato. Come sempre quando si perde al gioco. Tra gli ufficiali indiani, lì all'aeroporto di Dacca, c'erano tanti amici. Tanti ex compagni di scuola. C'era Nagra, c'erano altri con cui avevo studiato prima della partizione del 1947... Il generale Aurora si comportò con molta generosità: vero. Però commise uno sbaglio: quello di portare sua moglie. Io me ne accorsi quando avevo già firmato. Mi voltai ed eccola lì: alle mie spalle. Salì anche sull'automobile. Non me l'aspettavo. Ed ecco, lui non avrebbe dovuto farlo. Io non lo avrei fatto.

Parla il generale indiano: «Perché ho vinto la guerra»

La vedo molto allegro, generale Aurora, molto felice. Suppongo che sia così dal momento in cui ha firmato i fogli della vittoria dinanzi al generale Niazi.
No, non è che mi sentissi particolarmente felice quando lo incontrai all'aeroporto di Dacca per completare la meccanica della resa. Al contrario. Le parrà strano, forse buffo, ma quando lo vidi provai tutto fuorché un senso di trionfo e di gioia: mi passò ogni voglia di comportarmi da conquistatore. Mi passò l'antipatia che avvertivo per lui senza conoscerlo. Mi passò l'ostilità che mi invadeva pensando a ciò che aveva fatto: cose troppo deplorevoli, troppo disprezzabili. E sentii... sì, sentii come un dispiacere per lui. Come una pena. Appariva talmente distrutto, schiacciato dalla vergogna. Mi creda: era qualcosa di molto spiacevole, molto imbarazzante a guardarsi. Così, quasi dimentico delle atrocità che aveva commesso, mi sorpresi a considerarlo un soldato e basta. O, se preferisce, un generale che ha perso la guerra.

Allora cosa accadde?
Istintivamente, mi preoccupai della sua incolumità. La rabbia della popolazione era troppo forte, in città chiunque parlava di lui definendolo «quell'animale, quella bestia». Una svista infinitesimale e lo avrebbero strappato alla nostra sorveglianza, per farlo a pezzi. Lo feci letteralmente circondare dai miei soldati, perché non gli accadesse nulla. Lo feci salire sulla mia automobile. E qui, per qualche minuto, restammo entrambi in silenzio. Ma poi egli ruppe il silenzio e, girandosi verso di me, con occhi pieni di lacrime, disse: «Le sono molto grato, signore, di questo comportamento generoso». Be', mi turbò. Mi turbò a un punto tale che non seppi fissargli a lungo quegli occhi pieni di lacrime: abbassai la testa. Cercavo un discorso, un discorso qualsiasi, per cambiare argomento. Ma non lo trovavo e soffrivo. Grazie al cielo intervenne mia moglie. Si mise a chiedergli della famiglia, dei figli, e salvò la situazione.

Molti restaron stupiti a vedere sua moglie, generale Aurora.
Lo so. Non sembrò un fatto normale che avessi portato mia moglie. In realtà non lo era. Ma l'avevo voluta al mio fianco perché... Be', non so come spiegarlo. Forse così: non accade spesso, non accade in tutte le generazioni, che un soldato abbia l'opportunità di accettare una simile resa e... No, meglio spiegarlo così: io e mia moglie siamo sposati da trent'anni e siamo sempre stati molto vicini. Ha sempre condiviso le durezze del mio mestiere, io ho sempre avuto un gran rispetto per lei. Non solo perché è intelligente ma perché è piena di bontà, di sensibilità: dovrebbe vedere come lavora negli ospedali che raccolgono i feriti. Ebbene, allora Niazi domandò la resa, mi parve giusto farla partecipare al mio incontro con lui. Mi parve giusto divider con lei il pomeriggio più importante della mia vita, un pomeriggio di cui avremmo continuato a parlare fino all'ultimo dei nostri giorni. Volli renderle

omaggio, insomma. E volli rendergielo proprio dinanzi a un uomo che aveva dimostrato di non rispettare le donne, di considerarle strumenti di piacere per la sua truppa. E la portai a Dacca. Forse fui duro con Niazi, lo so. Forse non avrei dovuto imporgli la presenza di una donna. Ma non sospettavo che, vedendolo, il mio rancore sarebbe caduto. Del resto, se potessi tornare indietro, rifarei ciò che ho fatto: durante quel tremendo tragitto in automobile, mia moglie fu utilissima. La sua dolcezza, il suo savoir-faire, cancellarono ogni imbarazzo. Almeno lo spero, per quel che riguarda Niazi. Non so cosa ne pensi Niazi. Mi piacerebbe saperlo.

Generale Aurora, non le pare che Niazi abbia ceduto troppo alla svelta e che la battaglia di Dacca sia durata troppo poco?
Non c'è stata neanche una battaglia di Dacca. Dacca è caduta senza tentar di difendersi: qualcosa di assai inconsueto nella storia militare. Le mie truppe, è vero, l'avevan circondata senza speranza: da est, da nord, da sudest. Prima o poi sarebbe caduta. Però, se Niazi avesse deciso di resistere, avrebbe potuto tenerla a lungo: un mese, due mesi, e magari tre. Ci avrebbe dato molto filo da torcere. I soldati pakistani sono grandi soldati: tra i migliori del mondo. Sono coraggiosi, competenti, disciplinati: io li ricordo nella Seconda guerra mondiale. Nel mio reggimento, che era un reggimento punjabi, avevo molti musulmani. Erano semplicemente superbi. Non solo: fino a quel giorno, i pakistani avevan combattuto estremamente bene. Il loro armamento era pressoché intatto. Il morale era alto. Senza la resa di Niazi, l'avremmo vista brutta. Davvero non capisco cos'abbia indotto Niazi a cedere così alla svelta. Aveva fama di un falco, di un ostinato.

E anche di un crudele. Lei crede davvero che si sia preoccupato di risparmiare una carneficina?

Questa è l'amara verità

Non so: l'animo umano è così misterioso. È capace di tutto, perfino di rivelare buonsenso in un generale. Forse Niazi ebbe un attacco di buonsenso, forse fu colto da una nausea per il sangue: più che normale dopo le atrocità che aveva commesso. Non so. Però so e affermo che la sua situazione non era ancora tragica, che avrebbe potuto combattere una splendida battaglia. Noi eravamo più forti, è vero. Lo stringevamo in quella morsa e disponevamo di un'aviazione intatta. La nostra marina controllava le coste. Però avevamo meno uomini di quanto si credesse, e lui ne aveva molti più di quanto io stesso credessi. Avevo calcolato che, tra militari e paramilitari, Niazi disponesse di settantamila unità. Al massimo. Quando, dopo la resa, mi disse che disponeva di novantatremila unità, rimasi sbalordito. Mi chiesi addirittura se l'ordine di arrendersi gli fosse venuto da Karachi. E con ciò non intendo insinuare che sia stato un ordine privo di senso: egli era completamente tagliato fuori, isolato. Non poteva ricevere rifornimenti né per via terra, né per via mare, né per via aerea. L'aeroporto di Dacca era distrutto, il porto di Chittagong era inefficiente, le guarnigioni eran divise l'una dall'altra e senza alcuna possibilità di contatto, le strade e i ponti erano saltati. In tali condizioni, neanche Napoleone se la sarebbe cavata.

Generale Aurora, a suo giudizio com'è possibile che un esercito tanto capace si sia lasciato intrappolare a quel modo?
È quel che mi chiedo anch'io. E, ogni volta che me lo chiedo, concludo dicendo che la responsabilità è di Niazi. Da un punto di vista militare egli ha commesso un gravissimo errore: non comprendere subito quale fosse la mia strategia. E dire che era così evidente: consisteva, in tutta semplicità, nel creare per l'esercito pakistano condizioni impossibili. In altre parole, ciò che ho voluto fare sin dall'inizio è stato rendergli inutile ogni combattimento. Non

ho mai perso tempo in battaglie campali: quando trovavo un centro di resistenza, anziché fermarmi gli giravo dietro e lo circondavo. Poi lo isolavo, per indurlo ad arrendersi, e andavo avanti, puntando su Dacca. È una tecnica in cui credo molto e che mi ha dato ragione. Sicché è strano che Niazi non se ne sia accorto, che mi abbia lasciato giungere fino a Dacca. Il fatto è che Niazi non è il migliore dei generali pakistani: manca di un certo acume, di una certa fantasia. In questa guerra non ha mai visto più in là del suo naso: il suo modo di condurla è risultato sempre sbagliato. Non ha perso una battaglia, è vero. Ma a cosa gli è servito? A dimostrar l'eroismo dei suoi uomini e basta. Non ha perso, soprattutto, la battaglia di Dacca, anche questo è vero. Ma perché? Perché non l'ha combattuta. E comunque ha perso la guerra: umiliando se stesso e i suoi generali. Peccato: generali in gamba ne aveva. Ad esempio aveva Jacub: uomo intelligente, brillante. Io sono sicuro che Jacub s'era accorto di quel che stavo facendo. Ma disertò: dopo essersi rifiutato di partecipare alle atrocità di Niazi. I rastrellamenti, i massacri. Ora Jacub si trova sotto processo a Karachi. Magari lo fucileranno.

Generale Aurora: se Niazi fosse stato più intelligente, se Jacub non avesse disertato, se la sua strategia fosse stata scoperta, chi avrebbe vinto la guerra?
Noi. Ancora noi. Ci avremmo messo di più ma l'avremmo vinta ugualmente: eravamo troppo più forti. E poi, dalla nostra parte, c'erano i mukti bahini. Anche Niazi, dopo la resa, mi disse: «Eravate troppo più forti e avevate un vantaggio su noi. Avevate i mukti bahini». Sì, è così. Non definirei il loro aiuto come indispensabile, ovvio, però lo definirei validissimo. Fu grazie ai mukti bahini che i pakistani si disorganizzarono definitivamente e si persero in gruppi isolati. Intorno a Dacca vi sono centinaia di fiumi, fiumicelli, corsi d'acqua, rivoli: senza ponti non si sorpas-

sano. I mukti bahini fecero saltare quei ponti e così impedirono a Niazi di mantenere contatti tra le varie unità, di attingerne i rifornimenti per Dacca. Se all'inizio della guerra l'esercito pakistano era una piovra che allungava i tentacoli per tutto il Bengala, negli ultimi giorni era una piovra con la testa e basta. Ma a tagliare i tentacoli furono senz'altro i mukti bahini, e se da una parte condanno Niazi per i suoi errori strategici, dall'altra lo assolvo per le condizioni in cui ha combattuto. Ci si batte male quando un intero Paese è contro di te.

Generale Aurora, mi sbaglio o un altro elemento che contribuì alla loro sconfitta fu l'essere colti di sorpresa da voi?
Sta dicendo che fu l'India ad attaccare?

Le sto chiedendo se fu l'India ad attaccare. Ammesso che possa dirmi la verità.
Posso, e le do la mia parola d'onore che non fu l'India ad attaccare. Le giuro su quanto ho di più caro, su mia moglie e i miei figli, che la storia secondo la quale sarebbe stata l'India ad attaccare è una menzogna infame. Una menzogna che faceva comodo alla Cina e all'America, al gioco che stanno giocando con l'Unione Sovietica. La Cina e l'America si son comportate assai male in questa faccenda, e la verità non è quella che esse hanno imposto al mondo. I pakistani cominciarono a muoversi verso la frontiera occidentale alla fine di settembre, noi alla fine di novembre. Eravamo talmente in ritardo che per qualche tempo ne fummo preoccupatissimi: se la guerra fosse esplosa in settembre, o perfino in ottobre, saremmo stati seriamente nei guai. In ottobre la preparazione dei pakistani era completa: bunker, trincee, campi minati, tutto. Ci inflissero anche i primi bombardamenti aerei. In novembre eravamo pronti ma non al cento per cento e infatti, la notte tra il 5 e il 6 dicembre, fu l'aviazione pakistana a

colpire. Ricordo bene il nostro stupore quando, alle 6,20 del mattino, il telefono suonò e il capo di stato maggiore mi disse da Delhi: «I pakistani ci hanno attaccato per via aerea bombardando otto piste. Informi immediatamente il primo ministro che si trova a Calcutta». Mi vestii in fretta, mi precipitai al palazzo del governatore dove la signora Gandhi dormiva, riferii. E immediatamente si pose il problema di guadagnare il tempo perduto.

Questo ai confini col Pakistan occidentale, generale Aurora. Ma dall'altra parte?
Dall'altra parte i combattimenti si svolgevano già: da mesi. Era dall'estate che ci si sparava lungo il confine e perfino dentro i reciproci territori. Qui eravamo così preparati, da entrambe le parti, che c'era stata anche una battaglia: all'interno del loro territorio. Eravamo stati autorizzati a entrare dentro il loro territorio: sia pure con l'ordine di non spingerci troppo in avanti. E qui non fummo in ritardo. Le mie truppe scattarono non appena giunse la notizia di quegli attacchi aerei. Però è inesatto parlar di sorpresa.

Generale Aurora, cosa mi risponde se le dico che non posso fare a meno di guardare a questa guerra come a una guerra tra fratelli?
Le rispondo che non ha torto. No, non ha torto. E le fornisco un esempio. Io vengo da Gela, che ora si trova nel Pakistan occidentale. Mia moglie viene da Pindi, che ora si trova nel Pakistan occidentale. Entrambi abbiamo trascorso lì l'infanzia e l'adolescenza, poi la giovinezza. Coi musulmani che oggi sono cittadini di Karachi abbiamo giocato, studiato, vissuto gli anni che formano una creatura. Così abbiamo tante cose in comune con loro: i ricordi, i gusti, i dialetti, una certa cultura. Quando mi misi a parlare con Niazi, durante quel tragitto in automobile, accadde una cosa che dimostra abbastanza bene l'esat-

tezza di ciò che affermo. A un certo punto egli cominciò a parlare in punjabi e io credetti di riconoscere il dialetto del Mianwali, che è una provincia del Punjab. Mi girai di scatto ed esclamai: «Da che parte del Punjab viene, generale?». E Niazi: «Dal Mianwali». E io: «L'avrei giurato. Il suo accento m'era familiare». E lui: «Anche il suo accento era familiare a me». Naturalmente, per i giovani nati dopo il 1947, cioè dopo la partizione, il problema è diverso. Essi sono sradicati da certi legami: come i giovani ebrei e i giovani palestinesi che nacquero quando il conflitto in Medio Oriente era già incominciato. Ma, per chi ha cinquanta o quaranta e perfino trent'anni, dimenticare quei legami è impossibile. E i legami sono sentimenti. Quando ha visto gli ufficiali indiani e pakistani abbracciarsi, prima e dopo la consegna delle armi, ha visto qualcosa di assolutamente normale. Si trattava di gente che non si vedeva da tempo e che si ritrovava: gente che aveva studiato insieme all'accademia militare indiana, alle scuole superiori, alle scuole elementari... Si trattava di fratelli che ritrovavano i loro fratelli.

Fratelli molto diversi, però.
Eh, sì. V'è un abisso tra il comportamento dei pakistani e quello degli indiani. Questa guerra lo ha dimostrato. In guerra, loro diventano belve. Sapesse cosa hanno fatto anche ai nostri prigionieri. Gli hanno cavato gli occhi, li hanno torturati: nei casi migliori li hanno ammazzati. Se il processo di Norimberga fu giusto, dovremmo rifarlo per molti di loro. Non mi riferisco soltanto a ciò che ho appena detto, o alle esecuzioni in massa: mi riferisco a quel che hanno fatto alle donne nel Bangladesh. Episodi disgustosi, feroci, indegni di un esercito civile. Lei non immagina cosa ho scoperto, io stesso, andando verso Dacca. Nella caserma di un villaggio ho trovato venticinque donne chiuse in una stanza. V'eran chiuse da mesi, coi soldati pakistani

che le violentavano notte e giorno, uno dopo l'altro, senza sosta. La più giovane era una bambina di undici anni. Quando le feci portare in infermeria, mi accorsi che almeno la metà erano impazzite. E certe cose io non le posso accettare, non le posso dimenticare, non le posso perdonare. Certe cose mi rendono odioso anche il definire i pakistani come fratelli. In India le donne sono state sempre rispettate, trattate alla pari degli uomini. Ma questo è un retaggio della religione indù. Quella musulmana, sappiamo bene come insulta le donne.

Allora perché, firmando l'atto della resa, lei si è comportato con tanta larghezza? Perché ha lasciato che i pakistani continuassero a disporre delle armi per tre giorni interi? Perché, se mi comportassi come loro, non avrei il diritto di condannare loro. Firmando quei documenti io m'ero impegnato a proteggere la loro incolumità. Che lo meritassero o no. Avevo dato la mia parola d'onore che garantivo la loro sicurezza e, per garantirla, non avevo altro mezzo che lasciarli armati. Se lo immagina cosa sarebbe successo se fossero rimasti indifesi? La popolazione ne avrebbe fatto polpette. Per noi è già duro controllare quel che accade in città tra i mukti bahini che danno la caccia ai razakar: non possiamo permetterci anche i linciaggi dei soldati appartenenti a un esercito che s'è arreso. Del resto, la soluzione di lasciare i prigionieri armati è abbastanza frequente in guerra: durante la Seconda guerra mondiale, in Indonesia e in Malesia, non disarmammo subito i giapponesi. Proprio per evitare che la popolazione ne facesse polpette. Le dirò di più: ora che i pakistani sono disarmati, io ho una gran preoccupazione. Il problema di evacuarli dal Bangladesh è divenuto impellente: non vedo l'ora di saperli tutti trasferiti in India. Ho allestito i campi di concentramento in India e in zone lontane dal confine.

Questa è l'amara verità

E di tutte quelle armi cosa ne farete, generale Aurora?
Non ne ho la minima idea: rappresentano un altro problema per noi. Trabocchiamo di rivoltelle, fucili, mitragliatori. Quante armi avevano! Cinesi, inglesi, americane. Perfino italiane. Sì, un mucchio di armi italiane. Ma quando gliele avete vendute?

Non lo so, generale. Io non solo non le venderei, non le fabbricherei. Lei che ne pensa?
Sta chiedendo se mi piace la guerra?

Sì. È la mia domanda preferita. La pongo sempre, soprattutto ai generali.
E loro cosa le rispondono?

Quasi sempre che gli piace, ovvio.
Io le risponderò in altro modo, sebbene la guerra sia il mio mestiere e il mestiere che ho scelto. Io ho una famiglia felice: una moglie che adoro e due figli che adoro. Una di ventisette anni, sposata e madre di due bambine, uno di ventiquattr'anni che è proprio un bravo ragazzo. Ho anche due hobby che mi seducono: le corse dei cavalli e il gioco del golf. Ebbene: non vedo l'ora di tornare da mia moglie, dai miei figli, dalle mie nipotine, ai miei cavalli e al mio gioco del golf. Chiaro?

Chiarissimo. Ma quando ci tornerà, generale? Quanto a lungo voi indiani resterete nel Bangladesh?
Il meno possibile, nelle intenzioni. Così il mio governo m'ha detto, e non credo che un governo possa mentire ai suoi generali. Però la vedo brutta perché, prima di ritirare le truppe dal Bangladesh bisogna ristabilire l'ordine e la legge. Le rappresaglie che ha visto a Dacca noi non le vogliamo, e come impedirle se facciamo fagotto? Lì un governo ancora non c'è, una polizia ancora non c'è, e i

mukti bahini sono armati. Sono diventati tutti mukti bahini, ovunque non vedi che mukti bahini, quasi non capisci questa moltiplicazione improvvisa: durante la guerra non eran che cinque battaglioni. E come si fa a disarmarli? Diviene un problema politico: se prendiamo l'iniziativa di disarmarli, ci comportiamo come forze di occupazione. Ma noi non siamo entrati a Dacca da conquistatori: ci siamo entrati da liberatori... E poi c'è la faccenda dei profughi. Prima di lasciare il Bangladesh bisogna convincere i dieci milioni di bengalesi che fuggirono in India a rientrare a casa loro. Molti non vogliono rientrarci. O perché non sono convinti che la guerra sia finita e quindi hanno paura, o perché si trovano meglio in India: il Bangladesh è un Paese distrutto, impiegherà molto tempo a normalizzarsi. Eh, sì. Ci aspettano giorni difficili, difficilissimi.

Me l'ha detto anche il generale Niazi.
Ah! L'ha visto! E cos'altro le ha detto il generale Niazi?

Be', mi pare che non abbia gradito troppo la presenza di sua moglie a Dacca.
Allora ho fatto bene a portarla.

15

La collera di Sandokan

Dacca, febbraio 1972
Domenica sera. Sto andando a Dacca, via Calcutta. Onestamente, è l'ultima cosa al mondo che vorrei fare. Dopo aver assistito al massacro del 18 dicembre, compiuto dai mukti bahini con le baionette, avevo giurato a me stessa di non rimetter più piede in quell'odiosa città. Ma il mio direttore vuole che intervisti il Mujib. E, in coscienza, non posso dargli torto. Dacché Bhutto lo ha liberato, non si fa che parlare di lui: sta diventando il divo numero uno del subcontinente. I giornalisti piombano a squadre, per vederlo. I fotografi, a torme. Le televisioni, poi, sembrano aver perso ogni senso della misura. David Frost, del *David Frost Show*, si è spostato da Londra con una troupe di dodici per dedicargli l'intero programma. La NBC e la CBS hanno speso cifre folli per trasmetter la scena del suo ritorno a Dacca. Peccato che non abbia assistito al suo ritorno a Dacca. Dice che a osannarlo v'erano più di trecentomila persone. Quando è sceso dall'aereo, i diplomatici che lo aspettavano ai piedi della scaletta sono stati travolti e uno è finito all'ospedale. Quando ha percorso le strade della città, molti bambini sono stati schiacciati e di un vecchio s'è ritrovata solo una scarpa. Che tipo sarà? I miei colleghi affermano che si tratta di un grand'uo-

mo, anzi di un superuomo: l'unico in grado di risollevare il Paese e di educarlo nella democrazia. È possibile. Ricordo che a Dacca, il 18 dicembre, la gente diceva: «Se ci fosse stato il Mujib non sarebbe successo. Appena arriverà il Mujib, certe cose non accadranno più». Ma allora perché anche ieri i mukti bahini hanno massacrato cinquanta bihari innocenti? Perché il «Time» azzarda un titolo con l'interrogativo «Grand'uomo o sollevatore di tumulti?». Io mi sento molto perplessa. Soprattutto dopo aver letto ciò che disse ad Aldo Santini che lo intervistò per l'«Europeo» nel novembre del 1969: «Io sono l'uomo più coraggioso e temibile della mia terra... Io sono la Tigre del Bengala, il Sandokan della politica... La modestia sarebbe fuori luogo...». Boh!

Lunedì pomeriggio. Mi trovo all'hotel Intercontinental e la mia perplessità è raddoppiata. Ho visto il Mujib. Per pochi minuti soltanto: lo intervisterò più tardi. Ma quei pochi minuti son bastati a riempirmi di sospetti, di dubbi. Ora mi spiego. Dunque arrivo a Dacca e, proprio all'aeroporto, chi incontro? Nientemeno che il signor Sarkar, il bengalese che l'altra volta mi faceva da accompagnatore e da interprete. Se ne stava in mezzo alla pista, non ho capito perché ma suppongo perché non avesse di meglio da fare, e appena m'ha visto m'ha chiesto in cosa poteva servirmi. Gli ho risposto che mi portasse a casa del Mujib. Mi ci ha portato subito e un quarto d'ora dopo oltrepassavamo un cancello sorvegliato dai mukti bahini col mitra, entravamo in una cucina dove la moglie del Mujib stava mangiando. Il Mujib non c'era. A mangiare con lei c'erano solo i nipoti e i cugini che ficcavano le mani in una zuppiera comune, agguantavano manciate di riso al sugo e se lo pigiavano in bocca. Sembra l'uso bengalese. La moglie mi ha fatto le feste. Mi ha accarezzato il viso con le mani unte, imbrattandomi tutta, e poi mi ha accarezzato una spalla: rovinando la mia giacca di daino sulla quale è rimasta l'impronta di cinque dita che nessun tintore riuscirà mai a pulire. Dopo aver fatto questo, ha tenuto un discorso di cui non ho capito nulla e, nel mezzo del discorso, è arrivato il Mujib. La sua figura imponente, altissima, s'è delineata nel vano della cucina ad un tratto. Era vestito con una specie di candida toga che lo faceva sembrare un antico romano. Sotto la toga il corpo era forte, diritto. Per la sua età, cinquantun anni, un bell'uomo. E poi chiaro di pelle, caucasico di lineamenti, intellettualizzato dai baffoni grigi e dagli occhiali a stanghetta: lì per lì capisci che piaccia, che possa trascinare le folle. L'unica cosa che non convince è la sua pancetta, le sue guance cicciute. Dopo otto mesi di galera, dopo le sofferenze che dice d'aver subito, il suo aspetto dovrebb'essere un po' meno sano. I pakistani devono averlo trattato coi guanti, dandogli un mucchio da mangiare.

Sono andata subito verso di lui, per qualificarmi e spiegargli ciò che volevo. Ma il signor Sarkar s'era gettato ai suoi piedi e, dopo averglieli baciati forsennatamente, si arrampicava lungo le sue gambe, l'inguine, lo stomaco, diretto alle spalle: senza che il Mujib vi si opponesse o mi dedicasse un po' d'attenzione. Io me ne stavo paralizzata a guardare. Poi il signor Sarkar s'è abbattuto di nuovo ai suoi piedi e, sempre col permesso del Mujib, s'è messo a baciargli le dita che uscivan dai sandali. Così sono intervenuta. Ho pensato, ecco, di dover fare qualcosa: anche per impedire che il signor Sarkar si prendesse una malattia. Mi son fatta avanti, ho agguantato la destra del Mujib, gliel'ho stretta, e ho esclamato: «Sono molto contenta, sceicco, di vederla in questa città dove temevamo che non tornasse mai». Be', come frase è stata cretina. Ma non ho trovato di meglio e, lì per lì, m'è parsa gentile. Lui lo sai che ha fatto? Mi ha fissato con occhi sdegnosi, ha atteggiato le labbra a una smorfia di compatimento, e ha risposto: «Si rivolga al mio segretario». Poi ha scavalcato il corpo del signor Sarkar, ormai disteso sul pavimento, stremato, e s'è messo a tavola facendo un gran rutto. Capisci i miei sospetti, i miei dubbi. Dopotutto il Mujib passa per un democratico, un socialista che disdegna gli onori. E comunque, quando sono rimasta tutta rincitrullita a riprendere fiato, è arrivato un giovanotto che s'è detto vicesegretario e m'ha chiesto cosa desiderassi. Saputolo, ha fatto un mucchio di storie e infine ha promesso che avrò dieci minuti se mi troverò alla Casa Bianca alle quattro. La Casa Bianca è la residenza ufficiale del Mujib, quella dove riceve. Dieci minuti appena, prendere o lasciare: tra poco vado. Sono le tre e mezzo, la città dorme per via della siesta e per le strade non vedi che mukti bahini col fucile in spalla. La guerra è finita da un mese ed essi non hanno ancora deposto le armi. Giorno e notte vagano come vagabondi, sparando in aria, ammazzando. E, quando non ammazzano, irrompono nei negozi per rubare tutto. Specialmente i soldi. Non li frena nemmeno il Mujib. Perché non vuole o perché non ne è capace? Un intellettuale bengalese mi ha confidato che non ne è capace: «L'unica cosa in cui si dimostra bravissimo è imbrattare i muri coi suoi ritratti. Vuol vedere ovunque i suoi ritratti». Strano. Questo Mujib assomiglia a qualcuno che ho conosciuto, e non riesco a stabilire chi. Cassius Clay?

Un giorno venni a sapere che i pakistani volevano impiccarmi

Lunedì sera. No, non Cassius Clay. Sebbene in alcune cose, i rutti ad esempio, ricordi molto Cassius Clay. Assomiglia a Mussolini. La stessa megalomania, lo stesso cipiglio, lo stesso modo di buttare in avanti il mento volitivo e la mascella serrata, perfino la stessa voce. Arrogante, provocatoria, guerresca. Anche se dice che ora è, sembra rivolgersi a una folla da trascinare in qualche impresa delirante. L'unica differenza è che Mussolini ammetteva d'essere un fascista, anzi se ne vantava: lui invece si maschera dietro le espressioni «libertà, democrazia, uguaglianza». L'ho intervistato. È stato un disastro. Infatti ora dubito addirittura delle sue facoltà mentali. Che sia pazzo? Che il carcere e la paura della morte gli abbiano sconvolto i nervi e il cervello? Non saprei spiegare altrimenti la sua mancanza di equilibrio. E allo stesso tempo... Voglio dire: questa storia del carcere non è mica chiara. Come mai fu semplicemente arrestato la notte in cui tutti venivano uccisi? Come mai a lui e alla sua famiglia non venne torto un capello? Come mai fu fatto scappare da una cella che doveva diventar la sua tomba? Eran forse d'accordo lui e Bhutto? L'uomo non è limpido. Più lo osservi, più pensi che nasconda qualcosa. Perfino la sua aggressività ha l'aria d'essere una forma d'autodifesa. Ecco com'è andata questo pomeriggio.

Alle quattro in punto ero alla Casa Bianca. Il vicesegretario mi ha fatto sedere in un corridoio dove si trovavano almeno cinquanta persone e poi è andato ad avvertire il Mujib. S'è udito un bercio terribile e il poverino è riapparso tutto confuso, a balbettare che aspettassi. Ho aspettato. Un'ora, due ore, tre ore, quattro ore: alle otto ero sempre lì, nel dannato corridoio. Poi, alle otto e mezzo, il miracolo: il Mujib mi riceveva, che entrassi! Sono entrata in una grande stanza con un divano e due poltrone. Sul divano era stravaccato il Mujib. Sulle poltrone stavano, pancia all'aria, due ministri grassi. Nessuno s'è alzato. Nessuno ha fatto un cenno di saluto. Nessuno ha risposto al mio. C'è stato un lungo, lungo silenzio e infine il Mujib ha fatto un cenno perché mi accomodassi. Mi sono accomodata, sul divano. Ho aperto il registratore. Mi sono accinta a porre la prima domanda. Ma non ne ho avuto il tempo: s'è messo a strillare. «Facciamo presto, capito? Io non ho tempo da perdere, chiaro? I pakistani mi hanno ammazzato tre milioni di persone, chiaro? Sì, tre! Tre! Tre!» (Come fosse arrivato a tale cifra non so. Anche gli indiani, parlando delle vittime, non sono mai andati oltre il milione. Ma non è nemmeno la cifra falsa che conta, è il modo in cui me la gettava addosso: quasi che quei tre milioni li avessi ammazzati io.) «Signor primo ministro...» «Mi hanno ammazzato le donne dinanzi ai figli e ai mariti, i mariti dinanzi ai figli e alle mogli, i figli dinanzi ai padri e alle madri, i nipoti dinanzi ai nonni e alle nonne, i nonni e le nonne dinanzi ai nipoti, i cugini dinanzi ai cugini, le zie dinanzi agli zii, i cognati dinanzi alle cognate...» «Signor primo ministro, io vorrei...» «Sentila, lei! Vorrebbe! Lei vorrebbe! Cosa vorrebbe? Lei non ha diritto di volere nulla, qui, capito? Chiaro?»

Un inizio davvero scomodo, ecco. Infatti il mio primo impulso è stato quello di mandarlo al diavolo e andarmene. Ma volevo saperne di più sulla faccenda che non mi convince. E: «Signor primo ministro, la brutalizzarono dopo l'arresto?» «Nossignora, no! Sapevano che sarebbe stato inutile! Conoscevano il mio carattere, la mia forza, il mio coraggio, il mio onore, il mio valore, il mio eroismo! Capitooo? Loro volevano impiccarmi e basta, capitooo?» «Capito. Ma lei come seppe che volevano impiccarla? La sentenza del processo fu forse di condanna a morte per impiccagione?» «No! Nessuna sentenza! Non ci fu nessuna sentenza!» «Allora come lo seppe?» E qui ha incominciato a confondersi, a raccontar balle. «Lo seppi perché il 15 dicembre scavarono una fossa per seppellirmi.» «Dove la scavarono?» «Nella mia cella.» «Non c'era neanche un pavimento nella sua cella?» «No.» «E scavando la fossa le dissero che l'avrebbero impiccata?» «No.» «Allora come lo seppe?» «Lo capii da solo vedendo che scavavan la fossa vicino alla mia cella.» «Dentro la cella o vicino alla sua cella?» «Vicino alla mia cella.» «M'era parso di capire: dentro la cella.» «Ha capito male.» «E come la trattavano, signor primo ministro?» «Ero in segregazione! Non vedevo nessuno! Non parlavo a nessuno! Non mi permettevan nemmeno di concedere interviste, di leggere i giornali, le lettere, nulla!» «Cosa faceva dunque?» «Pensavo, leggevo.» «Cosa leggeva?» «Libri, altre cose.» «Allora qualcosa leggeva.» «Sì, leggevo!» «M'era parso di capire che non leggesse nulla.» «Ha capito male.» «Certo, signor primo ministro. Ma come andò che non la impiccarono?» «Il guardiano mi fece uscir dalla cella! Mi nascose in casa sua!» «Perché? Aveva avuto un ordine?» «Non lo so! Non mi parlava e io non gli parlavo!» «Eravate diventati amici malgrado il silenzio?» «Sì! C'erano state molte discussioni fra noi e s'era messo in testa che fosse meglio aiutarmi!» «Dunque con lui ci parlava.» «Sì, con lui parlavo!» «M'era parso di capire che non parlasse a nessuno.» «Ha capito male.» «Certo, signor primo ministro. E non sente gratitudine per quest'uomo che le ha salvato la vita?» «No! Perché?» «Perché le ha salvato la vita, signor primo ministro.» «È stata la Provvidenza! Io credo nella Provvidenza!»

Poi mi ha raccontato di Bhutto. Qui senza cadere in contraddizioni: stava attento. Mi ha detto che il 26 dicembre Bhutto venne a cercarlo con un elicottero e alcuni militari, per portarlo a Rawalpindi. Bhutto si comportò da gentiluomo, «un gentiluomo si comporta sempre da gentiluomo», e gli confermò che c'era stata la guerra: cosa che il Mujib aveva sospettato per via dell'oscuramento e il passaggio degli aerei. Gli spiegò che ora era il presidente, gli fece alcune proposte. «Quali proposte, signor primo ministro?» «E perché dovrei dirlo a lei? Sono fatti personali, privati! Sentila! Dovrei dirlo a lei!» «Non a me, signor primo ministro. Alla storia. Lei sa bene che passerà alla storia.» «Io sono la storia!» «Appunto.» «Be', io lo interruppi subito. Gli dissi con fierezza: "Sono libero? Perché, se non sono libero, mi rifiuto di parlarti". E lui, con rispetto, rispose: "Sei libero, sebbene non possa rilasciarti subito. Solo tra qualche giorno". Poi si mise a far piani per il Pakistan occidentale e il Bangladesh. E io replicai, con la stessa fierezza, che non potevo far piani se prima non parlavo con la mia gente.» «Comunque fu una conversazione amichevole, signor primo ministro.» «Certo che fu amichevole! Ci conoscevamo bene, no? E poi non sapevo che i pakistani avevan compiuto gesta così barbare sulla mia gente! Non sapevo che avevano ucciso le madri dinanzi ai figli e ai mariti, i padri dinanzi ai figli e alle mogli, i figli dinanzi ai padri e alle madri, i nipoti dinanzi ai nonni, i nonni dinanzi ai nipoti, i cugini...» «Lo so, signor primo ministro, lo so.» «Lei non sa nulla! Le zie dinanzi agli zii. I cugini dinanzi ai cugini, i cognati dinanzi ai cognati. Non lo sapevo che avevano ucciso i miei scienziati, i miei avvocati, i miei medici, i miei dentisti, i miei ingegneri, i miei architetti, i miei servi, le mie case, le mie terre, le mie proprietà!» Sulle sue proprietà ha fatto una tirata tremenda. Così tremenda che ho sentito il bisogno di chiedergli se davvero fosse socialista, e lui ha risposto: «Sì...». Con voce un po' incerta. Allora gli ho chiesto cosa intendesse per socialismo e lui ha risposto: «Il socialismo». Dimostrando di non avere idee precise neanche su quello. Dopodiché è scoppiato il dramma.

È scoppiato quando m'è venuta l'idea di scoprire come giudicasse il massacro del 18 dicembre. Ecco la registrazione. «Massacro? Quale massacro?» «Quello compiuto dai mukti bahini allo stadio di Dacca.» «Non c'è stato nessun massacro allo stadio di Dacca. Lei è una bugiarda.» «Signor primo ministro, io non sono bugiarda. Quel massacro l'ho visto insieme ad altri giornalisti, insieme a circa quindicimila persone. E, se vuole, le fornisco le fotografie. Il mio giornale le ha pubblicate.» «Bugiarda. Non erano mukti bahini.» «Signor primo ministro, non ripeta quella parola "bugiarda". Erano mukti bahini. Erano capeggiati da Abdul Kader Siddiqui e indossavano l'uniforme.» «Allora si vede che quei razakar avevano fatto resistenza e Siddiqui era stato costretto a eliminarli.» «Signor primo ministro, nessuno ha provato che fossero razakar e non facevano alcuna resistenza. Se ne stavano zitti, spaventati, immobili, e avevano le braccia legate.» «Bugiarda.» «Per l'ultima volta io non le permetto di dirmi bugiarda.» «E va bene: lei cosa avrebbe fatto?» «Glielo dico subito cosa avrei fatto, se avessi accertato che erano razakar e colpevoli. Li avrei fucilati senza quel linciaggio vergognoso.» «Si vede che la mia gente non aveva pallottole.» «Sì che ce le avevano. Erano pieni di pallottole. Lo sono ancora. Non fanno che sparare, dalla mattina alla sera. Sparano agli alberi, alle nubi, al cielo, alla gente. Per divertirsi.»

Oddio che scena. Si son svegliati perfino i due ministri grassi che per tutto il tempo avevan dormito, russando. Io non so nemmeno che cosa urlava. Urlava in bengalese. E, perché non mi ammazzasse, non ho aspettato che mi buttasse fuori. Sono uscita in punta di piedi, zitta zitta.

Il Mujib ha paura di una sola persona: sua sorella

Lunedì notte. Tutta Dacca è al corrente di quel che è successo tra me e il Mujib. E non tutta Dacca è dalla mia parte. Il nipote del Mujib, però, sì. Si chiama Shamsher Wadud ed è un giovanotto azzimato, gentile, dalla voce liscia come un petalo di rosa. È figlio della sorella maggiore del Mujib e a New York possiede un ristorante bengalese, il Nirvana. A Dacca ci è venuto, a sue spese, per rendere omaggio allo zio. Ma ne è già pentito. «Sapesse come ha trattato anche me: come uno straccio da piedi. E dire che gli avevo portato anche i fiori. Presuntuoso, villano, egoista. Che gli abbia dato alla testa il potere? Intendiamoci: è sempre stato così: ma ora esagera. Certo, se continua su questa strada, finisce male. Come minimo, perde la popolarità che possiede. Si dice tutti in famiglia. Povero zio. Da una parte bisogna capirlo. Non è mai stato intelligente. Pensi: finì le scuole medie che aveva ventidue anni. In politica c'è entrato come segretario del presidente della Lega Awami: non sapeva far altro. Gli fissava gli appuntamenti, gli leggeva la posta: chi avrebbe mai sospettato che lo zio salisse così in alto, che diventasse primo ministro? Però non è una buona ragione per darsi arie anche con noi parenti. Infatti domenica mattina mia madre andrà a protestare guidando una delegazione della famiglia: tutta gente che in pochi giorni è riuscito a offendere a sangue. Che spettacolo sarà! Della mia mamma, lo zio ha sempre avuto paura. Non solo perché è la sorella maggiore e quindi è autorevole ma perché la mia mamma non è il tipo della musulmana ubbidiente che accetta soprusi. Le racconterò anche quello che ha fatto a lei, così lo rimprovera anche per questo. Lei però non deve mica fargliela passare liscia. Deve protestare. Perché non va al palazzo del governo e parla con qualche ministro? Magari lo stesso presidente della Repubblica: è un tipo così perbene!»

Lo farò. Tanto, domani non posso partire. Ho appena saputo che per andarsene dal Bangladesh ci vuole un visto di uscita. E devo procurarmelo prima che sia troppo tardi. Comincio a non sentirmi tranquilla, qui a Dacca.

Martedì pomeriggio. Per prima cosa, sono andata a procurarmi il visto di uscita. Alla polizia mi hanno fatto un po' di storie: perché vuole andarsene già, qual è la ragione di tanta fretta, è appena arrivata eccetera. Però, quando ho spiegato che ero amica del Mujib, mi hanno messo subito il timbro sul passaporto. Per seconda cosa, sono andata al palazzo del governo. Qui non ho visto il presidente della Repubblica, che stava ancora dormendo, ma ho visto il ministro degli Esteri. Era un giovanotto che ha vissuto per anni a Roma, quale diplomatico dell'ambasciata pakistana. Mi conosceva di nome e ciò ha facilitato le cose. Gli ho scodellato tutto, anche la mia indignazione. Lui ha tirato un sospiro che saliva dal fondo del ventre, poi ha scosso la testa, ha borbottato qualcosa tra sé, e mi ha espresso le scuse del governo: giurando che rivedrò il Mujib. «La prego, ci torni. Faremo in modo che stavolta vada tutto in maniera diversa.» Ne dubito molto. Però, e malgrado gli insulti ricevuti, non sono contraria all'idea di rivederlo. Bisogna sempre dare una seconda chance alla gente: giudicare in modo precipitoso, sulla base di un incontro breve, è ingiusto. Insomma, meglio esser certi prima di fornire un giudizio definitivo: fare il giornalista è una tale responsabilità. E se ieri il Mujib fosse stato nervoso per qualche buona ragione? Se io lo avessi irritato con qualche frase sbagliata? Sì, tornerò. Devo tornare. E tuttavia...

Il suo uomo di fiducia è lo stesso che massacrò i razakar

Tuttavia le informazioni che ho raccolto su lui sono catastrofiche. Senti questa. Alcuni giorni prima del massacro fatto dai pakistani, metà marzo 1970, a Dacca giunsero Yahya Khan e Bhutto. Il primo ripartì quasi subito, il secondo invece restò. Prese alloggio all'hotel Intercontinental, appartamento 911-913, e indovina chi era il suo accompagnatore fisso? Lo sceicco Mujibur Rahman detto il Mujib. Proprio lui. Stavano sempre insieme, come due innamorati. Nell'appartamento 911-913 non facevano che ordinare whisky e spuntini, il cameriere li trovava sempre sorridenti e contenti. Una mattina si recarono perfino a fare un picnic sulla barca di Bhutto. Perché, se eran tanto nemici? Poi il Mujib scomparve di circolazione e, alle dieci del 25 sera, ebbe inizio la tragedia. Bhutto vi assisté come Nerone dall'ultimo piano dell'Intercontinental: bevendo, ridendo, mentre la città bruciava per gli incendi e i colpi di mitra. Alle sette del mattino partì. Ma, prima di partire, fece una telefonata in cui pronunciò il nome del Mujib. Voleva forse esser certo che all'amico non fosse successo nulla di male? A Dacca lo pensano in troppi, e Dacca è un villaggio dove i segreti finiscono sempre con l'esser scoperti. Io ho scoperto perfino che chi aveva paura dei pakistani ora ha paura del Mujib. Si parla tanto di democrazia, libertà, però tutto viene detto sottovoce, tremando. «Non faccia il mio nome. Si vendicherebbe.» «Non riveli la fonte. Finirei in prigione.» E così sussurrando, con le lacrime agli occhi, ti raccontan che il prezzo pagato dal Mujib è niente in confronto al prezzo pagato dagli altri. Gli altri sono morti, lui ci ha rimesso solo qualche proprietà. Già, è anche ricco. Ricchissimo. L'indomani del suo rientro in patria, mise a disposizione dei giornalisti stranieri un elicottero. Sai perché? Perché si recassero a constatare i danni che il suo patrimonio aveva subito. Ciancia di socialismo, di nazionalizzazione, protesta, ma nazionalizzerà anche le sue terre, le sue case, la splendida villa che si sta costruendo, la Mercedes di lusso con cui va a passeggio? Che getti la maschera, che confessi chi sono i suoi amici: gli inglesi e gli americani. Si disfà in sorrisi quando incontra un inglese, un americano. I giornalisti inglesi, americani, li abbraccia. Del resto perché, liberato, si recò a Londra anziché a Nuova Delhi? Non c'erano aerei tra Karachi e Nuova Delhi, d'accordo. Ma tra Karachi e Teheran sì, tra Karachi e Atene sì: sbarcando ad Atene, sbarcando a Teheran, avrebbe potuto giungere in India assai prima e passar ventiquattr'ore con Indira Gandhi che gli aveva preparato i festeggiamenti. Invece le ventiquattr'ore le trascorse a Londra e con Indira restò cinquanta minuti e basta. All'aeroporto, di notte.

Odia l'India, gli indiani cui deve tutto. Il suo primo screzio con Bhutto avvenne nel 1965 perché il Pakistan occidentale aveva lasciato indifeso il confine del Pakistan orientale dalla parte dell'India. Come statista, anche come statista, vale poco. Il suo solo talento è mandare in delirio gli analfabeti. È un mago della retorica, della menzogna più stravagante. Tempo fa, in un comizio, disse che le strade di Karachi erano asfaltate d'oro e che a camminarci si accecava. Non capisce nulla di economia. L'agricoltura è per lui un mistero. La politica, un'improvvisazione. Sai perché vinse le elezioni del 1970? Perché tutti i voti maoisti andarono a lui: il ciclone aveva devastato le varie sedi maoiste e il leader Bashani decise di trasferire i suoi voti alla Lega Awami. Se la gente dovesse tornare alle urne, il Mujib la vedrebbe davvero brutta: a meno di non imporre la sua volontà coi fucili. Non li disarma per questo i mukti bahini, e non dimenticare che il suo uomo di fiducia si chiama Abdul Kader Siddiqui. Sì, il sanguinario che volle e diresse il massacro allo stadio di Dacca. Gli indiani lo avevano arrestato, lui l'ha rimesso in libertà. Dopodiché veniamo alla democrazia, parola con cui si riempie la bocca. È democratico un uomo che non ammette l'opposizione? Se qualcuno non va d'accordo con lui, lui l'accusa d'essere un razakar e come minimo lo schiaffa in prigione. Ha la stoffa del dittatore. Essa si addice alla sua natura vanitosa, egocentrica. Poveri bengalesi: son proprio caduti dalla padella nella brace. Quanto alle bengalesi, non ne parliamo. Disprezza le donne come un vero seguace di Maometto. Non c'è una donna nel suo governo, non c'è una dattilografa, e dovresti vedere come tratta sua moglie. Visto com'è ridotta a trentotto anni? La sposò in un matrimonio arrangiato, quando lui aveva quattordici anni e lei tre.

Ora torno alla Casa Bianca. Il ministro degli Esteri mi ha telefonato che il secondo appuntamento col Mujib è sicuro e che stavolta andrà tutto bene. Ordine del presidente della Repubblica.

Sono costretta a scappare

Martedì sera. Il presidente della Repubblica non ha avuto molto successo. Pensa: affinché i suoi ordini fossero rispettati aveva inviato perfino due funzionari. Ma tutto ciò che hanno ottenuto è stato un bercio e l'autorizzazione a farmi aspettare in una stanza anziché nel corridoio. Ho aspettato dalle quattro del pomeriggio alle nove e mezzo di sera. Un servo mi riempiva continuamente la tazza di tè e ho bevuto diciotto tè. Al diciannovesimo tè, ho scaraventato la tazza per terra e sono andata via. Il segretario e il vicesegretario del Mujib mi hanno raggiunto in albergo per chiedermi scusa e per dirmi che alle sette il Mujib s'era sentito male. Uno svenimento. Di qui lo sgarbo per cui il Mujib si duole immensamente e mi prega di recarmi da lui domattina alle sette e mezzo. Mi chiedo se sia il caso. A Dacca sta già circolando il soprannome che gli ho appiccicato. Shit Mujib invece di Sheikh Mujib. (Chi sa l'inglese?)

Mercoledì pomeriggio. Scrivo sull'aereo che mi riporta a Calcutta e di lì a Nuova Delhi. Sono riuscita a salirci per un pelo, grazie all'aiuto di cinque commercianti australiani e di due ufficiali indiani. Sennò sarei ancora a Dacca ma non intera: a pezzettini come i razakar e i bihari. Il fatto è che ho perso le staffe. Ho trattato male il Mujib e gli ho detto che è un vero cialtrone. L'ha presa malissimo. Ma ricostruiamo la storia, che incomincia alle sei del mattino quando mi sveglio imprecando perché io detesto svegliarmi a quell'ora. Comunque mi sveglio, mi lavo, preparo la borsa da viaggio per correre all'aeroporto dopo aver rivisto il Mujib, e infine mi reco alla Casa Bianca dove giungo puntuale come un orologio atomico. Alla Casa Bianca non c'è nessuno fuorché una farfalla che succhia il polline di una dalia rossa e un cane che fa la pipì contro la dalia. Non c'è nessuno nemmeno alle otto, alle otto e mezzo, alle nove. Poi, alle nove e mezzo, giunge la Mercedes e scende il Mujib. Gli vado incontro. Non mi degna di un'occhiata. Gli dico buongiorno. Non mi risponde. Lo seguo. Ruggisce: «Insomma, è ancora qui?». Gli ricordo che ieri sera ha spedito il suo segretario e il suo vicesegretario al mio albergo per fissarmi un appuntamento alle sette e mezzo. Tace ed entra nel suo ufficio. Entro anch'io e scoppia un urlo: «Fuori!». Esco fuori e scoppia un altro grido: «Dentro!». Torno dentro e appaion tre tipi con un grande ritratto di lui, destinato a un cartellone. Si buttano ai piedi del Mujib, glieli leccano come il signor Sarkar. Tastando e baciando risalgono su per le gambe, il basso ventre, il ventre, lo stomaco, le spalle, quindi porgono il ritratto dove il Mujib solleva la mascella volitiva e l'occhio feroce. Lui lo studia a lungo, con compiacimento. Si raschia la gola, rimbomba: «Bello!». E subito aggiunge: «Mostratelo alla giornalista». Me lo mostrano. Ripeto: «Bello!». Gravissimo errore. Lesto come una folgore egli s'accende d'una rabbia apocalittica, getta il ritratto per terra, strilla che non è bello per niente, è uno schifo: non capisco nulla, stia zitta.

In che modo sia riuscita a calmarlo, non so. Però ci sono riuscita, alla meglio. La diplomazia è necessaria quando si vuol sapere qualcosa e io volevo sapere certe cosine sui suoi rapporti con Bhutto. Volevo scoprire fino a che punto la sua coscienza è sporca. Illusione. Non appena ho pronunciato il nome di Bhutto, mi son trovata coi timpani rotti. Bombardando i miei orecchi ha risposto che lui accettava solo domande sul futuro del Bangladesh. Ho dovuto accontentarlo. E va da sé che l'ho fatto da vera carogna. Gli ho chiesto se riteneva che il Bangladesh dovesse riunirsi al Bengala occidentale, quello che fa parte dell'India. È rimasto confuso. «Per il momento... non m'interessa più.» Per il momento? Più? Sai che gioia per Indira Gandhi accertarsi che il Mujib sognava di portarle via Calcutta. «Vuol forse dire che in passato la interessava e che in futuro potrebbe ancora interessarla?», ho insistito. Apriti cielo. Attraverso le nubi della sua ottusità era penetrato il sospetto che gli stessi tendendo un tranello e, forse, aveva anche compreso d'avermi dato una risposta sbagliata. Così, anziché correggersi, ha battuto un gran pugno sul tavolo e s'è messo a strillare che non ero una giornalista, ero un pubblico ministero, che non lo interrogavo, lo accusavo: me ne andassi via subito e non mettessi più piede nel suo Paese. A quel punto, non ho saputo frenarmi. Tutta la mia pazienza è caduta e l'esasperazione accumulata in questi giorni è esplosa. Gli ho detto che era un cialtrone, un isterico pazzo, che sarebbe finito male. E mentre mi fissava a bocca spalancata, incredulo, sono uscita a cercare un risciò. Ho raggiunto l'albergo, ho pagato subito il conto, son salita a prender la borsa per precipitarmi all'aeroporto. E, quando sono riscesa, i mukti bahini erano nella hall. Il più scalmanato gridava che avevo insultato il padre della patria e avrei pagato per questo. M'è venuto addosso, gli ho tirato un pugno, ne è derivato un parapiglia durante il quale ho sinceramente temuto d'essere sepolta a Dacca. Ma poi i mukti bahini si son messi a picchiarsi tra loro e, indenne, ho potuto sgattaiolare nell'auto dei cinque commercianti australiani che ripetevano: «Svelta! Su, svelta!». All'aeroporto i due ufficiali indiani m'hanno preso in consegna, ed eccomi qui. Pronta a spedire una letterina al mio direttore.

Lettera al direttore

Caro direttore. Sono stata a Dacca, come mi avevi detto di fare. Ma avrei preferito che tu mi avessi detto di non farlo. Quel Mujib non è una cosa seria. Neanche scrivere un'intervista con lui sarebbe una cosa seria. Così non la scrivo. Per convincertene, ti mando tutti i miei appunti. Fanne quello che vuoi. Affettuosamente tua,

Oriana Fallaci

16

A colloquio con Sihanouk, il principe in esilio a Pechino

Brioni, giugno 1973

Mi ricevette a Brioni, nella villa messa a sua disposizione da Tito. Viaggiava ormai da alcune settimane per i Paesi che non riconoscono la Cambogia di Lon Nol, e la Jugoslavia era la penultima tappa. Di lì si sarebbe recato in Romania e, dalla Romania, sarebbe rientrato a Pechino dove vive, rispettato e amato, dal marzo del 1970, quando Lon Nol si sbarazzò di lui e si prese il suo posto: con la benedizione degli americani. Tito lo aveva ricevuto a Belgrado con gli onori che si devono a un capo di Stato in carica e lo ospitava a Brioni con lo splendore che si conviene a un re e a un amico. Sono molto amici. Si trovano d'accordo sulla disubbidienza e sull'arte di restare indipendenti in un mondo dove una tale impresa diventa sempre più difficile. Ciò lo rendeva chiaramente felice e mi venne incontro a braccia spalancate. Del resto, era quasi un anno che dovevamo vederci. Esisteva un vero epistolario e uno scambio di telegrammi fra noi. Appena giungeva un telegramma da Pechino, sapevo da chi veniva ancor prima di aprirlo. Veniva da Sihanouk, e il mio desiderio di incontrarlo s'era raddoppiato dopo il viaggio che aveva compiuto nella Cambogia occupata dai khmer rossi: in una fantastica sfida a Lon Nol. Sapevo che aveva in mente di andarci. Non credevo che ne sarebbe uscito vivo. Non appena lessi che non solo ci era andato ma ne era tornato tutto d'un pezzo, i telegrammi e le lettere raddoppiarono.

Questa è l'intervista che mi concesse durante sette seducentissime ore. La spezzammo in due tempi perché, verso l'una e mezzo, mi invitò a mangiare: a tutto rinuncia fuorché a mangiare, anzi a mangiare bene. Adora il cibo almeno quanto il suo Paese, quel tragico Paese che egli era riuscito a tener lontano dalla guerra per ben sedici anni e che, liquidato lui, è divenuto un teatro di sangue. Se fosse stato per me, non avremmo perso nemmeno quel tempo: ascoltarlo è una tale delizia, una tale consolazione. In un mondo che, sul piano politico, sembra generare solo personaggi grigi, ottusi, noiosi, e comunque privi di fantasia, egli è una specie di miracolo. Lo riconoscono perfino gli americani cui si deve la famosa battuta: «Su un punto dobbiamo trovarci irrimediabilmente d'accordo. Non esiste nessuno, su questa terra, come Sihanouk». A tavola desideravo solo che facesse presto, che tornasse il più presto possibile dinanzi al mio registratore, sebbene sua moglie, la principessa Monique, non ci tenesse affatto. Da mesi essa si preoccupava dell'incontro che suo marito intendeva avere con me e: «Chissà cosa le dirai! Chissà cosa ti indurrà a dire!», gli diceva. Ma lui le rispondeva, con un'alzata di spalle: «A me piace il rischio».

Era un rischio calcolato, dalla vittoria scontata. Conoscerlo significa automaticamente accettarlo, trovarsi dalla sua parte. Cioè dalla parte di chi sa dire no a chiunque minacci la libertà di un Paese e di un uomo, il suo diritto a sbagliare se sbaglia, il suo diritto a essere diverso se è diverso. Lui è soprattutto diverso perché, come dice in questa intervista, non è un politico di vocazione: è un artista. Si diverte più a scrivere canzoni, poesie, commedie, a prendere in giro i potenti, che a decidere il destino degli altri. Non aggiungerò un'altra parola su Norodom Sihanouk. Del resto si sa tutto di lui, e questa intervista parla da sé. È il più fantastico autoritratto che mi sia capitato di registrare. E sulla maggior parte di quello che dice non gli si può che dare ragione.

A parer mio la cosa più strabiliante da dire su Norodom Sihanouk è che più lo si ascolta, più lo si segue, più lo si discute, meno lo si capisce. Malgrado ciò, Monseigneur, vogliamo tentare di fargli il ritratto con questa intervista? Magari incominciando dal particolare che egli sembri alquanto cambiato negli ultimi anni.
Cambiato? Mi trova cambiato? Oh, no, Mademoiselle! Sebbene viva a Pechino anziché a Phnom Penh, sono sempre lo stesso Sihanouk. Un po' originale o, se preferisce, bizzarro. Un po' incompreso o, se preferisce, incomprensibile. Ma con le sue convinzioni intatte e la sua personalità inalterata. Non sono diventato comunista, ad esempio: continuo a definirmi rosa e non rosso. Non mi sono cucito la bocca: continuo a strillare quello che penso su tutto e su tutti, senza preoccuparmi delle conseguenze. E non ho alcuna intenzione di finire come un playboy in esilio. Voglio finire come un uomo d'onore, rientrando a Phnom Penh vittorioso e togliendomi il gusto di vedere Lon Nol impiccato a una forca. L'unica differenza tra il Sihanouk di ieri e il Sihanouk di oggi è che il Sihanouk di oggi non scambia più i traditori per patrioti e i patrioti per traditori. Sono al cento per cento con i khmer rossi, ormai, e al loro fianco mi batto affinché sconfiggano gli americani e governino una Cambogia comunista. Non ho altro modo per salvare il mio Paese e non perder la faccia. Vous savez, Mademoiselle: vi sono molti modi di perder la faccia, e non si perde la faccia a perdere un trono. A volte, la si perde a guadagnare un trono. O a tenerlo. A me non importa nulla di diventare una specie di Hirohito che produce macchine fotografiche, o una specie di Elisabetta

d'Inghilterra che s'intende solo di cavalli. Ancor meno m'importa di assomigliare a un Juan Carlos che è solo un fantasma di Franco. Non ho ambizioni personali.

Un tempo ne aveva, Monseigneur.
No. Avevo uno stile di vita un po' stravagante, diciamo. Ero un capo di Stato un po' singolare e non proprio socialista. Mi piacevano le automobili da corsa, mi abbandonavo alla gioia di vivere, dirigevo un'orchestra jazz... I re e i presidenti, di solito, non dirigono le orchestre jazz. Suonavo il sassofono e il clarinetto, componevo canzoni e andavo in provincia a cantarle col mio popolo... Peggio: le facevo cantare ai rappresentanti del corpo diplomatico ma in fondo che c'era di male? A noi cambogiani la musica piace e perché un capo di Stato deve ricevere gli ambasciatori in modo austero, organizzando balli noiosi e caccie al fagiano? Del resto non li facevo mica cantare e basta. Li facevo anche lavorare. Sì, sì. Loro e i miei ministri. Sì, sì. Li caricavo sui camion e li portavo in campagna ad aiutare i contadini. A cogliere il riso, a costruire granai o piccole dighe, a vangare. Oh, era una bellezza vederli con la zappa in mano. Io ci godevo un mondo. Perché, in Asia, appena un fesso ha un diploma o sa reggere la penna in mano, si crede un intellettuale e giudica indecoroso piegarsi al lavoro fisico. Sa, la cosiddetta élite. La quale, naturalmente, mi definiva pazzo, megalomane, infetto, definiva la mia singolarità scandalosa e non sospettava nemmeno che fosse un metodo intelligente per avvicinarsi alle masse, capirle. Poi facevo altre cose. Scrivevo commedie, ad esempio. Le mettevo in scena come regista e le interpretavo come attore. Così mi divertivo, esercitavo cultura, e procuravo soldi alla Croce Rossa. Inoltre dirigevo film. Oh, un mucchio di gente sosteneva che i miei film non valevano nulla, che anzi erano addirittura uno schifo, che non sapevo né recitare né usare la macchi-

na da presa. Ma il cinema io lo adoro e cosa mi importava dei loro discorsi? Rispondevo: «Se non altro, ciò serve a educare il popolo». Come quel film intitolato *Ombre su Angkor*. Ne ha sentito parlare?

No, Monseigneur.
Be', raccontava in forma romanzata il tentativo d'un colpo di Stato organizzatomi dalla CIA nel 1959 corrompendo uno dei miei generali. Lo avevo sventato grazie alle informazioni delle ambasciate francese e cinese. Infatti il mio servizio segreto non valeva un fico: lo dirigeva Lon Nol. Il traditore era fuggito nella foresta, qui i miei soldati lo avevano inseguito e ucciso, e io cosa feci? Ne cavai il soggetto di un film. Lo diressi, lo interpretai, e in tal modo dimostrai che gli Stati Uniti minacciavano la nostra indipendenza, la nostra neutralità, per costringerci ad allinearci con loro e partecipare alla loro crociata anticomunista. Già allora rifiutavo di fare l'anticomunista. I comunisti s'eran sempre comportati rispettosamente con noi, non capivo perché uno non debba essere comunista se gli va d'essere comunista, poi volevo stare in amicizia con tutti e il cinema mi serviva a spiegar queste cose: non solo a narrare insulse storie d'amore. Eh, sì, Mademoiselle: era un'altra cosa a quel tempo. Non c'era la guerra, in Cambogia, e potevo uniformare il Paese alle mie idee, ai miei gusti, a una gioia di vivere fatta di spensieratezza. Guidavo le mie belle automobili, avevo una Lancia, un'Alfa Romeo, una Mercedes 250 SL...

E tutto ciò non le manca a Pechino?
No, Mademoiselle. Non mi manca, lo giuro. Sono più sensibile di quanto sembri e, quando un uomo ha sofferto le umiliazioni che ho sofferto io, le calunnie che ho sofferto io, crede davvero che possa dare importanza alle vetture da corsa o alle feste? Quando un uomo soffre come sof-

fro io per il proprio Paese su cui i B-52 compiono duecentosessanta incursioni al giorno, crede davvero che possa rimpiangere la dolce vita e le orchestre di jazz? Io non rimpiango nulla. Sono in lutto e non ci penso nemmeno più alla spensieratezza di allora. Acqua passata. Se riavessi le mie Lancia, le mie Alfa Romeo, le mie Mercedes, non saprei più cosa farmene. Mi vedrei quasi buffo. Del resto, a Pechino, non mi manca nulla. E non lo dico per ipocrisia. I cinesi mi trattano splendidamente: mi hanno messo a disposizione una casa immensa, grande come un palazzo, e ho tutte le sale che voglio. Per me, per la mia famiglia, per i miei funzionari. Siamo ormai cento cambogiani, a Pechino, e oltre al palazzo ho alcune dépendances. Ho anche una bellissima piscina coperta, con l'acqua fresca d'estate e l'acqua calda d'inverno. Me l'ha fatta costruire Zhou Enlai. Sì, sì, Mademoiselle: Zhou Enlai. Apposta per me. E poi mi ha dato sette cuochi e sette pasticcieri cinesi: capaci di preparare qualsiasi piatto, qualsiasi dolce. Sa che mangiar bene mi piace ancora, che la gastronomia ha preso il posto delle auto sportive e del jazz, così mi ha fornito anche di una «épicerie» francese e spesso mi diverto a insegnare cibi francesi ai cuochi cinesi o a imparare da loro i cibi cinesi. Da Parigi, poi, mi portano il mio adorato foie gras: anche col cuore a pezzi, non riesco a rinunciare al foie gras. Purtroppo è in scatola, non è fresco come piace a me. Però a volte lo mangio anche fresco perché il fegato d'oca, i cinesi, lo sanno cucinare. E la mia golosità è soddisfatta.

Il sassofono lo suona ancora, Monseigneur?
No. L'ho abbandonato. Ho abbandonato anche il clarinetto. In compenso Zhou Enlai mi ha messo a disposizione un ottimo pianoforte e così posso ancora comporre. Ho scritto diverse canzoni in questi tre anni. Alcune le cantano in tutte le scuole cinesi, in tutte le comuni rivolu-

zionarie. Ad esempio, quella dal titolo *Viva la Repubblica popolare cinese, viva il presidente Mao Tse-tung.* O quella che dice: «Oh, Chine bien aimée, ma seconde patrie / Dans mon douloureux destin je trouve un grand bonheur / C'est celui que me procure une amie bien aimée / La Chine en cette periode de souf frances que nous traversons / Nous donne par son total soutier toutes les raisons / de ne pas désespérer de l'avenir». Ho anche scritto molti canti in omaggio dei nostri amici nordcoreani, nordvietnamiti, laotiani, africani, arabi. E non mi annoio, no. A parte il fatto che ho tanto lavoro da sbrigare coi miei ministri, tanti discorsi da scrivere, e messaggi da leggere via radio al mio popolo, la Cina non è più una religione chiusa in se stessa. È un Paese aperto, liberale e a Pechino arrivano sempre turisti che vogliono conoscermi, chiedermi cose. Insegnanti d'università, giornalisti, studenti americani. Spesso mi dedico allo sport, al ping-pong. Spesso mi fo proiettare un film. Prima mi davano solo film rivoluzionari cinesi ma ora mi fanno venire film francesi, inglesi, italiani. I cinesi son così generosi. Per questo viaggio attraverso i Paesi che riconoscono la vera Cambogia e Sihanouk, avevo bisogno di due aerei: uno per me e le trenta persone che mi accompagnano, e uno pei miei bagagli. Ebbene: mi hanno dato un Ilyushin 62 che è un aereo presidenziale e un Ilyushin 18 a quattro motori. Con l'equipaggio cinese. E se ho bisogno di armi, mi danno le armi. Se ho bisogno di vestiti, mi danno i vestiti. Non ho che da chiedere. Come mi disse Mao Tse-tung nel 1970: «Sihanouk, io non oso nemmeno offrirle ciò che non mi chiede. Infatti temo di passare per uno che vuole importi qualcosa. Resterò dunque in attesa di sapere cosa le abbisogna, e tale silenzio non dovrà turbarla. Al contrario, dovrà farla sentire in maggiore libertà. Insomma, dovrà essere lei a dire cosa vuole, e noi obbediremo».

A colloquio con Sihanouk, il principe in esilio a Pechino

È diventato così povero, Monseigneur?
Povero? Non ho più un soldo. Non ho più nulla di mio. Né un'automobile, né una casa, nulla. M'è rimasto solo il piccolo bagaglio che avevo sulla Costa Azzurra quando Lon Nol fece il colpo di Stato. Se non mi aiutasse la Cina, non avrei nemmeno di che vestirmi. La banda Lon Nol-Sirik Matak mi ha confiscato tutto: le proprietà terriere, gli oggetti personali. Hanno venduto all'asta perfino i miei cani, e i gioielli di mia moglie. Oh, è un'infame calunnia che Monique li avesse messi in salvo a Hong Kong. Non è mai stata a Hong Kong. Quei gioielli li aveva lasciati a Phnom Penh dove gli ufficiali di Lon Nol li hanno venduti insieme al suo guardaroba e le mie automobili. Mademoiselle, son diventato più povero di un proletario. Sono ormai un proletario.

Perbacco! Allora chi paga il suo soggiorno a Pechino?
I cinesi. Pagano tutto loro. Tutto! Non solo sostengono le spese necessarie al mantenimento della mia famiglia e dei cento cambogiani a mio seguito: sostengono anche le spese necessarie a fare la diplomazia sul piano mondiale Con una tale delicatezza, però. Per non avere l'aria di mantenerci e di farci regali, insomma di non rispettare la nostra dignità, ci considerano un governo in carica e con questo governo hanno firmato precisi accordi finanziari. Gli accordi consistono in prestiti a lungo termine senza interessi: da restituire trent'anni dopo la completa liberazione della Cambogia. Così, supponendo che l'anno prossimo i khmer rossi entrino a Phnom Penh, solo nel 2004 noi restituiremo ai cinesi ciò che hanno speso per me dal maggio del 1970. Non solo: glielo restituiremo in qualsiasi moneta che avremo, dal dollaro al rial, e non tutto insieme. Il contratto prevede una certa cifra all'anno e, se un anno non avremo soldi, pazienza. Come vede, si tratta di un rimborso del tutto nominale, di uno stratagemma

per non umiliarci. Ah, la Cina è un Paese formidabile. Se uno è asiatico, non può fare a meno di amare la Cina ed esserne fiero. Non esporta carri armati e soldati, la Cina esporta dignità, rispetto.

E Zhou Enlai? Lo vede spesso, Monseigneur?
Molto spesso. È l'amico più vero che abbia mai avuto. E poi è un uomo squisito, pieno di premure, di sophistication. L'aristocratico più aristocratico che lei possa incontrare. A chi non capisce come io, non comunista, riesca a essere amico di Zhou Enlai, rispondo: «Ma quello è un principe più principe di me!». Se ho bisogno di vederlo lo chiamo e gli dico: «Posso venire a trovarla?». E lui: «Non si disturbi! Vengo io. Vengo subito». «Ma no» protesto, «lei ha tanto da fare, tocca a me renderle visita.» E lui: «No, no. Stia comodo. Interrompo tutto e corro da lei». Poi arriva e magari resta a mangiare con noi. Come faccia non so perché il lavoro lo opprime: quasi tutte le fatiche del governo pesano ormai sulle sue spalle. Voglio dire: Mao Tse-tung vive sempre più ritirato e le responsabilità di Mao Tse-tung si sono praticamente trasferite a Zhou Enlai. Lo stesso problema della successione si è praticamente risolto con Zhou Enlai, sicché non capisco dove egli trovi il tempo di dedicarsi a Sihanouk. Eppure lo trova. A volte mi invita perfino a mangiare nella sua casa, insieme a Monique. Aiuta sua moglie a preparare la cena, mi fa gustare i cibi senza cerimonie, e poi mi porta nel parco a fare due passi: a chiacchierare del più e del meno. Sì, è una vera amicizia la nostra. E non è nemmeno recente: risale a dieci anni fa, quando lo conobbi alla prima conferenza dei Paesi asiatici. Mi venne incontro e mi disse: «Principe Sihanouk, vi propongo amicizia e vi prometto di non ingerirmi mai nelle faccende del vostro Paese». «Non chiedo di meglio» risposi, e ci stringemmo la mano. Allora aggiunse che era pronto ad aiutar la Cam-

bogia e io gli dissi che avevo bisogno di industrializzare il Paese. Nel giro di pochi mesi m'aveva fatto costruire sei fabbriche: una cementeria, una vetreria, una tessitura... Fu perfetto. I suoi tecnici vennero, sgobbarono, e se ne andarono senza far propaganda o allevare ribelli. Ovvio che, quando mi chiese di aiutare i nordvietnamiti e i vietcong, fui ben lieto di farlo. Del resto non coincideva coi miei interessi?

E dei giorni in cui lei faceva cantare ai diplomatici le sue canzonette non ne parla mai con Zhou Enlai, Monseigneur?
Oh, no! Non si parla mai di quando facevo il playboy eccetera. Sarebbe come parlare di quando avevo cinque favorite. Del resto non credo che Zhou Enlai capirebbe: i cinesi sono così discreti, così pudichi. Certi argomenti non li sfiorano mai: tutt'al più alludono ai preservativi ma in tono così solenne. Non ci scherzano, insomma, come facciamo noi e...

Scusi, ha detto cinque favorite?
Sì, Mademoiselle. Le cinque favorite da cui ho avuto undici dei miei tredici figli. Due dei miei figli sono in Cambogia e si battono con i khmer rossi. Da mia moglie Monique ho avuto soltanto Norodom Sihamoni, che studia a Praga, e Norodom Norindrapong, che studia a Mosca. Ma cinque favorite non erano molte in confronto alle sessanta che aveva mio nonno e alle trecento che aveva il mio bisnonno. Mio padre no: ne aveva una e basta oltre a sua moglie, cioè mia madre. Né mi sarebbe spiaciuto imitarlo. Ma, quando ero re, tra il 1941 e il 1955, mia madre non voleva che mi sposassi perché non le piaceva l'idea di competere con una seconda regina. Diceva: «Sei troppo giovane per il matrimonio!». E mi consentiva solo le favorite che ben presto furono cinque. Mademoiselle... che fatica! Guardi, da un lato la poligamia è una bella co-

sa perché evita le ipocrisie e gli sbadigli. Infatti dico sempre: «Monogamia uguale monotonia». Dall'altro però è una gran faticaccia e io non so davvero come facesse mio nonno, anche considerando che quelle sessanta le usava: ebbe duecento figli. Quanto al mio bisnonno, nessuno mi toglie dalla testa che almeno metà le tenesse per figura. Infatti il giorno in cui abdicai e sposai Monique mi sentii subito meglio e oggi che ho cinquantuno anni son proprio contento di avere una moglie sola. Non solo perché Monique è bella, intelligente, colta, comprensiva e spero fedele, ma perché alla mia età non ce la farei più a occuparmi di cinque donne. Non potrei nemmeno tenerle a Pechino: i cinesi si scandalizzerebbero o comincerebbero a offrirmi gli antifecondativi e... lasciamo perdere. Certe frivolezze piacciono agli americani e il vero Sihanouk non è un personaggio da harem. È un uomo che nel 1954 rinunciò a un trono per farsi eleggere democraticamente. È un uomo che per sedici anni riuscì a mantenere la pace in Cambogia. E infine un uomo che aveva visto giusto quando ripeteva ai sordi: «Non fatevi sedurre dagli americani. Con loro non diventeremmo nemmeno una seconda Thailandia venduta ai dollari dello zio Sam. Diventeremmo un secondo Vietnam».

Monseigneur, ma li ha sempre odiati tanto questi americani?
Uh! Là là! Uh! Dal tempo in cui avevo le favorite ed ero un giovanotto senza esperienza. Non dimenticherò mai il primo contatto che ebbi con loro, nel 1953. Stavo cercando di convincere i francesi ad andarsene e i khmer rossi mi scocciavan dicendo che ero un traditore venduto ai francesi. Non sapevo dove battere capo e qualcuno mi disse che gli americani non erano come i francesi: credevano alla libertà, alla democrazia, e rifiutavano il colonialismo. Così volai a Washington e chiesi un colloquio con Foster Dulles. E gli chiesi aiuto in nome della libertà, della de-

mocrazia eccetera, e lui mi rispose con arroganza: «Torni a casa, maestà, e ringrazi Iddio d'avere i francesi. Senza di loro Ho Chi Minh la inghiottirebbe in due settimane. Goodbye». E da quel giorno li detesto. Loro e la loro falsa democrazia, la loro falsa libertà, il loro imperialismo condotto in nome della civiltà cristiana, i loro colpi di Stato come il colpo di Stato che hanno fatto a me...

Monseigneur, sa cosa si diceva nel giugno del 1970? Si diceva che a organizzare il colpo di Stato contro Sihanouk era stato Sihanouk, onde uscire da una situazione per lui insostenibile.
Cosa? Questo è davvero infame. E anche abbastanza stupido. Se avessi voluto cavarmela in modo così machiavellico, perché lotterei contro Lon Nol? Perché invece di stare a Pechino non me la godrei sulla Costa Azzurra dove c'è il foie gras bello fresco come piace a me? Siamo seri: ormai lo sanno tutti che a volermi liquidare era Nixon. Era tanto che gli americani sognavano di ripetere contro di me quel che non eran riusciti a fare contro Fidel Castro al tempo della Baia dei Porci. Da anni reclutavano i thailandesi e i vietnamiti di origine cambogiana. Da anni li avevano organizzati in commandos per introdurli lungo la frontiera con la Cambogia e fomentare i disordini con l'aiuto di Lon Nol. Oh, io una colpa ce l'ho! La colpa di aver scelto Lon Nol, di averne fatto il mio braccio destro, il mio capo di stato maggiore, il mio primo ministro: senza mai sospettare che fosse un traditore al servizio della CIA. Ma lo ritenevo un patriota. Aveva lavorato con me al tempo dei francesi, s'era battuto con me per l'indipendenza della Cambogia: chi andava a pensare che gli americani si servissero di lui? Oltretutto era un tale idiota! Non capiva mai un accidente, mi guardava sempre con quegli occhi da bove e passava tutto il tempo a pregare. Peggio: prima di soffiarsi il naso interrogava gli

aruspici per vedere se gli astri eran favorevoli alla soffiata del naso. Mai e poi mai avrei creduto che fosse capace di imbrogliare e mentire. Uh, che rabbia! L'ho detto anche a Pham Van Dong: «La storia è piena di traditori e ciò che m'è successo con Lon Nol non è eccezionale. Ma i traditori, di solito, sono intelligenti: mica cretini come Lon Nol! Io mi vergogno della mia razza perché ha dato un idiota come Lon Nol. Ma l'idiota più idiota non è mica Lon Nol. È Sihanouk, che ha scelto Lon Nol. Oh, non sono fiero di me stesso: no». Il fatto, Mademoiselle, è che io sono un ingenuo.

Ingenuo lei, Monseigneur?
Ingenuo come un bambino, a volte. La gente mi crede machiavellico. E invece son più minchione di Machiavelli che dava tanti bei consigli al suo principe e poi si lasciava fregare persino da lui. Nelle manovre diplomatiche sembro tortuoso, nelle intenzioni sembro diabolico, e nella realtà non riesco a essere nemmeno furbo. Perché ho sempre paura di pugnalare alle spalle qualcuno, mi preoccupo sempre di battermi a faccia aperta e, quel che è peggio, dico pane al pane, vino al vino, e metto i punti sugli i. Ciò è machiavellismo o ingenuità? Perbacco, chiunque può commettere errori. La vita di ogni uomo politico è lastricata di errori. Ma fidarsi di Lon Nol e farsi fregare da lui, no: è un errore troppo grosso. Pensi: non m'ero accorto nemmeno che m'aveva giocato un tiro gobbo introducendo dentro il mio esercito i thailandesi e i vietnamiti travestiti da cambogiani. Un giorno viene da me e mi dice: «Ah, principe Sihanouk! Ho convinto quei commandos ad arrendersi. Sono pentiti ormai. Ammettono d'essere stati usati dagli americani e vogliono farsi perdonare da lei lottando per la neutralità della Cambogia. Vogliamo accettarli?». E io: «Accettiamoli». Il fatto più straordinario è che, a raccontar queste cose, la figura di imbecille ce la faccio io.

Chi ascolta è autorizzato a pensare: Boh! Dopotutto, non sembra mica tanto cretino questo Lon Nol. Ma il piano non era suo. Il cervello di tali trovate era mio cugino Sirik Matak. È intelligente, quello lì. Cattivo, perfido, carogna, geloso. Ma intelligente. Sì. Vale qualcosa, quello lì. Non a caso la CIA gli ha preferito Lon Nol.

Monseigneur, c'è un punto che nessuno ha compreso. Perché, quando attaccarono l'ambasciata nordvietnamita e vietcong di Phnom Penh, nel marzo del 1970, lei non rientrò in Cambogia invece di restarsene in Francia?
Perché ormai sapevo che gli americani avevano preparato tutto per assassinarmi, e non mi andava di dargli una tale soddisfazione. Mi trovavo in ospedale, in quei giorni, e sarei anche saltato dal letto se la regina mia madre non mi avesse inviato un messaggio: «Non tornare. Lon Nol ha sostituito la guardia reale coi falsi cambogiani dei commandos. Ti ammazzeranno». Era tutto organizzato con precisione. All'aeroporto sarei stato ricevuto dalla falsa guardia reale e dal corpo diplomatico. In presenza di quest'ultimo non avrebbero osato far nulla ma poi sarei salito sulla vettura ufficiale e questa, anziché dirigersi a Phnom Penh, mi avrebbe condotto in un luogo montagnoso a trecento chilometri da Phnom Penh. Qui la falsa guardia reale mi avrebbe fucilato e seppellito nella foresta. Mi è stato confermato da più fonti.

Ma se lei fu colto così di sorpresa, come si spiega che perfino l'ambasciatore sovietico a Phnom Penh prevedesse il colpo di Stato? Il giorno in cui lei partì per la Francia egli disse: «Chissà se lo faranno rientrare!».
Mademoiselle... Certo che i sovietici sapevano tutto! D'accordo con gli americani, avevano già scelto Lon Nol. Mosca è sempre stata contro di me. Anche prima del tradimento io avevo avuto una discussione con Bréžnev. Insisteva per

farmi partecipare al Patto di sicurezza per il Sudest asiatico, sicché persi la pazienza e sbottai: «Signor Bréžnev, guardiamoci negli occhi. Lei sa bene che la nostra mancanza di sicurezza ci viene dall'imperialismo americano. Se è sincero, perché non ci aiuta a difenderci dagli americani? Perché non li convince a lasciarci in pace e a rinunciare al loro impero in Asia? Guardi la carta geografica, signor Bréžnev: l'impero americano in Asia comincia con la Thailandia e continua col Vietnam del Sud, il Laos, le Filippine, Formosa, la Corea del Sud, il Giappone. Per non citar l'Indonesia, dove gli americani hanno liquidato Sukarno per mettere Suharto, o la Malesia e Singapore, che sono sotto l'egida britannica e di conseguenza americana. Non sia ipocrita, signor Bréžnev! Cosa mi propone con questo Patto di sicurezza? Glielo dico io: quattro gendarmi travestiti da grandi potenze. E chi sono queste grandi potenze? La Francia e l'Inghilterra, che non contano nulla e fanno le comparse ubbidienti? Siete voi due, signor Bréžnev: l'America e l'Unione Sovietica. Voi due che mirate al dominio dell'Asia e del mondo e, per non litigarvi, fate a metà. La sua proposta non mi conviene, signor Bréžnev». Be', io sono un emotivo anzi un passionale. E non so se usai un tono eccitato. Però so che la mia risposta non gli piacque affatto. Mademoiselle, i sovietici ci tengono troppo alla presenza degli americani in Asia. Senza di loro come farebbero a controllare la Cina?

Sì, ma...
Mi lasci finire, Mademoiselle. Tanto lo so cosa vuol dirmi. Vuol dirmi che i russi hanno aiutato il Nord Vietnam. Be', non si lasci incantare dai fucili vecchi che hanno regalato ad Hanoi, dai carri armati che gli hanno venduto. I sovietici aiutano solo i comunisti ubbidienti. Guardi come sono ostili ai khmer rossi. Non gli va giù che siano cambogiani prima d'essere comunisti, che tengano all'indipen-

A colloquio con Sihanouk, il principe in esilio a Pechino

denza della Cambogia prima che al socialismo, che non si lascino influenzare da nessuno: nemmeno dagli amici cinesi. Non abbiamo ricevuto un solo fucile dai sovietici, una sola parola di simpatia. Sono tutti pane e cacio con Lon Nol, i sovietici. Sono imperialisti come gli americani. Guardi cosa hanno fatto con l'India e il Bangladesh per arrivare all'Oceano Indiano. Loro che accusavano me d'essere un dittatore. Accidenti! Se la mia era una dittatura, allora cos'è quella di Lon Nol? Io rinunciai a un trono per dimostrare alle masse che non esiste una cosa chiamata diritto divino, che nessuno discende dal cielo per dominare il popolo. C'erano regolari elezioni in Cambogia, ai miei tempi. Vi partecipavano tutti: dai khmer rossi all'estrema destra. Nel mio governo distribuivo ministeri a tutti: dai khmer rossi all'estrema destra. E forse era un po' originale, d'accordo, che posso farci, sono un artista, son fatto così: però ero intelligente e non facevo il servo a nessuno. Quanto a Lon Nol, non lo appuntai primo ministro per mio capriccio personale: era il rappresentante scelto dall'estrema destra e questa, grazie alla CIA, aveva vinto le elezioni. Ma ai russi faceva comodo la guerra in Cambogia. I russi...

Monseigneur, russi a parte, non pensa che la Cambogia sia stata sacrificata, da Le Duc Tho e da Kissinger?
No, Mademoiselle. Perché noi abbiamo preteso che la Cambogia fosse ignorata nelle discussioni tra Le Duc Tho e Kissinger. Personalmente ho inviato un messaggio ufficiale al signor Le Duc Tho: «Monsieur, lei è un gran diplomatico e sa fare gli interessi del suo Paese. Però mi usi una cortesia: non tenti di fare anche gli interessi del mio. Ignori la Cambogia, per favore. Non la citi nemmeno quando parla con Kissinger. Non si occupi di noi. Grazie». Mademoiselle, io non posso permettere che Le Duc Tho parli in mia vece. Non ne ha alcun diritto. Non siamo sa-

telliti del Nord Vietnam. Gli americani vogliono indurre i nordvietnamiti a parlare della Cambogia e il signor Nixon, furbo com'è, fa di tutto per convincere il mondo che ormai Kissinger e Le Duc Tho si incontrano per parlare della Cambogia. Non è vero! I nordvietnamiti ci hanno aiutato, sì: è grazie a loro che abbiamo potuto ricevere le armi regalateci dalla Cina. Però ora non abbiamo più bisogno di loro. Neanche per le armi. Uh, là là! C'è un articolo di troppo nei trattati firmati da Kissinger e da Le Duc Tho: è il numero venti, quello che riguarda la Cambogia e impegna le due parti a ritirare le truppe, a non fornire aiuti a nessuno. A parte il fatto che gli americani violano scandalosamente quell'articolo con gli armamenti di cui riforniscono Lon Nol, coi bombardamenti dei loro B-52, dei loro Phantom, dei loro F-111, nessuno ha mai autorizzato i nordvietnamiti a firmarlo. Se Hanoi ha accettato di cessare il fuoco è affar suo, non nostro. I khmer rossi non accetteranno mai di cessare il fuoco. Non scenderanno mai a patti. Mai.

Monseigneur, ha mai cercato di parlare con Kissinger?
Uh, là là! Certo, Mademoiselle! Quando venne in Cina gli feci sapere attraverso Zhou Enlai che avrei gradito incontrarlo. E lui rispose a Zhou Enlai che il presidente Nixon non lo aveva autorizzato a vedermi. Quando si recò ad Hanoi gli feci sapere di nuovo, attraverso Pham Van Dong, che avrei gradito incontrarlo e lui dette a Pham Van Dong la stessa risposta. Io non so nemmeno come sia fatto questo Kissinger: lo conosco solo attraverso ciò che ne dicono gli altri e l'intervista che concesse a lei. Mademoiselle, ho provato anche ad avere un contatto con Nixon: attraverso il presidente del Senegal, attraverso il presidente della Guinea, attraverso il re del Marocco. Gli ho mandato a dire che, se smetteva di proteggere Lon Nol, il mio esercito di liberazione accettava un contatto. Mi ha fatto

rispondere che i miei messaggi non lo interessavano. Poi s'è pentito e, pur di scendere a patti con me, ha ordinato a Lon Nol di togliere dagli arresti mia madre e i miei figli che stanno a Phnom Penh. Troppo tardi. Anche quella gran donna di mia madre m'ha mandato a dire: «Non parlarci. Lascia che ci arrestino di nuovo». Mademoiselle: accettare un dialogo equivarrebbe a riconoscere la legittimità di Lon Nol; accettare un cessate il fuoco equivarrebbe a dividere la Cambogia in due. Come il Vietnam del Nord e il Vietnam del Sud, la Corea del Nord e la Corea del Sud. Lon Nol resterebbe a Phnom Penh e i khmer rossi dovrebbero ritirarsi di nuovo nelle foreste. No, grazie. Non vogliamo un pezzo di Cambogia, vogliamo l'intera Cambogia.

Ma se non ci sono riusciti i nordvietnamiti e i vietcong, come potete riuscirvi voi, Monseigneur?
Glielo spiego subito. Anzitutto noi non abbiamo i talloni d'Achille che avevano i nordvietnamiti: nessuno può minarci il porto di Haiphong o le dighe o Hanoi. Non abbiamo porti, non abbiamo dighe, non abbiamo città. Abbiamo solo fiumi e foreste su cui i B-52 continuano a scaricare tonnellate di bombe senza ottenere nulla. Ci troviamo insomma in una situazione geografica molto più comoda di quella che avevano i nordvietnamiti. Poi contro di noi non abbiamo un traditore intelligente come Van Thieu e un esercito forte come l'esercito di Thieu. Abbiamo un incapace che si chiama Lon Nol e un esercito che al primo scontro scappa abbandonando non solo le armi ma le scarpe. Infine controlliamo quasi l'intera Cambogia. Oltre due terzi del Paese si trovano nelle nostre mani: non ci manca che liberare Phnom Penh e qualche città. Abbiamo bloccato perfino tutte le strade di accesso a Phnom Penh. L'unica cosa che ci impedisce per ora di entrare a Phnom Penh è l'aviazione americana. E questa, prima o poi, do-

vrà smettere di bombardarci. Nixon si trova in una situazione molto difficile. Lo scandalo Watergate gli ha reso un pessimo servizio, il Senato e il Congresso finiranno con l'opporsi alle sue spese in Cambogia. Ma, anche se lui trovasse il modo di imbrogliare il Senato e il Congresso, perché in queste cose è bravissimo, possiamo comodamente aspettare la fine del suo mandato. Perché, ripeto, non siamo vulnerabili come il Nord Vietnam.

Monseigneur, a suo avviso, chi ha vinto la guerra in Vietnam?
Nessuno. Per ora, nessuno. Chi vincerà domani non so. Però so che i nordvietnamiti sono molto intelligenti e lungimiranti. Se in questo momento hanno accettato di fermarsi vuol dire che in questo momento gli conveniva di fermarsi: escludo che abbiano dimenticato il testamento di Ho Chi Minh sulla riunificazione del Vietnam. Escludo che si lascino truffare dagli americani una seconda volta. Alcuni ritengono che i vietcong siano stati sacrificati dai nordvietnamiti e da Le Duc Tho. Non direi. Ciò che Le Duc Tho ha firmato è un'attesa. Sia nordvietnamiti che vietcong conoscono bene la tattica dell'attesa, la pazienza. Con la pazienza ottengono tutto. Nixon non durerà per sempre, dicono, quindi nel frattempo cerchiamo di normalizzare i rapporti con gli americani e poi, dolcemente, le cose si volgeranno a nostro favore. Tanto nemmeno Thieu durerà per sempre e, una volta scomparso lui, non ci sarà nessuno a sostituirlo. Non esiste una terza forza in Vietnam. I buddisti sono zero, i caodaisti sono zero. La sola forza organizzata è quella comunista. Il destino del Sud Vietnam è diventare comunista. È ormai inevitabile, e chi non è comunista può ringraziare gli americani. Io l'ho sempre detto: attenzione, non è Mao Tse-tung che minaccia il Sudest asiatico, non è Ho Chi Minh. Se tutta l'Indocina diventerà comunista potrà ringraziare gli americani, le gaffe americane, i crimini americani, l'imperialismo

americano che rimette in carica solo regimi corrotti, dittature antipopolari, purché siano anticomunisti. E l'unico Paese che avrebbe potuto sfuggire al governo comunista era la Cambogia. Cacciandomi hanno spalancato le porte al comunismo in Cambogia. Ma forse è stato meglio così.

Monseigneur, ho visto che si è espresso in modo abbastanza lusinghiero per Thieu. Lo ha definito intelligente. Ne pensa davvero bene?
Ne penso ciò che ho detto a Pham Van Dong quando gli ho parlato di Lon Nol. «Monsieur, io mi rallegro con la sua razza perché da essa escono solo uomini intelligenti. Anche quando sono traditori. La mia razza ha dato un traditore come Lon Nol. Ma la sua ha dato un traditore intelligente come Thieu.» E Pham Van Dong mi ha risposto: «Vous avez raison. Ha ragione». Nella sua perfidia, nel suo egoismo Thieu è un uomo di grande valore. È un contadino pieno di intuizioni e anche di coraggio. Tante cose che ha detto a lei, in quell'intervista, son giuste. E poi... non vorrei fare dell'umorismo nero, ma quando ci va ci vuole... mi ha reso tanti servigi, quel Thieu. Finita la guerra ci terrei proprio a conoscerlo per ringraziarlo. Ho detto anche questo a Pham Van Dong: «Io mi struggo dalla voglia di invitarlo a colazione per dirgli grazie di tutte le cortesie che m'ha usato». La prima cortesia è stata quella di inviare in Cambogia le sue brutalissime truppe. Uh, là là! Sirik Matak diceva che i nordvietnamiti e i vietcong si comportavano male in Cambogia. Però quando ha visto i soldati di Thieu, queste belve che ammazzano bambini, violano donne, bruciano case, distruggono templi, ha dovuto ammettere: «Erano meglio i vietnamiti di Sihanouk». Insomma, se Thieu non mi avesse mandato le sue belve, non ci sarebbero tanti khmer rossi: i giovani cambogiani non avrebbero raggiunto le formazioni partigiane a decine e decine di migliaia. La seconda cor-

tesia che mi ha fatto Thieu è stata quella di mettere i bastoni tra le ruote di Hanoi e di Washington. Lo fa ancora e, ogni volta, vorrei accendergli una candela. Oh, è un uomo delizioso quel Thieu. È un amore. Io lo amo. Basta che Washington e Hanoi stiano per raggiungere un'intesa perché lui si metta a strillare: «No, no, no! Non permetto, non voglio! Saboto, saboto, saboto!». E mi rende un servizio immenso perché a noi cambogiani non va mica bene che quei due si intendano troppo o troppo alla svelta. Oh! Guai se i nordvietnamiti e gli americani si metton d'accordo alla svelta: i nordvietnamiti rischiano di ficcare il naso nelle nostre faccende. L'interesse di Hanoi non coincide mica sempre con l'interesse della Cambogia. Sì, devo molto a Thieu. Se lo vede, glielo dica.

Torniamo ai suoi khmer rossi, Monseigneur. E mi permetta di ricordarle che, sebbene oggi lei sia con loro, in passato non li trattò affatto bene. Basti pensare ai massacri nella regione di Battambang.
Lei può credermi o no, ma io posso dimostrarle che i massacri di Battambang furono compiuti da Lon Nol e da Sirik Matak mentre io ero ricoverato in un ospedale della Costa Azzurra. Non si trattava nemmeno di khmer rossi ma di contadini cui quei due mascalzoni avevano requisito le terre. Io non avevo bisogno di mandare Lon Nol a prendergli le terre perché di terra ne avevo anche troppa e anziché rubarla la distribuivo. Non solo: pei contadini io ero una specie di eroe nazionale, un dio, e su di loro poggiava la mia popolarità. In base a quale follia avrei dovuto rendermeli nemici? Quanto ai khmer rossi, nei loro riguardi ho commesso errori: lo so. Lon Nol mi presentava falsi dossier per dimostrarmi che volevano rovesciare il regime e io li combattevo. Li trattavo come traditori. È stato lo sbaglio più grosso della mia vita. Però non li ho ammazzati come dice quel bugiardo di Lon Nol e la

prova di ciò è fornita dal fatto che tutti i presunti fucilati oggi sono miei ministri. Khiem Pham Sam, capo della resistenza cambogiana, non è forse colui che secondo Lon Nol avrei fatto ammazzare? Mi ha ricevuto a braccia aperte quando sono andato in Cambogia tre mesi fa. Mi ha detto: «Monseigneur, noi l'abbiamo sempre saputo che non eravate contro di noi e che a darci la caccia era Lon Nol. Noi l'abbiamo sempre saputo che Lon Nol era un traditore e che le avrebbe fatto la festa».

E lei cosa gli ha risposto?
Mi sono arrabbiato. Gli ho detto: «Ma come? Lo sapevate e non me lo avete mai detto?». E loro: «Monseigneur, deve capirci. Lon Nol ci faceva comodo. Senza Lon Nol avremmo dovuto aspettar quarant'anni per andare al potere. Infatti ripetevamo: "Lascia che lo tradisca. Con Sihanouk sul trono, gli americani non attaccheranno mai e dovremo aspettare che Sihanouk muoia di vecchiaia e la rivoluzione non si farà mai. Monseigneur, la vostra disgrazia è stata la nostra fortuna"». E io: «Come?». E loro: «Sì, Monseigneur. Se noi l'avessimo informata, lei avrebbe reagito. Se lei avesse reagito, in Cambogia non ci sarebbe stato bisogno di noi. Una tattica, Monseigneur». Bella tattica. Proprio bella. Mah! Io non li condanno e anzi mi rendo conto che è stato bene così perché, sebbene le mie idee fossero abbastanza socialiste, la Cambogia non sarebbe mai diventata veramente socialista con me. Però nei miei riguardi non sono stati gentili questi khmer rossi e, se si deve parlare di machiavellismo, bisogna riconoscere che i comunisti battono tutti di mille lunghezze. Per esempio: io, questi khmer rossi, li avevo accettati in un mucchio di ministri. Quello della Salute pubblica, dell'Educazione pubblica, dell'Economia nazionale. Ma, quand'erano miei ministri, non avevano voglia di combinar nulla e non facevano che sabotarmi. Così, quando ho

visto che nelle zone liberate funzionavano così bene, mi sono un po' offeso e gli ho detto: «Ma come?! Siete bravi, ci sapete fare. Perché non vi comportavate nello stesso modo con me?». M'hanno risposto: «Monseigneur, se avessimo lavorato bene per lei avremmo contribuito a renderla più forte e allora... addio rivoluzione!». M'è scappato da ridere ma in fondo al cuore m'è rimasto un dispiacere. E di nuovo mi son detto: Che ingenuo eri, Sihanouk. Poi gli ho detto: «I comunisti sono supermachiavellici». E loro m'hanno risposto: «Sì, Monseigneur». Mi chiamano ancora Monseigneur.

Monseigneur, siamo in vena di sincerità: perché, dopo aver protetto per tanti anni i nordvietnamiti e i vietcong, all'improvviso ne denunciò la presenza con le conferenze stampa?
Ci risiamo. Fu Lon Nol a chiedermi di farlo e poi a mettermi nelle condizioni di farlo. All'inizio del 1969 venne da me e mi raccontò che in alcune regioni come il Mondulkiri e il Ratanakiri i comunisti vietnamiti stavano contestando il mio potere. Non gli credetti, andai personalmente a dare un'occhiata e... Ancora oggi non so se si trattava di una messa in scena organizzata da Lon Nol e Sirik Matak, come sostengono i nordvietnamiti, o di una cosa vera. Però so che vidi qualcosa di molto sgradevole. Per incominciare, i contadini che usavano venirmi incontro e gettarsi festosi ai miei piedi si ritiravano al mio passaggio come se avanzasse la peste. Le strade si vuotavano, le porte delle capanne si chiudevano. Poi nelle case non c'era più il mio ritratto. C'era quello di Ho Chi Minh. Mi arrabbiai. Eh, sì, mi arrabbiai. Dissi: «Ma insomma! Io li proteggo, questi vietcong, li aiuto, li tengo qui rendendomi gli americani ancora più nemici, e loro mi ringraziano trattando il mio Paese come se appartenesse a Ho Chi Minh. Tolgono la mia fotografia e ci mettono quella di Ho Chi Minh». E tornai a Phnom Penh, indissi le conferen-

ze stampa, li denunciai. Io son fatto così. Son di sangue bollente e a volte ho reazioni infantili. Forse avrei dovuto pensarci due volte prima di denunciarli.

Sirik Matak dice che i nordvietnamiti e i vietcong lei li teneva per lucro. Insomma perché le pagavano affitti e pedaggi.
Io le giuro sul mio onore che non ho mai ricevuto un soldo dai vietcong. E nemmeno mia moglie, nemmeno mia suocera: come ha raccontato quel mascalzone di Sirik Matak. E non accetto neanche di discutere su questo punto perché è troppo insultante per la dignità di un uomo e della sua famiglia. Io i vietcong li ho aiutati solo perché me lo aveva chiesto Zhou Enlai e perché mi sembrava giusto aiutarli.

Monseigneur, lei ha detto poco fa che il destino della Cambogia è diventar comunista. Vuol chiarire meglio questa previsione?
La Cambogia diventerà comunista, ed è giusto che diventi comunista, perché la rivoluzione che i khmer rossi hanno fatto nelle zone liberate è riuscita. Me ne sono convinto vedendo coi miei occhi. I khmer rossi sono persone serie. Sanno come costruire un Paese e hanno ottenuto ciò che io non sono mai riuscito a ottenere. Per esempio, la fine della corruzione. Nella mia Cambogia c'era corruzione, contrabbando. Nella Cambogia di Lon Nol si vendono perfino le medicine degli ospedali. Nella Cambogia liberata dai khmer rossi, invece, non accade nulla di tutto questo: la società è pulita. E il popolo, disciplinato, lavora. Oh, non è più come ai miei tempi quando tutti si abbandonavano alla pigrizia cantando le musiche di Sihanouk sotto le palme e i banani. Forse la guerra li ha induriti, forse la gioia di vivere gli è passata: non so. Però so che hanno imparato a faticare e così non hanno più fame. Nelle zone liberate non manca più nulla: né la carne, né i legumi, né la frutta, né il riso, né i vestiti. Il riso, malgrado la guerra,

si produce due volte di più. Quando io ero capo di Stato, se ne produceva una tonnellata e mezzo per ettaro. Ora, due tonnellate e mezzo per ettaro. O tre. I prodotti sono buoni, i prezzi sono bassi sebbene si usi la stessa moneta: il rial. Non si muore di denutrizione come a Phnom Penh dove il cibo viene aviotrasportato dagli americani o su navi da guerra scortate dalla marina di Thieu. E quando si vedono risultati simili, bisogna riconoscere che chi li ha ottenuti ha diritto di governare il Paese. Mademoiselle: tra il regime corrotto di Lon Nol e quello serio dei khmer rossi, la scelta è facile. E se lei fosse al mio posto, se lei fosse un patriota cambogiano, se lei fosse un Sihanouk che ama il proprio Paese più di ogni altra cosa al mondo, direbbe lo stesso. Sì, Mademoiselle. È giusto che mi congratuli coi comunisti cambogiani e gli dica: «Bravi. Vi meritate il potere per sempre e nessuno vi deve rimpiazzare. Nemmeno Sihanouk. Sihanouk non deve più governare al posto vostro perché non è riuscito a fare ciò che avete fatto voi. Lo voleva, lo sognava. Non ne è stato capace. E poi Sihanouk non conta. Conta la Cambogia. Quindi, anche se un giorno lo caccerete, la penserà come ora. Perché è bizzarro, sì. Ma non è disonesto. E non è fesso».

Davvero lei non è diventato comunista, Monseigneur?
No, Mademoiselle! No! Glielo giuro, glielo ripeto: le mie convinzioni non sono cambiate! Le dirò di più: nessuno ha tentato di farmele cambiare! Né a Pechino né altrove. I cinesi non si sono mai permessi di dirmi una parola, di farmi leggere un libro. Non sono comunista. Ma non sono neanche anticomunista e non ho paura dei comunisti e sostengo che, se un popolo vuol essere comunista, ha diritto d'essere tale. E ne ha diritto due volte se ciò serve a mantenere l'indipendenza del Paese. Lo so che la Cecoslovacchia non è indipendente, né la Polonia, né l'Ungheria né la Germania dell'Est e via dicendo. Ma la Ro-

mania lo è, la Jugoslavia lo è. E perché la Cambogia non dev'essere come la Jugoslavia, come la Romania? Io una volta credevo che i comunisti cambogiani fossero valletti dei vietcong, dei nordvietnamiti, dei cinesi. Perfino dei russi. Poi mi sono accorto che non erano valletti di nessuno e che i russi li detestavano almeno quanto io detesto i russi. Mi sono accorto che non erano nemmeno maoisti, e che hanno fatto del bene, e di cos'altro ho bisogno per schierarmi dalla loro parte? Mademoiselle, non sto facendo un'autocritica alla comunista: «Mea culpa, mea culpa, sono stato cattivo, chiedo perdono». Sto semplicemente riconoscendo di aver avuto torto.

E se si sbagliasse ancora una volta, Monseigneur? È sicuro che i khmer rossi le vogliano bene nella misura in cui lei vuol bene a loro?
Mademoiselle! Io ho detto che sono capaci di governare il Paese meglio di me e che quindi meritano di stare al mio posto: non ho detto che sono miei amici. Uh, là là! Non sono ingenuo a quel punto! I khmer rossi non mi amano affatto. Lo so! Uh, là là! Lo capisco benissimo che mi tengono con loro perché gli merita, perché gli servo, perché senza di me non avrebbero i contadini e una rivoluzione in Cambogia non si fa senza i contadini. Lo capisco benissimo che, quando non gli servirò più, mi sputeranno come il nocciolo di una ciliegia. Mademoiselle... qui con me c'è un rappresentante dei khmer rossi e mi segue dalla mattina alla sera. Lo so che è incaricato di spiarmi, quello lì. Lo so che mi detesta cordialmente. Uh, se lo so! Là là! È il mio peggior nemico, quello lì. E poi è antipatico. Ma cosa importa? Anche se volessero assassinarmi, un giorno, cosa importa? Non si battono contro i miei stessi nemici? Che patriota sarei se facessi dipendere tutto dalla mia persona e dalle mie antipatie? Che cambogiano sarei se non dicessi ai contadini che mi adorano «andate con

i khmer rossi»? Mademoiselle! Io non mi faccio illusioni sui comunisti e, fino a un certo punto, posso anche riconoscere che mi sono nemici come quell'antipatico che mi sta alle calcagna. Ma non ho scelta: né sul piano politico né sul piano morale. I cinesi, nella loro infinita saggezza, mi hanno insegnato che bisogna saper scegliere tra il nemico principale e il nemico secondario. Ebbene: per la Cina, il nemico principale è l'Unione Sovietica e il nemico secondario è l'America. Quindi prima si occupano dell'Unione Sovietica e poi si occuperanno dell'America. Per me, il nemico principale è l'imperialismo americano e il fascismo di Lon Nol; il nemico secondario sono i comunisti. Conclusione, scelgo di stare col nemico secondario per sconfiggere il nemico principale. Capito?

Capito, Monseigneur.
Vado oltre e le dico: io lo so che, dopo aver trionfato sugli americani e su Lon Nol, mi troverò i comunisti contro. E, a quel punto, sarò sconfitto. Ma ciò riguarda solo me stesso e a chi mi dice: «Sihanouk, attento ai comunisti», rispondo: «Non potete capire». Non voglio una Cambogia che sia la copia carbone delle Filippine, di Formosa, del Vietnam del Sud, della Corea del Sud. Non voglio nemmeno una Cambogia che esporta macchine fotografiche come il Giappone. Voglio una Cambogia perbene, una Cambogia come la Cina. E se questo la renderà un po' troppo austera, pazienza. Se questo le toglierà l'allegria che io sapevo coltivare coi miei film e con le mie canzonette, pazienza. Ma c'è il problema della libertà individuale, mi dicono, il problema della libertà di pensiero. Sì, c'è. Ma l'altra soluzione dove sta? In nessun posto. E poi usiamo la logica: se anche un'altra soluzione esistesse, i comunisti cambogiani non lasceranno il potere. In Europa è successo trent'anni fa. In Europa i comunisti si sono battuti contro i fascisti, hanno vinto, e poi, fini-

ta la guerra, si son lasciati portar via il potere da una terza forza. Ma in Europa i comunisti non avevano a disposizione l'esercito. In Cambogia ce l'hanno. In Cambogia, come in Vietnam, non v'è una terza forza: un'alternativa. Non c'è neanche il Sihanoukkismo, ormai. C'è Sihanouk e basta. Liquidato lui, non restan che loro. Sono un personaggio tragico. Mademoiselle. Sembro così divertente e invece son tragico. Perché sono il simbolo di tutti i liberi pensatori che, stretti fra due barriere, si trovano a dover scegliere tra due soluzioni e basta.

Ma da cosa le viene questo amore pazzo per un Paese che le appartiene, d'accordo, ma che in fondo le ha dato tanti dolori?
Da mia madre. Dietro molti uomini c'è la loro madre e io sono uno di quelli. Non mi sono mai liberato di mia madre, credo che non me ne libererò mai. Non ho mai ammirato mio padre. Ho sempre ammirato mia madre. Non mi sono mai fatto influenzare da mio padre. Mi sono sempre fatto influenzare da mia madre. È una donna autoritaria, a suo modo tremenda, ma è una donna formidabile. Per intelligenza, dignità, fierezza, patriottismo. Mi ha insegnato lei ad amare l'indipendenza, a odiare i colonialisti. Quando i francesi mi misero sul trono credendo di potermi usare come un fantoccio, lei disse: «È umiliante essere re sotto la Francia o sotto una qualsiasi potenza». Ebbene, io sono cresciuto alla scuola di quell'umiliazione. Dover firmare decreti che proibivano al mio popolo di usare i suoi prodotti, ad esempio. Era inverno e avevamo bisogno di coperte e i francesi dicevano: «Non ci interessa. Queste coperte vanno ai nordvietnamiti». Dover accettare che il Capodanno fosse festeggiato il primo gennaio, ad esempio. Da noi il Capodanno cade il 13 aprile: perché festeggiarlo il primo gennaio? Dover permettere che la nostra lingua fosse scritta in caratteri latini, ad esempio. Il nostro alfabeto è diverso e... mia madre era la

sola che tenesse testa alle prepotenze dei francesi. Le devo tutto. Anche il mio spirito socialista, in fondo. Perché credeva agli astrologi e, quando nacqui gli astrologi dissero che non dovevo restare a palazzo: sennò sarei morto. Così lei mi mandò in campagna, dalla sua nonna, e la sua nonna mi affidò a un contadino. Trascorsi l'infanzia in un villaggio, coi contadini. Lasciai il villaggio solo per andare a scuola ma nel frattempo lei aveva convinto mio padre a mettermi in una scuola popolare, non una scuola di aristocratici. E poi, d'accordo con lei, mio padre mi iscrisse al liceo francese di Saigon: pieno di giovani contestatori che parlavano di socialismo internazionale. Vede... bisogna piazzarmi a sinistra sin dalla mia infanzia e la mia adolescenza.

Ma i francesi non lo sapevano, Monseigneur?
Suppongo di no, dal momento che mi preferirono a mio zio: giudicato frondista perché aveva studiato al liceo francese di Nizza. Non è divertente? E non è divertente che il mio sangue sia davvero blu, che la mia famiglia sia davvero un'antica famiglia reale, e che malgrado ciò consegni il mio trono ai comunisti? Oltretutto in nome della mia dignità? Il fatto è che quando uno ha perduto tutto, come me, non può che aggrapparsi alla dignità. Anche in Cambogia ci sono andato per dignità. Oh, erano tre anni che volevo entrare in Cambogia. Ma la sola strada per arrivarci era la pista di Ho Chi Minh, e il mio trasporto dipendeva dai nordvietnamiti, e i nordvietnamiti dicevano: «Non possiamo, principe Sihanouk. Gli americani bombardano troppo, ci sono almeno sessanta probabilità su cento di morire. Bisogna aspettare il momento propizio». L'avevo chiesto anche a Pham Van Dong: «Lasciatemi correre il rischio!». E Pham Van Dong: «No. Non mi prendo questa responsabilità». Avevo inviato anche un messaggio ai khmer rossi: «Volete aiutarmi voi?». E loro: «Monsei-

gneur, non bisogna correre rischi, bisogna aspettare». M'ero messo in testa che non mi volessero. Oltretutto qualcuno aveva fatto correr la voce che, se fossi andato, non mi avrebbero ricevuto. Ma poi i bombardamenti sulla pista di Ho Chi Minh cessarono e io inviai un secondo messaggio ai comunisti: «Ora mi ci volete?». Risposero: «Non chiediamo di meglio». E i nordvietnamiti aggiunsero: «Vi sono novanta probabilità su cento che non le succeda nulla. La aiuteremo». E in marzo partii, con mia moglie, per quel viaggio penoso e meraviglioso: l'avventura più indimenticabile della mia vita.

Me la racconti, Monseigneur.
Era un convoglio vero e proprio, quello che si formò ad Hanoi. Ben centocinque nordvietnamiti ci scortavano. Pham Van Dong mi aveva dato un reparto di contraerea coi cannoni pesanti e un intero ospedale trasportabile in caso di incidenti. Cioè medici, chirurghi, infermieri, plasma sanguigno, tutto. Mi aveva dato perfino una squadra di cuochi con la cucina. Loro viaggiavano sui camion e noi in jeep di fabbricazione sovietica, appena giunte da Mosca. Erano jeep così nuove e così belle che non credevo ai miei occhi. Pensai: Toh, finita la guerra, i russi si sono decisi a dare ai nordvietnamiti qualcosa che non sia materiale di scarto! Poi dissi a Pham Van Dong: «Non creda mica di far piacere ai sovietici trasportandomi su jeep sovietiche!». E Pham Van Dong rispose: «No, no. Io non voglio fare piacere a nessuno. Queste jeep non sono più sovietiche. Sono vietnamite e io ci faccio quel che voglio». Prendemmo la pista più lunga: non quella che attraversa il Laos perché così avremmo creato problemi agli amici laotiani. Prendemmo la pista che percorre la frontiera col Laos, il cosiddetto Cammino di Creta. Avevamo sempre addosso gli aerei da ricognizione americani, e anche i Phantom, gli F-105, i B-52 che andavano a bombardare la

Cambogia. Ma sotto i nostri occhi c'era anche un paesaggio che è tra i più belli del mondo, e per nove giorni ce lo godemmo. Ogni tanto bisognava fermarci per disinnescar qualche mina: la pista è ancora piena di mine. Ogni tanto scoppiava una bomba a esplosione ritardata. Mia moglie però si comportò benissimo, da vero ambasciatore della monogamia. La notte dormivamo su amache tese tra gli alberi su corde di nylon. Poi, al nono giorno, giungemmo alla frontiera con la Cambogia e qui fummo ricevuti dai khmer rossi, e il convoglio nordvietnamita tornò indietro.

Vuol dire che in Cambogia i nordvietnamiti non ci sono più?
Nooo! No. Io le giuro che, dal secondo semestre del 1972, non vi sono più unità nordvietnamite in Cambogia. Io le giuro che esistono solo unità cambogiane in Cambogia. Sul serio, non mento: la guerra contro Lon Nol è fatta esclusivamente da cambogiani. Non abbiamo più bisogno dei nordvietnamiti e dei vietcong. Né per addestrarci né per aiutarci in nessun modo. Ben duecentomila soldati combattono con i khmer rossi e, dopo tre anni di lotta, la loro preparazione è completa. Il loro equipaggiamento è più che sufficiente. Sono forti e quindi del tutto indipendenti da Hanoi. Le sole unità nordvietnamite che incontra ogni tanto in Cambogia son quelle che ci chiedono il diritto di passaggio per entrare nel Sud Vietnam. E noi, ovvio, glielo concediamo.

Monseigneur, quando la guerra sarà finita e lei lascerà Pechino, dove si stabilirà?
Ad Angkor. Mi cercherò una buona Mercedes-Benz e mi stabilirò ad Angkor. Tanto non dovrò mica governare e, anche se i khmer rossi continueranno a volermi come capo di Stato, Angkor andrà benissimo. C'è un aeroporto, c'è tutto. A Phnom Penh ci metterò piede soltanto per le cerimonie di rappresentanza e, prima di ciò, per veder

A colloquio con Sihanouk, il principe in esilio a Pechino

impiccare Lon Nol. Detesto Phnom Penh. Mi fa schifo questa città perfida e ingrata. L'ho amata troppo. Ho fatto troppo per lei. L'ho resa bella, l'ho... Non è mica vero, sa, che i francesi hanno fatto Phnom Penh. Al tempo dei francesi era un villaggio. Son io che ho costruito i giardini, le strade, i viali, i palazzi. E questa odiosa città cui avevo dato l'anima mi ha ripagato solo con le calunnie, gli insulti, il tradimento. Voglio stare ad Angkor, che è tanto bella e non è nemmeno distrutta come credevo. E voglio starci anche se i khmer rossi non mi vogliono più come capo di Stato. Non voglio andare in Francia. Non amo più la Francia. La Francia m'ha abbandonato, m'ha offeso: ha riconosciuto Lon Nol. Non voglio andare in Italia. Non amo più l'Italia. Amavo Roma, amavo Firenze, amavo Venezia come un romano e un fiorentino e un veneziano. Non le voglio più rivedere. Fanno parte di un Paese che ha riconosciuto Lon Nol. L'Italia è finita, la Francia è finita per me. I loro governi non fanno che compiacere i russi e gli americani. Mademoiselle, c'è un proverbio in Cambogia e dice: «Nei momenti difficili si distinguono gli amici dai nemici». Be', li ho distinti. E nei Paesi che mi hanno abbandonato non metterò più piede. Né permetterò ai loro consoli, ai loro ambasciatori, ai loro rappresentanti di mettere piede nel mio. Il signor Bréžnev e il signor Pompidou mi hanno fatto sapere che, finita la guerra, saranno lieti di esserci nuovamente amici. Mi sono infuriato. Gli ho risposto che il loro messaggio è un'ingiuria e che sono due ipocriti senza carattere: «Signor Bréžnev, signor Pompidou, fatemi una cortesia. Restate a casa vostra. Non metteteci in condizioni di cacciarvi a calci nel sedere».

Monseigneur! Ma se la Cina ha riconosciuto la Grecia dei colonnelli e la Spagna di Franco! Se ha aperto ambasciate ad Atene e Madrid!
La Cina è la Cina e Sihanouk è Sihanouk. La Cina fa quel

che vuole e io faccio quel che voglio. La Cina ha ottocento milioni di abitanti e io ne ho sette milioni. La Cina ha i suoi interessi e io ho i miei. Una volta ho scritto una canzone che diceva: «Gli amici dei miei amiciii sono i miei amiciii...». Ora voglio scriverne un'altra che dice: «Gli amici dei miei amici non sono necessariamente i miei amici». Perché non voglio offendere i Paesi che mi sono rimasti fedeli. Non alludo neanche alla Jugoslavia e alla Romania, ovvio. Alludo alla Nigeria, alla Mauritania, al Senegal, al Ciad, cioè ai Paesi poveri, bruciati dalla siccità, che per rifiutare Lon Nol si son visti punire dagli americani e dai russi. Perfino i soccorsi di medicinali e di cibo gli hanno sospeso. Ma non hanno ceduto. Ne hanno fatta una questione di principio e ne hanno sopportate le conseguenze. Dovrei dunque trattarli come il signor Bréžnev e il signor Pompidou? Troppo comodo. L'ho detto anche ai khmer rossi e credo proprio che seguiranno il mio consiglio.

Ma non ne ha abbastanza della politica, Monseigneur?
Sì, Mademoiselle. Ne ho fino al collo. Perché mi sono accorto d'essere stato così mal ricompensato per tutto ciò che ho fatto, e ciò significa che ho trascorso la mia giovinezza a sforzarmi per nulla. Quindi, perché continuare? Il massimo che posso fare, d'ora innanzi, è mettere a disposizione della Cambogia il mio personaggio e la mia notorietà e le mie conoscenze. Del resto me ne lavo le mani, tanto muoio onorato. Ho mandato via i francesi, ho difeso l'indipendenza del Paese, mi son messo alla base di una rivoluzione comunista che rappresenta il futuro e, d'ora innanzi, meno mi occuperò di politica, meno rischierò. E meglio starò. Esser troppo dinamici è sbagliato e nella vita non si deve far troppo. Altrimenti si rischia di rompersi il naso.

Parla come se non si piacesse, Monseigneur.

Infatti. Non mi piaccio per niente, Mademoiselle. Non mi piace nulla del mio personaggio. Se dovessi ricominciare la mia esistenza, non sceglierei davvero d'essere ciò che sono stato. Pensi solo al fatto che mi trovo dentro una guerra non potendo sopportare le guerre, le armi, le uniformi, le medaglie, gli scoppi, i rumori molesti, il sangue, la morte. Sono così antimilitarista che, quando son diventato re e i francesi m'hanno costretto a frequentare la scuola militare, sapevo appena distinguere un sergente da un capitano. I vietminh che s'erano introdotti in Cambogia col pretesto di dar la caccia ai francesi, nel 1953, li cacciai senza sparare un colpo. Dicendo: «Che diavolo fate qui? Fuori!». L'anno scorso un maresciallo nordcoreano mi disse: «La ragione per cui il suo capo di stato maggiore le ha fatto un colpo di Stato è che lei non si occupava direttamente dell'esercito». Lo fulminai con gli occhi e risposi: «Monsieur! Lei è un militare di carriera e di vocazione. Io sono un artista. Sono nato artista e amo occuparmi di teatro, di cinema, di musica, di letteratura. La sua scuola militare non mi ha mai attirato». Proprio così, Mademoiselle, e di conseguenza ho sbagliato tutto. O l'ha sbagliato il destino? Perché ciò che volevo io lo sapevo benissimo. Ero stato io a chieder di seguire le materie classiche, la carriera letteraria. Ero stato io a pretender di studiare Greco e Latino, Storia e Filosofia, Musica e Arte. Poi invece mi son trovato a dover fare il re e la politica. La politica è un ingranaggio terribile: quando ci sei dentro, non ne esci più. Preso in questo ingranaggio, ho commesso un mucchio di sciocchezze e mi son buttato addosso un mucchio di colpe e penso... Vuol sapere cosa penso? Penso che la vita sarebbe stata più onorevole per me se non avessi fatto della politica. Se avessi scritto canzoni e basta. Lei cosa pensa?

Penso che lei sia un uomo molto intelligente, Monseigneur.

17

Il racconto di So Photra

Brioni, luglio 1973
Avevo organizzato tutto da solo, senza confidarmi con nessuno, senza chiedere consiglio a nessuno, perché in certe cose non si può e non ci si deve fidare nemmeno del proprio fratello. Perfino con mia moglie Botum Bopha, che è figlia del principe Sihanouk, avevo tenuto il segreto. Non volevo che soffrisse, che mi supplicasse di rinunciarvi. Ed è stato un colpo duro per me scoprire che, invece, sapeva. L'ho scoperto attraverso una lettera che mi aveva pregato di far recapitare al principe quando avrei potuto, nel modo che avrei potuto. Il principe me l'ha letta. Diceva: «Padre, se riceverai questa lettera vorrà dire che So Photra è riuscito nel suo intento e ti ha raggiunto a Pechino. Non conosco il suo piano ma ho capito che sta meditando qualcosa di grosso. Io fingo di ignorare perché non voglio impedirgli nulla. È per non impedirgli nulla che gli ho nascosto di attendere un figlio. Il nostro primo figlio». Sì, diceva così. E mi son venute le lacrime agli occhi. Subito dopo il mio gesto, Botum Bopha venne arrestata insieme a mio padre, mia madre, mio fratello, mia sorella. Solo recentemente Lon Nol li ha tolti di prigione per metterli sotto sorveglianza speciale. Però quando la gente mi chiede: «Se tu avessi immaginato che Lon Nol

Il racconto di So Photra

avrebbe arrestato tua moglie e la tua famiglia, se tu avessi saputo che tua moglie aspettava un figlio, avresti fatto lo stesso ciò che hai fatto?», io rispondo: «Sì. L'avrei fatto lo stesso». Mi preparavo a quel gesto da tre anni, cioè dal giorno in cui Lon Nol ci rubò la Cambogia per darla agli americani. Nel 1971, quando sposai Botum Bopha, ero già deciso a portarlo in fondo. E niente mi avrebbe indotto a cambiare idea. Niente.

Avevo studiato il piano con cura minuziosa, scientifica. Era un piano e non una bravata. Consisteva nel rubare un aereo alla base di Pochentong, bombardare il palazzo reale e poi il deposito di carburante al chilometro Sei. Infine raggiungere la Cina popolare per chiedervi asilo e unirmi al principe Sihanouk. Avevo scelto che diventasse esecutivo la vigilia del 18 marzo 1973, anniversario del colpo di Stato, perché quel giorno erano previsti solenni festeggiamenti e non mi andava che Lon Nol se li godesse. Naturalmente, su alcuni particolari dovevo riservarmi decisioni improvvise e su altri dovevo affidarmi alla sorte. Ma chi non rischia non vince, ed ero certo di non fallire. Sono ufficiale pilota dal 1963, cioè da quando entrai nell'aviazione al servizio del principe Sihanouk. Tra il 1968 e il 1970 ho seguito un corso di perfezionamento all'École Aéronautique, in Francia. Insomma, conosco il mio mestiere. L'unica cosa che mi preoccupava era il fatto di non aver toccato i comandi di un aereo da almeno due anni: per non partecipare ai bombardamenti sulla Cambogia, ero riuscito a farmi relegare in un ufficio del ministero della Guerra. Inoltre mi preoccupava il radar. Una volta avevo visto un radar sudvietnamita, installato dagli americani, e la sua efficacia m'aveva impressionato come apprendere che in qualsiasi parte dell'Indocina fosse impossibile sfuggirvi. Durante il volo sul Laos e sul Vietnam avrei dovuto tenermi basso e vicino alle montagne, così esponendomi al pericolo di farmi individuare. Attraversando il golfo del Tonchino, poi, avrei dovuto vedermela con la VII flotta americana. Ma ciò non bastava a rendermi nervoso. La notte tra il 16 e il 17 marzo dormii tranquillo. All'alba mi svegliai di buonumore e mi divertii a udire che i professori dell'università stavano manifestando contro Lon Nol. Povero Lon Nol. Si accingeva a vivere un ben brutto weekend. Il 17 marzo era un sabato.

Rimasi in casa l'intera mattina. Tanto non dovevo recarmi in ufficio. Verso mezzogiorno feci colazione con mia moglie e parlammo del più e del meno, anzi le dissi che quel giorno doveva scusarmi perché avevo un impegno. Lei non rispose nulla e si limitò ad alzare uno sguardo lungo, appena sospettoso. Dopo mangiato andai in camera e indossai la tenuta di volo: non avrei potuto introdurmi nella base militare di Pochentong senza la tenuta di volo. Alle dodici e mezzo ero pronto, mi misi ad aspettare la jeep con cui avevo calcolato di raggiungere Pochentong verso l'una. Negli ultimi mesi ero stato spesso alla base per calcolare in quale ora sarebbe stato meglio fare il colpo: se al mattino, al pomeriggio, o al tramonto. E, sebbene non fossi riuscito a spingermi oltre il secondo cancello, m'ero reso conto che il momento migliore cadeva nel pomeriggio. All'una fa molto caldo a Phnom Penh, e chiunque cede alla siesta. Così le sentinelle sono imbambolate e reagiscono con scarsa prontezza. Quanto agli ufficiali, dormono. Un allarme li trova confusi. Ripetendomi questo guardai l'orologio, ricordo, e vidi arrivare la jeep: guidata da un autista che non conoscevo. Mi accertai d'avere addosso le carte di navigazione, la lettera che Bothum Bopha aveva scritto a suo padre, e uscii. Sulla porta abbracciai stretta mia moglie. Le dissi: «A stasera». Di nuovo lei alzò quello sguardo lungo, appena sospettoso, e di nuovo non rispose nulla. Allora ordinai all'autista: «Portami alla base di Pochentong». Vi giunsi all'una e cinque.

Il racconto di So Photra

Per entrare dentro la base bisogna passare quattro cancelli. Il primo non rappresenta un problema: per non esser fermati, basta essere a bordo di un'auto militare. Il secondo è un po' complicato perché la sentinella chiede i documenti e ti accompagna. Il terzo è difficilissimo perché è proibito perfino alle auto militari e continuare a piedi è pura follia. Al terzo cancello, la sentinella mi intimò l'alt e imbracciò il fucile. Quello era uno dei casi che avevo catalogato tra gli imprevisti da risolvere in loco e decisi di tentare una menzogna. Fissai la sentinella con sussiego e: «Il colonnello comandante mi ha mandato a chiamare. Fai proseguire la mia jeep». «Il colonnello comandante?» ripeté la sentinella e, per un attimo, ebbi paura che telefonasse per accertarsene. Il telefono era a portata di mano: sarebbe stato sufficiente sollevarlo e chiedere. «Sì, il colonnello comandante. E sarà bene non farlo aspettare» aggiunsi alludendo al suo carattere collerico. La sentinella annuì. La jeep si rimise in moto e giunse al quarto cancello. Al quarto cancello tutti devono scendere: perfino il comandante della base. Al di là del filo spinato c'è il parcheggio degli aerei, poi la pista. Però, una volta superato il terzo cancello, oltrepassare il quarto non è impossibile. Basta un po' di faccia tosta e molta calma. Con calma ingiunsi all'autista: «Aspettami cinque minuti». E saltai dalla jeep. Mentre saltavo mi accorsi d'aver dimenticato il casco, e qualsiasi pilota che si avvicina alla pista senza casco è un tipo sospetto. Ma ormai non c'era tempo di allarmarsi per nulla: era indispensabile fare alla svelta, senza lasciarsi prendere dall'esitazione. E, con passo deciso, mi diressi verso il parcheggio.

Al parcheggio stavano una ventina di T-28D, col muso rivolto al raccordo che si unisce alla pista di decollo. Il T-28D è un caccia bombardiere che risale al 1960 ed è una tale carcassa che non puoi considerarlo nemmeno un bombardiere ma piuttosto un aereo-scuola. Io lo conoscevo perché mi ci ero allenato prima del corso di perfezionamento in Francia e sapevo che non fa più di trecento chilometri all'ora, che non porta più di cinquecento litri di carburante, che non ha il radar. Scartai l'idea di usarlo, perciò, e volsi gli occhi in cerca di un Phantom, di qualcosa di meglio. Ma non v'erano Phantom, non v'era nulla di meglio. V'erano solo alcuni OV-10 cioè aerei da ricognizione. Ottimi, sì. Addirittura veloci e muniti di mitraglie. Infatti servono anche come caccia. Però non portano bombe, e a me ce ne voleva uno con le bombe. Riportai lo sguardo sui T-28D che almeno avevan le bombe. Quattro bombe ciascuno, da duecentocinquanta chili. Due sotto l'ala destra e due sotto l'ala sinistra. E scelsi un T-28D non lontano dalla pista. Il terzo, mi pare. Ci montai sopra. Sedetti ai comandi per verificare se il serbatoio del carburante marcava il pieno e se le batterie erano cariche. Il serbatoio era pieno, le batterie erano cariche. Scesi per togliere le zeppe dal carrello e le scopiglie dalle mitragliatrici inserite nelle ali. Le scopiglie sono quei tamponi che bloccano le bocche delle mitraglie come una sicura. Di regola, prima che un pilota decolli, a queste cose pensano i meccanici e l'armiere. C'è un meccanico che toglie le zeppe, un altro che tiene l'estintore nel caso di un incendio, e c'è un armiere che svita la scopiglie. Ora invece dovevo fare da me. Levai le zeppe. Mi accinsi ad aggiustare il resto e, nello stesso momento, un sergente si avvicinò. Aveva l'aria sbalordita. «Capitano?! Perché è qui, capitano? Non sa che è proibito toccare gli aerei?»

Be', v'è un'unica cosa da fare quando ci si sente perduti: comportarsi come se non ci si sentisse perduti e tentare il tutto per tutto, in freddezza. I casi eran due: o gli sparavo attirando l'attenzione anche di chi dormiva, o lo allontanavo con un pretesto. Scelsi la seconda via e, anziché rispondergli, assunsi un tono offeso: «Non ti rendi conto che questo serbatoio non è pieno? Mancano quaranta

Il racconto di So Photra

litri di benzina, quaranta! Vai a chiamare l'autocisterna, presto!». Balbettò: «Sì, signor capitano. Subito, signor capitano». E corse via. Allora risalii sull'aereo, risedetti ai comandi e... Come deve partire un aereo lo sanno anche i bambini. Deve raggiungere lentamente la pista, fermarsi al rullaggio, far scaldare i motori, chiedere l'autorizzazione alla torre di controllo eccetera. Nel mio caso invece la faccenda si svolse nel giro di pochi secondi, prima che il sergente avesse camminato per trenta metri. Sembrava un film visto all'acceleratore. Contatto generale: tac! Inserimento magneti: tac! Avvio al motore: tac! Virata sulla pista: tac! Corsa sulla pista, decollo: tac, tac! E via su, nell'azzurro. Le altre operazioni le condussi a termine mentre l'aereo saliva. Voglio dire: tirar fuori le carte di navigazione, allacciarmi la cintura, le cinghie del paracadute. Il paracadute era sul seggiolino, per allacciare le cinghie dovevo lasciare i comandi. Li lasciai e, abbandonato a se stesso, appesantito dal carico delle bombe, l'aereo sbandò paurosamente. Per trimmare e rimetterlo in carreggiata dovetti faticare parecchio. Ci riuscii, comunque. Con una mano sola. James Bond m'avrebbe detto: «Complimenti, amico!». M'è sempre piaciuto James Bond. Credo d'avere visto ogni film di James Bond.

Raggiunsi presto la quota che mi serviva per non esser colpito da terra e poter sganciare le bombe. La vecchia carretta si comportò bene, in quel senso: in cinque minuti mi portò a milleottocento metti e sul centro di Phnom Penh. E, quando vidi il palazzo reale sotto di me, quel palazzo che apparteneva al mio principe e che s'è preso Lon Nol, mi sentii avvampare le guance. Le prime due bombe dovevano cader lì e guai a mancarlo. Era la beffa cui tenevo di più, e se fossi uscito di un metro avrei ucciso degli innocenti. Il guaio è che sul T-28D non c'è radar e io non ero allenato al bombardamento a occhio. Mi concentrai nello sforzo di non sbagliare. Pigiai il pulsante della prima bomba che era una bomba a spoletta, di quelle che esplodono cadendo da un'altezza stabilita e non a percussione. La bomba si staccò docile, scese bene, esplose a sud del palazzo con una fiammata che mi elettrizzò. Guardai l'orologio, feci un breve giro, tornai, pigiai il pulsante della seconda bomba. Anche la seconda si staccò docile, scese come doveva. Andò a scoppiare nel parco. Be', avrei preferito che fosse finita dentro la camera da letto di Lon Nol, ma in complesso non c'era di che lamentarsi: la beffa era riuscita. Riguardai l'orologio. Otto minuti e mezzo dal momento in cui avevo decollato, e dovevo ancora gettare le altre bombe sul secondo obiettivo. Il secondo obiettivo, l'ho detto, era il grande serbatoio di carburante al chilometro Sei, per l'appunto attaccato a un deposito di munizioni, e si trovava a dodici chilometri dal palazzo reale. Non che fosse tardi, ma non v'era nemmeno tempo da buttar via: a Pochentong, forse, gli OV-10 si preparavano già a inseguirmi e darmi la caccia. Dico «forse» perché il mio piano si basava sulla sorpresa ed ero sicuro che per un bel po' sarebbero rimasti paralizzati dalla sorpresa. Naturalmente il sergente cui avevo ingiunto di chiamare l'autocisterna aveva dato l'allarme al primo rullar del motore, naturalmente la torre di controllo aveva fatto altrettanto a vedermi decollare, e l'intera base era in subbuglio. Ma io li conoscevo: tra il fuggi-fuggi, le telefonate, gli ordini, i contrordini, lo stato di emergenza ai piloti, il cerimoniale dei tre meccanici intorno a ogni aereo, avrebbero perso un quarto d'ora. Potevo raggiungere senza fatica il serbatoio e il deposito.

Li raggiunsi. Calcolai la caduta e la traiettoria delle bombe con più cura di prima, mi misi alla quota giusta, pigiai il terzo pulsante e... non accadde nulla. Pigiai il quarto e... non accadde nulla. Il meccanismo di sganciamento s'era inceppato. Il mio dito premette cinque o sei volte ma invano: le due dannatissime bombe restavano appiccicate alle

Il racconto di So Photra

ali come due mosche sulla gomma di un albero di cauccìù. Che fare? Avevo le mitragliatrici e, ogni quattro proiettili, ne partiva uno incendiario. Ma le mitragliatrici eran bloccate dalle scopiglie che non avevo fatto in tempo a svitare. Pazienza, avrei tentato lo stesso. Se alla prima raffica mandavo una scopiglia in frantumi, il gioco era fatto e sai che scoppi laggiù. Mi buttai in picchiata. Mi abbassai fino a distinguere il traffico, la gente. Azionai il bottone della mitraglia a destra. Niente. Azionai quello della mitraglia a sinistra. Niente. Ambedue bloccate senza speranza. Così risalii e, quando voglion sapere cosa pensa un uomo in una situazione simile, spiego: «Pensa solo a salvarsi». Il tempo era ormai scaduto. Se non mi fossi allontanato, gli OV-10 mi sarebbero piombati addosso da un istante all'altro. Con quelle due bombe appiccicate alle ali, tuttavia, non potevo nemmeno raggiungere il massimo della velocità. Puntai verso nordest chiedendomi come me ne sarei liberato e dove le avrei buttate se il meccanismo di sganciamento avesse smesso di prendermi in giro. Sotto, la periferia di Phnom Penh si allargava in un brulicar di capanne che sembravano un bosco di funghi. Poi scorsi il fiume Mekong. E aggredii con tal rabbia i pulsanti che il contatto funzionò: le due bombe caddero nell'acqua. Boh! Non era una gran vittoria ma d'ora innanzi scappare sarebbe stato un divertimento.

Per scappare ho attraversato parte della Cambogia, il Laos, il Vietnam, e il golfo del Tonchino: sempre volando basso per non apparire sui radar. La scarsità di carburante mi angosciava più della contraerea e della VII flotta. Ce l'ho fatta esclusivamente perché il vento mi ha spinto negli ultimi cinquanta chilometri, e mi sono sentito in salvo solo quando ho visto quell'isola che le carte indicavano come l'isola cinese di Hainan. Nei miei calcoli avevo previsto proprio Hainan, però non avevo previsto che a cinque chilometri dall'atterraggio il serbatoio si sarebbe seccato. Ho dovuto planare e, nella tensione, non ho chiesto il permesso di scendere sulla pista. Del resto non sono sceso sulla pista ma in mezzo a un campo di piselli. E non capirò mai perché i cinesi non hanno sparato. Dico: un caccia bombardiere di Lon Nol che ti piomba in mezzo a un campo di piselli. In compenso mi hanno arrestato. Sono arrivati quei miliziani coi fucili e mi hanno arrestato. Poiché non so il cinese, ho provato a spiegargli in francese cosa avevo fatto. Non mi hanno creduto. Hanno preso appunti, si son consultati, poi hanno risposto che anche da un punto di vista tecnico era impossibile: non si decolla senza far scaldare il motore, non si raggiunge in cinque minuti i milleottocento metri con un aereo carico di bombe che va a trecento all'ora, non si resta sedici minuti sopra Phnom Penh senza che qualcuno ti raggiunga, non si attraversa il Vietnam senza essere abbattuto, non si arriva a Hainan anche se il vento ti spinge. Ho dovuto ammettere che non avevano torto, che la faccenda sembrava davvero incredibile, ma in gattabuia mi ci hanno tenuto lo stesso: dalle cinque del pomeriggio fino al mezzogiorno dell'indomani. Ne sono uscito solo quando la radio ha annunciato che il palazzo reale di Phnom Penh era stato bombardato da un certo So Photra genero di Sihanouk e che i festeggiamenti del 18 marzo erano stati annullati. Così hanno fatto venire un aereo speciale e mi hanno portato a Pechino. Qui ho chiesto di vedere il principe Sihanouk ma il principe stava compiendo il suo viaggio in Cambogia ed è trascorso un mese prima che tornasse e aprisse la lettera di Bothum Bopha.

Io non so quando vedrò il mio bambino. Anzi non so se lo conoscerò mai perché potrei anche morire. Però so che bombarderò ancora Phnom Penh e la prossima volta non userò una vecchia carretta con le scopiglie bloccate e il meccanismo di sgancio inceppato. Me l'ha promesso anche il maresciallo Tito. Sì, appena son giunto a Belgrado col principe Sihanouk, Tito mi ha regalato una rivoltella con la sua firma incisa e cinque scatole di pallottole. Poi ha promesso di farmi addestrare su un aereo migliore del T-28D e di darmelo per ripeter la cosa. Se mi ammazzano, pace. Per la patria si può ben farsi ammazzare e, comunque, ho visto un film di James Bond dove lui vive due volte.

18

La Nuvola Nera, Chernobyl del Golfo

Kuwait, marzo 1991

Quando finisce una guerra e si torna a casa, resta sempre qualcosa da raccontare: appunti non usati, storie non scritte, perché al momento di usare i primi e di scrivere le seconde accadevano fatti che erano o sembravano più importanti. Più urgenti. Ciò che segue è una disordinata raccolta di quegli appunti, di quelle storie: una serie di ricordi messi in valigia insieme a un elmetto, una giacca antischegge, una tuta anti-NBC, una maschera antigas.

I cormorani di Yousef

«Vieni, non scappare, vieni! Guarda che ti do, se vieni!» implora Yousef Al Wetaid porgendo una sardina fresca al cormorano che impastato di petrolio ansima su una roccia di Abu Ali, l'isola forse più straziata del Golfo. E intanto cerca di avvicinarsi per acchiapparlo, metterlo dentro una scatola, portarlo ad Al Jubayl dove coi suoi volontari del Wildlife Rescue Project ha già salvato trecentocinquanta uccelli moribondi. Ma il cormorano che impastato di petrolio ansima sulla roccia di Abu Ali non vuole essere salvato. Sa che per centinaia di chilometri il mare non è più mare, il cielo non è più cielo, la vita non è più vita. Ha capito che salvo rare eccezioni di cui non bisogna fidarsi gli uomini sono cattivi e aprono le supercisterne per rovesciare nell'acqua una robaccia scura e appiccicosa, una melma che incolla le penne e impedisce di volare. E invece di venirci incontro, accettare la sardina fresca, retrocede: deciso. Poi piegando il lunghissimo collo e barcollando sulle zampe ci volta le spalle, si allontana, raggiunge la robaccia scura e appiccicosa, e vi si lascia annegare. Vi si suicida come un uomo che non crede più a nulla, non spera più nulla. E in pochi istanti diviene un bassorilievo nero tra migliaia di bassorilievi neri: ciò che rimane dei cormorani, dei gabbiani, dei germani, dei codoni, degli aironi, dei chiurli, degli albatri uccisi dalla follia di Saddam Hussein.

Ne sono morti almeno sessantamila, dal giorno in cui quel pazzo ordinò di aprire le supercisterne del Kuwait per rovesciare nel Golfo quei milioni di barili di greggio. L'isola di Abu Ali è un'ecatombe di uccelli rari, e lo stesso l'isola di Harquz. Lo stesso l'isola di Karan, le isole del Golfo della Jana, di Jinnah, di Jazirath, di Dawa Al Dafi. Lo stesso le spiagge che si stendono da Kuwait City ad Al Jubayl. Sono morti anche molti delfini, molti balenotteri, molte tartarughe giganti, e il mare è irriconoscibile: anziché un mare sembra un deposito di spazzatura, una fogna per raccogliere lo sterco dell'umanità. Se non ci credi, prova a volarci sopra con l'elicottero. Io non ci credevo. Poi, per quattro ore, ci ho volato sopra con l'elicottero. E più d'una volta mi sono sentita mancare il fiato. Lungo tutta la costa la gran macchia di petrolio copre le acque come un sudario, in ogni baia e ogni anfratto sciaguatta in schiaffi di melma nauseabonda, e anche se voli a cinquecento metri di altezza il puzzo ti riempie le narici. Ti chiude la gola. Al largo, invece, il sudario s'è rotto in strisciate e striature che sfigurano l'azzurro. Oppure è affondato per depositarsi sui banchi di corallo, i prati di alghe, i letti d'erba marina che forniva cibo ai crostacei. Affondando ha lasciato sulla superficie una pellicola d'olio che impedisce al sole di filtrare, e i pesci galleggiano a tappeto: assiderati, asfissiati. Né bisogna dimenticare che il Golfo è una specie di conca, che lo Stretto di Hormuz misura quarantotto chilometri appena, che ci vogliono cinquantaquattr'anni perché le sue acque si rinnovino con le acque dell'Oceano Indiano. Cioè perché la conca si ripulisca.

«Si direbbe una cosa brutta a vedersi e basta, vero?» mormora Yousef con una smorfia di rabbia sul giovane volto olivastro. «Si direbbe soltanto un dispetto all'estetica, una disavventura che non incide sulla nostra vita. Be', non è così. Perché nell'equilibrio ecologico ogni specie vegetale e animale ha un suo compito preciso e insostituibile, e quando una specie scompare la nostra stessa esistenza è in pericolo. Osservi questa coccinella. Non è un animale inutile, un insetto grazioso sì ma superfluo. Ciascun giorno mangia una ventina di afidi, altri insetti che a loro volta mangiano le piante: se le coccinelle sparissero, gli afidi prolificherebbero indisturbati e a poco a poco si divorerebbero anche gli alberi. A un certo punto non ci sarebbe più una foglia di verde. Anche quei banchi di corallo e quei prati di alghe e quei letti d'erba marina, dunque, hanno ruolo: un compito preciso e insostituibile che ci riguarda. E il medesimo discorso va fatto per quei delfini, quei balenotteri, quelle tartarughe, quegli uccelli. Non salvarli sarebbe puro masochismo.» Poi si avvicina a un cormorano troppo debole per scappar via, suicidarsi, e lo acchiappa. Lo mette nella scatola, lo accarezza, lo conforta, tenta di svegliarne i riflessi spenti: «Su, bello, su. Non addormentarti, non lasciarti andare. Apri gli occhi, beccami, resta vivo, che ti porto all'ospedale, ti guarisco». Quanto ad Abdullah Al Sahefani, Ahamed Al Bourg, Muhammed Turkestani, i volontari che l'hanno seguito ad Abu Ali, fanno lo stesso. E io cerco di contribuire. Insozzandoci di petrolio, di sabbia sozza, di mota, verso il tramonto avremo raccolto ben ventisette moribondi. Dodici grandi cormorani, otto pellicani di Socotra, tre gabbiani reali, due aironi cinerini, nonché un chiurlo e un albatros.

L'ospedale è un edificio che funziona proprio come un ospedale. Ha un pronto soccorso, una sala di rianimazione, tre corsie, e guai a disturbar gli ammalati accendendo una sigaretta o parlando a voce alta. «Ssst! Proibiti gli schiamazzi e i rumori!» avverte un cartello all'ingresso. Al pronto soccorso ci sta Abdullah, un campione di wrestling che a Dhahran studia Veterinaria. E per prima cosa Abdullah toglie dalla scatola il cormorano che non ha avuto la forza di scappare via, suicidarsi, lo appoggia sul tavolo, gli pulisce gli occhi col collirio. Poi gli apre il becco e con un bastoncino coperto di cotone idrofilo toglie la mota oleosa che s'è depositata all'interno, con un disinfettante lo lava. Gli lava anche le zampe, alla meglio gli sgrassa anche le ali e la coda. Infine gli introduce nello stomaco una sottilissima sonda, ci versa dentro cinque milligrammi di lassativo per liberare l'apparato digerente del veleno ingurgitato, e dopo aver scritto la diagnosi sulla cartella clinica (stato aggressivo o vivace o attivo o quieto o depresso o grave) lo manda in sala di rianimazione. Qui Ahmed Al Bourg, un giovane zoologo di Gedda, sestogenito d'un facchino che ha mandato all'università tutti i suoi figli, lo prende in consegna per proseguire la cura. Gli inietta nell'anca quaranta milligrammi di lattosio, se è molto disidratato gli somministra una fleboclisi, e passata qualche ora gli darà una soluzione di sali minerali. Incomincerà a farlo mangiare imboccandolo. Gamberi tritati, alghe miste a vitamine. Muhammed Turkestani, un biologo di Riad, lo curerà invece durante la convalescenza, fase assai delicata perché è allora che il cormorano deve riabituarsi all'acqua: elemento che ormai lo terrorizza. Per riabituarlo, Muhammed lo trasferirà in una piscina coperta. Ci parlerà. «Coraggio, tuffati! Non è mica petrolio, tuffati!» Insieme a Muhammed, Ahmed, Abdullah, lavorano sei ragazzi di Al Jubayl e due militari inglesi: un soldato e una soldatessa.

Il vero eroe della situazione, comunque, è Yousef Al Wetaid: ideatore del progetto e direttore dell'ospedale. Infatti, quando Saddam Hussein ordinò di rovinare il Golfo con quei milioni di barili di greggio, Yousef non ne sapeva nulla di uccelli sani o malati. Faceva il botanico. «Perché mi sono messo in questa avventura?» sorride. «Eh! Potrei rispondere ripetendo la storia delle coccinelle, ma non sarei completamente sincero. La verità è che rispetto gli animali assai più degli uomini.» Non posso dargli torto, visto che son portata a pensarla come lui. E tuttavia, tuttavia, mentre guardo i cormorani di Yousef una domanda mi tormenta: quanti esseri umani sono morti in questa guerra? Quanti soldati iracheni, ad esempio? «Many, many, many, many, many. Molti, molti, molti, molti, molti. And many are already buried. E molti sono già sepolti» ha detto il generale Schwarzkopf. «The exact number cannot be established and will never be known. Il numero esatto non può essere stabilito e non sarà mai conosciuto.» Be', il numero esatto no. L'unico che potrebbe darlo sarebbe Saddam Hussein, e Saddam Hussein se ne frega. Un numero approssimativo, invece, sì. Io e Richard Pyle, un collega dell'Associated Press, ci siamo messi a far qualche calcolo e abbiamo concluso che solo nei bombardamenti aerei non possono essere morti meno di centoventimila o centotrentamila soldati iracheni.

Una ferita che non si vede

Da questa guerra torno con una ferita che non si vede. Perché non è una ferita esterna, una ferita che sanguina e lascia una cicatrice sulla pelle. È una ferita nascosta dentro i miei polmoni, una ferita che si rivelerà chissà quando. Tra sei mesi, tra un anno, tra due? Me la sono procurata a ottanta chilometri da Khafji, insieme a tre marines della First Division e a chissà quante altre persone che in quel momento si trovavano nella zona, e a infliggermela è stata un'arma nuova. Un'arma che non avevo mai trovato nelle guerre di cui sono stata testimone e cronista nel corso della mia vita. La Nuvola Nera. Cioè l'immensa massa di fuliggine che da metà febbraio si leva dalle fiamme dei pozzi incendiati. Tornavamo da Kuwait City, io e i tre marines della First Division. E poiché il vento soffiava come sempre a nordovest, vale a dire verso l'Iran, l'aria non era proprio irrespirabile. Puzzava il solito puzzo di benzina e basta. Ottanta chilometri dopo Khafji, però, ha fatto mulinello. S'è messo a soffiare in direzione sudest, ha portato la Nuvola Nera da noi, e il nostro camion c'è entrato dentro: s'è tuffato in un buio così buio che l'autista non vedeva più dove andava e pur accendendo i fari ha dovuto continuare a passo d'uomo. Siamo rimasti in quel buio per circa mezz'ora, accecati, asfissiati da un puzzo sempre più nauseabondo (puzzo d'uova marce, m'è parso), e quando abbiamo rivisto la luce facevamo pietà. I nostri occhi lacrimavano, la nostra gola bruciava, il nostro petto doleva, il nostro stomaco voleva vomitare il panino mangiato alla partenza, e non riuscivamo quasi a star zitti. Eravamo anche molto sporchi, sembravamo tre maschere di pece, e perfino la nostra lingua appariva nera. Infatti l'autista ha esclamato: «By God! If outside we're like that, what do we have inside the lungs? Perdio! Se fuori siamo ridotti a questo modo, dentro i polmoni che abbiamo?». Diagnosticando un caso di intossicazione, l'ufficiale medico della base che la First Division tiene ad Al Jubayl s'è preso i tre marines e se l'è portati all'infermeria. Io invece ho proseguito per Dhahran dove tra l'altro ho avuto un violentissimo attacco d'asma, e da allora mi sento male. Gli occhi continuano a lacrimare, la gola continua a bruciare, il petto continua a dolere come quando si ha la bronchite, e respiro sempre a fatica. Ecco perché.

Sono almeno seicentotrentacinque i pozzi che ardono nel Kuwait (alcuni sostengono novecento o mille ma contarli con precisione è impossibile per via del calore terrificante che impedisce di avvicinarsi) e ogni giorno vanno in fumo almeno tre milioni di barili di greggio. E col fumo entrano nell'aria quantità mostruose di gas letali: etano, propano, butano, pentano, zolfo che quel petrolio contiene nella misura del 2,5 per cento, ossidi di carbonio, ossido di diazoto, acido solfidrico, anidride solforosa, nonché particelle metalliche composte di nichel, di ferro, di zinco, di pirrolo, di carbazolo, di indolo, di arsenico. E tutta questa roba, ovviamente carica di agenti cancerogeni, finisce nei polmoni poi nel sangue di chi la respira. Dice il dottor Mohammed Bakr Amin che a Dhahran dirige il Research Institute della King Fahd University of Petroleum and Minerals: «Tanto per darle un esempio, pensi che il corpo umano può sopportare 365 microgrammi a metro cubo di anidride solforosa ogni ventiquattr'ore. E dal modulo matematico che noi abbiamo fatto per calcolare la tossicità dell'atmosfera, risultano i seguenti dati. A Safaniya, 1258 microgrammi; a Zuluf, 1480; a Jaladi, 1591; ad Ahmadi, 2108; a Kuwait City, 2191; a Khafji, 3013; a Falayakan, 3252; a Luhais, 5194; a Bassora, 5940; a Mina Saud, dove si trova la maggior parte dei pozzi, 10.665. Ma non ogni ventiquattr'ore: ogni ora. È lecito dunque prevedere un'esplosione di malattie polmonari e cardiache, uno sproporzionato moltiplicarsi del cancro, e disturbi gravissimi sul sistema nervoso e sul cervello». Aggiunge il dottor Shanta Al Khatieb, direttore dell'ufficio Terre aride e deserto: «Il dottor Bakr Amin ha ragione. Ogni giorno quei pozzi esalano mille tonnellate di zolfo e altrettante di veleni immediati come l'arsenico e la diossina. Io sono molto preoccupato per i bambini, per i vecchi, per coloro che hanno già il cancro o malattie polmonari e cardiologiche, è raccomando alla gente di stare in casa o partire. Guardi, a mio parere questo disastro supera quello di Chernobyl. A mio parere è una catastrofe paragonabile solo ai grandi perturbamenti che si verificarono nella preistoria, cioè prima che questo pianeta si assestasse e la vita incominciasse. La Nuvola Nera ha già investito l'Iran. Presto investirà il Pakistan, l'India, la Cina, e non mi meraviglierei se investisse anche il Mediterraneo e l'Europa».

Naturalmente il rischio dipende dalla pressione con cui i gas erompono, dalla direzione e dalla velocità dei venti che li trascinano, dalla durata degli incendi. Ma la pressione è altissima, tonnellate e tonnellate ogni centimetro quadrato, e i venti che di regola soffiano a nordovest possono soffiare a sudest come accadde il giorno in cui viaggiavo coi tre marines. Peggio: in genere quei venti vanno a sedici nodi, velocità che tiene la Nuvola Nera a un'altezza di millecinquecento o duemila metri, ma negli ultimi giorni sono andati anche a trenta nodi. E a quella velocità possono portare la Nuvola Nera a settemila o ottomila metri dove vi sono correnti capaci di spingerla fino al Mediterraneo e all'Europa. Quanto alla durata degli incendi, il dottor Bakr Amin è pessimista: «Tre anni, cara amica, tre anni. Perché? Semplice. Quel fuoco non è stato appiccato da una soldataglia rozza e inesperta: è un lavoro compiuto da ingegneri che conoscevano il proprio mestiere, da gente che ha collocato la dinamite nei punti in cui si trovano le valvole di sicurezza. Cioè a trecento o cinquecento o mille metri di profondità. Per spegnere bisogna dunque trivellare presso ogni pozzo in fiamme un altro pozzo inclinato, vale a dire diretto verso la valvola rotta, oppure un altro pozzo verticale che a un certo punto diventa orizzontale e raggiunge la valvola rotta. Poi bisogna iniettare in quest'ultima grosse quantità di cemento, otturare il pozzo, e... E poiché i documenti relativi alla profondità delle varie valvole sono stati distrutti da quegli ingegneri, ci vorrà un mucchio di tempo per sostituirli attraverso i nostri calcoli. Senza contare che i nuovi pozzi andranno trivellati a poche centinaia di metri dai pozzi in fiamme, che a quella distanza il calore è insopportabile, che dovremo dunque raffreddare ogni punto con getti d'acqua fredda, che sarà necessario diminuire ogni incendio facendo scoppiare cariche esplosive sopra la bocca di ciascun pozzo, che intorno a ciascun pozzo il deserto è minato. Tre anni, cara amica, tre anni».

Tre anni. «Che cosa ci accadrà in quei tre anni»? chiedo al dottor Walter Vreeland, direttore dell'Environment Project nel Bahrein. «Non lo so» risponde il dottor Vreeland. «Però posso dirle che cosa ci accadrà fra tre mesi: la Nuvola Nera si triplicherà e stagnerà nell'atmosfera con due milioni di tonnellate di gas letali, l'energia solare si ridurrà del venti per cento, la temperatura si abbasserà di almeno dieci gradi centigradi, e avremo una mezza estate. Un'estate quasi fredda. L'unica speranza è che piova molto. Il vapore acqueo assorbe i gas, l'acqua li ruba all'atmosfera. Però li ruba per farli piovere sulla terra, impregnarne il suolo, e ha visto di che colore era la pioggia dell'altro giorno? Ha sentito che sapore aveva?» Annuisco. «Sì, dottor Vreeland. Era pioggia nera. E sapeva d'aceto.»

I miei quattro prigionieri

Da ultimo il sogno di quasi tutti i giornalisti era quello di catturare un soldato iracheno; sport iniziato da alcuni corrispondenti del quotidiano inglese «The Independent» che ancor prima dell'attacco terrestre avevano incontrato nel deserto un gruppetto di disertori affamati, e perfezionato da alcuni inviati della televisione italiana che dopo l'attacco terrestre s'erano imbattuti in un altro gruppetto da rifocillare. L'esca essendo il cibo che la truppa di Saddam Hussein non vedeva da sei settimane (quattro fette di pane al giorno e nient'altro), i più audaci si riempivano la jeep di vettovaglie e andavano verso il confine col Kuwait dove passavano ore a scrutar l'orizzonte in cerca d'una uniforme verde bottiglia cioè d'un soldato iracheno con lo stomaco vuoto. Io no. Eppure lunedì 4 marzo, alle dieci e quarantacinque, poco prima di finire coi tre marines dentro la Nuvola Nera, catturai ben quattro soldati iracheni. Senza dargli né un sandwich né una caramella, e senza ricavarne un goccio di gloria. Ecco come andò.

Passata Khafji, su un rettilineo dove sostavano venti automezzi della First Assault Amphibious, il sergente Christopher Grey (uno dei tre marines) disse: «I must urinate. Devo urinare». E il Warrant Information Officer Eric Carlson aggiunse: «I do too. Io pure». Allora l'autista del camion fermò, e scesi con loro. Non esisteva neanche un cespuglio di licheni cui chiedere un po' di privacy nel deserto che si stendeva ai lati della strada, ma a circa duecento metri avevo adocchiato un casotto di lamiera che sbucava dalle dune. E m'era parso un luogo eccellente per risolvere il maggior problema che una donna debba affrontare alla guerra: quello di fare pipì. Lo raggiunsi. Vi entrai. E stavo risolvendo il problema quando udii una voce roca che mugolava: «Bush! Bush, Bush!». Alzai lo sguardo e dinanzi a me c'erano quattro uniformi verde bottiglia cioè quattro soldati iracheni. Disarmati, laceri, secchi. I soldati più secchi che avessi mai visto dopo il poveretto intervistato a Kuwait City, il più anziano teneva le braccia sollevate e piangeva.

Be', piangenti o no, secchi o no, laceri o no, disarmati o no, sfido chiunque a comportarsi con disinvoltura dinanzi a quattro soldati iracheni che ti sorprendono mentre fai pipì in mezzo al deserto. Invece di affrontarli come avevano fatto gli intrepidi giornalisti dell'«Independent» e della televisione italiana, balzai in piedi. Scappai. «Sergente Grey! Officer Carlson! There are four Iraqi who want to surrender to Bush there behind the dunes! Ci sono quattro iracheni che vogliono arrendersi a Bush, laggiù dietro le dune!» «Really? Davvero?» rispose il sergente Grey con indifferenza. «Jee, what a bore! Dio, che noia» rispose il Warrant Information Officer Carlson con fastidio. Poi chiamò quelli del First Assault Amphibious che non s'erano accorti di nulla, gli disse di andare a prenderli, e mi spinse verso il camion. «Let's move. Muoviamoci. It's late. È tardi.»

19

Quell'autostrada verso il mattatoio

Kuwait, marzo 1991

La ritirata degli iracheni dal Kuwait ebbe inizio domenica 24 febbraio quando la polizia segreta di Saddam Hussein se la svignò con gli ostaggi. Quella vera e propria però si svolse la sera di lunedì 25 quando sul lungomare della capitale si formò un convoglio lungo circa dieci chilometri, composto di migliaia di veicoli. (Tremila, dicono alcuni testimoni. Cinquemila, dicono altri.) C'era di tutto, in quel convoglio. Autocisterne piene di benzina, carri armati T-72, autoblindo, cannoni da centotrenta e da centocinquanta, camion con rimorchio e senza rimorchio, jeep con le mitragliatrici da 12.7, gipponi coi cannoncini della contraerea, motociclette, automobili rubate, e ciò che era rimasto da saccheggiare agli abitanti della città. C'erano anche parecchi militari. Facendo una media minima di quattro militari a veicolo e accettando la cifra di tremila veicoli, non meno di dodicimila. Facendo una media più realistica cioè di sei militari a veicolo e accettando la stessa cifra, non meno di diciottomila. Accettando la cifra di cinquemila veicoli e basandoci sulle medesime medie, dai ventimila ai trentamila. In ogni caso tanti, da ammazzare in un colpo solo. Tanti...

Il convoglio si mise in moto verso mezzanotte e imboccò la Jaharah Road cioè l'unica strada che dal Kuwait porti a Baghdad. Ma non arrivò mai a Baghdad. Non arrivò neanche alla frontiera. Verso l'una del mattino gli americani lo individuarono grazie alla 27th Armoured Division che si trovava a qualche miglio di distanza, chiamarono gli F-15 e gli F-16 e gli F-18 e gli F-111 e gli Apache e i Cobra, e lo fermarono anzi lo distrussero con l'attacco più feroce che un esercito in ritirata abbia subito dai tempi di Napoleone. Più che un'azione di guerra, una strage da Apocalisse. «This is not a battle-field» si nota che abbia commentato con amarezza un ufficiale inglese. «This is a killing-field. Questo non è un campo di battaglia. È un mattatoio.» A destra e a sinistra della Jaharah Road si stende infatti il deserto, e non un deserto piatto nel quale puoi gettarti in cerca di salvezza: un deserto reso impraticabile dagli avvallamenti, dalle dune. Per sfuggire all'orgia di fuoco che pioveva dal cielo gli autisti dei veicoli si buttarono tra quelle dune, in quegli avvallamenti, travolti dal panico presero disperatamente a girarvi formando spirali dentro cui si imbottigliavano per scontrarsi o capovolgersi, e neanche uno si salvò. Neanche uno. Tre giorni dopo, quando spinta dalle voci d'un supposto massacro mi portai sulla Jaharah Road, rimasi così annichilita dall'orrore e dallo stupore che non credevo ai miei occhi. Per chilometri e chilometri non vedevi che quelle spirali di ferro contorto e annerito, carri armati e cannoni rovesciati, autocisterne e autoblindo e automobili bruciate, camion e rimorchi e gipponi accatastati l'uno sull'altro, a volte in piramidi alte cinque o sei metri, a volte in mucchi affogati dentro i crateri, e intorno a questo un caos di oggetti saccheggiati. Coperte di lana, lenzuoli, pezze di seta, paralumi, camicie da uomo, scarpe da donna (molte coi tacchi a spillo), vestiti da bambini, giocattoli, scatole di cipria, televisori, grattugie, posate d'oro e d'argento, smalto rosso da unghie, video, bottiglie di profumo, mazzi di cipolle, bulbi da piantare, banconote, fon per asciugare i capelli, e perfino soprammobili tra cui un falchetto impagliato, roba su cui i kuwaitiani si gettavano come avvoltoi affamati disinvoltamente rubando il rubato. «Era nostra, no?» Di morti, però, solo due. Uno, trafitto da una raffica e nero di mosche, al volante di una Mercedes. E uno, carbonizzato sotto un autoblindo. E gli altri? Dov'erano finiti i trentamila o ventimila o diciottomila o dodicimila militari del convoglio? Possibile che salvo quei due fossero già stati tutti raccolti, sepolti a tempo di record?

Possibile. E a sostenere la tesi c'era la presenza di bulldozer che servono a scavare le fosse. C'era anche il racconto d'un fotografo che l'indomani aveva visto i bulldozer al lavoro, e perduto un'istantanea da premio Pulitzer. «Più che fosse, trincee interminabili dentro le quali i cadaveri venivano allineati poi coperti con la sabbia. Questo deserto è ormai un cimitero. Peccato che non possa dimostrarlo: i marines mi hanno requisito il rotolino. E conteneva un'istantanea da premio Pulitzer, sa? Quella d'un caporale che a un certo punto ha ficcato nella sabbia il Kalashnikov d'un iracheno, ci ha appoggiato sopra il suo elmetto, e portando la mano alla fronte s'è messo sull'attenti.» Infine c'era la frase pronunciata da Schwarzkopf sui soldati iracheni morti: «Many, many, many, many, many. Molti, molti, molti, molti, molti. And many have been already buried. E molti sono già stati sepolti». Eppure quando ho voluto accertarmene con gli americani, ho trovato un muro di silenzio. Per una settimana nessuno ha aperto bocca. Nessuno. Né a Kuwait City né a Dhahran, né a Riad. «I cadaveri? Che cadaveri?» «I cadaveri del convoglio.» «Il convoglio? Che convoglio?» «Quello che avete distrutto sulla Jaharah Road.» «Jaharah Road?» Solamente quando mi sono rivolta al generale Richard Neil e gli ho detto: «Signor generale, lei sa bene di che cosa parlo, altrettanto bene sa che è mio diritto chiederle questa informazione, suo dovere darmela, al comando di Riad mi hanno fornito una prova che il massacro era avvenuto». «All'attacco hanno partecipato gli F-15, gli F-16, gli F-18, gli F-111, gli Apache e i Cobra.» «E quanti morti ci sono stati? Dove li avete sepolti?» «Non ne sappiamo nulla, dei morti. Non ci risulta che siano stati sepolti. L'attacco era diretto contro i veicoli, non contro i soldati.» «Non contro i soldati? Ma che cavolo di risposta mi dà?» «La risposta che mi è stato ordinato di darle. Good evening, buona sera.» Non a caso il verbo *to kill*, uccidere, veniva sempre usato da loro per le cose. Mai per la gente. «Five bridges killed. Cinque ponti uccisi.» «Ten aircrafts killed. Dieci aerei uccisi.» «Fifty tanks killed. Cinquanta carri armati uccisi.»

Strani tipi, gli americani di questa guerra. A me non sono piaciuti. Non erano gli americani che ho conosciuto in Vietnam: i ragazzi gioviali e simpatici coi quali potevi ridere e piangere, dividere il rancio e il posto in trincea, parlare in libertà. Non erano i militari aperti e sinceri che dicevano (magari mentendo o esagerando) oggi-ho-ammazzato-cento-vietcong. Erano uomini e donne durissimi, disciplinati fino alla nausea, chiusi in se stessi, superbi e spesso arroganti. In quel senso, a volte, mi ricordavano i tedeschi di Bismarck, e un giorno l'ho detto all'unico ufficiale con cui riuscissi a scambiare qualche battuta o qualche sorriso: una colonnella d'un metro e ottanta, Virginia Prybila, che a Riad lavorava al Joint Information Bureau. «Virginia» le ho detto, «siete diventati proprio antipatici. A volte mi ricordate i tedeschi di Bismarck. Ma che v'è successo, Virginia?» E senza muovere un muscolo del volto ferrigno, prussiano, Virginia ha risposto: «Il Vietnam».

Il presentimento di Steve

La guerra era appena iniziata e mi trovavo a Manama, la capitale del Bahrein, perché le compagnie aeree avevano cancellato tutti i voli a Gedda o a Riad: in Arabia Saudita si entrava soltanto attraverso il ponte di ventiquattro chilometri che unisce Manama a Dhahran. A Manama la RAF teneva i Tornado che andavano a bombardare l'Iraq e, contrariamente ai piloti italiani che nell'Abu Dhabi il nostro governo costringeva a una ridicola reclusione, i piloti inglesi erano molto accessibili. Stavano all'hotel Sheraton, lo stesso dove alloggiavano i giornalisti, e dopo cena potevi incontrarli al bar: sempre pronti a offrirti uno sherry e un sorriso. «Hi, my name is Tony McGlone. How do you do?» «Hi, my name is Nigel Risdale. How do you do?» «Hi, my name is John Braedbent. How do you do?» «I'm Rupert Clarke. Salve!» Alcuni parlavano anche un po' d'italiano perché da Laarbruch, la base NATO cui appartenevano, venivano spesso a passar le vacanze sul lago di Garda o sul Lago di Como. Chi sollecitava maggior curiosità era Rupert: un londinese molto alto, molto biondo, molto attraente, che i compagni consideravano il più bravo di tutti: l'asso della squadriglia. Eppure non fu Rupert a colpirmi, quella sera. Fu un tipo dall'aria triste, insieme dignitoso e dimesso, che sedeva in un angolo: solo come un uccellino appollaiato per proprio conto in fondo a una grondaia piena di garruli uccelli. Steve Hicks, il suo navigatore.

Mi avvicinai. Gli chiesi perché sedesse lì solo. Tenendo la testa china, così china che non potevo vedere i suoi occhi del resto fissi sul bicchiere di birra che non beveva, mi rispose che all'alba sarebbe andato in missione. «La contraerea funziona, sa? E Rupert vola talmente basso. Ad altezza di cammello, si diverte a dire.» «Ma è bravo, Steve! Mi hanno raccontato che è il più bravo di tutti!»

«Non serve esser bravi. Anche i piloti dei cinque Tornado che sono stati abbattuti finora eran bravi. E io ho paura.» «Chiunque ha paura, alla guerra, Steve. Chi sostiene di non averne è un bugiardo. Un cretino o un bugiardo». «Be', allora io sono la persona più intelligente e sincera del mondo. Perché di paura ne ho tanta. Tanta... Ne ho la sera avanti, ne ho quando mi metto la tenuta di volo, quando salgo a bordo, quando chiudo la carlinga. Ne ho quando decolliamo, quando ci avviciniamo all'obiettivo. E mentre Rupert si abbassa mi chiedo sempre: li rivedrò, invecchierò? Ho due bambini, capisci? Uno appena nato e uno di tre anni. E ho ventisette anni. Oppure mi chiedo: potrò telefonarle, stasera?» «Telefonare a chi, Steve?» «A Lynn, mia moglie. Mi fa bene, telefonarle. Mi aiuta, sebbene abbia quel timore che finisca nelle mani degli iracheni... Be', la capisco. Sembra che li torturino, i prigionieri. Ha visto l'espressione di John Peters, il giorno che gli iracheni mostrarono i prigionieri in tv? Dei nostri c'era anche Adrian Nichol, e Nichol aveva il volto fermo. Peters, al contrario... Chissà che gli hanno fatto. A Laarbruch ci mettevano in guardia, sulle torture. Ci spiegavano che a volte usano gli elettrochoc, ci preparavano. Però ci sono cose peggiori degli elettrochoc, e a quelle non ci può preparare nessuno.» «Non pensarci, Steve.» «Non ci penso. Perché io non sarò preso prigioniero. A me accadrà qualcosa di peggio. Lo sento, lo so. L'ho detto anche a Rupert. "Rupert" gli ho detto, "io in una di queste missioni ci lascio la pelle. Lo sento, lo so." Rupert si è messo a ridere. Mi ha risposto che non è possibile perché io e lui siamo sulla stessa barca e se morissi io morirebbe pure lui. E lui non può morire in quanto è immortale. Forse. Ma io sento che Rupert tornerà a casa e io no.» Poi smise di fissare il bicchiere di birra che non beveva. Alzò finalmente la faccia mostrandomi gli occhi, e un brivido mi corse lungo la schiena. C'era la morte in quegli occhi. Una morte così inevitabile, così vicina, che quella notte non fui capace di dormire e l'indomani non ebbi pace finché seppi che Steve Hicks era rientrato sano e salvo alla base.

Ventisette giorni dopo un collega della rete televisiva ITN, Michael Deane, mi chiamò a Dhahran. Piangeva, e piangendo mi disse che Rupert Clarke era morto. Con Rupert, Steve Hicks. «È successo stamani, vicino a Baghdad, mentre bombardavano un bunker. Volavano alti, stamani, a quattromila metri, ma gli iracheni hanno lanciato due missili SAM e uno li ha beccati. Il Tornado ha incominciato a scendere, scendere, e s'è schiantato nel deserto con una grande esplosione. Una grande fumata. Rupert non ha fatto nemmeno in tempo ad azionare i paracadute.» «Ne sei certo, Michael?» «Certissimo. John Braedbent e Nigel Risdale erano nella squadriglia e hanno visto bene. Dicono che l'aereo ci ha messo tanto a scendere. Ci ha messo almeno un minuto, quasi che Rupert fosse riuscito a mantenerne il controllo. Nella speranza che fosse riuscito anche ad azionare i paracadute, sono tornati in quel punto tre volte. Ma invano... Piango soprattutto per Rupert, sai. Era un tipo così straordinario, e così sicuro di farcela. Ripeteva sempre che a casa lui ci sarebbe tornato. I'm immortal. Sono immortale! Steve invece no. Mi son chiesto spesso perché non stesse mai con gli altri e avesse quel visuccio malinconico, triste. E Chris Duffy, uno che lo conosceva bene, oggi me l'ha detto. Mi ha raccontato che, quando giunsero a Manama, Steve ebbe una crisi tremenda. D'un tratto, mentre partecipavano a un party che il comando aveva organizzato per festeggiare il loro arrivo, scoppiò in lacrime e corse nel bagno dove si mise a battere la testa nel muro e a singhiozzare: "Non ce la farò! Sento che non ce la farò! Non tornerò! Sento che non tornerò! Morirò! Sento che morirò!". Né serviva a nulla che Chris tentasse di calmarlo. "Ora smettila, basta, per favore." Lo sapeva, capisci?» «Sì, lo sapeva» risposi. Poi

Michael Deane mi fece promettere che a guerra finita sarei passata di nuovo dal Bahrein per bere coi piloti alla memoria di Steve: di Rupert e di Steve. Promisi, e a guerra finita ci sono ripassata davvero. Ho bevuto alla memoria di Steve. Ma non ho bevuto alla memoria di Rupert. Nessuno ha bevuto alla memoria di Rupert. Ecco perché.

John Braedbent e Nigel Risdale avevano visto male: fino a 1500 metri d'altezza Rupert era riuscito davvero a mantenere il controllo del Tornado. E a 1300 metri era riuscito ad azionare i paracadute. Mentre l'aereo precipitava, la carlinga s'era aperta e sia lui sia Steve erano stati catapultati fuori. «Ragazzi, chi ha le gambe deboli segga» urlò John Braedbent, la sera di lunedì 11 marzo, piombando al bar dello Sheraton. «Rupert è vivo. Era stato preso prigioniero dagli iracheni che l'hanno appena restituito: ci ho parlato al telefono un minuto fa.» «E Steve?» chiesero tutti. «Steve no. Rupert lo vide atterrare a tre o quattrocento metri da lui, vide anche gli iracheni che gli si avvicinavano per catturarlo e facevano gesti per dirgli alzati-su-alzati. Ma Steve non si alzò. Era morto.»

Post-scriptum: la verità

So che ad alcuni non è piaciuta la mia corrispondenza sulla liberazione di Kuwait City, il mio sospetto che quello iracheno fosse un esercito di ladri e di volgari saccheggiatori piuttosto che di assassini alla Hitler, il mio bisogno di ridimensionare le esagerazioni di chi per leggerezza o interesse o sensazionalismo moltiplica uno per cento e cento per mille. (Abitudine molto diffusa in quella parte del mondo, come ricordano i trecento morti che nel 1979 l'esercito iraniano fece in una piazza di Teheran e che il giorno dopo erano diventati tremila. Il giorno dopo ancora, trentamila. La settimana seguente, trecentomila. E quando andai in Iran per intervistare Khomeyni, tre milioni.) So che coloro cui piace moltiplicare uno per cento e cento per mille si sono scandalizzati perché ho scritto di non aver trovato le prove di certe atrocità inclusa quella raggelante dei neonati strappati alle incubatrici e buttati via nella spazzatura. So che si sono irritati perché ho avanzato il dubbio che la Resistenza kuwaitiana fosse stata una cosa seria anzi che fosse esistita, o perché mi sono sorpresa a trovare migliaia di kuwaitiani che non parlavano inglese ma in perfetto inglese inneggiavano a Bush con slogan non certo inventati da loro, e perché mi sono arrabbiata a veder sparare in aria le tonnellate di pallottole che la Resistenza non aveva sparato agli iracheni. So che qualche sciocco in malafede mi ha addirittura accusato di negare che vi fossero state torture e assassinii.

Forse quella corrispondenza avrebbe dovuto contenere una battuta inglese a me cara: «One is too many. Uno è troppo». Avrebbe dovuto spiegare, cioè, che per me un morto è troppo: che per pianger quel morto non mi serve moltiplicarlo per cento o per mille o per centomila, e che se lo vedo moltiplicare per cento o per mille o per centomila mi indigno: la morte non è una partita di calcio dove contano i gol. Forse quella corrispondenza avrebbe dovuto essere più lunga nella lista dei sospetti e dei dubbi e delle esagerazioni: particolareggiata come quelle di Con Coughlin e Michael Evans che l'uno sul «Sunday Telegraph» e l'altro sul «Sunday Times» hanno avanzato i miei stessi sospetti e miei stessi dubbi, cercato di ridimensionare le esagerazioni raccolte e diffuse dai loro colleghi. Forse avrei dovuto ricordare che di Resistenza io me ne intendo (ci sono nata dentro) e che nei Paesi in cui l'ho trovata l'ho cantata con le lacrime agli occhi. Forse avrei dovuto riportare la risposta che lo stimatissimo e vecchio generale Muhammed Albade, capo d'un piccolo gruppo formato da sessanta resistenti, mi dette a Kuwait City quando gli chiesi se la Resistenza ci fosse stata davvero. «Well, the first month there was something. The second month, much less. The third month, much much less. The fourth month and after, let's say that it was psycological. Be', il primo mese ci fu qualcosa. Il secondo, molto meno, il terzo, molto molto meno, il quarto e dopo, diciamo che fu psicologica.» Forse avrei dovuto riferire anche la risposta che ricevevo ogni volta che cercavo un resistente: «Mia madre che ha ottant'anni era una resistente, mio figlio che ha due anni era un resistente. Tutti eravamo resistenti». Forse avrei dovuto raccontare che «un famoso» resistente a un certo punto si impappinò e mi confessò che andava a cena con gli ufficiali iracheni, scherzava e discuteva con loro. (Nel 1944 e '45 varie ragazze furono rapate o fucilate per molto meno.) Forse avrei dovuto rivelare che gli eroi del momento, vale a dire il gruppo Al Fatooh (composto dagli ultramiliardari nipoti dell'emiro scappato la vigilia dell'invasione con due camioncini di oggetti preziosi) ci danno a bere un mucchio di balle. Per esempio non è affatto vero che la lussuosissima villa nella quale mi ricevettero scaccolandosi i piedi con le baionette era stata presa a raffiche e colpi di bazooka dagli iracheni. Come gli feci osservare, tale villa non conteneva neanche un buchetto di pallottola e i suoi divani bianchi erano ancora bianchi anzi bianchissimi. E loro replicarono: «Ma al nostro cugino hanno incendiato una Ferrari e due Porsche!».

Dio mi maledica se minimizzo la tragedia di coloro che hanno sofferto. Però mi maledica anche se mi presto al gioco dell'emiro Al Shebah Al Sabah cui certa propaganda serve per impinguare coi danni di guerra le sue cassaforte. Mi maledica anche se dimentico che almeno la metà dei suoi ricchissimi sudditi se ne stavano in dorato esilio a Londra o al Cairo o nel Bahrein o nel Qatar dove bisbocciavano a champagne con le prostitute (e il *Corano*?) e dove venivano presi santamente a pugni dai militari americani o inglesi o egiziani cui dicevano sghignazzando: «Perché siamo qui anziché nell'esercito kuwaitiano o nella Resistenza kuwaitiana? La guerra è una cosa pericolosa. Per farla paghiamo voi». E concludo: durante il mio secondo viaggio a Kuwait City venni aggredita da un elegantissimo giovanotto in thobi e RPG cui avevo espresso il timore che i morti straziati e mostrati ai fotografi o ai cameramen venissero riciclati dalle morgues degli ospedali. Un paio infatti m'erano sembrati identici. «La prego, dimostri che sbaglio.» «Che sbaglio e non sbaglio! Lei è qui per farci propaganda!» urlò agitando l'RPG. Lo guardai negli occhi e gli risposi: «No, signor mio. Sono qui per raccontare la verità».

Appendici

Lettera sulla cultura

Maggio 1973

Caro direttore,
non so se tu abbia conosciuto quello straordinario uomo di cultura che fu mio zio, Bruno Fallaci. E non so se, conoscendolo, tu l'abbia apprezzato quanto meritava: di nemici ne aveva parecchi, soprattutto a causa del suo caratteraccio e della sua abitudine a chiamare cretino i cretini. Quando morì, lo scorso Natale, si dimenticarono addirittura di ringraziarlo per aver fatto tanti giornali e allevato, come una chioccia alleva i pulcini, molti fra i più noti giornalisti italiani. Furon covati quasi tutti da lui, io rappresento uno dei pochi casi sfuggiti alla sua generosità. Temeva talmente le accuse di nepotismo. Anzi, detestava i nepotismi nella stessa misura in cui detestava le lusinghe. Il giorno in cui firmai il mio primo articolo sull'«Europeo», avevo diciannove anni, mi chiamò da Milano per sgridarmi: «Chi credi d'essere, Hemingway?». Poi buttò giù il telefono e mi ignorò fino al momento in cui me lo trovai direttore di un altro settimanale. Professionalmente, il periodo più nero della mia vita. Mi affidava solo lavori scomodi, senza importanza, mi negava il diritto di protestare. Lo piantai per disperazione.

Ma continuai ad amarlo. Era così intelligente. Non a caso, in famiglia, lo chiamavano con dolce astio Settecervelli. Non a caso, da giovanotto, era stato la pupilla degli intellettuali che frequentavano il caffè delle Giubbe Rosse a Firenze: Papini, Palazzeschi, Cecchi, Soffici, il gruppo che pubblicava «Solaria». In quel periodo, da solo, aveva studiato il francese per leggersi Flaubert in francese, l'inglese per leggersi Dickens in inglese, il tedesco per leggersi Goethe in tedesco, e a un certo punto s'era perfino provato col russo sostenendo che Čechov era tradotto male. Scriveva da dio, in un italiano da paradiso. E, sebbene non avesse mai frequentato l'università, che ai suoi tempi era un lusso proibito ai poveri, nessuna letteratura e nessuna filosofia gli era ignota. Anche grazie alla sua allucinante memoria. Approdò al giornalismo verso gli anni Venti, per le stesse ragioni per cui vi avremmo approdato noi: il giornalismo pagava, i libri no. Fu redattore capo della «Nazione» e del «Corriere della Sera» e, finita la guerra, rimise in piedi diversi quotidiani che eran stati malmenati o distrutti dal fascismo. Negli anni che seguirono ne salvò altri che stavano per affogare ed anche per questo fu sempre conosciuto come tecnico anziché come scrittore. Non firmava mai, o quasi mai. Il bagaglio del suo sapere lo utilizzava per inventare servizi, far titoli, correggere i pezzi degli inviati. Con tanto gusto, però, tanta delicatezza, che Malaparte una volta mi disse: «Se rileggevo un mio articolo corretto da Bruno, gli mandavo un telegramma di ringraziamento. Non capisco proprio perché Bruno abbia scelto di lavorare per noi e non di scrivere per sé».

Io lo capivo invece. Guardava alla letteratura come a una tal religione che non ammetteva di dedicarle i ritagli di tempo. Quelli preferiva spenderli con le donne: gli piacevan talmente le donne. Ma anche con loro, vedi, si comportava da uomo di cultura. Non si contentava cioè di portarsele a letto: le faceva leggere, pensare, scrivere, scolpire, dipingere. Ne diventava insomma il Pigmalione intellettuale. Dalla sua prima moglie cavò una romanziera dinanzi alla quale tutti si inchinano, dalla seconda cavò una scultrice adorabile. E in fondo, da vecchio, questo suo santo vezzo di incoraggiare alla cultura le donne cui voleva bene lo esercitò perfino su me. Veleggiavo ormai da sola, contento narrava che non-gli-chiedevano-più-se-fossi-sua-nipote-ma-se-lui-fosse-mio-zio, quindi poteva aiutarmi senza essere accusato di nepotismo. Così prese a seguirmi, incontrarmi, inviarmi lettere, attraverso ciò a insegnarmi il modo di interpretare le cose, esprimerle con stile facile e accessibile a tutti, infine denunciarle senza paura. «Il primo dovere di un giornalista è non annoiare. Il secondo è non avere paura. Il terzo è non buttare via nulla.» Nel 1967 ti chiesi di mandarmi in Vietnam come corrispondente di guerra perché me lo aveva consigliato lui.

Si ritirò a settant'anni, mi pare. E, nei dieci anni che seguirono, fece il Cincinnato in campagna: finalmente riprendendo a scriver per sé. Scriveva a mano, con calligrafia minutissima, regolare, su quaderni di scuola. Pensieri, massime, racconti che mi intirizzivano in mille complessi di inferiorità. La sostanza era così densa, la forma così perfetta. Rammento la storia di Adamo che compie trecentocinquanta anni e, seduto ai piedi di un olivo, guarda i figli e i nipoti e i bisnipoti e i trisnipoti rendendosi conto del guaio che ha combinato facendo l'amore con Eva. Ti assicuro, un gioiello. Io lo supplicavo: «Ma cosa aspetti a pubblicarlo, zio Bruno!». Lui rispondeva con una risatina: «Dopo che sarò morto, forse. Ci penserai tu. Nel testamento ho stabilito che a te tocchino i miei quaderni». Morì mentre ero in Vietnam. E, quando tornai dal Vietnam, seppi che quel testamento lo aveva stracciato per lasciarne un altro dove informava d'aver dato al fuoco gran parte della sua opera. «Con ciò che troverete vi prego di fare un falò. Vi servirà a sentire un poco di caldo e a ricordarvi di me.» Non gli abbiamo ubbidito. Spero che la zia Anna, sua seconda moglie e custode dei quaderni rimasti, non gli ubbidisca mai e li usi per pubblicarli. E comunque, attraverso la venerazione che coltivo per lui, non so perdonargli d'aver commesso un tal gesto. Sia pure dettato da un estremo pudore o da un sublime cinismo, quello che in morte ti fa scoprire la cosmica inutilità delle cose, fu un gesto contrario a ciò che m'aveva raccomandato: non buttar mai via nulla. L'unico indizio che mi aiuta a tentar di capirlo viene da una battuta che, dicono, mormorò prima di chiudere gli occhi. «L'Oriana dov'è?» «Di nuovo a Saigon.» «Bene. È lì che dev'essere. Non in campagna a mangiar lingue di pappagallo.» M'aveva detto in tante occasioni che la cultura è un piatto prelibato, sì, ma non lingue di pappagallo riservate a pochi eletti per loro delizia personale.

E ora eccomi a te, all'inchiesta che hai avviato sull'«Europeo». Direttore, diciamo subito che a me sembra molto imprudente avventurarsi su un terreno insidioso come un discorso sulla cultura. È un terreno senza confini e, nella sua vastità, uno rischia di perdersi in fatti superficiali e dunque di rompersi l'osso del collo. Io, appena ho visto che strada infilavi, ho scosso la testa e ho pensato: Non lo seguirò. Da certe trappole è meglio tenersi alla larga. Ma sono donna imprudente, è noto. Pei rischi ho una specie di attrazione maligna e, in molti sensi, sono la nipote di Bruno Fallaci: non so starmene zitta, specie se la faccenda mi riguarda un poco. E questa mi riguarda un poco, anzi molto. Appartengo anch'io a quel popolo i cui cervelli, secondo te, avrebbero smesso di pensare. Faccio parte anch'io di quella cultura che, secondo te, sarebbe oggi un cimitero di anime morte.

Certo, bisognerebbe anzitutto decidere cosa intendi con la parola «cultura». Ciò che intendono gli antropologi per cui ogni manifestazione di società organizzata è cultura, compresi i riti cruenti e il tam-tam, oppure ciò che intendono i bramini del sapere, per cui la cultura è

Lettera sulla cultura

cibo esclusivo di una casta chiusa nella sua torre d'avorio? Il primo concetto mi lascia perplessa perché è troppo facile, comodo, e pericoloso. Se anche mangiare il nonno o divorare il fegato del nemico è cultura, allora tutto è cultura; perfino la televisione italiana nel momento in cui ci trasmette *Canzonissima* e *Rischiatutto*, perfino la mafia e il fascismo, perfino i furti delle opere d'arte e il cingomma. Il secondo concetto invece mi irrita perché il sapere fine a se stesso è un albero privo di foglie e le torri d'avorio non servon neanche a chi ci sta. Cosa servì allo zio Bruno aver scritto pagine meravigliose che poi bruciò? Sviluppando le estreme conseguenze di tale cultura, si arriva al Dalai Lama che intervistai nel suo esilio di Dharamshala. Povero Dalai Lama. Dall'età di sei anni, prigioniero di monaci eruditi e spietati, non s'era nutrito che di filosofia-astronomia-poesia e, a trentatré anni, non aveva che un sogno: fare il meccanico. Quel che è peggio, ai suoi sudditi non aveva nemmeno insegnato che esiste una cosa chiamata elettricità. Di conseguenza, guarda: io preferisco credere che per cultura tu intenda ciò che intendeva lo zio Bruno prima del falò, cioè quando la trasferiva ai giornali e alle donne. Diciamo l'insieme delle conoscenze che assimilate e diffuse contribuiscono a nutrire il cervello di tutti, a rendere più accettabile la fatica d'essere nati. Diciamo la somma delle nozioni che digerite e scambiate servono a non mangiare il nonno, a non guardar *Rischiatutto*, a non giudicare bellissimo l'*Ultimo tango a Parigi*, a non bruciare i boschi ed anzi a piantare un cipresso nel punto giusto. Come vedi, qualcosa che inevitabilmente sfocia in un giudizio morale ed estetico: sfidando le trappole che la morale e l'estetica portano dentro di sé. Allo stesso tempo, qualcosa che si inserisce nella vita e nella realtà quotidiana.

Sono arrivata al dunque, o ad uno dei dunque. Perché tu affermi che la cultura italiana ha fallito, non agita idee, non discute, non ha eco nel Paese, si isterilisce in un lavoro privo di rispondenza con la realtà. Chiedi aiuto a Zavattini il quale ti dichiara che non solo la cultura ma l'uomo di cultura è finito, e per prima cosa ti rispondo: ma i giornali dove li metti? Le idee, le discussioni, che vengono sollevate dai giornali dove le piazzi? Non vorrai mica limitare la stampa d'oggi a un compito di informazione e basta? Perché, anche se fosse così, ti ricorderei che il primo veicolo della cultura è l'informazione: non esiste cultura senza informazione. Ma, poiché non è così, ti ricordo che coi giornali noi offriamo molto più dell'informazione. E qui permettimi un atto d'orgoglio. Se vuoi, di superbia. Io non credo che un mio reportage dal Vietnam, una mia inchiesta nel Medio Oriente, una mia intervista con Henry Kissinger o Hailé Selassié o Giovanni Leone siano meno importanti di un romanzetto scritto da una Françoise Sagan. Non credo che un mio reportage sui bambini di una scuola elementare o un mio ritratto di Mastroianni siano intellettualmente inferiori a una poesia di Carducci. Questo lavoro io lo ritengo un esercizio di cultura, mi ci consumo come ci si consuma in un esercizio di cultura, e i giornali li vedo come i messaggeri più vivi dell'intelligenza. Non ti sei accorto, facendoli, che hanno sostituito i salotti letterari e i cenacoli? Non ti sei accorto, dirigendoli, che grazie a loro le notizie e le idee non sono più un lusso riservato a una minoranza di eletti che frequentano il salotto della contessa Maffei tra un fruscio di sete e un luccicar di gioielli? Non sono nemmeno più un privilegio degli intellettuali che si riunivano al caffè delle Giubbe Rosse, quando a saper leggere erano in pochi. Oggi sanno leggere tutti. E, se è vero che abbiamo perso l'arte di conversare e discutere intorno a un tavolino, tu per primo perché te ne stai sempre solo e se non stai solo stai zitto, è anche vero che lo scambio di idee non si fa più a voce ma leggendo.

Lettera sulla cultura

Specialmente i giornali, questo sangue che irrora le vene più capillari e raggiunge chiunque: provocando giudizi e movimenti e cultura.

Cultura estraniata dalla realtà? Vuoi scherzare. Troppo immersa nella realtà, semmai. Non si fa in tempo a registrare una cosa e tentar di capirla che subito bisogna registrarne un'altra. Sia che si legga o si scriva. «Pronto, Giglio? Hai ricevuto il mio pezzo su Mao Tse-tung? Sì, lo so cos'è successo alle Olimpiadi di Monaco. Vuoi che faccia un salto a Tel Aviv per interrogare i superstiti? Da Hong Kong dovrei farcela in ventidue ore.» Si deve a noi giornalisti se oggi i fatti si sanno in ogni particolare e quasi mentre stanno accadendo. Si deve a noi giornalisti se oggi la storia non si apprende dieci o venti anni dopo ma nell'attimo stesso del suo divenire. Si deve a noi giornalisti se i salotti letterari, oggi, si fanno nelle mense degli stabilimenti: tra operai in tuta anziché tra dame ingioiellate. Possibile ch'io debba dirlo a te, direttore d'un giornale? Accidenti! Se il giornalismo conta così poco da essere ignorato in un discorso sulla cultura, perché resti nel giornalismo? Io capisco che uno possa entrarci, quando ha bisogno di soldi e non se la sente di fare il martire scrivendo coi geloni alle dita. Non capisco che uno debba restarci quando lo disistima. Se la cultura è solo Montale e Natta, perché non vai con loro anziché avvilirti con noi? Eri partito bene, ch'io sappia. Quasi come lo zio Bruno. Scrivevi ottime poesie, collaboravi al Politecnico, ti interessavi alla matematica e alla fisica: cosa ti impedisce di tornare a un simile Olimpo? Oh, non sarò io a condannarti per aver dato un calcio al personaggio del poeta che starnutisce al lume di candela: ma sono io a condannarti per il fatto di stare in cotesto ufficio che mi ricorda tanto l'ufficio dello zio Bruno, senza crederci come ci credeva lo zio Bruno. Ammenoché... Non aspetterai mica i settant'anni anche tu per riempire quaderni che poi brucerai? Io non vorrei che il tuo lamento sulla cultura che ha fallito fosse un atto di contrizione personale, un mea culpa dettato dalla consapevolezza del tuo silenzio. Quel silenzio da ex bramino del sapere, chiuso in una torre d'avorio che non serve a nessuno.

Senti, devo confidarti un segreto. Giacché son donna portata a condannare piuttosto che assolvere, cioè usa a vedere i lati negativi piuttosto che i lati positivi, per qualche secondo leggendoti ho quasi temuto che tu avessi ragione. Accusavi con tanto ardore, eri così suggestivo nella tua indignazione, che il mio pensiero è subito corso al 1946 e '47 e '48 e '49: che sono stati gli anni belli in cui la cultura rappresentava per l'Italia una festa. Io ero poco più di una bambina a quel tempo: portavo i calzini corti e le trecce. Però ero una bambina particolare in quanto, dopo esser stata rincretinita dalla scuola fascista che è il primo nemico della cultura, m'ero svegliata con la Resistenza: cioè col più grosso fatto culturale della nostra storia dopo il Risorgimento. Ti spiego meglio. Mio padre aveva combattuto nelle file del Partito d'azione, io l'avevo aiutato e, dal contatto con quelle persone colte, avevo appreso cose definitive. Ad esempio che distribuire la stampa clandestina, o portare le armi ai partigiani in montagna, o tener duro se venivo arrestata, non costituiva un eroismo bensì un atto di cultura. Infatti significava sapere e quindi preparare un mondo più civile, più libero, più intelligente. In quel nobile periodo, tuttavia, non avevo letto nulla fuorché i manifestini che attaccavo sui muri e il «Non Mollare» affidatomi dai compagni. E, quando Firenze fu liberata, bevvi con arsura al calice che m'era stato proibito. Impaziente, avida. Posavo Erodoto che mi si imponeva a scuola e agguantavo gli scritti politici di Carlo Rosselli, le opere di Antonio Gramsci, il *Manifesto* di Marx, i libri di Salvemini. Smettevo di tormentarmi sulle equazioni algebriche e mi beavo in romanzi la cui esistenza avevo fino allora ignorato. Con la liquidazione di soldato semplice nel

Corpo volontari della libertà, 14.524 lire, mi comprai un paio di scarpe di cui avevo disperato bisogno e poi libri. Lo zio Bruno voleva che conoscessi la letteratura americana e nella lista che aveva compilato per me c'era *Moby Dick*, *La lettera scarlatta* di Hawthorne, *Foglie d'erba* di Whitman, L'*Antologia di Spoon River*. Li presi insieme a Faulkner, Hemingway, la Woolf, Gide, e anche Gogol', anche Gor'kij. A rate, ricordo. Per pagar le rate, lavoravo come segretaria presso l'UDI. E non credere che fossi un topino di biblioteca, con gli occhiali e i foruncoli. Al contrario. Ero gaia, polemica, disubbidiente, civetta. Facevo arrabbiare i professori con la mia petulanza. Agli esami di maturità liceale, neanche diciassettenne perché avevo saltato due anni, li indignai sviluppando a modo mio il tema «Il concetto di patria dalla *polis* greca a oggi». Scrissi che la patria non esisteva: esisteva il mondo.

Il fatto è che non leggevo e basta. Partecipavo come un chicco d'uva nel tino al bollire di idee ed ideologie che fermentavano il dopoguerra. Le assemblee del Partito d'azione ad esempio. Gli interventi di Piero Calamandrei, Enzo Enriquez Agnoletti, Tristano Codignola, Carlo Furno, Ludovico Ragghianti. Da Roma venivano a volte Ernesto Rossi, Ferruccio Parri, Leo Valiani, Riccardo Lombardi, Cianca, Lussu, La Malfa. E le loro parole mi aiutavano a capire i primi scioperi, la nuova attività di mio padre che gettava le basi del sindacalismo in Toscana fondando con gli altri la Camera del lavoro. Andavo ad ascoltare i comizi di Togliatti e di De Gasperi, ne traevo materia di discussione a scuola. E, forse perché tutto era nuovo agli occhi della mia innocenza, forse perché la politica e il sindacalismo erano allora espressione di uomini degni, vi imparavo più che attraverso gli illuministi e le radici quadrate. Così i miei coetanei: al liceo Galilei di Firenze, quasi tutti partecipavano dell'ubriacatura. Si litigava su Malaparte, Pavese, l'esistenza di Dio, mentre Manlio Cancogni, allarmato, scriveva che gli studenti vanno impauriti con la disciplina di Eton. E noi gli rispondevamo sui muri con insulti. Che primavera di conoscenze, caro direttore. Io l'assaporai come cioccolata.

Così, nella parentesi breve durante la quale ho temuto che tu avessi ragione, il mio pensiero è subito corso alla colpa feroce che gli uomini di cultura italiani hanno nei riguardi dell'ultima generazione: non aver tenuta viva la fiamma di tale primavera. Tanto vasto è stato il loro timore di imporre agli altri ciò che gli altri avevano imposto a noi che, nelle scuole italiane, si ignora perfino cosa sia stata la Resistenza. L'insegnamento della storia tocca la Seconda guerra mondiale senza spiegare cosa fu il fascismo, cosa fu Mussolini, e cosa fu la lotta contro il fascismo e contro Mussolini. «È roba troppo recente.» Nei casi migliori, professori più adatti al Limbo che all'insegnamento chiedono agli studenti di far ricerche sulla Resistenza-vista-da-destra-e-da-sinistra: quasi che la Resistenza fosse stata una partita di calcio.

Il risultato di ciò è che il fascismo ha rialzato la testa: con esso, la volgarità, la violenza, l'ignoranza di un fatto culturale che voleva e doveva gettare le basi di un mondo nuovo. E mi son detta: Sì, lì hanno fallito, abbiamo fallito. È forse per questo che non fremo più alla vista della cioccolata, che non mi accorgo nemmeno più che esiste la cioccolata? Subito dopo però mi son detta: No. Non è per questo, è perché la cioccolata oggi non è più un lusso, una novità, un cibo agognato. Anche se abbiamo fallito, se hanno fallito sul dovere più elementare, la cioccolata è lì. Mi spiego? Fino agli anni Cinquanta impazzimmo per la cioccolata che ha nome cultura: ce ne aveva privato troppo a lungo il fascismo. Ora invece essa si trova ovunque, e non costa nemmeno cara. Per novanta lire compri un quotidiano che è una finestra aperta sul mondo, e non solo grazie ai nostri cervelli ma al telefono, al registratore, alla fotografia. Per duecento o duecentocinquanta compri un settimanale che a suo modo è un'enciclopedia. Per tremila lire, cioè la metà prezzo d'un chilo di vitello senz'osso, compri un libro in edizione bellissima. Per seicento lire, cioè il prezzo di un aperitivo, compri un libro in edizione economica. Non si sono mai stampati tanti libri, in Italia, e non se ne sono mai venduti tanti. I librai si fanno ricchi e non verrai mica a dirmi che la gente li compra solo per arredarci le case? Dimostramelo, e io ti dimostro il contrario. Io non fo che trovar gente che ha letto il mio ultimo libro. «Ah! Lei è la Fallaci di *Niente e così sia*? L'ho letto, sa?»

Né si tratta di signore ricche che leggono per alleviare la noia dell'ozio: si tratta di ferrovieri, tassisti, studenti, operai, bottegai, infermiere. Sai perché? Perché in nessun Paese (e te lo dice una che viaggia) è altrettanto facile trovare un editore che pubblica e distribuisce i tuoi libri, una galleria che espone i tuoi quadri, un'orchestra che suona la tua musica, un produttore che finanzia i tuoi film. Infatti non c'è mica soltanto la carta stampata, o ciò che suppongo tu chiami inflazione-della-carta-stampata, a rappresentar la cultura. C'è il cinema, ad esempio. Malgrado lo sterco che spesso lo infanga, non vorrai mica negare che il cinema italiano stia ancora dando un contributo di idee e di bellezza? Ma lasciamo perdere il cinema che a te non interessa giacché so che ci vai così poco, e rientriamo pure nell'area che ti è più familiare. Tu brontoli perché non abbiamo uno Svevo, un Pirandello, un D'Annunzio. Mah! Io, D'Annunzio, lo lascerei stare. Tutto ciò che è deteriore e inutile in voi, intellettuali racchiusi dentro la torre d'avorio, si deve a quel nano fascista che si nutriva di parole e di caramelle. L'egoismo, ad esempio. L'estetismo fine a se stesso. La superficialità. Quanto ai Pirandello, agli Svevo... Non vorrei fare elenchi che escludano persone verso le quali non provo rispetto, ma senti un po': Pier Paolo Pasolini non è forse cultura impegnata e inserita nella realtà? Cosa gli rimproveri: il fatto d'aver sollecitato il successo come D'Annunzio? E in tale rimprovero dimentichi forse che, a parte il cinema e lo poesie e le prese di posizione politiche, egli è probabilmente il più grosso filologo che abbiamo in Italia? Italo Calvino non è forse uno scrittore di enorme cultura, ben disancorato da ogni livello provinciale e riconosciuto in ogni parte del mondo? Natalia Ginzburg è forse meno importante di George Sand e delle sorelle Brontë? E Paolo Spriano con la sua *Storia del Partito Comunista Italiano*? E Renzo De Felice con la sua *Breve storia del fascismo*? E Vittorio Sereni con le sue poesie? E Paolo Maffei con la sua astronomia? E Pier Luigi Nervi o Leonardo Benevolo con la loro architettura? E Adriano Buzzati Traverso con la sua biologia? Non ti bastano, eh? Sorridi, scoti la testa. Perché... Perché non sono morti.

Il guaio in Italia, e tu sei molto italiano, è che per diventar santi bisogna morire. La canonizzazione, insomma, ce la concedete soltanto al cimitero. Da vivi ci tributate, tutt'al più, il successo. È diverso. Il successo è cosa passeggera, volgare, e raramente si veste di ammirazione o rispetto. Me lo diceva anche Malaparte che conoscevo bene e che mi voleva bene: «Povera Orianina! Vuole scrivere libri? Le diranno sempre che son libri d'una giornalista!». Siete miopi. Non sapete guardare in prospettiva. La prospettiva, per voi, è questione di tempo e non di spazio. Quanto ci avete messo ad accorgervi che Malaparte era cultura? Quasi vent'anni: il tempo di lasciarlo marcire dentro una cassa da morto. Da vivo lo avete pubblicizzato, sì, ma come un personaggio stravagante. Come una soubrette. Non come cultura. E, per dimostrare l'inspiegabile disprezzo che v'è in te, anche in te, per la cultura nostrana, ti becco su un lapsus: l'esempio di Albert Einstein, Bertrand Russell, Arturo Toscanini. Tre morti. Boh!

Per rappresentare la cultura nostrana fermandoti ai morti, hai scelto Toscanini e senti: con tutto l'ossequio dovuto al suo genio di direttore d'orchestra, cioè di esecutore, potevi fare altri nomi. Per esempio, Benedetto Croce. Comunque il lapsus non è importante, è più importante il tuo richiamo alla parola d'ordine di Vittorini: «Cultura al potere».

In quale società, in quale epoca, la cultura è stata al potere nel senso cui alludi tu? Fuorché nell'antica Atene, se è vero quel che studiamo a scuola, non vedo esempi convincenti. Uno potrebbe citare la Firenze del Rinascimento. Ma allora replicherei, carte alla mano, che anche lì la cultura non era al potere: era solo protetta, paternalisticamente, dal potere. Del resto, se in Italia la cultura non è andata al potere, al potere ci sono andati uomini di cultura. La Costituente non è stata fatta da uomini di cultura? Il più grosso partito di opposizione, il Partito comunista, non si deve a Togliatti che era uomo di immensa cultura? A capo di tutti i nostri governi non ci sono stati uomini di cultura? Da Fanfani a Moro ad Andreotti non vedo che professori d'università. È colpa nostra se del potere essi non si sono serviti per esprimere valori universali ma per ungere le loro piccole ambizioni personali e gli interessi dei loro partiti? È colpa nostra se dopo trent'anni i valori della Resistenza si stanno dimenticando e se al MSI è permesso di stare in Parlamento? È colpa nostra se alla Camera si mandano tanti sciagurati, fascisti e no, e se al Senato si accetta roba come Ciccio Franco che, quando era ricercato dalla polizia e lo intervistai, vaneggiava solo frasi sgrammaticate ed errori di sintassi? L'hanno forse eletto gli intellettuali? Se ne sono forse compiaciuti? Ma se non fanno che ripetere «anziché-al-Senato-dovrebbe-stare-in-galera!». Cultura al potere? Ma va! Credi che in Francia, in Inghilterra, in Germania, in America, la cultura sia al potere? Come molti italiani, ti lasci accecare dalle notizie su ciò che accade o accadrebbe all'estero: dove peraltro non ti rechi mai. Allora, io che mi ci reco e ci vivo, rispondo che verso gli altri Paesi sei un po' generoso: non navigano in mari più ricchi di pesce del nostro. Anche i loro Camus, i loro Freud, i loro Russell sono morti. E ti ricordo che in America l'unico presidente che fece appello alla cultura fu Roosevelt, poi un pochino Kennedy. Un pochino. Quanto a Truman e Johnson ed Eisenhower se ne guardarono bene. Una volta fu chiesto ad Eisenhower se avesse letto *Il vecchio e il mare*. Rispose: «A chi importa la storia di un tipo che va a pescare e torna con un pesce morto?».

Tu sei sedotto, suppongo, dal fatto che Nixon abbia preso Kissinger per temperare la sua ignoranza. Ma Kissinger non è un uomo di cultura: è un professore erudito, limitato e vanesio. Credimi: gli americani son bravi a farsi réclame ma gli Stati Uniti non sono la Bengodi intellettuale che credi. Se pensi che i loro Svevo e i loro Pirandello non li hanno sostituiti nemmeno coi Pier Paolo Pasolini ma con un trombone vuoto che si chiama Norman Mailer! Credimi: negli Stati Uniti la cultura è meno diffusa che da noi, e la cultura che protesta è rara. Quando protesta, il potere non l'ascolta. Per otto anni, in America, una minoranza colta ha maledetto la guerra in Vietnam e il potere ha chiuso con il Vietnam solo quando s'è accorto che esso li conduceva all'inflazione. Ma lo sai che i giornali, in America, sono tutti uguali e ripetono sempre le stesse cose? Lo sai che le prigioni, in America, chiudono giornalisti colpevoli d'aver detto pane al pane e vino al vino o d'aver rifiutato di rivelare la fonte delle loro informazioni? Lo sai che il dottor Benjamin Spock è stato processato e condannato per aver criticato il governo e incitato i giovani a disubbidire? E che in Italia gli Spock non ci sono? Ma se ciascuno di noi è a suo modo uno Spock! Ma se non facciamo che protestare e denunciare! Come osi chiamarci anime morte? Le anime morte sono anime ordinate: avremmo una nazione più seria se fossimo un po' più ordinati. Il nostro difetto non è tacere: è chiacchierar troppo, fino a creare il caos. Non bisogna confondere il cattivo governo, la cattiva educazione, la corruzione, l'imbroglio, il fascismo, con la cultura. A parer mio, l'unica cosa che resta nello sfacelo italiano è la voce della cultura.

Forse non così violenta, non così appassionata, come lo era nel dopoguerra durante quell'orgia di cioccolata. Le scoperte e le prese di coscienza definitive avvengono solo dopo le grandi tragedie: si direbbe che l'uomo, per dare qualcosa di bello, abbia bisogno di piangere. Dopo il gran pianto si adagia e si scorda perfino di ricordare ai nuovi nati cos'è il fascismo e cos'è la libertà. E tuttavia, caro direttore, non ti sei accorto che nel corso di tale riposo qualcosa s'è fatto? Non ti sei accorto che proprio nella cattolicissima Italia è avvenuta una rivoluzione cattolica? Chi l'ha avviata se non gli uomini di cultura che stavano all'interno della Chiesa cattolica? Don Milani non era mica nato in Provenza o in Andalusia o nell'Ulster. Era nato a Firenze. Non solo. Tra i primi a incrinare e poi sgretolare la Chiesa sposandosi non sono mica stati i preti francesi o spagnoli o irlandesi: sono stati i preti italiani. Negheresti al fenomeno la patente di «conquista della cultura»? E il divorzio non è forse una conquista della cultura? Chi lo difende dall'ottusità sacrestana se non gli uomini di cultura? Un momento: e la contestazione studentesca, nel suo aspetto filosofico e non brutale, è forse qualcosa di diverso da un fatto di cultura? Chi, se non gli studenti, si ribella al nepotismo che umilia le cattedre universitarie, ai professori ignoranti o vigliacchi, alla miseria in cui vengono tenute le scuole, alle infiltrazioni fasciste tra i banchi di scuola? Vo avanti: la presa di coscienza delle donne, il movimento femminista in Italia, l'afflusso sempre maggiore delle donne in tutti i mestieri, non è forse una vittoria della cultura? Il piccolo particolare che le madri senza marito oggi siano cittadine rispettate, in Italia, come lo sarebbero in Inghilterra o in Svezia, non è forse una conquista della cultura? Culturalmente parlando, l'unico punto su cui l'Italia fa schifo è la ricerca scientifica. Qui hai tutto il mio appoggio: sono la prima a sputare su un Paese che spende miliardi per costruire chiese o rinnovare teatri e non dà una lira per fornire un computer a un laboratorio di fisica.

Conoscendo il tuo amore verso la scienza, che peraltro condivido, son portata a pensare che delle cose dette finora non t'importi un bel nulla e che per fuga delle intelligenze tu alluda alla fuga di molti scienziati. D'accordo. C'è. Io l'ho documentata, anni fa, in un'inchiesta. Ma ciò non significa che non abbiamo scienziati, come tu insinui quando chiedi in quali-laboratori-esistano-ricercatori- paragonabili-a-Fermi-e-a-Natta. Esistono nei laboratori malconci che offre l'Italia e in quelli attrezzati che offre l'America. La loro lista è interminabile, e non cito Segre. Cito due o tre che conosco. Tullio Regge, ad esempio, dell'università di Torino. Sta a Princeton, dove insegnarono Einstein e Oppenheimer, e a lui si deve la legge fisica chiamata la Legge dei poli diretti. Remo Ruffini, ad esempio. Sta anche lui a Princeton e a lui si deve la prova sperimentale della teoria astronomica detta «The Black Holes Theory». Il matematico Coppi, ad esempio, che sullo spazio ha appena compiuto studi importantissimi. Si tratta di gente giovane, sai? Direi appena all'inizio. Dagli tempo, vedrai che a poco a poco diventerà degna di Fermi e di Natta. Ma a te, lo so, dà fastidio che certe scoperte le facciano in inglese anziché in italiano. Ebbene: da un punto di vista sentimentale, non posso darti torto. Da un punto di vista culturale, devo darti torto. Che importa se la Teoria dei buchi neri viene sperimentata da Remo Ruffini in un laboratorio di Boston o di Napoli o di Timbuctù? Anche Dante dovette lasciare Firenze e andare a Ravenna per scrivere la *Commedia*. Che importa se la scrisse a Firenze o a Ravenna? Anche Michelangelo dovette lasciare Firenze e andare a Roma per guadagnare più soldi. Che importa se la Cappella Sistina la dipinse in Vaticano anziché in Santa Croce? Anche Leonardo da Vinci dovette lasciar la Toscana per recarsi Milano e a Parigi, lì fare i suoi studi. Che importa se li fece laggiù e non quaggiù? Anche Colombo dovette batter cassa in Spagna per cercare le Indie e dimostrar che la terra è rotonda. Che importa se a finanziarlo fu la regina Isabella anziché la città di Genova? Anche Picasso dovette abbandonare la Spagna e piantare le radici in Francia per produrre i suoi quadri. Che importa se li produsse sulla Costa Azzurra o a Madrid? Anche Von Braun lasciò la Germania per trasferirsi a Fort Bliss e fabbricare il razzo con cui andar sulla luna. Che importa se quel razzo è partito dall'America anziché dall'Europa?

La cultura, e a maggior ragione la cultura scientifica, è universale. Non ha e non deve avere etichette nazionalistiche. Tantomeno geografiche. Io trovo splendido che cervelli fratelli non si pongano affatto il problema di compiere una scoperta in russo, in italiano, o in inglese. Trovo straordinario che Pontecorvo abbia portato la sua scienza a Mosca e Natta o Regge o Ruffini l'abbiano portata, diciamo, a New York. Se ti addolora che gli americani sembrino più bravi in quel campo, ti consolo affermando che non sono più bravi: sono semplicemente più ricchi perché si servono di menti raccolte in tutto il mondo. Al Princeton College, alla Stanford University, alla Berkeley, non trovi soltanto scienziati italiani. Ne trovi di inglesi, francesi, tedeschi, giapponesi, indiani, cinesi, e il contributo degli italiani è all'altezza dell'intero livello europeo. Nel 1970, il premio Nobel Linus Pauling mi disse: «Molte delle idee che si esperimentano qui sono sbocciate in Italia». Discorso fin troppo generoso. Nei Paesi di civiltà analoga, cioè nei Paesi in continuo scambio culturale, non si può mai dire se un'idea nasce alla Normale di Pisa o al Princeton College. Le comunicazioni non sono mica portate da un corriere a cavallo: si salta da un continente all'altro in due ore e una scoperta viene immediatamente trasmessa alla conoscenza di tutti. La simbiosi delle idee, perciò, è molto forte. Lascia che esse prendano forma dove gli fa più comodo. Tanto dopo rimbalzano, tornano a casa, e ce ne serviamo lo stesso. Ho finito e concludo osservando che sì, siamo un popolo di mascalzoni, di irresponsabili. Stiamo forse avviandoci verso il suicidio. Ma non possiamo dire che i nostri cervelli abbiano smesso di pensare. Semmai hanno imparato a soffrire perché, come sosteneva lo zio Bruno, chi pensa non può fare a meno di soffrire. Se mi sbaglio correggimi e resto ugualmente la tua affezionatissima

Oriana Fallaci

Note biografiche

Ho Chi Minh (1890-1969)
Politico e rivoluzionario vietnamita, il suo vero nome era Nguyen Sinh Cung. Dopo una formazione occidentale e soggiorni in Francia, negli Stati Uniti e in Gran Bretagna, nel 1930 fondò il Partito comunista di Indocina, nel 1941 creò il movimento dei vietminh per opporsi al colonialismo francese in Indocina. Dal 1945 al 1949 divenne presidente della Repubblica Democratica del Vietnam, e cominciò la trasformazione del Paese in chiave prima socialista, poi comunista. Dopo la divisione del Paese, dal 1955 fino alla morte guidò il Vietnam del Nord nella guerra contro quello del Sud, sostenuto dagli Stati Uniti. Fu sempre sostenitore di un Vietnam unitario e appoggiò con decisione l'azione dei vietcong contro Saigon e i suoi alleati.

Bruno Fallaci (1893-1972)
Giornalista, iniziò a scrivere fin da giovanissimo. Negli anni Venti, a Firenze, frequentò il cenacolo del caffè delle Giubbe Rosse (Papini, Palazzeschi, Cecchi, Soffici). Pur avendo interrotto gli studi, fu lettore e studioso avido e curioso, dalla memoria portentosa. Scrisse per «La Nazione», il «Corriere della Sera», «Epoca». Fu grande uo-

mo di cultura, amante dei piaceri della vita e delle donne. Figura fondamentale nella formazione della nipote Oriana, alla giovane trasmise i valori della Resistenza e insegnò che «Il primo dovere di un giornalista è non annoiare. Il secondo è non avere paura. Il terzo è non buttare via nulla». Una volta in pensione, si dedicò a tempo pieno alla scrittura privata e letteraria.

Amir Abdullah Khan Niazi (1915-2004)
Generale musulmano, fu il grande sconfitto della guerra indo-pakistana del 1971. Originario del Punjab, dopo aver fatto parte dell'esercito anglo-indiano, quando il Pakistan divenne indipendente (1947), si unì all'esercito pakistano. Nel conflitto del dicembre 1971 il generale Niazi guidò le truppe pakistane contro gli uomini della parte orientale del Paese, che lottavano per l'indipendenza, sostenuti dall'esercito indiano. La guerra terminò con la resa di Dacca firmata da Niazi al cospetto del suo nemico, il generale indiano Aurora. Niazi è stato il classico militare nato per fare la guerra, e che riteneva quello del soldato il mestiere più degno e nobile. Dall'intervista di Oriana Fallaci emerge la figura di un uomo teso, rabbioso, che si rifiuta di riconoscere l'indipendenza del Bangladesh, pronto a scendere nuovamente in campo in un nuovo conflitto che considerava imminente.

Jagjit Singh Aurora (1916-2015)
Generale vincitore del conflitto indo-pakistano del 1971, sikh, praticamente coetaneo di Niazi, come lui era originario del Punjab. Alla guida delle truppe indiane, riuscì a imporsi sul nemico pakistano anche grazie al sostegno dei mukti bahini. Anch'egli valido generale, con una lunga esperienza, dalle pagine di Oriana Fallaci emerge il ritratto di un uomo calmo, intelligente, con una visione lucida di quanto accaduto durante il conflitto e poi a Dacca con

la resa firmata da Niazi. Aurora si rivelò un militare meno sanguinario e spietato di Niazi. Faceva la guerra per mestiere, ma sognava, alla fine della carriera, di tornare dai suoi affetti, ai cavalli e al golf. Una volta in pensione, divenne membro della Camera alta del Parlamento indiano.

Sirimavo Bandaranaike (1916-2000)
Protagonista della politica cingalese, fu primo ministro per ben tre mandati (1960-65; 1972-77; 1994-2000). Molto giovane, sposò Solomon Bandaranaike, uomo di grande cultura e leader del Partito della libertà. Nel 1956, il marito vinse le elezioni su Senanayake e divenne primo ministro. Nel 1959 venne ucciso e lei, rimasta vedova, ne raccolse l'eredità politica. Donna da sempre timida e silenziosa, in gioventù non aveva grandi ambizioni, se non quella di essere una buona madre di famiglia. Una volta al potere, guidò con coraggio e fermezza il Paese. Nell'agosto del 1971 affrontò le rabbiose rivolte degli studenti con una repressione durissima e sanguinaria.

Alfredo Ovando Candia (1918-1982)
Presidente boliviano in due mandati non consecutivi. Negli anni Cinquanta, fu messo a capo delle forze armate del Paese. Nel 1964 organizzò con Barrientos un colpo di Stato per rovesciare Paz Estenssoro: Barrientos divenne presidente e Candia il suo vice. Nel 1969, insediato un governo rivoluzionario dopo un altro colpo di Stato, avviò una politica di sinistra e la nazionalizzazione del petrolio, che provocò l'immediata reazione degli Stati Uniti, in difesa dei propri interessi. Nel 1970, dopo aver sostenuto la guerriglia degli studenti universitari, e arginato la reazione decisa della destra, Ovando si arrese alle truppe militari di sinistra, che di nuovo in forza, portarono al potere il generale Torres. Oriana Fallaci coglie l'essenza di quest'uomo intelligente, furbo, maestro

del compromesso, che per alcuni anni credette davvero di poter rivoluzionare il Paese.

Norodom Sihanouk (1922-2012)
Re della Cambogia dal 1941 al 1955, abdicò e venne eletto in libere elezioni. Tornò sul trono dal 1993, ma nel frattempo era stato capo di Stato, ministro, leader di partito. Cercò di mantenere neutrale il Paese durante i conflitti in Laos e Vietnam, si avvicinò alla Cina, avversò strenuamente gli Stati Uniti e l'Unione Sovietica. Nel 1970 in seguito a un colpo di Stato dei militari fu deposto dal generale Lon Nol e costretto a lasciare la capitale. Si rifugiò a Pechino, dove rimase fino alla morte, e da lì sostenne i Khmer rossi, prima osteggiati, contro le ingerenze degli Stati Uniti. Uomo dai mille interessi, si definiva «artista» e non politico per vocazione, e di sé diceva: «La Cambogia sono io».

Cao Tri (1929-1971)
Generale del Vietnam del Sud, di formazione occidentale, uomo forte, ricchissimo, spietato. Nel 1965 fu esiliato dal primo ministro Cao Ky, ma riuscì a rientrare nel Paese e fu messo al comando del III corpo d'armata, a difesa di Saigon. Nel 1970 invase la Cambogia, portando avanti la piena vietnamizzazione del Paese, già tracciata da Nixon e, di fatto, ridimensionando il ruolo politico degli Stati Uniti nell'area. Allo stesso tempo, riuscì a neutralizzare quasi del tutto l'azione dei vietcong. Non ha mai voluto né creduto in un Vietnam unito.

Saddam Hussein (1937-2006)
Politico e militare iracheno, dal 1979 fu presidente e primo ministro dell'Iraq (1979-1991), instaurando di fatto una dittatura. In gioventù si unì al Partito Ba'th (socialista), partecipò attivamente alla rivoluzione del 1968 e a due colpi di Stato. Nel 1980 fu impegnato nella guerra contro

l'Iran. Nel 1990 invase il Kuwait, causando una reazione internazionale che il 17 gennaio 1991 portò allo Guerra del Golfo, conclusa con il ritiro dell'Iraq. Terminato il conflitto, operò un sistematico sterminio delle popolazioni sciite e curde. Pur con un Paese stremato dall'embargo proclamato dall'ONU, il dittatore continuò ad alimentare il suo smisurato culto della personalità e ad accentrare nelle sue mani ingenti ricchezze provenienti dal petrolio. Dopo la caduta di Baghdad (9 aprile 2003) e la sua fuga, l'ex dittatore venne catturato il 13 dicembre 2003 a Tikrit e, condannato per crimini contro l'umanità, fu giustiziato il 30 dicembre 2006.

Rohana Wijeweera (1943-1989)
Giovane rivoluzionario che guidò le rivolte a Ceylon nel 1971 e nel 1987-1989. Nel 1962 andò a Mosca per studiare Medicina e lì divenne attivista politico. Nel 1964, tornato in patria, fondò il Fronte popolare di liberazione (JVP), dichiaratamente maoista e antiparlamentare. Wijeweera si mise a capo di tutti quei giovani e borghesi che, costretti a piantare riso e a condizioni di vita misere, dopo la creazione dell'Esercito della terra di Senanayake, rifiutavano questa condizione ed erano pronti a ribellarsi. Nel 1971 le rivolte furono violente, e spietata fu la repressione voluta da Sirimavo Bandaranaike. Nel 1987 Wijeweera guidò non una rivolta aperta, ma azioni a bassa intensità, contro un governo liberticida e un neoliberismo selvaggio. Fu ucciso nel 1989 dalle forze di polizia dello Sri Lanka.

Jean-Claude "Baby Doc" Duvalier (1951-2014)
Figlio di François Duvalier (Papa Doc), dopo la morte del padre divenne presidente di Haiti dal 1971 al 1986. Di fatto, la sua ricchissima famiglia aveva instaurato una dittatura, che il giovane, viziato Baby Doc non sapeva gestire. Fu uno studente privo di capacità, e almeno nei pri-

mi decenni un politico inesperto e facilmente manovrabile dai suoi familiari e da ministri e militari dell'entourage del padre (a Oriana Fallaci concesse un'intervista interamente preparate dal suo staff). Si sposò con una donna mulatta, inimicandosi la elitaria comunità nera, viveva nel lusso più sfrenato e nella corruzione e, nel tempo, attuò una politica repressiva e autoritaria, come quella paterna. Nel 1986, in seguito a una rivolta, scappò in Francia. Negli anni seguenti espresse il desiderio di tornare in patria per presentarsi alle elezioni, ma morì prima di riuscirvi.

Fonti

1. *Nel Vietnam del Nord*, «L'Europeo», 13, 27 marzo 1969.
2. *Le donne in guerra*, «L'Europeo», 15, 10 aprile 1969.
3. *Tra i guerriglieri arabi*, «L'Europeo», 9, 26 febbraio 1970.
4. *Una notte sul fronte arabo*, «L'Europeo», 10, 5 marzo 1970.
5. *Indocina. Sul fronte della Cambogia*, «L'Europeo», 26, 25 giugno 1970.
6. *La vera storia di Sianuk*, «L'Europeo», 27, 2 luglio 1970.
7. *L'uomo che ha invaso la Cambogia*, «L'Europeo», 28, 9 luglio 1970.
8. *Lotta fra generali*, «L'Europeo», 43, 22 ottobre 1970.
9. *Un italiano tra i preti in blue-jeans*, «L'Europeo», 48, 26 novembre 1970.
10. *Immagine di un continente*, «L'Europeo», 50, inserto, 10 dicembre 1970.
11. *Oriana Fallaci ad Haiti*, «L'Europeo», 21, 27 maggio 1971.
12. *Ceylon. Una tragedia sconosciuta*, «L'Europeo», 32, 12 agosto 1971.

13. *I draghi di Ceylon*, «L'Europeo», 33, 19 agosto 1971.
14. *Questa è l'amara verità*, «L'Europeo», 2, 13 gennaio 1972.
15. *Il vero volto della tigre del Bengala*, «L'Europeo», 8, 24 febbraio 1972.
16. *A colloquio con Sihanuk. Il principe in esilio a Pechino*, «L'Europeo», 27, 5 luglio 1973.
17. *Intervista con l'uomo che bombardò in Cambogia il palazzo reale*, «L'Europeo», 28, 12 luglio 1973.
18. *La Nuvola Nera. Chernobyl del Golfo*, «Corriere della Sera», 26 marzo 1991.
19. *Quell'autostrada verso il mattatoio*, «Corriere della Sera», 26 marzo 1991.
20. *Lettera sulla cultura*, «L'Europeo», 19, 10 maggio 1973.

Indice

Nota dell'editore   5

1. Rapporto dal Vietnam   11
2. Le donne in guerra nel Vietnam del Nord   34
3. Verso la base segreta di Al-Fatah   56
4. Una notte sul fronte arabo   77
5. Sul fronte della Cambogia   97
6. La vera storia di Sihanouk   134
7. L'uomo che ha invaso la Cambogia   163
8. Lotta fra generali   183
9. Un italiano tra i preti in blue-jeans   194
10. Partirono con la chitarra, arrivarono con i fucili   215
11. L'intervista è quasi uno scontro   236
12. Ceylon. Una tragedia sconosciuta   262
13. Il telegramma sbagliato   287
14. Questa è l'amara verità   316
15. La collera di Sandokan   347
16. A colloquio con Sihanouk, il principe in esilio a Pechino   364

17. Il racconto di So Photra   398
18. La Nuvola Nera, Chernobyl del Golfo   408
19. Quell'autostrada verso il mattatoio   419

Appendici

Lettera sulla cultura   433
Note biografiche   451
Fonti   457

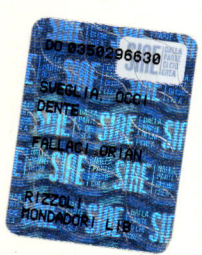

Finito di stampare nel mese di settembre 2021 presso
Grafica Veneta – via Malcanton, 2 – Trebaseleghe (PD)
Printed in Italy